权威・前沿・原创

皮书系列为
“十二五”国家重点图书出版规划项目

地方法治蓝皮书

BLUE BOOK OF
RULE OF LAW IN LOCAL CHINA

中国地方法治发展报告
No.2（2016）

ANNUAL REPORT ON RULE OF LAW IN LOCAL CHINA
No.2 (2016)

中国社会科学院法学研究所
主　编／李　林　田　禾
执行主编／吕艳滨

社会科学文献出版社
SOCIAL SCIENCES ACADEMIC PRESS (CHINA)

图书在版编目(CIP)数据

中国地方法治发展报告. 2，2016/李林，田禾主编. —北京：社会科学文献出版社，2016. 3
（地方法治蓝皮书）
ISBN 978 - 7 - 5097 - 8796 - 0

Ⅰ. ①中… Ⅱ. ①李… ②田… Ⅲ. ①地方法规 - 研究报告 - 中国 - 2016 Ⅳ. ①D927

中国版本图书馆 CIP 数据核字（2016）第 034994 号

地方法治蓝皮书
中国地方法治发展报告 No. 2（2016）

主　　编／李　林　田　禾
执行主编／吕艳滨

出 版 人／谢寿光
项目统筹／曹长香
责任编辑／曹长香

出　　版／社会科学文献出版社 · 社会政法分社（010）59367156
　　　　　地址：北京市北三环中路甲 29 号院华龙大厦　邮编：100029
　　　　　网址：www. ssap. com. cn
发　　行／市场营销中心（010）59367081　59367018
印　　装／北京季蜂印刷有限公司

规　　格／开 本：787mm × 1092mm　1/16
　　　　　印 张：25. 5　字 数：388 千字
版　　次／2016 年 3 月第 1 版　2016 年 3 月第 1 次印刷
书　　号／ISBN 978 - 7 - 5097 - 8796 - 0
定　　价／108. 00 元

皮书序列号／B - 2015 - 412

地方法治蓝皮书编委会

主要编撰者简介

主　编　李林

中国社会科学院学部委员，法学研究所所长，研究员。

主要研究领域：法理学、宪法学、立法学、法治与人权理论。

主　编　田禾

中国社会科学院法学研究所法治国情调研室主任，研究员，国家法治指数研究中心主任。

主要研究领域：刑法学、司法制度、实证法学。

执行主编　吕艳滨

中国社会科学院法学研究所法治国情调研室研究员，国家法治指数研究中心副主任。

主要研究领域：行政法、信息法、实证法学。

摘　要

《中国地方法治发展报告 No.2（2016）》从法治指数评估、地方立法、政府法治、司法改革、社会法治、未成年人保护、环境保护等方面，较为全面系统地总结了2015年中国各地方的法治创新成效与存在的突出问题。

总报告从全国视野出发，分析了2015年度各地方在立法、法治政府、司法改革等方面取得的进展，剖析了存在的问题，展望了地方法治的发展前景。

蓝皮书重磅推出地方人大立法指数报告，就法治政府建设、普法、政府信息公开、食品安全、未成年人保护等地方法治实践中的热点问题进行研讨，对一些地方法院司法改革、司法公开等予以剖析。

知识产权司法保护、环境保护、安全生产、未成年人犯罪等议题成为体现国家治理水准的重要内容，受到社会各界的广泛关注。蓝皮书立足一线实践的经验做法，从全国层面对其进行了深度研讨和总结。

Abstract

The Blue Book of Rule of Law in Local China summarizes in a comprehensive way the achievements made and the prominent problems existing in the innovative construction of local rule of law in various parts of China in the fields of legislation, building a law-based government, judicial reform, social governance, protection of minors, environmental protection, and assessment of indices of the rule of law.

The general report introduces the progresses made by local governments in various parts of China in the fields of legislation, construction of a law-based government, and judicial reform in 2015, analyzes the existing problems, and looks at prospects of, the development of local rule of law in the country.

This year's Blue Book of Rule of Law in Local China features reports on indices of legislation by local people's congresses, discusses the hot issues in the implementation of local rule of law, such as construction of law-based government, popularization of law, disclosure of government information, food safety, and protection of minors, and analyzes the practices of some local governments relating to judicial reform and judicial openness.

On the basis of frontline practices and experiences, this book also provides in-depth analysis and summarization of various issues that have become important indicators of the level of state governance and received extensive attention from the general public in China, such as judicial protection of intellectual property, environment protection, production safety, and juvenile delinquency.

目录

Ⅰ 总报告

Ⅱ 法治指数

Ⅲ 专题报告

Ⅳ　法治政府

Ⅴ　地方司法

Ⅵ 未成年人保护

Ⅶ 医疗卫生

Ⅷ 安全生产

皮书数据库阅读使用指南

CONTENTS

I General Report

II Indices of the Rule of Law

Ⅲ Special Reports

Ⅳ Building a Law-Based Government

V Local Administration of Justice

VI Protection of Minors

Ⅶ Healthcare

Ⅷ Production Safety

总 报 告

General Report

B.1

2015年中国地方法治发展与2016年展望

中国社会科学院法学研究所法治指数创新工程项目组*

摘 要：2015年，在十八大和十八届四中、五中全会一系列中央党政方针和习近平系列讲话的精神指导下，各地进行了积极的创新探索。在立法方面，设区的市州积极启动立法实践，立法活动更加规范，委托立法逐步走向完善，公众参与立法不断制度化，立法后评估得到广泛实施，立法保障改革创新的成效更加凸显。在法治政府建设方面，行政体制得到理顺，行政决策走向全面制度化，行政审批制度改革立体推进，政府法律顾问建设步入正轨，政府信息公开向纵深迈进，通过多种举措强化便民

* 项目组负责人：田禾，中国社会科学院法学研究所研究员、国家法治指数研究中心主任。项目组成员：吕艳滨、王小梅、栗燕杰、徐斌、刘雁鹏、赵千羚、刘迪、杨芹、马小芳、曹雅楠、周震、徐蕾、宁妍、赵凡、刘永利、宋君杰。执笔人：田禾；栗燕杰，中国社会科学院法学研究所助理研究员。

高效等。在司法改革推进方面，司法人员遴选、管辖制度、执行机制、考核机制、信息化等方面都取得显著成效。在法治社会建设方面，基层社会治理、和谐劳动关系、纠纷化解等领域均可圈可点。但地方法治建设仍存在一些不足，需要从观念意识、部署安排、信息化等方面加以改进。

关键词： 地方法治 地方立法 法治政府 司法公信 法治社会

2015 年是落实中国共产党十八届四中全会精神、全面推进依法治国的开局之年。各地方的法治建设在“四个全面”战略布局（即全面建成小康社会、全面深化改革、全面依法治国、全面从严治党）指导下有序推进，其主线是贯彻四中全会决定和中央一系列大政方针推进法治。一方面是全面严格贯彻落实，另一方面是在中央精神理念的引导下，在微观制度机制和具体做法层面上进行创新试点。总体上，地方法治的推进更加注重符合宗旨、遵守规矩、坚持民生导向。但是，由于主客观等方面的原因，地方法治推进仍存在一些问题，全面法治之实现依然任务艰巨。

一 努力用好立法权力，提高法治保障水平

2015 年 3 月 15 日，《立法法》修改通过，进行了诸多制度机制的改革创新，如赋予设区的市、州以立法权，委托社会力量参与立法，加强备案审查，引入评估机制，完善公众参与等。

（一）设区的市积极启动立法工作

根据修改之前的《立法法》，享有地方立法权的“较大的市”仅有 49 个，一般的设区的市均没有立法权。《立法法》修改后，享有地方立法权的地方人大、政府大幅增加。在此背景下，各省级人大常委会出台了设区的市行使地方立法权的具体办法、规则，一些地方积极启动行使地方立法权的实践。

河北省人大常委会印发了《依法赋予设区的市立法权实施办法》，设区的市要获得立法权必须具备依法设置立法机构、具有较高法学素养和法律实践经验的专业人员、有立法专项经费保障等必要条件，成熟一个赋权一个。2015 年 7 月，河北省十二届人大常委会第十六次会议通过《河北省人民代表大会常务委员会关于确定廊坊等四个设区的市行使地方立法权的决定》，赋予秦皇岛、廊坊、保定、邢台等 4 个设区的市立法权。

2015 年 7 月 30 日河南省第十二届人民代表大会常务委员会第十五次会议通过的《河南省人民代表大会常务委员会关于确定南阳、焦作、平顶山、开封、安阳、鹤壁、驻马店、漯河市人民代表大会及其常务委员会开始制定地方性法规的时间的决定》，明确南阳、焦作市人民代表大会及其常务委员会自该决定公布之日起，可以开始制定地方性法规；平顶山、开封、安阳、鹤壁、驻马店、漯河市人民代表大会及其常务委员会自本市人民代表大会依法设立法制委员会后，可以开始制定地方性法规。

广东省人大常委会要求，成立市人民代表大会法制委员会、市人大常委会法制工作委员会两套机构，是各地市开展地方立法工作的必要条件。中山市按照最急需原则、最大共识原则和最具地方特色原则的指导思想，在广泛征求意见、调查研究、论证评估、统筹协调的基础上，已拟定第一批立法项目 7 个，审议通过了《中山市人大常委会 2015 年立法工作计划（草案）》。2015 年 12 月，中山市已经通过了该市第一部地方性法规《中山市水环境保护条例》。

2015 年 7 月 24 日，山东省十二届人大常委会第十五次会议决定：自 8 月 1 日起，山东省东营、烟台、潍坊、济宁、泰安、威海、莱芜、临沂、菏泽市人民代表大会及其常务委员会可以制定地方性法规；自 12 月 1 日起，枣庄、日照、德州、聊城、滨州市人民代表大会及其常务委员会可以制定地方性法规。烟台市获得地方立法权之后，拟定起草了《烟台市制定地方性法规条例（草案）》[①]，决定提请烟台市人民代表大会审议通过。该条例将成

① 草案全文见烟台人大信息网，http://ytrd.yantai.gov.cn/SRDLFGZTLCA/2015/10/28/10176604.html，最后访问日期：2015 年 11 月 21 日。

为烟台市人大及其常委会制定、修改和废止地方性法规的直接依据。

浙江省金华市积极争取立法权，起草了《金华市人民政府关于要求批准赋予金华立法权的请示》，形成了《关于争取首批设区市立法权有关工作的汇报》，向城市建设管理、历史文化保护、环境保护等相关部门征集立法项目，并对下级政府、社会公众征集立法项目，筹建立法项目库，为今后立法夯实基础。金华市还起草了《金华市人民政府规章制定程序规定》和《立法项目审查办理工作规程》，在获得立法权之后即开始立法程序机制的规章制定。

（二）地方政府立法更加规范

《中共中央关于全面推进依法治国若干重大问题的决定》要求，“加强和改进政府立法制度建设，完善行政法规、规章制定程序，完善公众参与政府立法机制，重要行政管理法律法规由政府法制机构组织起草”。在此背景下，不少具有立法权的地方政府积极探索改进立法工作机制，提高立法质量，引导助推改革创新。

值得关注的是，不少享有或根据修改后的《立法法》获得立法权的地方政府，出台了地方立法的程序性规定，将立法活动纳入法律制度轨道。比如，山东省政府出台了《山东省政府规章制定程序规定》，对立法体制机制进行较大幅度的修订完善。一是拓展公众参与的广度和深度。明确立项环节向社会公开征集建议意见，起草环节以多种形式广泛听取意见，审查环节政府法制机构向社会公开征求意见等，由此构建起立法、起草、审查全过程的征求公众意见机制。二是构建立法项目论证制度，明确规定立法前评估，避免浪费立法资源。三是规定设定行政收费和临时性许可论证制度，对审批事项和收费项目从源头上进行控制。四是建立立法后评估制度，明确开展立法后评估的适用情形、评估主体、评估内容、评估效力等，将评估结果作为规章修改、废止的依据。五是凸显政府法制机构的主导协调作用，尽可能克服部门过度主导和地方保护主义。政府法制机构在立法协调时，可引入第三方评估以充分听取各方意见，也有些地方政府对原有的立法程序性规定进行修订完善。比如，2015 年 4 月 27 日，四川省政府公布修订后的《四川省人民政府拟定地方性法规草案和制定规章程序规定》（四川省人民政府令第 291 号）。

一些于 2015 年获得立法权的市、州政府，也制定规章明确自身的规章制定程序。例如，山东省东营市人民政府公布了《东营市政府规章制定程序规定》，中山市人民政府公布了《中山市人民政府起草地方性法规草案和制定政府规章程序规定》，江苏省扬州市政府出台了《扬州市人民政府规章制定程序暂行规定》。一些地方还对法规、规章征求公众意见的程序环节进行了细化，增强其操作性。比如，青海省政府法制办公室出台《青海省人民政府法制办公室立法意见征求和采纳情况反馈工作规定》，力求克服征求意见流于形式、走过场的问题。

（三）委托立法逐步走向完善

《中共中央关于全面推进依法治国若干重大问题的决定》明确提出“探索委托第三方起草法律法规草案”。修改后的《立法法》也明确规定，专业性较强的法律草案，可以“委托有关专家、教学科研单位、社会组织起草”。通过委托第三方立法，增强立法的专业性和中立性，是一些地方人大常委会的努力方向。其中，深圳市常委会委托第三方立法的常态化和制度化值得关注。近年来深圳市人大常委会已经进行了多项委托立法探索，包括委托清华大学起草深圳经济特区医疗条例草案，委托深圳律师协会对物业管理条例的修改进行立法调研，等等。2015 年 7 月，深圳市人大常委会主任会议通过的《深圳市人大常委会立法项目委托管理办法》规定，对于涉及社会关系复杂、社会普遍关注的，专业性强、需要深入调研、论证和评估的，各方意见分歧较大的立法项目等，可委托立法。为避免委托立法异化或导致资源浪费，该办法还要求委托单位在市人大常委会门户网站上公开当年委托项目基本情况，包括项目开展时间、概算金额以及公开招标等内容；委托项目还应当纳入政府购买服务指导性目录管理。

（四）推动公众参与立法的制度化

为推进科学立法、民主立法，应扩大立法的公众参与。近年来，各地方立法机关采取不少措施，推动立法参与的制度化。例如，贵州省人大常委会注重通过多种渠道听取公众意见，完善公众意见表达、采纳、反馈和奖励机制，建立立法协商机制和公民参与立法机制；坚持每件法规草案都通过新闻媒体征集公众意见，注重把网上意见与立法座谈会、立法调研搜集意见进行综合分析，兼顾多数与少数意见、强势表达与较弱意见的关系，使得立法过程更全面、更妥帖地体现民意，更好地凝聚共识。《贵州省人民代表大会常务委员会议事规则》以地方性法规的形式对旁听公民的发言权作出了正式规定，通过旁听发言这种形式，既使立法程序更为公开、透明，也促进了普通民众加深对立法工作的了解，增进对立法结果的认同度。

（五）立法后评估被广泛实施

立法后评估是指由法定主体按照法定权限和程序，通过一定方法，对已出台的法律法规的制度设计及其成效进行评价的活动。立法后评估对于已有法律法规的实施、修改、废止以及提高立法水平，改进执法工作，都有重要意义。修改后的《立法法》明确规定了法律的立法后评估。广东省有重视立法后评估的优良传统，早在 2008 年就出台了《广东省政府规章立法后评估规定》。发展至今，广东省的立法后评估更加强调全面、科学和第三方主导。2015 年广东省人大常委会对《广东省信访条例》实施立法后评估。其特点有：一是注重重心下移，不仅随机选择区县、镇街进行检查，而且到上访群众家中听取最鲜活、最直接的意见建议；二是注重问题导向，注重通过评估发现条例贯彻实施过程中带有普遍性、规律性、趋势性的问题；三是注重重点解析，根据具体问题予以具体分析；四是重点关注制度的改进完善，针对评估中发现的问题加以改进完善。

深圳市人大常委会将法规实施情况报告公布在门户网站上，公开征求意见建议。由此，法规本身的不足或对新事物的规范空白得以凸显，立法机关可依据“大小主次、轻重缓急”的原则展开对法规的立改废活动，通过法律解释来解决一些新问题。地方性法规、经济特区法规由人大进行解释，这本是其重要职权，但不少有立法权的地方人大常委会往往对立法解释权的行使不够重视。深圳市人大常委会激活立法解释权的思路无疑具有前瞻性，有利于统一执法者在法律适用中的理解，通过补充立法解释这不可或缺的一环，有利于更好地协调立法、执法。

（六）注重用立法保障改革创新

在法治框架下进行改革创新是全面推进依法治国的必然要求。各地注重用好地方立法，有效保障改革创新依法推进。例如，海南省人大常委会出台了《关于在海南经济特区下放部分行政审批事项的决定》《在海南经济特区停止实施部分行政审批事项的决定》，为行政审批制度改革提供了直接的法规层面依据。

针对交通不文明行为，杭州市人大常委会出台了《杭州市文明行为促进条例》，明确规定机动车经过人行横道时应礼让行人；违反条例规定的将依法予以处罚，拒不履行处罚的将计入个人信用档案。

垃圾包围城市是中国许多城市正在面临的难题。为此，广州市人大常委会出台的《广州市生活垃圾分类管理规定》设置了源头减量、分类投放、分类收集、分类运输、分类处置、监督考核等制度。对于其他地方出现的“民众辛苦分类垃圾，环卫混收混运”现象，该规定明确要求分类收集、分类运输，违者将处以严厉处罚。作为配套措施，广州市城管委下发了《生活垃圾分类设施配置及作业规范》，明确生活垃圾分类设施的配置及分类作业的要求。虽然该规定的实施效果仍有待观察，从长远看，通过制定地方性法规建立刚性的垃圾分类制度并通过处罚机制确保实施，对其他地方不无借鉴意义。

二　科学规范行政权力，全面提升治理能力

法治政府的规范化关乎政府的公信力和执行力。法治政府的建设一直是地方法治发力的重点领域，2015 年可谓全面开花、亮点纷呈。

（一）理顺行政体制，提升执法能力

为理顺管理体制，适应现代治理的需要，各地采取了多种措施进行机构改革，调整机构职能，主要做法包括：综合行政执法向纵深发展、执法力量下沉、委托镇街执法等。

1. 综合行政执法的发展

将相关部门的执法权力集中到一个部门行使，是避免多头执法、相互推诿的重要举措。《行政处罚法》第16条规定，行政机关可以集中行使有关行政机关的处罚权力。发展至今，越来越多的地方政府探索更为相对集中统一的行政执法体系，综合行政执法在涉及领域、部门、事项方面都有了新的发展。

例如，甘肃省定西市探索综合执法试点，在行政执法体制上进行了配套改革。其具体做法是：市级政府部门向区县下移行政执法权1461项，将区县城市管理行政执法局整合更名为“综合行政执法局”，集中行使15个方面的处罚权①。又如，宁波市、区两级城市管理部门的综合执法涉及领域除传统领域之外，还有河道、环境保护、建设工程质量、建设工程安全生产管理、城市轨道交通工程、停车场管理等领域执法。发展至今，宁波城市管理部门的执法依据有25部法律、116部法规，涵盖行政处罚事项778项；宁波北仑区更是实行城乡一体化的综合行政执法体制，集中行使的处罚权涉及事项超过1200项，真正成为“综合执法机关”②。

在综合行政执法上较为前沿的是珠海横琴。横琴新区综合管理和行政执法局所集中的权限不仅涵盖了处罚权、许可权以及相关的调查、检查、监督等权能，而且实现了对原来区政府层面和市政府层面的纵向整合。横琴新区

① 参见《定西市人民政府法制办公室关于2015年上半年政府法制工作情况的报告》，甘肃省人民政府法制办公室网站，http：//www. gsfzb. gov. cn/FZDT/ShowArticle. asp？ArticleID = 107442，最后访问日期：2015年11月18日。

② 数据参见张剑飞、叶新火《宁波市法制办关于深化行政执法体制改革的研究报告》，中国政府法制信息网，http：//www. chinalaw. gov. cn/article/dfxx/dffzxx/zj/nbs/201510/20151000479176. shtml，最后访问日期：2015年11月7日。

综合执法局集中行使25大类行政处罚权和7类行政审批权，具体执法监管事项达到8000余项，不仅整合了区政府层面原来分属于安全生产监管、环境保护、国土、城市管理、交通、食品药品监管等9个部门的各类执法职能，而且还整合了本属市政府一级对新区的盐业、酒类、水务、生猪屠宰、文化、旅游、劳动监察、卫生监督、农产品质量安全、建设施工管理等15个部门的执法职能①。

2. 特定领域的执法体制改革

"九龙治水"的弊病是中国行政执法体制面临的严重问题。对此，一些地方还进行特定领域的执法体制改革，其代表者是长沙。长沙市委、市政府印发的《长沙市人民政府职能转变和机构改革方案的实施意见》将市知识产权局由市政府直属事业单位调整为市政府工作部门，将市工商行政管理局承担的商标权管理职责划入市知识产权局，加强和完善知识产权执法体系建设，建立起专利权、版权、商标权集中统一管理的体制。以食品安全为例，食品药品安全监管、卫生、质检、工商等多个部门分别管理这一领域，这成为食品安全监管的体制障碍。为打破这一弊端，长沙市雨花区经过机构改革，组建区食品药品监督管理局，将原来食品安全办公室、区卫生局、区商务和旅游局、市工商局雨花分局、市质监局雨花分局等掌握的有关食品监管职能全部整合，构建起集行政管理、监管执法、基层监管于一体的食品药品监管体系。雨花区还将区安监局由政府直属事业单位调整为区政府工作部门，并设立二级事业单位区安全生产执法大队，进一步理顺监管体制，提升监管力度；将区文物管理所和区动物卫生监督所的行政职能剥离划入相应的行政主管部门，优化其公益服务职能。

3. 探索镇街执法

如何通过行政执法体制机制改革，将执法力量下沉，提升基层法律执行的效能，成为各级政府、民众普遍关注的问题。湖北省吉首市、湖南省湘潭

① 《横琴新区综合执法局每天对应8000条执法事项》，中国横琴政府网站，http://www.hengqin.gov.cn/ftz/hqbbu/201511/2777beec413c4dabbca41f8db09038ed.shtml，最后访问日期：2015年11月12日。

县等地积极探索将市县级部分部门的行政执法权委托下放给乡镇行使。2015年6月，吉首市的市直部门对乡镇政府进行部分执法权的委托，委托执法项目涉及农业、安监、国土等九大类近40项，签订行政执法委托书，制定下发《乡镇人民政府依法查处违法建设工作程序及相关执法文书》。需要注意的是，委托乡镇执法，固然有利于执法力量下沉，提升监管能力，但与此同时，相关配套的制度和保障机制建设也必须相应加强。在委托执法的同时，应当充实乡镇执法队伍编制，加强培训，并提供足够的执法设备设施和执法经费。

甘肃定西乡镇设立综合行政执法所，作为区县综合行政执法局的派出机构。乡镇的综合行政执法所整合乡镇（街道）、相关站所，以县区综合执法局和业务主管部门的名义集中行使乡镇（街道）范围内的行政执法权。由此，夯实了乡镇层面的管理基础，实现了执法力量从区县层级下沉到乡镇、街道。

在大量行政执法事项转移到乡镇、街道的背景下，乡镇、街道依法行政的任务日渐艰巨。为此，金华市下发了《关于进一步加强乡镇（街道）政府依法行政工作实施意见》，重点对乡镇政府行政执法程序进行规范，特别是严格规范“三改一拆”、“五水共治”、集镇管理等重点执法活动，并明确乡镇（街道）政府应配备法制员。温州市平阳县编制机关已正式批复同意在各乡镇设立独立的政府法制机构，温州的文成、泰顺、永嘉等地也在积极推进，其目标是在2015年实现市、县、乡三级政府法律顾问的全覆盖。

4. 公安保障执法能力

面对大量出现的妨碍执行公务、暴力抗法现象，已有40多个城市探索建立城市管理等执法的公安保障机制。湖南省长沙市公安局增设公共交通治安管理分局，保障在主城区设立大队，开中国城市管理公安保障之先河。山东省青岛市公安局增设机动分队支队，支队长兼任城市行政执法局副局长，在各区设立机动大队，其大队长兼任所在区城管执法局的副局长。浙江省宁波市海曙区、江东区等地设立综合（联合）执法组，成立公安执法保障大队，有效预防和处置了各类暴力抗法事件。湖北省襄阳市下发《关于进一步完善襄阳市城区城市管理体制的意见》（襄政办发〔2015〕14号），调整设立“市公安局城管公交分局”，明确其城市管理执法安全保障职责，依法查处城市管理中妨碍或以暴力、威胁方法阻碍国家机关工作人员依法执行公务的违法犯罪行为。

5. 增强执法力度，促进全民守法

各城市在自行车道、人行道违法停车的现象都极为常见，导致自行车和行人不得不走在机动车道上，带来严重的安全隐患，妨碍机动车通行效率。为整治人行道乱停车问题，山东省青岛市城市管理局开发软件，建立人行道违法停车的智能管理系统，并与公安系统联网，不缴纳相关处罚费用的机动车，将可能无法通过年审。这种做法使得罚款的收缴率大幅提升，更使管理秩序焕然一新。但与此同时，也产生一些质疑，如是否与《道路交通安全法》关于机动车年度检验“不得附加其他条件”相冲突等。显然，执法创新是否有法律依据，如何依法进行，都需要进行更深入、更审慎的研讨论证，而不宜简单化和粗暴化。河南滑县国税局完善“黑名单”制度，按季公布重大税收违法案件信息，也起到增强行政处罚震慑力的效果。

6. 创新执法机制

其做法有执法过程全记录、菜单式执法等。浙江省温州市、江西省抚州市等地开展行政执法全过程记录试点，在市场监督管理局、城市管理与行政执法局等单位建立全过程记录制度，通过可视化技术手段，综合应用执法办案信息系统、现场执法记录设备、视频监控设施等手段措施，对行政执法行为的立案受理、日常检查、调查取证、行政决策、文书送达等进行视频音频记录。由此，执法人员依法行政的主动性、自觉性大为增强，也在客观上起到维护依法执法的效果。深圳市福田区建设全区通用的行政执法平台（http：//www. szft. gov. cn/xxgk/xzzfgk/），将区属执法部门一体纳入，实施菜单式执法。福田区通过走访各个行政执法部门，摸清执法流程，全面梳理各个执法部门的职权目录、法律法规、执法人员信息等数据，按照执法对象、执法流程、自由裁量、执法文书等要素进行分类，形成《福田区行政执法信息系统需求（法律）分析》；根据该区的行政处罚裁量权实施标准，对执法部门具有自由裁量属性的831项行政处罚事项，逐个进行优化，形成具体裁量事项2246项，执法人员进行处罚时通过平台录入违法信息，将产生对应的细化执法标准，最大限度压缩控制裁量空间。通过该平台，公众可以随时查询执法依据、执法人员信息、执法进程、救济途径、处罚结果，并可评判执法结果。由此，执法不透明不规范、违法不立案、选择性执法、差异性执法、以罚代刑等问题将得到有效化解。

另外，一些地方的诚信执法建设也值得一提。苏州市政府法制办出台《关于加强行政执法诚信建设的指导意见》，推动建立诚实信用、言行一致、过程规范、公正文明、权责明确的行政执法体制。在具体内容上，要求行政执法应维护法律秩序的稳定有序，应当公平公正而不得差别对待，真实准确并信守承诺。

（二）行政决策向全面制度化转变

依据中央一系列大政方针文件的要求，按照党中央、国务院关于依法行政、建设法治政府的要求，地方行政决策的立法和制度建设体现出“不抵触、有特色、可操作”的优势。以行政决策为主题的专门地方立法数量在2015年度呈现较大规模的增长。在内容上，既有一般性的制度出台，也有一些地方以规章形式就合法性审查等环节、机制进行专门立法。截至11月初，2015年出台的专门地方政府规章决策就有《辽宁省重大行政决策程序规定》《浙江省重大行政决策程序规定》《甘肃省人民政府重大行政决策程序暂行规定》《内蒙古自治区重大行政决策程序规定》《宁夏回族自治区重大行政决策规则》等。江西省政府出台《江西省县级以上人民政府重大行政决策合法性审查规定》，山西省政府出台《山西省人民政府关于健全重大行政决策机制的意见》（晋政发〔2015〕29号）等。

《山西省人民政府关于健全重大行政决策机制的意见》明确提出，重大行政决策的基本原则既有中央文件明确的科学决策原则、民主决策原则、公开透明原则，还增加了为民决策原则和风险控制原则；在决策程序上流程设置更加详细可行，分为决策动议、公众参与、专家论证、风险评估、合法性审查、集体讨论决定、执行与后评估七个环节；为确保该决策制度机制的顺利实施，明确设置了“保障措施”专门板块，内容包括提高领导干部的依法决策意识和能力，加强相关制度建设，发挥政府法制机构和法律顾问作用，建立健全重大决策终身责任追究制度及责任倒查机制。在省级政府规章、文件的基础上，一些地市纷纷出台具体的实施细则意见。由此，重大行政举措的初审、转送、审查、修改、上会等程序得到全面细化规范，并明确了未经合法性审查不得提交政府常务会议讨论，有效遏制了重大决策程序“绕行”的现象。在地方这些丰富的制度设计、探索创新的基础上，进行全国层面的重大行政决策立法的条件似乎已趋成熟。

（三）行政审批制度改革立体推进

审批事项清理、审批流程的简化与优化、审批服务的创新，仍然是许多地方行政制度改革创新的重要内容。在改革中，能放则放、能简则简、能快则快成为不少地方政府改革共同追求的目标，“非许可审批”事项已经实现彻底的清理。比如，截至2015年6月15日，金华市对暂予保留的339项非行政许可审批事项全面清理宣告完成，不再保留非行政许可审批这一类别。

进行综合性的行政审批制度改革，也是一些地方的选择。例如，上海市闸北办税服务大厅经过清理改革共废止涉税审批事项9项，优化涉税事项流程177项（其中减少审批环节、缩短办结时间的有155项），实现办税窗口当场办结的有96项，取消涉税文书报表26种，精简了160种表证单书，减少资料报送共计189项。

通过机制创新提升高效便民的水平，进而打造服务型政府的做法，也值得关注。以三门峡市湖滨区地税局为代表的一些地方政府机关推行“一窗式”受理业务模式。纳税人在三门峡市湖滨区地税局办税服务大厅通过任意窗口均可办结所有纳税申报事宜，避免了纳税人的多头排队，最大程度缩短了办税时间。该模式实施后，纳税人从递交申报表到证前审核直至开出税证，平均每笔办理时间为1.4分钟，平均等候时间为0.4分钟，满意率100%。

2015年，一些地方探索试点集中许可权改革，具有深远意义。而横琴等地集中许可权的改革，具有突破性意义。此外，2015年8月，南通市成立行政审批局，这是全国首个经中央编办、国务院法制办确定的地级市行政审批局。南通市行政审批局在市政务中心的基础上整合组建，作为市政府的组成部门，其目标是“一枚印章管审批”。具体做法是，通过组建行政审批专门部门，将长期以来分散在各部门的审批权限集中到审批专门部门。南通市行政审批局第一批即集中了市场准入、投资建设等领域15个部门的53项审批事项，在2015年底前将基本完成试点。这种改革模式超越了以往行政服务大厅、政务服务中心传统的物理式集中模式，将行政审批职能从相关部门剥离出去，使得其他部门更关注规划政策、事中事后监管。

（四）多种举措创新，强化高效便民

不少地方在打造服务政府的宗旨下，以办事大厅的各种制度机制改革为抓手，探索高效便民的制度机制创新，推行双向预约机制、全市通办机制、网上办理、容缺受理等做法。

一是双向预约机制，减少排队时间。云南曲靖地税一方面对外公布办税服务厅服务联系方式，纳税人有事可以通过电话联系方式与有关税务人员联系，预约办理。另一方面，主动与纳税人预约，统一制作购票大户和认证大户联系表，及时向其通报办税服务厅业务繁忙程度，提醒其选择恰当的时间办理涉税事宜。

二是全市通办机制，克服地域管辖局限。深圳地税局、珠海国税局等进行了全市通办创新，适用于申报征收、税票换票和发票发售、验缴销等业务。由此，纳税人不必在特定地域办理，可以跨区办理各项涉税业务。另外，盘锦市工商局、河南滑县地税局等行政机关到一些企业现场办公，为企业提供零距离服务。设置纳税服务流通车，提供上门送证、送发票等服务。

三是网上办理，提供全天候服务。许多地方政府机关都注重通过互联网方式服务监管对象，并积极探索各类新媒体方式的应用。比如，河南滑县国税局打造“网上税务局”，“足不出户”即可办理一切涉税事宜，办税效率较以前提高了9.5倍；深圳市地税局建立短信服务平台，面向纳税人推出税法宣传、涉税查询、申报提醒、缴款提醒、欠税催报等服务；珠海市国税局通过办税服务厅公告、工作QQ、门户网站、微博、微信等渠道及时发布优惠政策和操作指引，并在广东省首创手机APP办税，开发应用了集手机APP、微信、网上办税厅三大办税系统于一体的纳税服务平台，充分利用当今手机移动端的便捷性、互动性，为纳税人提供全天候便捷办税服务。

四是容缺受理，对事后补办“网开一面”。比如，浙江省工商系统对申请人非关键性材料缺失或有误的，企业注册大厅可预先受理和审查，待材料补正后及时办理登记。三门峡市湖滨区地税局则为纳税人提供缺件备忘服务，设置“先办后补”机制。由办税大厅值班主任甄别审查缺件原因、办件的紧急程序和材料补正的可能性，在工作人员做好备忘记录并留下申请人联系方式后，设置合理的资料补正时间，便可先行开票①。

这些机制、流程的优化创新，极大便利了前来办事的企业、公民。但应注意的是，其中一些做法与现行《行政许可法》等法律法规未尽一致，是否存在负面效果有待观察，并可考虑纳入今后的法律修改中。

（五）公共治理突出多方主体参与

现代社会治理的重要特征是市场、社会多种力量、多方主体共同参与。一些地方通过志愿者队伍参与执法、购买公共服务、民众参与决策等方式，逐步形成网络化、多元化治理结构。

横琴新区借鉴国外的做法，组建专业志愿者队伍。该区公开招募具备综合执法各领域专业知识的志愿者，组成志愿者库。当需要执行特定任务时，综合执法局便向他们发出通知，邀请一定名额的志愿者一同前往实施。当地的普通市民可利用手持终端的拍照、定位功能，对涉及市容卫生、环境保护、食品药品安全、交通管理、安全生产、文化旅游等方面的

① 参见《三门峡市湖滨区地税局：办税服务从“心”开始》，人民网，http://dangjian.people.com.cn/n/2015/0520/c396242-27031063.html，最后访问日期：2015年11月3日。

违法现象，通过“横琴管家”APP进行投诉，被确认属实的给予领红包奖励。与此同时，横琴新区综合执法局还会把诸如捡垃圾、去除小广告等作为任务发到“横琴管家”APP上，供大家去认领完成，之后也予以红包奖励。

政府购买服务成为社会、市场参与公共治理的新途径。横琴新区综合执法局综合执法的前端日常性工作大多通过购买服务的方式实施，将综合执法的巡查、提醒、警告、管养、即时处理等环节事务，交由物业管理公司、安保公司等公司组织处理，并对后者实施监督。由此，执法机关从日常监督巡查的汪洋大海中脱身，又提升了日常监督管理的专业性。

江西省抚州市高新区管委会召开了2015年第一、二批次城市建设用地拟征收土地方案听证会，邀请了相关镇、街道负责人、村民代表等30余人参加听证会，对本批次拟征收土地的范围及面积、土地补偿费和安置补助费等情况进行了详细介绍，解释和答复了村民代表提出的征地补偿测算方法、房屋拆迁安置方式和社会保险费用缴纳等问题。听证会的召开为后期实施征地拆迁补偿安置工作打下了坚实基础，社会稳定风险大幅下降。

（六）政府法律顾问建设步入正轨

在政府法律顾问制度建设上，各地积极探索，并逐步走向制度化的良性轨道。2015年，《广东省政府法律顾问工作规定》《鞍山市人民政府法律顾问管理办法》等地方政府规章层面的专门制度文件出台，《唐山市人民政府法律顾问工作规则》《杭州市人民政府办公厅关于全面推行政府法律顾问制度的意见》《眉山市人民政府办公室关于建立乡镇（街道）矛盾纠纷第三方调解中心和法律顾问制度的通知》《四川省工商行政管理局法律顾问团工作规则》《绍兴市人民政府办公室关于全面推行政府法律顾问制度的实施意见》《宿迁市政府关于成立宿迁市人民政府法律顾问委员会的通知》《温州市人民政府办公室关于进一步推进政府法律顾问工作的意见》等一批规范性文件下发。并且，各地积极探索法律顾问的工作模式，仅浙江就形成以瓯海为代表的顾问团模式，以瑞安为代表的项目化模式，以省政府法制办为代表的顾问组模式等。

（七）政府信息公开不断向纵深推进

在《政府信息公开条例》面临修改之际，不少地方先后出台或修改当地的相关规章和规范性文件。已修改通过的地方政府规章有《贵阳市政府信息公开规定》《大连市关于政府信息依申请公开的规定》等。一些地方政府部门也积极进行了制度建设。

在阳光政府的推进方面，权力清单的制度化及其正式公开具有基础作用。根据中共中央办公厅、国务院办公厅《关于推行地方各级政府工作部门权力清单制度的指导意见》（中办发〔2015〕21号）的要求安排，各地先后全面梳理、依法清理了权力清单、责任清单，并陆续公开。比如，北京市市级部门已全面公开了权力清单，各区县政府也集中发布了权力清单，率先完成了中办发〔2015〕21号文的任务安排；宁夏回族自治区就以《关于自治区本级政府部门（单位）权力清单和责任清单的公告》的形式，将自治区本级政府部门（单位）保留1941项行政职权事项的权力清单和责任清单予以公布，并明确凡原有职权类型、职权名称与此清单不一致的，均以此清单为准。

深圳市龙岗区在2014年编制的行政权责清单基础上，进一步调整完善，并注重清单成果的转化应用。2015年街道梳理权责事项862项，并明确每项权责的实施主体、法律依据、流程图、申请条件及所需材料等信息。与此同时，建成街道层级的行政服务大厅和社区的便民服务大厅，街道政务一体化服务网络走向完善①。

为全面实现处罚信息的公开，浙江省政府出台了《浙江省行政处罚结果信息网上公开暂行办法》，除特定例外之外，要求行政执法机关对于适用

① 《坪地街道2015年度法治政府建设工作情况报告》，深圳市龙岗区坪地街道办事处网站，http：//www.pdjdb.lg.gov.cn/art/2015/11/13/art_6292_272546.html，最后访问日期：2015年11月18日。

一般程序作出的行政处罚，在互联网上主动公开处罚结果信息。在对象上，既包括对企业的处罚信息，也包括对自然人的处罚信息，在县级以上政府政务服务网上醒目位置设置处罚结果信息网上公开专栏，并提供处罚结果信息查询服务。但是，被处罚人是未成年人的除外；要求隐去自然人的家庭住址、通信方式、身份证号码、银行账号、健康状况等个人信息，以及被处罚人以外的自然人姓名、法人或者其他组织的银行账号等信息。应当说，在全面的处罚结果信息公开方面，浙江迈出了宝贵的一步，对于其他地方乃至全国层面统一的处罚信息公开，都不无借鉴启示意义。

黑龙江住房和城乡建设厅建立征收拆迁补偿信息公开制度，坚持公众参与、阳光拆迁、和谐拆迁，确保群众的知情权、参与权和监督权。要求通过各种新闻媒体、网络和公告等形式及时将征收补偿法规政策、征收范围、征收决定、补偿方案、安置方式、补助奖励政策和标准、评估结果、分户补偿情况及时对公众公布。对于引发矛盾纠纷的征收拆迁项目，市县人民政府和征收部门要及时发布信息，主动回应人民群众和社会关注。

过去，安徽省六安市金寨县一些地方惠民资金的发放分配使用引发群众上访，一些村居干部被调查甚至锒铛入狱。经过改革，基层惠民资金从“发放结果的公开”走向“发放前的公开公示”，取得良好效果。据六安市一些乡镇政府干部反映，以往的“上访多、低保多、村干部被抓多”的不正常现象，经过全面及时准确的公开，上访人次明显减少，村民怨气消除，享受低保的户数减少，低保救助精准度提升，村干部的清廉度和公信力显著提升。通过公开透明，增强了民生工程决策和实施的社会认同度，减少了民众的投诉上访，并倒逼行政效能提升，领导干部形象也大为改观。

一些地方的“三公”经费公开更加全面细致。比如，在公开预算和决算信息的基础上，河南省要求同步公开“三公”经费预算和决算，细化说明因公出国（境）团组数及人数，公务用车购置数及保有量，国内公务接待的批次、人数，以及“三公”经费增减变化原因等。

狱务公开成为政务公开的新亮点。2015 年，司法部出台《司法部关于进一步深化狱务公开的意见》，一些地方也在已有探索基础上扎实推进。比如，上海市司法局下发《关于进一步深化狱务公开的实施意见》，在设立“上海监狱”网站（jyj. sh. gov. cn）、“上海监狱”微信公众号（shsjyglj）之后，开通了上海市监狱管理局狱务公开服务热线，市民拨打12348转5即可咨询上海市监狱管理局和各监狱狱务公开相关信息。该热线具备查询、求助、投诉等功能。其“六个一”项目[①]成为全国狱务公开的亮点。

（八）监督行政走向良性运转态势

行政监督的功能包括督察、纠错、预防等方面，对于确保行政活动的规范化，克服不作为和乱作为都具有积极意义。2015年，行政监督走向制度化良性循环，寻求监督、主动接受监督成为新常态。河北省、山西省先后出台了省人大常委会地方性法规层面的规范性文件备案审查条例，重庆市政府也出台了政府规章层面的《重庆市行政规范性文件管理办法》，这是各地方对规范性文件进行监督管理的里程碑事件，由此加强了规范性文件的制定程序、备案审查、公布、清理、监督等各个环节的规范管理，完善了合法性审查程序，进而实现了规范性文件监督管理的全覆盖。

江西省政府印发《江西省人民政府行政应诉工作规则》，对省政府及其下属机关部门的应诉工作予以规范，明确了省政府和省政府法制办在应诉活动中的地位功能，明确了应诉人员、承办单位、省政府和有关机关部门的关系。比如，出庭应诉人员由省法制办依法提出意见报省政府确定，承办单位认为需要提起上诉的，应将上诉意见报送省政府审定，等等。其规定多有创新之处，但实施效果如何仍需进一步观察评价。

深圳市地税各办税服务厅设置“视频监控系统”，借助第三方科研院所的数据统计分析和调研力量，开展第三方满意度及需求调查。浙江省工商系统则开展“三评”活动，社会监督员评工商、企业评工商、消费者评工商，从不同角度、层面对工商行政管理进行评议监督。珠海市国税局则主动接受监督，通过发放纳税人需求调查问卷、上门走访、网上调查、电话了解等途

① “六个一”指一个网站、一条热线、一个平台、一个窗口、一个机制、罪犯“一卡通”。

径，征集纳税人的意见建议，并予以落实整改。由此，行政机关从被动接受监督走向主动寻找监督，进而发现问题、改进工作、提升效能。

三　探索克服改革难题，着力提升司法公信力

在中央顶层设计和统一部署下，地方司法改革总体上有条不紊地开展。在传统上，法院及法官管理主要是借鉴行政机关，按行政化结构来设置，其自身管理也有较强的行政管理色彩；案件请示、审批制度仍在一定范围内广泛存在；法官待遇与行政级别具有密切关系，职级晋升成为法官所追求的重要目标；类似企业的考核方法和各类绩效指标对法官行为方式形成巨大影响，使得法官疲于奔命。这些是本轮司法改革要克服的主要难题。

（一）推行司法人员遴选

司法人员遴选是司法制度的重要组成部分，主要指设置法官、检察官资格、选拔机制的准则程序等。司法人员遴选制度科学与否，对于司法权的正确行使、国家司法能力建设都具有基础性意义。相应的，遴选制度改革成为司法改革的首要议题。2015 年广东省法官、检察官遴选委员会正式成立，已审议通过《广东省法官、检察官遴选委员会章程（试行）》，由此，全省法官、检察官统一提名、管理并依法任免的统一遴选制度正式建立。遴选程序一般分为五个环节：公告遴选职位和条件、组织报名和资格审核、考试、业务审核、审议确定推荐人员。此后，上级法院、检察院从下级法院、检察院遴选法官、检察官，遴选初任法官、检察官，从优秀律师和具有法律职业资格的法学学者等法律职业人才中公开遴选法官、检察官。该章程还要求，上级单位从下级单位遴选法官、检察官的，一般应当逐级遴选。

上海还出台了《上海法官、检察官从严管理六条规定》，被誉为“史上最严格”的司法人员职业回避制度，建立起“一方退出”机制。要求法官、检察官配偶，各级法院、检察院领导班子成员配偶、子女在本市从事律师、司法审计、司法拍卖职业的，应当实行一方退出。至 2015 年 7 月初，上海

检察机关具有“一方退出”情形的63人中有49人选择本人一方退出，14人选择配偶等另一方退出[①]。

（二）让审理者裁判

加强司法人员遴选的目标是推进司法人员职业化，实现“让审理者裁判、让裁判者负责”。在中央的部署下，各地法院、检察院在此方面进行了一系列试点工作。北京知识产权法院已经取消了案件逐级汇报的做法，院长、庭长不再就个案听取汇报，除依照法律规定需要审判委员会讨论决定的案件外，裁判结果将按照合议庭多数意见确定。作为配套措施，建立起主审法官、合议庭行使审判权与院长、庭长行使审判管理和监督权的全程留痕、相互监督、相互制约机制。知识产权法院专门建立起由专家学者等组成的审判咨询委员会，构建起将专业问题交专业人员解决的审判模式。院长、庭长在司法活动中的审批、审核权限及相关机制的弱化，存在审判人员滥用权力的风险。对此，北京市知识产权法院建立起当事人及其代理人的权利清单和申请书制度。当事人可通过申请书的方式申请权利，每项权利都明确了答复主体和答复期限。

北京市四中院建立起两级法官会议制度，主审法官会议和院级的专业法官会议。北京市四中院与检察机关联合建立起行政行为司法监督协作制度。法院在审判工作中发现行政机关或其工作人员违法行使职权、怠于履行职责、以行政强制措施侵害公民权利或行政机关拒不执行法院判决、裁定等行为，将及时通报检察机关，检察机关依照法定程序及时处理。

北京市第四中级人民法院作为全国首批跨行政区划法院之一，出台《北京市第四中级人民法院关于充分保障律师执业权利　共同维护司法公正的若干规定（试行）》，在北京全市率先落实调查令制度，经当事人及其代理人向法院提出申请，法院审查后可即时签发调查令。当事人的代理律师持

---

① 数据参见《从六大关键数据看上海司法改革试点一年间》，新华网，http：//news. xinhuanet. com/politics/2015 -07/24/c_ 128052853. htm，最近访问日期：2015 年 11 月 3 日。

调查令有权向有关单位或个人调查收集证据，由此调查取证工作的及时性、有效性将得到大幅提升，当事人的诉讼权利、胜诉权益得到更好保障。另外，四中院还设立律师参与诉讼活动时免予安全检查的“绿色通道”，律师在法院参与立案、开庭等工作，只要查验和登记能够证明律师身份的有效证件后，即可免予安全检查。为克服领导违法插手案件，北京市四中院与检察机关联合建立干预司法情况通报及协作处理机制。如发现领导干部插手具体案件处理，司法机关工作人员过问案件、打探案情等情形，可能影响司法权的独立公正行使的，及时向法律监督部门通报情况，并移送相关问题线索，启动问责追究程序。

上海作为全国首批司法改革试点地区，其改革具有很强的创新性。经过改革，将司法人力资源的85%直接投入办案工作。其4个先行试点法院有以下制度创新。一是改革文书签发制度。其核心内容是明确院、庭长对自己没有主审的案件不再签发裁判文书。二是完善审委会、检委会工作机制，审委会、检委会重点讨论对法律适用意见有较大分歧的重大疑难复杂案件。三是规定行政岗位管理职责，院长、检察长、庭长主要负责审核程序性事项、监督管理办案质量效率等事务。四是建立法官、检察官联席会议制度，既为法官、检察官办案提供专业咨询，又为业务交流搭建了有效平台。由此，绝大部分案件由法官和合议庭评议后直接裁判，只有不到千分之一的案件被提交审判委员会讨论，落实了“让审理者裁判、让裁判者负责”的中央司法改革理念精神。

（三）推行管辖制度改革

管辖制度的改革对于排除干扰、实现独立裁判有积极意义。天津市高级人民法院经最高人民法院批准，发布了《关于指定部分行政案件施行跨行政区域管辖的公告》，明确以天津海关及各隶属海关为被告提起诉讼的行政案件由天津市第二中级人民法院管辖，以市级行政机关为被告提起诉讼的行政案件一般由天津市和平区人民法院管辖（因不动产提起诉讼的案件和因市级行政机关复议维持原行政行为作为共同被告的案件除外），环境保护行政案件由天津铁路运输法院管辖[①]。福建省探索在全省各中级人民法院实行市、县（区）政府为被告的一审行政案件跨行政区划管辖。其做法是，将全省九个设区市划分为三个片区，各片区范围内的原属当地中级人民法院管辖的以市、县（区）政府为被告的一审行政案件，统一指定给片区内其他中级人民法院管辖，且不对应交叉管辖。自 2015 年 9 月起，在福州、厦门、泉州等 8 个地市中级人民法院司法管辖区内，各确定 2 ~ 4 个基层人民法院作为集中管辖法院，管辖指定范围内原由其他基层人民法院管辖的一审行政诉讼案件，集中管辖法院原则上不再管辖本地行政机关为被告的案件，而由其他集中管辖法院管辖。值得一提的是，福建省的行政诉讼管辖制度改革凸显对原告选择权的尊重，法官向原告释明后原告仍然坚持选择在原管辖法院起诉的，可以由原管辖法院管辖。深圳市将全市各区的一审涉外、涉港澳台商事纠纷案件指定由前海法院集中管辖，并将全市各区一审的部分金融纠纷案件、知识产权纠纷案件，分步集中到前海法院管辖。

（四）完善审判体制

传统的专业审判庭划分模式，远不能适应现代复合型的纠纷处理需求。因此，一些地方在特定领域、特定地区探索对此实施改革。2015 年 1 月，深圳市前海法院成立，彻底取消审判业务庭的传统体制，建立以审判为中心的扁平化管理模式。知识产权案件的民事、行政、刑事审判的三审合一，是在涉及知识产权的民事、行政合并整合审理的基础上，化解民刑交叉、行刑交叉分别由不同审判庭甚至不同法院来分别审理导致的体制不畅、认定标准有别的问题。对此，近年来各地分别探索实施涉及知识产权

① 其背景是，天津海关原来位于天津市二中院辖区，海关行政案件长期由该院审理；但 2014 年天津海关机关办公地点搬至一中院辖区，但其主要业务和隶属海关仍在滨海新区、天津港、空港经济区等二中院辖区内，形成诉天津海关机关的案件由一中院受理，诉天津海关各隶属海关的案件由二中院受理的割裂局面。为发挥二中院审理海关行政案件积累起的专业性优势，确定了本规则。鉴于天津市的市级行政机关多位于和平区，明确市级行政机关为被告的案件主要由和平区法院受理；鉴于环保行政案件为新类型案件，且容易受到地方政府干预，因此一审置于铁路运输法院，二审由天津市一中院管辖。

案件的民事、行政、刑事的三审合一。四川省三级法院已全面启动试点，有效整合了原本分散的审判资源，统一了各个审判庭原本差异化的裁判规则，形成拳头优势，有力加强了知识产权的司法保护力度。成都市中院知识产权庭由刑事、知识产权法官组成合议庭，既保证了刑事审判的严谨，又发挥了知识产权法官的专业优势，形成“1+1>2”的良性效果。其改革成效已然显现，审理周期平均缩短11.5天，一审的服判息诉率提高了3.46%[①]。

（五）创新考核机制

考核机制对司法人员具有指挥棒的作用。横琴新区法院通过了《横琴新区人民法院关于改革和完善法官考核制度的意见（草案）》，其改革注重全面评价，并慎用量化考核。明确提出“加强日常管理，简化年度考核”，把办案质量、诉讼调解、个人案件管理等工作表现调整为法官能力评价项目，纳入法官综合评鉴中去。其办案数量以法官会议确定的任务为准，办案进度不再搞末位排名，以避免法官为拼业绩导致忙中出错。横琴新区法院还下发了《关于建立法官评鉴机制　完善法官考核制度的意见》，将探索实施法官评鉴制度，引入对法官的第三方评价，旨在解决传统上内部监督乏力的问题。综合评鉴由评鉴小组独立负责。评鉴小组由委员五人组成，委员的人选由法官会议决定，从法官、律师、法律学者中产生，其中应该有人大代表或者政协委员、人民法院特约监督员。

（六）提升执行能力

从全国范围来看，执行难的问题依然普遍存在，被执行人难找、被执行财产难查、协助执行人难求是长期困扰胜诉当事人、导致胜诉权益无法实现的重要因素。执行人员消极执行、拖延执行、乱执行问题是涉法信访投诉的

---

① 《四川：知产案“三审合一”　周期平均少11天半》，四川普法网，http：//www.scpf.org.cn/Article/ShowInfo.asp？ID=40231，最后访问日期：2015年11月19日。

重要来源，一些当事人、组织部门规避执行、抗拒执行、干扰执行的现象仍时有发生。在此背景下，通过审执分离、信息化等措施，展开一系列体制制度机制的改革，成为许多地方司法改革的重要内容。其中的重要思路是审执分离。广东、浙江、广西三地高院和河北省唐山市中级人民法院经最高人民法院批复同意，探索审执分离改革试点。

广西将执行局定位为人、财、物相对独立的二级法人机构，保留部分法官负责程序性裁决事项，将执行人员、书记员比照法警确定待遇，并将部分法警编入执行局使用管理，充实了执行队伍力量。兴宁区人民法院作为广西最早一批审执分离的试点法院之一，改变以往执行法官“一人包案”的传统模式，其执行局内设一个裁决组和两个执行实施组、一个内勤组。执行审查权由裁决组的执行法官行使，重大执行审查事项处理则采取合议制；执行实施权由执行实施组的执行员或执行法官行使，其运行为审批制，即经过裁决组审查并作出裁定、决定后执行实施组才可实施具体事项；内勤组负责案件数据管理、财产查控及相关后勤保障事项。河北省唐山市中级人民法院将两级法院的执行体制整合作为改革重点，大刀阔斧地撤销下属基层法院的执行局，中院下设五个执行分局集中管辖原本在基层法院的执行案件。

改革执行员的管理模式和待遇机制，是一些地方强化执行激励进而提升执行效能的共同选择。广东探索设立执行员的单独序列，确定执行员的任职条件、职务晋升、职责权限和薪酬待遇。浙江则将执行人员成建制纳入司法警察序列，施行执行警务化。

“两个法官一台车四处找”的传统模式，已完全不能适应现代信息化的需求，各地法院将执行信息化建设作为重要抓手。睢宁县人民法院设立了“五室五中心”，包括查控一室、二室，强制执行一、二、三室；案件查询中心、执行启动中心、快速反应中心、司法拍卖中心、信息管理中心，由此打造了“机构全建立、部门全联动、网络全覆盖、监管全留痕、过程全公开、执行全天候”的网上执行局。哈尔滨市中级人民法院则成立执行指挥中心，执法法官履行执行职责时，配备具有 GPS 定位、录音、录像等功能的独立执行车载终端和执行单兵设备。通过这些执行装备，实现了对执行现场的实时录音录像，通过网络回传到指挥中心。指挥中心通过视频对执行人员的执行地点、方向等进行 GPS 定位监控，掌握远程指挥执行情况。如遇到突发事件，法院还可以通过同步录音录像制订应急方案，及时快速制止违法行为，提高执行快速反应能力。通过这些执行装备设施还实现了对执行过程的全程监督，达到了司法执行有力、有序的双重目标。

北京市门头沟区法院进行多项制度机制创新，强化司法执行力度。其建立起对执行对象的梳理甄别机制，逐案甄别被执行对象是否涉嫌拒不执行判决、裁定罪，妨害公务罪，非法处置查封、扣押、冻结财产罪等犯罪，逐案梳理执行对象是否属于不构成犯罪但需司法拘留的被执行人或相关人员，逐案梳理执行对象是否属于需司法拘留但已逃匿的情形，针对不同情况采取应对措施；在传统的解决执行难联动机制和联席会议机制基础上，健全与区公安分局、检察院的协调会商机制，形成打击拒不执行罪的合力。

（七）推动电子法院建设

利用互联网技术手段优化流程，为当事人提供更好的体验、更高的效率，是许多政府和司法机关的共同选择。吉林省高院打造电子法院的做法，对于获取全面准确的一手数据、提升司法能力，进而推进司法改革相关决策的科学性具有基础意义。2015 年 6 月 19 日，吉林省高级人民法院正式开通吉林电子法院（www. e - court. gov. cn），全省 93 个法院实现“线上”全业务覆盖。电子法院将法院各项业务推送到网上办理，已实现立案、审理、执行、拍卖、信访、阅卷、舆情分析等对外业务、内部流程的网上进行。在网上办理的同时，还突破了传统司法模式受制于上班时间、法院区域的时空限制，可做到全天候诉讼。

（八）加强对司法改革的监督

值得一提的是，一些地方人大常委会还对司法改革依法进行监督。广东省人大常委会根据《广东省人大常委会2015年监督工作计划》，听取和审议了省法院、省检察院关于推进司法体制改革试点工作情况的报告，既有利于人大参与有关司法改革方案的讨论制订，推动其细化和完善，也有利于当地的司法改革在法治轨道上进行，为司法改革提供合法性和组织、编制等方面的保障。

四　创新理念与方式，推进法治社会建设

维护社会长治久安的根本出路在于建设法治社会，许多地方在此方面积极进行了改革探索。

（一）基层社会治理创新

社会治理的完善与创新，重点在于夯实基础。这方面值得一提的是江苏省南通市崇川区的邻里自理。崇川区按照“地域相近、楼栋相连、资源相通”的思路，本着“邻里有形覆盖、服务有效落实”的宗旨，在居委会下组建“邻里”，涉农社区150户左右设置邻里，城市社区300户左右设置邻里，基本实现全覆盖。邻里设置“邻里和谐促进会”，建立以居民、社会组织、辖区单位为主体，业主委员会、物业公司共同参与的共管、专业、志愿三组服务力量，选配信息、宝洁、保安、调解、巡抚、宣传、评议、秩序、帮扶等九类服务人员。每个邻里在居民较集中的地方设置居民议事厅，通过居民议事会、居民代表大会、邻里评议会，自主解决邻里事务。发展至今，邻里作为最小的基层单元细胞发挥了社会自治功能，治理功能的重点向源头治理转变，邻里成为政府与社会之间的缓冲带、减压阀，社会多元共治格局初步形成。

（二）和谐劳动关系建设

劳动关系是最基本、最重要的社会关系之一。劳动关系是否和谐，事关劳动者的合法权益确认、保障和维护，攸关经济可持续发展。对此，江苏省江阴市建立劳动关系预警监控指挥系统，通过执法机关内部和其他部门、组

织外部信息采集、排查摸底，构建实时动态监控全市劳动关系运行情况的信息系统，分别设立“黄、橙、红”三色分级防控预警机制，创设监控指挥决策制度、动态管理台账制度、预警分析报告制度、预警隐患监控制度和预警监控联动制度，能够做到快速有效地保障劳动者的合法权益，维护社会秩序安定。

（三）纠纷化解机制创新

相当的重复访、非法访、越级访规模，表明社会矛盾纠纷仍处于高位运行，对现代化社会治理具有巨大压力。一些司法案件当事人甚至持续上访十年以上，一些案件尚未审理完毕当事人已经走上了信访道路。对此，一些地方在纠纷解决机制方面积极创新，着力提升纠纷化解的能力和实效。

广东省中山市自 2012 年 4 月以来，已实现连续 3 年无医闹。其机制创新，一是在市委、市政府牵头下，建立起警院联动机制。中山市公安部门制订处置医闹的工作指引，区分不同的医疗情形进行处置。为增强处置的有效性，在各个医疗机构设置一键式报警，医院警务室派驻公安警务人员，明确公安部门首长为责任人，按照医闹人数的 3 倍警力出警，并确保警务执法人员一分钟内赶到。二是完善医疗调解组织机制和运行制度。中山建立起三级调解机制。在发生医疗纠纷时，先由医疗机构自己化解处置，再由医疗纠纷人民调解委员会（简称“医调委”）进行协调，最后是积极引导患者家属进入司法诉讼程序。医调委由司法局牵头，在各镇区设立，独立于医患双方，主要由 40 名专业人员组成的法律顾问专家库以及 500 多名专业人员组成的医学顾问专家库组成，其专业性和权威性得到了患者及其家属、医院、医生各方的认可，调解效能相比传统一般的调解组织大为提升。自成立到 2015 年 7 月，中山各级医调委先后共受理医疗纠纷 152 宗，成功调解 141 宗，成功率达 92.76%①。三是加强相关救助力度。中山市对确有困难的病患者提供及时法律援助、经济救助等措施，将尸检

① 黄惟勤：《广东中山三年无医闹（民生调查）》，《人民日报》2015 年 7 月 24 日，第 23 版。

费、医疗纠纷鉴定费、人身损害鉴定费、精神疾病鉴定费等纳入法律援助的范畴。

经呼和浩特市政府批准，由呼和浩特仲裁委员会与内蒙古银行业协会、内蒙古证券业协会、内蒙古保险行业协会共同组建呼和浩特金融仲裁院。其处理纠纷种类包括金融机构之间或金融机构与企事业法人、其他组织、自然人之间在金融交易、金融服务等活动中发生的民商事争议纠纷而提出的仲裁申请，仲裁范围包括存款和借款纠纷、担保纠纷、理财纠纷、支付结算纠纷、保险纠纷、证券纠纷、期货纠纷、外汇和黄金交易纠纷、融资租赁纠纷、信托纠纷、保理和代付纠纷、典当纠纷及金融衍生品纠纷等情形。

深圳市光明新区创设大仲裁工作模式，通过整合信访、监察、仲裁三方面力量，设立立案调解庭，明确首访首调责任，联合调处化解劳动争议。

（四）大数据助力治理能力

在国务院印发《促进大数据发展行动纲要》的背景下，一些地方政府积极探索，北京、上海、武汉、无锡、浙江等地已推出了政府数据的集中开发平台。浙江政务服务网的“数据开放”（http：//data. zjzwfw. gov. cn/）专题网站于2015年9月上线，向社会公众集中免费开放政府数据资源，包括68个省级单位提供的350项数据类目，涵盖工商、税务、司法、交通、医疗、教育等多个民生领域，大量数据可通过打包下载，或利用接口进行二次开发，在全球性政府数据再利用的大潮中占据了先机。

青岛市环保局开发并推广“青岛环境”APP，具备空气质量监测、地表水监测、污染源监测等功能，对全市空气质量、河流水质、饮用水源地以及废水企业、废气企业、污水处理厂等环境要素各监测站点实施监测，一旦有企业超标排污，超标企业名称、超标项目、超标倍数、超标标准、超标天数等均在执法人员的手机屏幕上一览无余，并在地图上对各污染源企业进行明确定位。由此，执法人员可随时对自动生成提取的数据进行监控，并在第一时间发出预警，环境监测执法效能大幅提升。

五　地方法治建设面临的问题及2016年展望

在肯定2015年地方法治取得成效的同时，也必须清醒地认识到，地方法治的推进仍存在这样那样的问题，与经济社会发展的需求存在一定差距，突出表现为以下方面。

第一，观望现象不同程度存在。一些地方政府和领导推进法治的动力不足。对于中央、上级关于法治的诸项安排部署，贯彻中过于谨小慎微，力度不够，或者以文对文缺乏落实，或者偏重经济而忽视法治。一个值得关注的现象是，重庆市黔江区、安徽省金寨县等相对落后地区的政府法制机构人员配备相对到位、政府信息公开成效卓著，但不少经济社会发展较为先进的地区，其政府法制机构却存在着人员编制、财政经费等方面的严重缺失，阳光政府推进严重滞后。这表明，一些地方在法治推进方面“非不能也，实不为也”。

第二，法治推进缺乏具体举措。有的虽有热情但缺乏有效的推进措施，虽然明确了法治发展的目标方向，但如何推进法治，如何落实党政重大文件的要求，缺乏可实施的操作指南；相应的，在具体落实层面也往往无所作为。如何发挥企业、社会组织等主体参与法治建设的积极性，尚缺乏可行的渠道机制。

第三，法治行为方式尚未牢固树立。不仅一些访民相信个别领导批示而不相信法律，而且在不少领导干部、国家公职人员中，法治思维也未完全树立。就民众而言，不少当事人认为，信访的部门层次越高、官员级别越高，其客观性、公正性越强，问题就越容易解决。在诉求表达方式上，理性维权不容易受到足够重视，表达方式越是极端、激烈，越能够引起有关部门和主管领导的重视。其诉求未得到满足，不是认为自己的信访要求不合法、不合理，而是认为自己信访所赴机构级别不够高，或者闹得不够大。一些信访人不断向更高级别的机关反映问题诉求，并采取激烈的方式去信访。这对全民理性、法治氛围的形成，具有一定的消极影响。就政府而言，运动思维、专项整治思维，仍有很大市场。有的地方自己总结也发现，创制带有立法性质的规范性文件，设定或变相设定行政许可、处罚、强制的现象仍然存在，程序上未经过合法性审查就上会的程序违法也时有发生，有件不备、逾期报备的做法也存在，备案审查发现的问题存在整改不到位等问题①。一些地方妨碍法治推进、有违法治精神的案例事件仍时有发生。在社会稳定维护与纠纷化解上，部分政府机关放弃原则的迁就、突破法律底线的妥协，往往也可能埋下隐患，甚至导致更大的社会矛盾。

2015 年，多家新闻媒体曝光了多起拖延数年乃至上十年的环境污染事件，当地政府存在严重的不作为②。而在媒体介入、曝光后，当地政府高度重视并立刻行动，十年问题一朝得到解决。媒体曝光后当地政府迅速行动，固然值得嘉许，但也表明常态性执法监管的缺失，以及法治思维的缺位，更多带有运动式、政策化治理的人治色彩。显然，常态化、制度化的依法治理思维，仍有待进一步深入人心。

第四，经济社会新常态给法治建设带来严峻挑战。在新常态下，有的地方政府领导感受到更强的经济发展压力，对于发展经济热情高涨，但谈到推进法治，则缺乏足够的动力。虽然考核体系、考核导向已有所调整，但 GDP 的指挥棒作用仍或明或暗存在。比如，一些地方为落实环境保护政策，关停大批煤矿，导致相关劳资争议、社会保险争议的生效判决得不到执行。

第五，法治推进的保障机制不够完善到位。法治推进的组织保障、经费保障都亟待强化。一个突出表现是，乡镇、街道层级在法治机构、队伍方面的普遍性缺乏。

2016 年及未来一个时期，各地区在法治的推进过程中，在已经取得成绩的基础上，针对仍存在的不足和缺漏，可从以下方面继续向纵深发展。

第一，应进一步树立法治意识。中国地方法治向纵深推进，需要进一步树立正确的发展观，强化法治意识。2015 年，项目组在调研时发现，部分

① 贵州省政府法制办 2015 年上半年规范性文件备案审查工作情况报告。

② 参见侯学宾《从运动式治理到法治常态化》，《检察日报》2015 年 2 月 25 日，第 7 版。

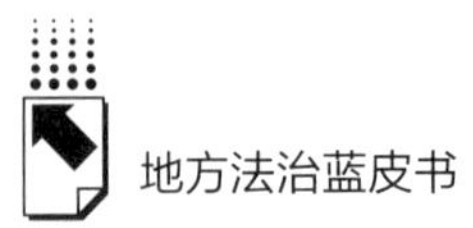

老少边穷山区往往将落后、贫穷、民族地区等作为不重视法治、不全力落实法律要求的重要托辞，甚至认为推进法治可能妨碍经济发展，落实法治需等经济发展到一定阶段以后再进行。这些观念显然存在严重偏差，有必要尽快纠正克服。一方面，全面推进依法治国，要求各地区各行业将经济社会发展诸种问题都纳入法治框架，在法治轨道内进行；另一方面，全面贯彻法治，对于当地的长治久安，对于经济社会的可持续发展具有基础性作用。因此，高举法治旗帜，以法治理念护航发展，以法治路径维护安定，是未来的必由之路。

第二，凸显地方需求“小步快走”。必须清醒地认识到，中国作为一个大国，既有各地区经济社会发展的不均衡，也存在法治基础的巨大差异，在此背景下，法治推进不应该搞“一刀切”，而应兼顾社会主义法律制度的一般价值、基本原则，也应充分体现各地区的特殊情况和个别需求。在具体安排部署上，既应贯彻中央统一要求，也要考虑当地的具体情况，不宜抱有一步到位的激进想法。因此，今后各地的法治实施，小步快走将成为新常态。

第三，信息技术支持保障力度需继续加强。信息化保障在现代法治推进中具有基础性意义。虽然各地政府、法院等国家机关推进网络化、信息化已取得显著成效，但仍有显著提升空间。一些以往根本无法形成或掌握的政府数据，现在已经比较容易获取。比如，一些地方法院的执行公开率、国家赔偿次数及总量已经可通过其司法信息平台点点鼠标就能轻易获取。但是，一些国家机关网站等平台提供的信息数据存在明显纰漏，仍有相当一部分数据无法准确形成，甚至根本无法获取。项目组在对一些法院官方网站进行观测时，发现一些法院居然在开庭后第二天公告了已经开过庭的“开庭公告”；对一些地方法院更深层次的内部测评发现，有些工作人员对待信息录入存在消极抵触心理，不少关键节点信息未予录入，相互矛盾的数据，也非个案。种种情况表明，法律制度实施的信息化取得成效不容过于乐观，应当不断优化信息平台，确保节点信息录入、信息形成的全面性和准确性，为科学决策和精细化管理夯实基础。

第四，地方法治应注重通过制度加以固化。通过制度建设，明确法治建设中各层级政府、各个部门的权责分配，进而杜绝犹豫观望等现象。各个主体之间的权责不明确，是法治实施中导致相互推诿、扯皮的重要因素。为此，必须将职责予以合理分解，明确到机构，明确到岗位。制度建设还可彻底克服人一走茶就凉的问题。项目组在一些地方的调研发现，一些法治方面的良好创新，往往由于人事变动而无法继续，亟须通过制度建设赋予刚性，实现法治水平的可持续提升。

第五，依据法治惩治乱作为和不作为。在地方法治推进中，必须明确改革创新应当在法治轨道内进行，对于以创新之名的乱作为应当予以严惩。另外，还要严惩一些领域的不作为。对于法定职权置之不理，有“廉”无“勤”，同样是违法行为，应当给予严厉追责。

第六，多管齐下形成全社会的法治氛围。地方法治的有力实施并非政府一家之事，需要社会各方共同努力，遵守法制。在不少发达地区也并非罕见的乱停车、闯红灯等现象，不少民众熟视无睹。事实上，这也同样是对法治的践踏。有必要通过加大执法力度、开展专项整治、加强普法教育宣传等方式，增强全民守法的观念意识。

法治指数

Indices of the Rule of Law

B.2

中国地方人大立法指数报告（2015）

——基于省级人大常委会网站的考察

中国社会科学院法学研究所法治指数创新工程项目组 *

摘　要：　为了准确把握地方人大立法工作的状况，推进公开立法、民主立法和科学立法，促进法律制定与法律监督机制的不断完善，本文通过31个省、自治区和直辖市人大常委会门户网站对地方人大立法工作信息公开、立法活动、立法公开和参与、立法优化情况进行测评，分析地方人大立法取得的成绩与存在的问题，并就地方人大立法的发展提出对策建议。

关键词：　地方人大　立法指数　人大常委会网站

* 项目组负责人：田禾，中国社会科学院法学研究所研究员。项目组成员：吕艳滨、王小梅、栗燕杰、翟国强、周婧、徐斌、刘雁鹏、陈坤。执笔人：周婧，中国社会科学院美国研究所副研究员。

2015年《立法法》进行了重大修改，其中第72~76条对省、自治区，省、自治区的人民政府所在地的市，经济特区所在地的市，国务院已经批准的较大的市，其他设区的市的人大及其常委会的立法权限作出了规定；第5条规定“坚持立法公开”，第79条规定，“地方性法规、自治区的自治条例和单行条例公布后，及时在本级人民代表大会常务委员会公报和中国人大网、本地方人民代表大会网站以及在本行政区域范围内发行的报纸上刊载”，首次以法律的形式明确在本地方人民代表大会网站刊载是地方立法公开的法定形式；此外，新增的第63条还对立法后评估作出了明确的规定。

为进一步掌握《立法法》修改后地方立法工作的实际状况，准确把握地方立法的具体变化、改进之处以及存在问题，进而继续推动地方立法的不断完善，中国社会科学院法学研究所法治指数创新工程项目组（以下简称“项目组”）于2015年再次通过31个省级人大常委会门户网站对地方立法进行了测评，并对两年地方立法的测评情况进行了比较分析。

一　测评指标与方法

地方立法指数所测评的是31个省级人大常委会依法履行立法职能的情况，其指标体系的主要依据是宪法和法律的相关规定。由于《立法法》在2015年进行了较大修改，本指标体系依据的法律规定发生了变化，因此，项目组根据修改后的《立法法》，在多次征求地方实务部门、研究立法的专家学者和一般社会公众意见的基础上，对测评指标作了调整和优化。

首先，《立法法》更为强调公开立法和民主立法，强调公众对立法的有序参与，如修改后的第5条明确规定坚持立法公开，第37条规定“法律草案应当向社会征求意见，征求意见的情况应当向社会通报”。2015年度将第三个板块的名称由“立法参与”改为“立法公开和参与”。同时还根据《立法法》的修改增加了一些具体指标，如“对公众意见的反馈情况”“立法听证会有无基层群众参加”“有无人民团体参与”“有无人民代表参与”等指标。

其次，修改后的《立法法》更强调立法的科学性，对法律评估作出了相关规定。尽管此规定针对的是国家立法，但对地方立法仍然具有指导意义。为此，在“立法活动”板块中增加了“立法前评估”指标。

再次，修改后的《立法法》第72条赋予设区的市以立法权，并规定“除省、自治区的人民政府所在地的市，经济特区所在地的市和国务院已经批准的较大的市以外，其他设区的市开始制定地方性法规的具体步骤和时间，由省、自治区的人民代表大会常务委员会综合考虑本省、自治区所辖的设区的市的人口数量、地域面积、经济社会发展情况以及立法需求、立法能力等因素确定”，为此2015年度指标体系增加了指标，考察省级人大对确定设区的市开始制定地方性法规的条件步骤情况。

最后，《立法法》规定了立法评估机制，其中第63条对立法后评估作了详细规定。基于此，“立法优化”增加了“立法后评估”指标，详细考察地方立法后评估的情况。

据此，2015年度的测评指标包括：立法工作信息公开（权重20%）、立法活动（权重35%）、立法公开和参与（权重30%）、立法优化（权重15%）（见表1）。

表1　2015年度地方立法指数指标体系

一级指标及权重	二级指标及权重
立法工作信息公开(20%)	常委会领导信息(15%)
	常委会机构信息(20%)
	立法工作总结(30%)
	本级人大代表信息(15%)
	法规数据库(10%)
	网站的检索功能(10%)
立法活动(35%)	制定地方立法程序(15%)
	立法规划(15%)
	立法计划(15%)
	上一年度立法计划完成情况(5%)
	公众普遍关心问题的立法(15%)
	创制性立法(15%)
	立法前评估(5%)
	确定设区的市开始制定地方性法规的条件步骤情况(15%)

续表

一级指标及权重	二级指标及权重
立法公开和参与(30%)	立法草案公开(60%) 公众参与立法平台(20%) 立法听证会(20%)
立法优化(15%)	规范性文件审查程序立法(20%) 立法后评估(20%) 立法清理(20%) 执法检查(20%) 备案审查(20%)

对上述指标的评估主要依靠各省级人大常委会通过本机关门户网站及其他媒体渠道公开的信息。项目组通过在各省级人大常委会门户网站及相关媒体查询信息的方式获取测评数据。测评时间为2015年12月10日至12月31日。

二 测评结果

（一）测评的总体情况

根据4个板块的测评结果和权重分配，项目组核算并形成了31家省级人大常委会的总体测评结果（见表2）。

表2 2015年度地方立法指数测评结果

单位：分

排名	测评对象	立法工作信息公开(20%)	立法活动(35%)	立法公开和参与(30%)	立法优化(15%)	总分(满分100分)
1	上　海	81.75	76.50	84.00	54.00	76.43
2	广　东	75.00	76.88	76.00	59.00	73.56
3	安　徽	58.75	86.25	69.00	72.00	73.44
4	江　苏	69.75	91.00	67.00	50.00	73.40
5	重　庆	68.75	86.88	43.00	60.00	66.06

续表

排名	测评对象	立法工作信息公开(20%)	立法活动(35%)	立法公开和参与(30%)	立法优化(15%)	总分(满分100分)
6	江 西	62.25	67.50	73.00	50.00	65.48
7	陕 西	66.25	84.38	46.00	54.00	64.68
8	湖 北	56.25	90.00	52.00	40.00	64.35
9	天 津	56.25	67.50	66.00	40.00	60.68
10	广 西	53.00	70.50	64.00	40.00	60.48
11	北 京	43.00	69.00	66.00	50.00	60.05
12	贵 州	78.25	76.88	36.00	40.00	59.36
13	内蒙古	65.00	75.00	39.00	52.00	58.75
14	山 东	60.50	61.88	58.00	44.00	57.76
15	河 北	65.75	69.38	36.00	55.00	56.48
16	浙 江	70.00	56.25	39.00	55.00	53.64
17	海 南	54.00	61.00	51.00	40.00	53.45
18	河 南	47.50	63.75	49.00	40.00	52.51
19	吉 林	71.25	65.63	30.00	40.00	52.22
20	四 川	66.00	71.00	18.00	44.00	50.05
21	湖 南	59.25	60.00	28.00	44.00	47.85
22	辽 宁	62.50	58.13	24.00	50.00	47.54
23	甘 肃	50.00	62.50	27.00	42.00	46.28
24	云 南	23.75	57.25	34.00	64.00	44.59
25	福 建	42.00	56.25	34.00	40.00	44.29
26	青 海	52.25	63.75	18.00	40.00	44.16
27	山 西	45.50	63.75	22.00	40.00	44.01
28	宁 夏	51.50	52.50	24.00	50.00	43.38
29	黑龙江	49.00	39.38	30.00	40.00	38.58
30	西 藏	55.00	41.25	10.00	40.00	34.44
31	新 疆	69.75	30.00	12.00	40.00	34.05

根据最终测评结果，2015 年度总分超过 60 分的省级人大常委会有 11 家，即上海市人大常委会、广东省人大常委会、安徽省人大常委会、江苏省人大常委会、重庆市人大常委会、江西省人大常委会、陕西省人大常委会、湖北省人大常委会、天津市人大常委会、广西壮族自治区人大常委会和北京市人大常委会，其中上海市人大常委会以总分 76.43 分高居榜首。

（二）地方立法的亮点

调研发现，地方立法工作已经积累了一些经验，取得了一些成绩，也形成了一些较好的工作机制。

第一，地方立法工作整体上不断发展。2015 年度不仅增加了指标对尚处于探索阶段的机制如立法后评估进行测评，而且测评要求较 2014 年度更为细化和严格。在测评难度明显加大的情况下，总体分数仍较为稳定。2015 年度最高分 76.43 分，得分超过 60 分的省级人大常委会有 11 家。2014 年度最高分 79.5 分，得分超过 60 分的有 13 家。这表明地方立法整体上呈现出向好的趋势。

第二，地方立法的主动性和自主性加强。无论是就公众普遍关心的问题制定法律的实施细则即实施性立法方面，还是在创制性立法方面，省级人大常委会的积极性和自主性都有所提高。2014 年度就公众普遍关心的问题制定地方性法规的省级人大常委会有 29 家，2015 年度提高到了 31 家。在创制性立法方面，从 2012 年至 2014 年有 10 家省级人大常委会进行了创制性立法，其中制定 1 件的有 5 家，制定 2 件的有 4 家，制定了 3 件以上创制性法规的只有 1 家。而 2015 年度，就有 17 家进行了创制性立法，其中制定 1 件的有 9 家，制定 2 件的有 5 家，制定 3 件以上的有 3 家。可见，省级人大常委会更为主动地制定探索性法规，为本地改革加强法律保障。

第三，地方立法的规范化程度有所提高。2014 年制定地方立法程序的人大常委会的比例为 58.1%，2015 年度提高为 100%。此外，《立法法》修改之后，上海市人大常委会等修改了地方性法规立法程序，增加了立法前评估和立法后评估的相关规定，加强地方立法的规范化和标准化。

（三）地方立法的问题

尽管取得了一些成绩，地方立法工作仍有不断提升的空间。

第一，地方立法各项工作发展不够均衡。测评结果显示，四大板块总体情况尚不均衡。在“立法工作信息公开”板块，平均分为 59.02 分，得分超过60分的省级人大常委会共计15家。在“立法活动”板块，平均分为66.19分，得分超过60分的省级人大常委会共计23家。在“立法公开和参与”板块，平均分为42.74分，得分超过60分的省级人大常委会共计8家。在“立法优化”板块，平均分47.39分，得分超过60分的省级人大常委会共计3家。由此可见，4个板块的得分情况差距较大，省级人大常委会公开立法工作信息和开展立法活动的情况较好，而立法过程中公开和参与的情况，以及通过立法监督、立法后评估、执法检查等机制优化立法的情况仍不够理想，这两方面应成为未来地方立法工作着力的重点。

第二，各地区的立法工作发展不够均衡。测评结果显示，4个板块最高分和最低分的差距较大，省级人大常委会之间的差距较为明显。在“立法工作信息公开”板块，上海市人大常委会得分最高，为81.75分，云南省人大常委会得分最低，为23.75分，相差58分。在“立法活动”板块，江苏省人大常委会得分最高，为91分，新疆维吾尔自治区人大常委会得分最低，为30分，相差61分。在“立法公开和参与”板块，上海市人大常委会得分最高，为84分，西藏自治区人大常委会得分最低，为10分，相差74分。在“立法优化”板块，安徽省人大常委会得分最高，为72分，天津市、福建省、海南省、广西壮族自治区、吉林省、黑龙江省、河南省、湖北省、山西省、贵州省、西藏自治区、新疆维吾尔自治区和青海省得分最低，皆为40分，相差32分。如何促进不同省、自治区和直辖市人大常委会之间的交流和学习，实现各地区立法工作的共同发展，还需要在实践中不断探索。

第三，公开立法和民主立法的程度有待提升。就公开立法而言，无论是立法工作信息、立法过程，还是立法监督信息，公开的及时性和信息的完备性都需要进一步加强。在民主立法方面，无论是公众参与立法渠道的多样性，还是参与立法的有效性，都有待提高。

三　立法工作信息公开

“立法工作信息公开”着重考察31个省级人大常委会通过门户网站公

开立法工作相关信息的情况。该板块由六个子板块构成，即“常委会领导信息”“常委会机构信息”“立法工作总结”“本级人大代表信息”“法规数据库”“网站的检索功能”。

调研发现，31 家省级人大常委会门户网站都能够打开，而且与 2014 年相比网站信息更新的速度有所提升。网站基本都开设了立法工作专栏，集中发布立法信息，而且有的人大常委会还专门建立了有关地方立法的网站，如浙江省人大常委会的“地方人大网”、广东省人大常委会的“立法专网”。

（一）人大常委会领导信息公开进展有限

常委会领导成员简历的公开有所改进，但领导分工信息公开无明显改观。被测评的 31 家人大常委会中，已有 23 家提供了所有常委会领导成员简历，比例为 74.2%；3 家提供了部分领导成员简历，所占比例为 9.7%。只有 5 家完全没有提供，较 2014 年减少了一半。而且，海南省、宁夏回族自治区等人大常委会提供的常委会领导成员简历较为详细，公布了各个领导成员的具体工作履历。但在 31 家人大常委会中，只有 2 家人大常委会在网站上提供了常委会领导成员分管部门或业务的信息，1 家提供了部分常委会主任分管部门或业务信息，仍有 28 家完全没有提供，所占比例高达 90.3%。

（二）人大常委会机构信息公开有一定进步

常委会机构职能信息的公开程度有所提高，但机构联系方式的公布有待加强。在机构职能信息公开方面，被测评的 31 家省级人大常委会中，有 28 家在门户网站上提供了人大常委会内设机构列表，比例为 90.3%；16 家公布了内设机构职能说明，所占比例为 51.6%；20 家提供了内设机构的处室列表，比例为 64.5%；11 家公布了内设机构的处室分工情况，比例为 35.5%。虽然和 2014 年一样，仍有 3 家人大常委会完全没有提供机构职能信息，但是公开的方式方法较 2014 年有了较大进步。有的人大常委会改进了公开内设机构职能信息的方式，更方便公众了解相关信息。例如，上海市人大常委会不仅公开了内设机构列表，而且每个委员会都设有独立的版面，便于公众更全面地了解各个委员会的职能、下属处室及其分工；陕西省、山西省、湖南省、宁夏回族自治区等人大常委会在网站上公布了内设机构及下属处室的列表，这些简单明了的列表更直观地勾勒出人大常委会各部门的相互关系，有助于公众了解人大常委会的机构组织情况。此外，有的人大常委会还提供了与内设机构相关的其他资料，公开的信息更为全面。例如，天津市人大常委会除了在网站上提供内设机构职能说明、下属处室之外，还公布了处室的联系电话，方便公众就有关问题及时联系相关处室。

在内设机构负责人名单公开方面，提供名单的人大常委会也略有增加，由 2014 年的 10 家增加到 2015 年的 13 家。但是，人大常委会联系方式的公开情况和 2014 年一样，只有陕西省、吉林省等 8 家提供了人大常委会的联系方式（包括地址和电话），比例为 25.8%；6 家仅提供人大常委会的地址或电话，所占比例为 19.4%，上述人大常委会通常是在网站首页最下方公布本常委会的地址、电话。还有 17 家没有提供人大常委会的任何联系方式，所占比例为 54.8%。通过网站提供内设机构联系方式的人大常委会还是 2 家，和 2014 年的情况一样，并无改观。

（三）人大常委会工作总结公开有所改进

人大常委会立法工作总结的公开情况有所改进。第一，从公开的形式来看，2014 年 31 家省级人大常委会都对前一年的立法工作情况进行了总结，并将其作为常委会工作报告的一部分予以公开。2015 年 31 家人大常委会也都进行了总结，并公布了总结内容，其中 29 家仍将其作为常委会工作报告的一部分予以公开，福建省和贵州省人大常委会则在网站上专门公布了立法工作总结。此种公开方式更为便捷，方便公众了解人大常委会的年度立法情况。第二，就年度立法数量公开而言，31 家人大常委会都介绍了相关信息，较 2014 年增加了 1 家。例如：安徽省人大常委会在工作报告中指出，2014 年度审议法规草案 15 件，通过了 11 件；新疆维吾尔自治区人大常委会审议通过和批准法规和法规性决定 15 件。第三，在公布年度立法的重点领域方面，19 家人大常委会作了相关介绍，占 61.3%，比 2014 年多了 6 家。有的人大常委会对立法重点领域的介绍非常详细，除了指出立法重点外，还介绍相关立法所设立的重要法律制度。例如，陕西省人大常委会在工作报告中指出，2014 年度立法“围绕推进生态文明建设，修订节约能源条例，对固定资产投资项目实行节能评估和审查制度，主要耗能行业实行差别价格制度，推进节能市场化。立足我省核技术利用大省实际，制定放射性污染防治条例，确立分级分类管理原则，建立放射源在线监控系统，筑牢环境安全的防火墙”。第四，从立法过程信息的公开来看，15 家人大常委会在工作报告中较详细地介绍了该年度制定法规的过程信息，占 48.4%。例如，西藏自治区人大常委会在工作报告中指出，2014 年度共进行 26 次调研、召开 35 次座谈会和专家论证会，广泛听取人民群众的意见，积极邀请代表参与有关立法活动，通过各种途径，共征集近 500 条意见和建议并认真研究吸纳。内蒙古自治区首次就自治区食品生产加工小作坊和食品摊贩管理条例等地方性法规开展了法规出台前评估，面对面听取经营者、人大代表、相关部门和专家学者的意见，重点对法规出台的时机、实施的社会效果进行了评估。14 家较为笼统地提及，比例为 45.2%；只有 2 家完全没有提供，所占比例为 6.5%。第五，在公布上一年度立法计划完成情况方面，2014 年被测评的 31 家人大常委会都没有专门介绍是否完成了立法计划。2015 年测评发现，有 3 家人大常委会介绍了立法计划完成情况。例如，甘肃省人大常委会在 2015 年的工作报告中指出，“全年共制定、修改地方性法规 8 件，审议批准兰州市和民族自治地方的法规、自治条例、单行条例 6 件，完成了年度立法计划”。年度立法计划对人大常委会的立法工作具有现实的指导意义，是否完成年度立法计划是衡量人大常委会立法工作的重要指标，也是人大常委会在立法工作总结中应当详细说明的内容。就此而言，3 家人大常委会对完成年度立法计划情况的说明具有重要的意义。

（四）代表名单及联系方式公开欠佳

本级人大代表名单的公开有所加强，但代表联系方式的公布欠佳。被测评的 31 家省级人大常委会中有 30 家在网站上提供了本级人大代表名单，比例为96.8%。其中吉林省等13家人大常委会还提供了代表的照片和职业背景信息（包括出生年月、性别、民族、籍贯、学历、党籍、现任职务和参加工作时间等），比2014年多了3家。浙江省人大常委会还在门户网站上设立了《人大代表网上联络站》专栏，公布了各市各区各街道的人大代表联络站的地址、联系人、电话和开放时间。

但是，被测评的31家人大常委会都没有在网站上提供本级人大代表的电话或邮箱等联系方式。人大代表发挥着联系作为立法机关的人大与广大人民群众的桥梁作用，公开人大代表的联系方式有助于公众及时向人大代表表达自己的想法、意见和建议，有助于保持人大代表与公众及时而有效的沟通。而人大常委会网站并未提供人大代表的联系方式，这无助于加强人大代表与公众的联系、发挥人大代表“为民说话”的作用。

（五）法规数据库有待建立健全

《立法法》第79条规定，地方性法规、自治区的自治条例和单行条例公布后，及时在本地方人民代表大会网站刊载。据此，省级人大常委会在门户网站上公布地方性法规是其法定职责，而通过建立专门法规数据库的形式来公开更为便捷，有助于公众迅速查找相关立法信息。在被测评的31家人大常委会中，有19家网站设有法规数据库，而且数据库具备搜索检索功能，占测评人大常委会的61.3%；2家网站有法规数据库，但数据库没有检索功能，占6.5%；还有10家网站或者没有法规数据库或者无法打开，占32.3%。与2014年相比，设有法规数据库的人大常委会网站只增加了1家，并无明显改进。调研还发现，有的法规数据库所展示的地方性法规的顺序较为随意，既没有按照地方性法规颁布的时间顺序也没有按照地方性法规的类型展示（如环保法、教育法等）。这不利于公众便捷地了解地方性法规的制定情况，难以发挥数据库的功能。

（六）网站内检索功能有待加强

除了考察人大常委会法规数据库的检索情况，项目组还对网站本身的检索情况进行了测评。在被测评的31家人大常委会网站中，有18家提供了有效的全网综合检索引擎，比例为58.1%；5家提供了简单检索引擎，所占比例为16.1%；还有8家网站或者没有检索引擎，或者提供的是无效的引擎，占所测评人大常委会的25.8%。与2014年相比，没有提供有效检索引擎的人大常委会网站有所减少，由12家减少到了8家，但是整体而言，人大常委会网站检索引擎的有效性和便捷度仍有待提高。大多数网站只能进行简单检索；有的引擎检索的精确度不高；有的引擎检索能力不强，无法将网站已有的信息检索出来。这表明网站检索引擎尚未完全发挥便捷通道的功能，未能帮助公众迅速而准确地查找到相关信息。

四　立法活动

“立法活动”板块主要考察省级人大常委会制定地方性法规的整体情况。由于修改后的《立法法》更强调立法的科学性，对法律的论证和评估作出了相关规定，为此“立法活动”板块增加“立法前评估”子板块，并在原有的“立法规划”和“立法计划”两个子板块中增加指标考察立法规划和计划制定过程中是否向公众征集意见。此外，《立法法》还在赋予设区的市以立法权的同时，规定其他设区的市开始制定地方性法规的具体步骤和时间由省、自治区的人民代表大会常务委员会确定。基于此，2015年度增加“确定设区的市开始制定地方性法规的条件步骤情况”子板块，对省级人大常委会确定设区的市开始制定地方性法规的条件步骤情况进行考察。基于此，“立法活动”板块由八个子板块构成，即“制定地方立法程序”“立法规划”“立法计划”、“上一年度立法计划完成情况”“公众普遍关心问题的立法”“创制性立法”“立法前评估”、“确定设区的市开始制定地方性法规的条件步骤情况”。

调研发现，与2014年相比，省级人大常委会的立法活动在整体上取得一定的进步，但仍存在一些问题。

（一）普遍出台地方立法程序

制定地方立法程序，设定地方各级人大常委会的权限，明确制定地方性法规的步骤，这是实现地方各级人大常委会立法有法可依的重要举措，也是推进民主立法、公开立法和科学立法的前提保障。基于此，项目组考察了省级人大常委会制定地方立法程序的情况。调研发现，被测评的31家人大常委会都制定了地方立法程序，其中26家在门户网站公布；5家未在门户网站公布，通过百度等搜索引擎可以查找到。与2014年相比，省级人大常委会在制定地方立法程序方面进步显著。2014年只有18家人大常委会制定了地方立法程序，占58.1%，2015年则达到了100%。

（二）立法规划公开有待强化

立法规划设定了地方人大常委会五年内的立法目标、原则和重点领域，是实现重大改革于法有据、实现立法为地方发展保驾护航的重要保障。这事关地方的未来发展，与广大人民群众息息相关。因此，立法规划的制定应向公众公开，让公众参与，向公众征求意见。调研发现，地方立法规划的制定大多征求公众意见。被测评的31家人大常委会都制定了立法规划，26家在制定立法规划的过程中征求了公众意见，比例高达83.9%。

立法规划制定过程的公开和参与情况较好，但制定之后公开立法规划的情况并不理想。只有12家人大常委会在门户网站上公布了立法规划，占测评人大常委会的38.7%；6家网站没有提供，只有通过百度等搜索引擎才能检索到，占19.4%；还有13家人大常委会的立法规划无法通过网络找到或无法打开，比例高达41.9%。完全没有公布立法规划的人大常委会与2014年相比只少了1家。

（三）立法计划公开有待加强

立法计划明确年度立法的重点领域，确定初步审议和继续审议的法律草案，是地方人大常委会年度立法工作的重要指引。被测评的31家人大常委会都制定了2015年的立法计划，但并未完全公开。15家人大常委会的网站提供了立法计划，占48.4%；有1家网站没有提供，但通过百度等搜索引擎或者在地方立法网可以找到，占3.2%；还有15家人大常委会的立法计划或者无法通过网络找到，或者无法打开，比例高达48.4%。而2014年15家人大常委会的网站提供了年度立法计划；4家网站没有提供，但通过百度等搜索引擎或者在地方立法网可以找到。可见，2015年在门户网站上公布立法计划的人大常委会数量与2014年持平，而虽未在网站上提供但通过搜索引擎能找到立法计划的人大常委会数量则有所减少。

人大常委会在立法计划制定过程中征求公众意见的情况也不理想。虽然2015年人大常委会就立法计划征求公众意见的方式更为多样，如湖北省、贵州省等人大常委会专门发布了征集立法计划建议项目的公告，江苏省、河南省等人大常委会专门在门户网站上设立了“立法项目征集平台”，但整体而言仍有待加强。被测评的31家人大常委会中，只有16家在制定立法计划的过程中征求了公众意见，占51.6%。与26家人大常委会制定立法规划时征求公众意见相比，立法计划制定征求公众意见的人大常委会相对较少。这主要是因为，立法计划是一年一制定，频率高，时间较紧，而立法规划是五年制定一次，酝酿、审议的时间较长。尽管如此，立法计划仍应广泛征求公众意见，这也是实现民主立法的一个重要举措。

年度立法计划制定之后，人大常委会可能根据具体情况进行调整。在调研的31家人大常委会中，只有3家在网站上提供了立法计划调整的信息，仅占9.7%。立法计划制定或调整之后，人大常委会按照计划开展立法活动。为此，项目组还考察了立法计划的执行情况。调研发现，在门户网站上介绍了立法计划完成情况的也只有3家。

（四）立法工作关注民生问题

结合本地具体情况，制定法律、行政法规的具体实施细则是地方人大常委会的重要职责。而近年来民生问题成为地方立法的重点，在民生领域中，事关群众切身利益的水资源保护和义务教育备受关注，成为社会公众议题。

为此，项目组考察了省级人大常委会制定水资源保护和义务教育相关法规的情况。被调研的31家人大常委会都制定了水资源保护地方性法规。30家还制定了有关义务教育的地方性法规。就此而言，地方人大常委会就公众关心的问题制定地方性法规的情况普遍较好。

（五）创制性立法有待增加

地方人大常委会不仅要结合本地实际情况制定法律的实施细则（即实施性立法），还可以在尚未制定相关法律、行政法规的情况下，为解决本地区面临的突出问题，制定一些探索性的地方性法规（即创制性立法）。创制性立法是地方自主立法的重要体现，也是确保地方改革于法有据的前提和保障。为此，项目组继续考察了人大常委会进行创制性立法的情况。在被测评的31家人大常委会中，有17家在2015年度进行了创制性立法，比例为54.8%。其中9家的创制性立法为1件，5家为2件，3家为3件以上。例如，天津市人大常委会制定了《天津市客运公共交通管理条例》《天津市学校安全条例》《天津市滨海新区条例》和《天津市养老服务促进条例》，湖北省人大常委会制定了《湖北省农村五保供养条例》《湖北省东湖国家自主创新示范区条例》《湖北省行政事业单位国有资产监督管理条例》和《湖北省志愿服务条例》，江苏省人大常委会制定了《江苏省公共文化服务促进条例》《江苏省农业综合开发管理条例》和《江苏省农村扶贫开发条例》。而在2012~2014年度只有10家省级人大常委会进行了创制性立法，就此而言，2015年地方人大常委会在创制性立法方面有了明显的进步。

（六）立法前评估有待推广

2015年修改的《立法法》对法律的立法前评估作了明确规定，将其作为提高法律质量的重要机制。为保证地方立法的质量，许多地方人大常委会进行了立法调研和论证，有的还在地方性法规出台前进行了评估。在31家省级人大常委会中，有1家人大常委会在网站上公布了立法前评估的情况。

（七）设区的市立法开局良好

赋予设区的市以立法权是《立法法》修改的一大亮点。在赋予立法权的同时，《立法法》还规定其他设区的市开始制定地方性法规的具体步骤和时间由省、自治区的人民代表大会常务委员会确定。调研发现，除北京、上海、天津和重庆4家直辖市外，被测评的27家省级人大常委会中，已有24家对此作出了相关规定，比例达到88.9%。例如，山东省人大常委会将全省14个设区的市分两批行使地方立法权，广西壮族自治区人大常委会作出了《关于柳州、桂林、梧州、北海、钦州、玉林市开始行使地方立法权的决定》。随后，一些设区的市已经开始着手制定地方性法规。三亚市首部地方性法规《三亚市白鹭公园保护管理规定》获得海南省五届人大常委会第十七次会议表决通过，并于2015年12月1日起正式实施；2015年12月4日江苏省十二届人大常委会第十九次会议审查批准了《镇江市金山焦山北固山南山风景名胜区保护条例》；2015年12月30日广东省中山市十四届人大常委会第三十一次会议表决通过了《中山市水环境保护条例》。

五　立法公开和参与

修改后的《立法法》将立法公开作为一项重要的原则，并对民主立法和科学立法作了详细规定。要实现民主立法、科学立法，就要向社会公开立法的全过程，让公众参与立法的全过程，使立法充分反映民意、广泛集中民智。基于此，项目组主要从向公众公开、让公众参与的角度，从“立法草案公开”“公众参与立法平台”和“立法听证会”三个方面，对地方立法公开和参与的情况进行了测评。

（一）立法草案公开有待完善

立法草案公开是立法公开的重要组成部分，也是立法参与的前提。在被测评的31家人大常委会中，有30家在网上公布了法规草案，比例高达

96.8%。江苏省人大常委会等还支持公众在线提交意见。就此而言，立法草案已实现普遍公开。但是，公开的信息仍不够详细。只有20家提供了草案征求意见有关事项的说明，如反馈意见的电话、邮箱、邮寄地址、时限，占31家被测评人大常委会的64.5%；15家提供了草案说明，如立法背景、修改理由、立法目的等，比例为48.4%；15家公布了2014年草案的审议结果，比例为48.4%；仅3家在网站上对公众意见进行反馈，比例为9.7%。与2014年相比，公开信息的详细程度略有提高。具体而言，2014年有26家人大常委会提供了草案征求意见有关事项的说明，12家人大常委会提供了草案说明，6家在网站上对公众意见进行反馈，9家在网站上公布了草案的审议结果。仅公布法规草案，而未提供相关信息，公众难以了解草案的立法意图、目标和争议的焦点，也就难以有效参与法规的制定。因此，人大常委会在公开立法草案时需要提供草案说明等相关信息，以便公众全面了解草案，并提出具体的意见和建议，还要对公众意见进行反馈，公开草案审议结果，以便公众及时了解所提意见建议的采纳情况以及草案的修改审议情况，进而保障公众有序参与立法，确保立法机关和社会公众的有效沟通。

（二）公众参与平台亟须健全

在门户网站上设立公众参与立法平台，为公众对草案征求意见稿提出意见和建议提供了便利条件。为此，项目组对省级人大常委会设立公众参与立法平台的情况进行了调研。在被测评的31家人大常委会中，14家在门户网站上设立了公众参与立法平台，比例为45.2%。其中，广东省人大常委会在门户网站上设立了“法规草案征集意见系统”，公众可直接进入系统对草案的每一条规定发表意见，提交相关资料。31家人大常委会中只有1家在平台公布了公众意见。所有平台都没有公布对公众意见的反馈情况。而2014年在网站上设立公众参与立法平台的人大常委会有12家，2015年仅增加了2家。随着网络的不断普及、网民的增加，公众通过立法平台参与日渐成为确保公众有序参与立法的重要方式。因此，需要建立公众参与平台，提高公众在平台上提出意见建议的便利程度，不断增加平台发布的信息，把平台构建成为立法机关和社会公众沟通交流的重要渠道。

（三）立法听证会需继续完善

立法听证会为社会公众提供了影响立法决策的有效渠道，为不同利益群体提供了协商对话的平台，为立法真正做到反映广大人民的共同意愿提供了有效保障。基于此，立法听证会被《立法法》确立为一项正式的法律制度。在被测评的31家人大常委会中，有9家在2015年召开了立法听证会，并在网站上提供了相关信息，比例为29%。江西省人大常委会等门户网站还专门开设了《人大立法在进行》栏目，发布立法听证会等信息。在9家人大常委会中，有4家公开了听证情况，6家的听证会有基层群众参加，2家的听证会有人大代表参加。广东省、山东省和河北省等人大常委会还举行网上听证会，在确定听证内容之后，从报名的网民中遴选出陈述人参加听证会，并在听证过程中增加网民互动环节，让更多人参与立法过程。但是，与2014年相比，举行立法听证会的人大常委会并未增加，2014年也是9家召开了立法听证会，并在网站上提供了相关信息。就此而言，立法听证会尚未成为省级人大常委会听取各方意见、加强立法参与的主要方式。

就完善立法听证会而言，制定立法听证会相关规则是一种重要的方式。在31家人大常委会中，有18家制定了相关规则，对听证事项、听证方式等作出了规定，所占比例为58.1%，比2014年多了4家。尚有13家缺少相关规定，比例高达41.9%。因此，立法听证会还需要进一步规范化。

六　立法优化

除了制定地方性法规，通过立法监督、立法后评估、执法检查等机制优化立法也是省级人大常委会的立法职责。为此，项目组继续对地方立法的优化情况进行测评。测评的内容与2014年基本一致，主要包括省级人大常委会是否制定规范性文件审查办法；人大常委会对地方性法规以下的规范性文件进行审查的情况；人大常委会是否制定地方性法规立法后评估程序，并对地方性法规的效果进行评估；人大常委会是否制定地方性法规清理程序，并对地方性法规进行清理；人大常委会是否对政府执行地方性法规的情况进行监督检查。

（一）备案审查需进一步公开

对省政府制定的行政规章、设区的市和自治州的人民代表大会及其常务委员会制定的地方性法规等规范性文件进行备案审查，是省级人大常委会的重要职责。为确立备案审查的程序、规范审查行为，31 家省级人大常委会均制定了备案审查办法。但是，通过查阅人大网站或百度等引擎进行搜索，只查找到 6 家人大常委会启动备案审查的相关信息，占 19.4%；其中 3 家公开了备案审查结果。还有 25 家没有公开备案审查相关信息，比例高达 80.6%。可见，在门户网站公布备案审查信息的人大常委会并不多，公开工作还需继续加强。

（二）法规清理活动有待加强

为了维护国家的法制统一，省级人大常委会除了对规范性文件进行备案审查，还要对地方性法规进行清理。省级人大常委会大多对地方性法规进行了清理，但项目组通过浏览 31 家省级人大常委会门户网站和百度等搜索引擎检索，只能找到浙江省、辽宁省等 4 家人大常委会 2015 年有关法规清理的信息，比例为 12.9%。相比 2014 年所有人大常委会均未公布法规清理相关信息而言，2015 年有所进步，但相关信息的公开仍有待加强。项目组还就省级人大常委会制定法规清理程序的情况进行了调研。和 2014 年一样，4 家省级人大常委会制定了地方性法规清理程序，占测评人大常委会的 12.9%。其中 1 家在网站上提供了此程序。可见，省级人大常委会法规清理工作的公开性和规范性还有待加强。

（三）地方立法后评估已启动

2015 年修改的《立法法》为国家立法设立了立法后评估这一法律制度。

不仅国家立法，地方立法也启动了立法后评估。在被测评的 31 家人大常委会中，有 9 家在 2015 年进行了立法后评估，并在其门户网站或政府法制网上公布了相关信息，比例为 29%。其中，4 家的立法后评估有公众参与，1 家在评估之后公布了评估结论。例如，内蒙古自治区人大常委会开展《内蒙古自治区森林草原防火条例》立法后评估。而且，为了规范评估活动，云南省人大常委会等正研究起草立法后评估办法。目前，已有 6 家省级人大常委会制定了地方性法规评估程序，占 19.4%。其中 3 家公开了该程序。

在探索立法后评估运作方式的过程中，有的人大常委会形成了一些新的工作机制。例如，四川省人大常委会充分发挥专家学者在地方立法活动中的参谋和智囊作用，选择 6 所高等院校、科研机构和社团组织建立立法评估协作基地，为重大问题、专业性问题提供咨询论证服务。

（四）地方执法检查运行良好

对地方性法规的实施情况进行执法检查，是人大常委会立法监督的重要内容。被测评的 31 家省级人大常委会都开展了执法检查，并在网站上公布执法检查的情况。例如，内蒙古自治区人大常委会公布了《自治区人大常委会关于开展〈中华人民共和国道路交通安全法〉和〈内蒙古自治区实施中华人民共和国道路交通安全法办法〉执法检查的公告》。此外，一些人大常委会在执法检查中及时发现问题，并向有关部门提出整改建议。例如，黑龙江省人大常委会在行政许可“一法一例”执法检查中发现问题后提出建议，省政府在整改后向省人大常委会作了《关于省人大常委会行政许可“一法一例”执法检查发现问题整改情况的报告》。

七　地方人大立法发展建议

2015 年度从立法工作信息公开、立法活动、立法公开和参与、立法优化四个方面对 31 家省级人大常委会的立法工作进行了测评。调研发现，与 2014 年相比，地方人大常委会的立法工作取得了一定的进步，尤其是常委

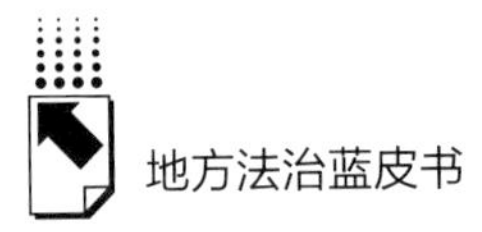

会机构职能信息公开、立法工作总结公开、立法规划征求公众意见、就关系群众切身利益的问题制定实施性法规等方面。尽管如此，地方立法仍存在一定的不足，特别是公开立法、民主立法方面还需不断完善。就完善地方立法而言，可以从以下几方面推进。

首先，进一步推动地方立法信息公开。第一是公开地方立法机构和人员的联系方式，包括人大常委会及其内设机构、本级人大代表的联系方式，方便公众联系相关部门和人大代表，及时就法规草案等提出意见和建议。第二是公布立法规划、立法计划的内容和完成情况，方便公众了解本地人大常委会未来的立法工作安排、立法重点领域，及时参与立法过程。第三是提供立法草案及其相关信息，包括征求意见相关事项的说明、草案说明、意见反馈情况和草案审议结果。这一方面便于公众知悉立法的目的、设立的重要法律制度和争议的焦点等事项，进而能够及时提出具有针对性的意见和建议；另一方面有助于形成意见反馈机制，避免公开征求意见流于形式。第四是公布备案审查和法规清理等立法监督相关信息，以便公众了解地方人大常委会相关工作的情况，并进行有效监督。

其次，建立健全公众参与立法平台、立法听证会等公众参与立法的机制。公众参与立法平台为公众就法规草案提出意见和建议提供了便捷途径，而目前建立平台的地方人大常委会并不多，即使建立了平台，发布的信息也不够具体及时，因此需要继续建立健全公众参与立法平台。此外，立法听证会也是公众参与立法的重要方式，许多地方人大常委会已在立法过程中举行立法听证会，但是，哪些立法事项应举行听证会、听证会主持人应具备哪些资质、如何确定陈述人的程序以及申请旁听的步骤、听证笔录的约束力等事项仍缺少具体规定，地方人大在实践中也未形成统一的标准，相关制度还需要不断完善。

再次，探索立法评估的有效运作机制。《立法法》修改后，确立了立法评估机制，对国家法律的立法前和立法后评估作出了明确的规定。地方人大常委会也启动了立法前和立法后评估，但由于地方立法评估刚刚起步，具体的程序和机制还需不断完善。例如，一些地方人大常委会已引入第三方评估机制，但选择第三方评估机构的程序和规则尚未确立，如何在发挥第三方积极作用的同时保持其中立性、防止其成为部分群体利益和部门利益的代言人还需在实践中探索。

最后，《立法法》将立法权下放到设区的市之后，一些省级人大常委会已对设区的市人大及其常委会行使地方立法权的条件和步骤作了规定。但有的规定过于简单，并未明确具体的程序和标准，更谈不上确立设区的市人大及其常委会的权力清单、负面清单和责任清单。省级人大常委会如何在保障设区的市人大及其常委会自主行使立法权的同时，有效发挥立法监督功能，守住维护法制统一的底线是值得深入研究的重要课题。

B.3
2014年度余杭法治指数报告*

钱弘道　谢天予　刘大伟　徐 成 等**

摘　要：2014 年度余杭法治指数评测通过民意调查、司法系统内部组评估、外部组评估、专家组评审四个方面相结合的方式，分析得出 2014 年度余杭法治指数。数据表明，2014 年余杭法治建设总体上有了明显提升，表明各方对建设法治余杭的共同努力有了成果。本文对指数反映的各种问题进行了较为全面的分析，对余杭今后的法治建设工作有一定参考意义。

关键词：法治指数　依法治国　法治评估

作为余杭区法治状况的年度体检，余杭法治指数的评估实践已经走入了第八个年头。在这八年期间，法治指数的测评结果成为余杭法治社会建设的一面镜子，已体现出重大意义：第一，通过法治指数的评估，寻找余杭地区法治发展中的问题，指导和推动余杭地区有针对性地解决法治建设的症结，并为全国地方法治建设提供参考和借鉴；第二，拓展民众参与法治实践的平台，监督公权力，提高政府官员和民众的民主法治意识，提升法治文明水平；第三，通过研究余杭个案经验，寻找法治发展规律，创新法治理论，探

* 本文系“国家2011计划·司法文明协同创新中心”研究成果，教育部哲学社会科学研究重大课题攻关项目“中国法治政府建设指标体系研究”（13JZD011）、国家社会科学基金重点项目“司法透明指数研究”（13AFX012）、余杭区委区政府委托项目阶段性成果。

** 本报告由钱弘道教授主笔，浙江大学法学院博士生谢天予、辽宁大学法学院副教授刘大伟、浙江大学数学科学学院博士生徐成等参与写作。浙江大学法学院、浙江工业大学法学院的博士后、博士生、硕士生、本科生参与民意调查、资料收集、数据分析以及写作讨论。

寻中国法治发展的道路；第四，余杭法治指数及其引发的一系列法治实验和实践，凸显出法治理论的实践路径，进一步促进中国法学理论与法治实践结合的进程。本报告系2015年完成的余杭2014年法治指数评估结果的分析。

一 2014年度基础数据分析

基础数据是利用多个方面的量化数据来反映法治量化评估体系每一项指标的整体情况，是内部组、外部组以及专家组评分时的重要参考依据。此外，基础数据能够直观地反映余杭法治实践的整体进度。因此，基础数据的搜集是整个法治指数评估工作的重要准备工作。

基础数据资料包括两方面：一部分是“法治余杭”的背景数据，因其统计相对客观，最能够反映余杭区社会法治发展的实际情况；另一部分是“法治余杭”的自评数据，它是余杭区有关部门根据评估体系进行自评得出的数据。

（一）2014年“法治余杭”背景数据分析

法治指数测评的基础数据是进行指数评估各个环节尤其是内外组、专家组评审的重要依据。基础数据包括历年的背景数据对比以及各相关机关的自评数据。这一部分数据最具有年度的连续性和对比性。由于“法治余杭”的背景数据极为繁多，限于篇幅，本部分仅选取最直观的四组数据进行比较分析。

1. 完善民主政治的相关数据

表1给出了余杭区2007～2014年民主政治完善方面的完整数据。整体来看，余杭区在完善民主政治方面的成绩平稳发展，但2014年人大代表的参与热情有所下降。首先，市民的民主参与意识仍然保持较高的程度。2014年余杭区市民向政府提出的建议达630件，虽然与2012年的846件和2013年的804件相比数量上有所下降，但仍保持了较高的水准。其次，公民参加各类党派和社团的人数保持高位运行。2014年，余杭区公民参加各类党派

和社团的数量为 242 个，与 2012 年和 2013 年基本持平，但人次有显著增加。2014 年，参加人次达 242209，比 2013 年增加 43369 人次，增幅为 21.81%；比最低的 2007 年增加 101804 人次，增幅高达 72.51%。再次，共产党代表和民主党派人大代表的人数比、工人和农民人大代表占比，与 2012 年和 2013 年相比，变化幅度较小；与其余各年相比，变化幅度也不大。显然，上述两事项已进入稳定发展阶段。最后，人大代表的参与热情有所下降。2014 年，区人大代表提出议案建议数为 234 件，远低于 2007 年的 331 件（最高值），也低于 2011 年的 236 件（最低值），与前两年相比，也有不小的差距。

表 1　完善民主政治的部分相关数据

考评目标 \ 年份	2007	2008	2009	2010	2011	2012	2013	2014	数据来源
市民向政府提出的建议数（件）	679	719	287	265	254	846	804	630	区信息中心
区人大代表提出议案建议数（件）	331	306	292	250	236	329	287	234	区人大
公民参加各类党派（个）和社团的情况（人次）	146/140405	161/142037	215/156349	218/158003	224/170271	236/182280	244/198840	242/242209	区统战部 区民政局
共产党与民主党派人大代表人数比	203/7	203/7	200/7	195/5	192/5	194/8	192/8	192/8	区人大
工人和农民人大代表占比（%）	43.85	43.85	45.00	44.00	44.30	41.30	40.90	41.40	区人大

2. 政府依法行政的相关数据

“法治余杭”要求政府以身作则，维护法律的权威，营造出良好的守法氛围。表 2 的相关数据显示，在“行政机关败诉的案件数”和“行政部门工作人员重大违法乱纪案件数”两个关键类别方面，2014 年余杭区的依法行政水准有所下降，信访工作保持了较高的水准。首先，“行政机关败诉的案件数”激增。2014 年为 13 件，远远高于 2010 年的 4 件（最高值），更绝对高于 2012 年的 0 件（最低值）。其次，“行政部门工作人员重大违法乱纪案件数”仍然高位运行。2014 年的 13 件虽然远远低于 2008 年的 34 件（最高值）和2013年的20件，但仍与2007年的16件和2010年的17件基本持平，在历年中居于中间位置。再次，潜在的行政机关败诉和人员违纪的可能性较大。其中，在“引发行政诉讼的复议案件数”方面，2014年为36件，较2010年的19件（最高值）增幅高达89.47%，较2012年0件（最低值）发生更为根本性的变化；在“信访案件总数”方面，2014年的48996件与2011年50061件（最高值）差别不大，与2013年的49576件和2012年的48587件基本持平。最后，信访工作保持了较高的水准。其中，在“信访案件结案率”方面，2014年为99.80%，无论是绝对值还是与历年相比较，均处于高位；在“引发重复信访的信访案件数占全部案件的比例”方面，2014年的数值为2.81%，延续了自2009年以来的低位状态。

表2　政府依法行政相关案件的数据

考评目标＼年份	2007	2008	2009	2010	2011	2012	2013	2014	数据来源
行政机关败诉的案件数（件）	2	3	2	4	1	0	3	13	区法院
引发行政诉讼的复议案件数（件）	6	6	9	19	6	0	7	36	区法院
行政部门工作人员重大违法乱纪案件数（件）	16	34	13	17	6	7	20	13	区监察局
信访案件总数（件）	26031	39002	47413	49364	50061	48587	49576	48996	区信访局
信访案件结案率（%）	99.70	99.80	99.13	99.80	99.80	99.80	99.80	99.80	区信访局
引发重复信访的信访案件数占全部案件的比例（%）	16.85	9.90	3.43	3.06	2.83	2.79	2.60	2.81	区信访局

3. 司法公平正义的相关数据

由表3可以看出，在法院受理案件数量激增的前提下，2014年，余杭区的司法公平正义仍然保持了较高的水准。首先，法院一审案件数量激增，表明法院的权威日益提高。2014年的“一审案件数”为21941件，是2007年6579件（最低值）的3.34倍，也是2013年12641件（最高值）的1.74倍。其次，上诉案件率、抗诉案件率、再审案件率、二审改判率和上诉案件中改判、发回重审案件占当年结案数的比例与历年相比，变化不大。其中，抗诉率为0，显示出国家法律监督机关对于法院依法裁判的高度认可。最后，“一审通过调解结案的案件比例”显示当事人对于法院权威的高度认可。在案件量激增的前提下，2014年的比例为44.57%，与2013年的46.66%基本持平，仅略低于2010年的55.85%。

表3　司法公平正义的相关案件数据

单位：件，%

考评目标＼年份	2007	2008	2009	2010	2011	2012	2013	2014	数据来源
一审案件数	6579	8223	10678	10023	10779	11764	12641	21941	区法院
上诉案件率	5.60	4.80	4.30	6.10	5.39	6.04	6.73	6.81	区法院
抗诉案件率	0.05	0.01	0.01	0.05	0.02	0.02	0	0	区法院
再审案件率	0.08	0.09	0.22	0.04	0.05	0.04	0.15	0.12	区法院
二审改判率	5.40	6.00	8.80	7.50	5.80	5.20	8.23	6.30	区法院
上诉案件中改判、发回重审案件占当年结案数的比例	0.24	0.27	0.24	0.39	0.44	0.21	0.47	0.60	区法院
一审通过调解结案的案件比例	—	—	34.64	55.85	35.51	39.30	46.66	44.57	区法院

4. 公民素质提升的相关数据

由表4可以看出，余杭区公民素质的相关数据升降不一，虽然关键性数据显示不断提高，但成年人犯罪数量高位运行令人忧虑。首先，民事案件和行政案件占所有案件比例处于历史高位，显示公民依法维权的意识和素质不断提高。其中，在“民事案件占所有案件比例”方面，2014年的数值为64.50%，系历年最高；在“行政案件占所有案件比例”方面，2014年的0.79%较2013年的2.93%显著下降，但仍远高于除2007年的0.68%外的其余年份。再次，14~18周岁的青少年违法犯罪数量呈下降态势。其中，在“14~18周岁犯罪人数”方面，2014年的102人为历年最低，与2008年和2011年的最高值154人相比，下降幅度高达33.77%，与2012年的150人和2013年的139人相比也有显著下降；在“不满18周岁组中每十万人违反治安管理法的人数”方面，2014年的8.18人为历年最低，较最高值2007年的32人下降幅度高达74.44%，与2012年的17.02人和2013年的14.41

人相比也有显著下降。再次，成年人犯罪人数高位运行。在“18 周岁以上犯罪人数”方面，2014 年的 2308 人仅低于 2012 年的 2368 人，较最低值 2007 年的 1354 人上涨幅度高达 70.46%，较 2013 年的 2044 人增长了 12.92%。最后，“人均律师、法律服务工作者拥有率”处于较低位，2014 年的数值为 1.77 人，和余杭区的经济发展水平存在一定程度的偏离。纵向比较，介于 2013 年的 1.53 人和 2012 年的 1.91 人之间；横向比较，也低于杭州市的 6.12 人和浙江省的 2.13 人（2012 年万人律师比）[①]，与“全面小康社会”考核指标（每万人拥有律师 2.5 人）仍有差距。

表 4　公民素质提升的部分相关数据

考评目标 \ 年份	2007	2008	2009	2010	2011	2012	2013	2014	数据来源
人均律师、法律服务工作者拥有率(每万人)	1.29	1.34	1.33	1.47	1.29	1.91	1.53	1.77	区司法局
民事案件占所有案件比例(%)	60.23	61.04	63.80	58.40	57.60	56.14	59.34	64.50	区法院
行政案件占所有案件比例(%)	0.68	0.40	0.37	0.39	0.25	0.34	2.93	0.79	区法院
14～18 周岁犯罪人数(人)	133	154	124	112	154	150	139	102	区法院
不满 18 周岁组中每十万人违反治安管理法的人数(人)	32	18	11.54	13.46	13.36	17.02	14.41	8.18	区公安分局
18 周岁以上犯罪人数(人)	1354	1554	1778	1358	2013	2368	2044	2308	区法院

（二）2014年“法治余杭”自评

为更加准确、全面地掌握“法治余杭”的建设实效，余杭区在政府机关内部自我测评的基础上，进一步开展了“法治余杭”建设专项工作组的年度考评。为确保评审的中立性，这部分的数据在法治指数测评时仅作为评审活动的参考，并不直接作为计算依据。

① http：//www.tzzy.gov.cn/dyydinfo.aspx？id＝203&newstypeid＝13，最后访问日期：2015 年9 月15 日。

根据评估实践的具体操作和实施情况的深入，“建设法治政府”（指标二）、“民众尊崇法治”（指标五）的标准分自2010年开始分别从160分和100分调整为165分和95分，因为前者在测评上主要依靠行政操作过程的硬指标，更具可量化性，后者则较为主观（见表5）。

表5　2008～2014年度“法治余杭”考评各项指标实施情况的得分

单位：分

序号	考评目标	标准分*	2008	2009	2010	2011	2012	2013	2014
1	推进民主政治建设，提高党的执政能力	110	100	108.8	82	79	105	87	95
2	全面推进依法行政，努力建设法治政府	165	140	133.3	129	137	151	141	120
3	促进司法公正，维护司法权威	130	120	129.7	130	127	114	125	130
4	拓展法律服务，维护社会公平	100	95	96.3	93	96	94	98	98
5	深化全民法治教育，增强法治意识，提升法律素养	95	90	94.2	86	88	89	90	93
6	依法规范市场秩序，促进经济良性发展	100	85	85	97	96	96	97	98
7	依法加强社会建设，推进全面协调发展	100	90	90.9	94	97	98	99	100
8	深化平安余杭创建，维护社会和谐稳定	100	85	90	100	100	96	100	100
9	健全监督体制，提高监督效能	100	90	89.6	98	98	98	98	98

*表中第二项和第五项指标的标准分，根据评估实践的具体操作和实施情况有些调整，2008年和2009年这两项的标准分分别为160分和100分，2010年之后调整为165分和95分。

综合2008～2014年各项指标的考评分可以看出：2014年有关“司法公正权威”（指标三）、“法律服务完善”（指标四）和“市场规范有序”（指标六）等六项指标分值均达到了近七年的最高值，从2010年权重改变开始，2014年“民众尊崇法治”相对分值也达到了较高水平，第六项至第九项指标近五年表现较为稳定。而有关“建设法治政府”的得分为120分，为七年来的最低分，失分原因主要是行政部门工作人员违法违纪案件较多以及行政败诉案件较多。这一方面说明余杭区 2014 年度在“建设法治政府”上有待提高，另一方面也说明余杭区在查处公职人员违法乱纪现象上加大了力度。

由于上述数据主要来自政府机关内部的自我测评，相对来说客观中立性有所欠缺，为了保证法治指数评估的真实性和可靠性，下文将从民意调查、内外组评审及专家组评审等调查手段获取第一手数据，对基础数据所反映的情况进行更为客观具体的陈述和分析。

二　民意调查

（一）群众满意度问卷调查

根据余杭区 20 个街道的人口数比例，本次群众满意度调查共发出问卷 1720 份，回收 1716 份，剔除无效问卷 140 份①，共计收到有效问卷 1576 份。在样本选择上，本着多样性、代表性、客观性的原则，在街头、学校、行政服务中心等场所发放问卷，选取了不同年龄、不同职业、不同文化程度的社会各阶层民众来开展调研。调查对象组成成分见图 1、图 2、图 3、图 4。

调查对象中，男女比例为 795∶781，接近 1∶1，文化程度分布也较为均衡，年龄以青壮年居多，40 岁以下人员占到将近 80%。调查对象包含一定党政机关工作人员，但群众人数超过 75%，因此调查结果基本反映民意。

根据十项得分情况，得出 2014 年度“法治余杭”群众满意度指数为 70.79 分，与往年对比见图 5。

（二）调查结果数据分析

2014 年度“法治余杭”建设的各项得分情况见图 6。

① 无效问卷指的是所有题目均为单一选项或有空白选项的问卷。

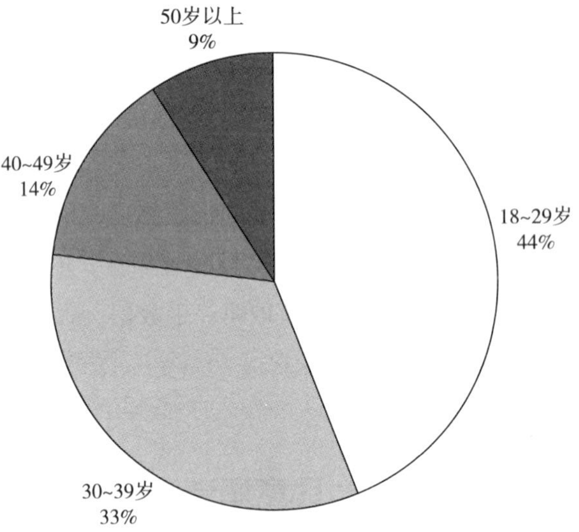

图 1　2014 年度群众满意度问卷调查对象年龄构成

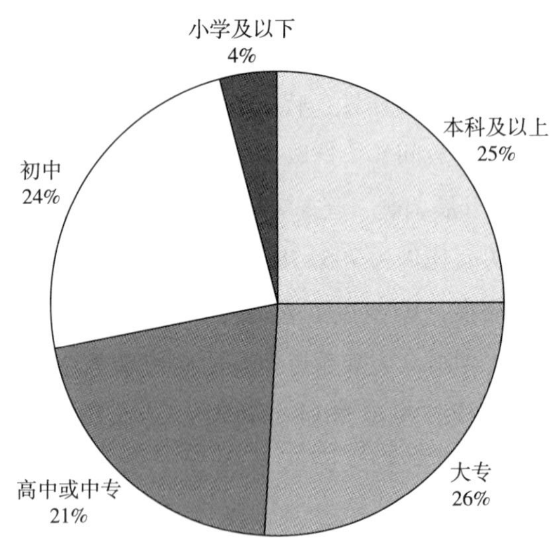

图 2　2014 年度群众满意度问卷调查对象文化程度构成

从总分来看，2014 年群众对法治余杭的总体评价呈现出上升态势。在各单项指标中，“司法公正权威”“权利救济有效”“民主政治参与”

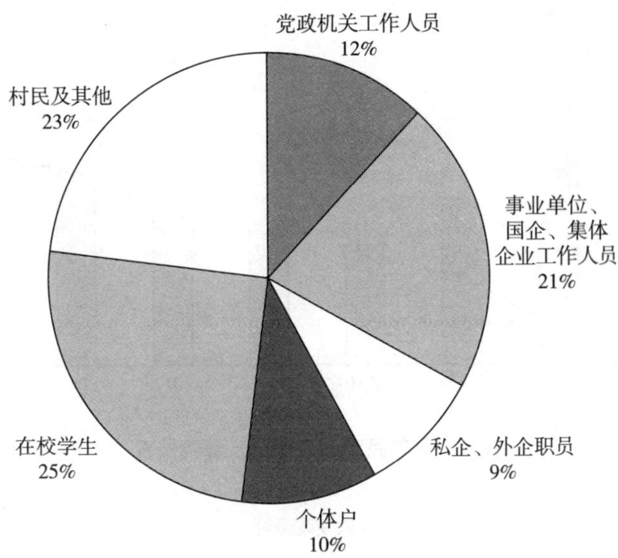

图 3　2014 年度群众满意度问卷调查对象职业构成

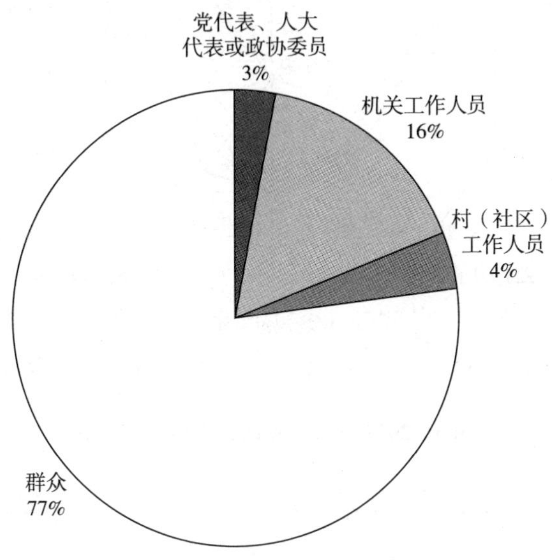

图 4　2014 年度群众满意度问卷调查对象身份构成

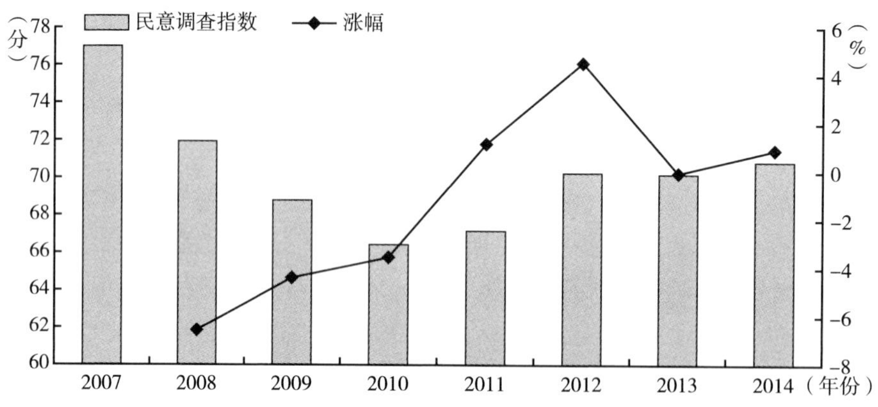

图5　历年民意调查得分及涨幅情况

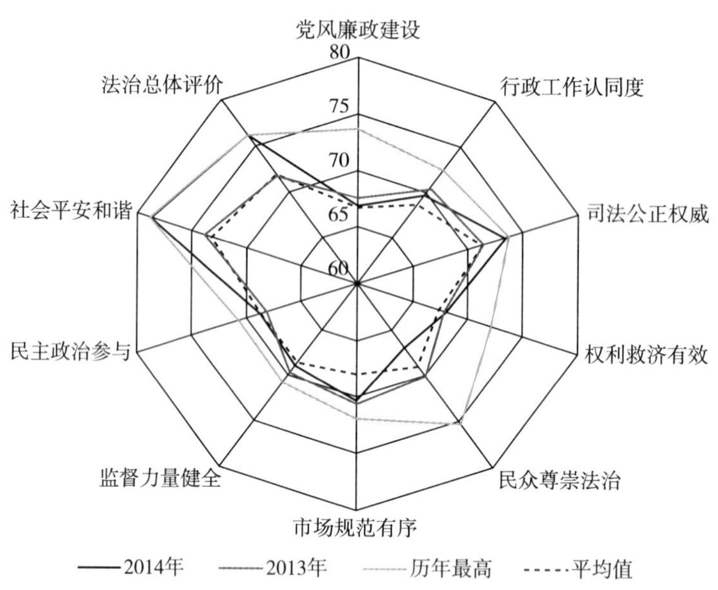

图6　2014年度问卷调查十项得分情况

“社会平安和谐”与“法治总体评价”五项指标均有了不同程度的增长，其中“司法公正权威”“社会平安和谐”和“法治总体评价”三项指标达到八年来的最高水平，说明余杭当地公民对法治余杭建设总体较为满意，尤其对司法公正和“平安余杭”的建设成果认同度较高。值得注意的是，“党风廉政建设”“民众尊崇法治”“民主政治参与”三项指标仅略高于甚至低于历年平均水平，说明2014年这些工作未得到群众的很好认同。

三　内部评审组的评审结果及其分析

（一）内部组评审人员构成与指标权重确定

2014年内部组成员是从余杭地区的党委、人大、政府以及司法机构、律师事务所中直接参与法律工作的成员中，随机抽取20名人员组成的。权重最终得分情况和历年该项得分情况见表6。

表6　2007～2014年内部评审组对九项指标权重平均赋分情况

指标 / 平均权重 / 年份	民主执政优化	建设法治政府	司法公正权威	法律服务完善	民众尊崇法治	市场规范有序	全面协调发展	社会平安和谐	监督力量健全	总权重
2014	8.72	8.42	8.44	7.69	7.75	7.31	6.78	7.00	7.44	69.55
	(1)	(3)	(2)	(5)	(4)	(7)	(9)	(8)	(6)	
2013	9.73	9.85	9.90	9.20	8.69	7.96	7.34	7.84	8.09	78.60
	(3)	(2)	(1)	(4)	(5)	(7)	(9)	(8)	(6)	
2012	8.44	9.22	8.92	8.28	7.94	7.56	7.31	7.27	7.94	72.88
	(3)	(1)	(2)	(4)	(5)	(7)	(8)	(9)	(5)	
2011	9.00	9.14	8.92	8.14	7.72	7.78	7.74	8.28	8.53	75.25
	(2)	(1)	(3)	(6)	(9)	(7)	(8)	(5)	(4)	
2010	9.25	9.22	8.58	7.90	7.72	7.24	7.47	8.17	7.99	73.54
	(1)	(2)	(3)	(6)	(7)	(9)	(8)	(4)	(5)	
2009	9.39	9.22	8.78	8.06	8.28	7.94	7.61	8.00	8.44	75.72
	(1)	(2)	(3)	(6)	(5)	(8)	(9)	(7)	(4)	
2008	9.56	9.72	9.11	7.89	8.28	8.22	8.39	9.11	9.11	79.39
	(2)	(1)	(3)	(9)	(7)	(8)	(6)	(3)	(3)	
2007	9.11	8.83	8.28	7.28	7.67	7.50	7.50	8.17	8.67	73.01
	(1)	(2)	(4)	(9)	(6)	(7)	(7)	(5)	(3)	

权重的得分反映了内部组成员认为各项指标的重要性程度。但从统计学角度讲，各年度总权重不同，权重分值及排名不能直接比较、运算，需要进行标准化处理。标准化处理采取的是将原权重赋分除以各年度总权重的方法，处理后的历年权重见表7。

表7　标准化处理后的历年权重

单位：分

平均权重	民主执政优化	建设法治政府	司法公正权威	法律服务完善	民众尊崇法治	市场规范有序	全面协调发展	社会平安和谐	监督力量健全
2014	12.54	12.11	12.14	11.06	11.14	10.51	9.75	10.06	10.70
2013	12.38	12.53	12.60	11.70	11.06	10.13	9.34	9.97	10.29
2012	11.58	12.65	12.24	11.36	10.89	10.37	10.03	9.98	10.89
2011	11.96	12.15	11.85	10.82	10.26	10.34	10.29	11.00	11.34
2010	12.58	12.54	11.67	10.74	10.50	9.84	10.16	11.11	10.86
2009	12.40	12.18	11.60	10.64	10.94	10.49	10.05	10.57	11.15
2008	12.04	12.24	11.47	9.94	10.43	10.35	10.57	11.47	11.47
2007	12.48	12.09	11.34	9.97	10.51	10.27	10.27	11.19	11.88

比较各年度得分，2014年的具体分数与往年相比有一定变化，但是其中得分最高的三项分别为“民主执政优化”“建设法治政府”“司法公正权威”，与往年的情况一致，内部组始终认为这三项指标对于建设法治余杭影响更大。和往年相比，“民众尊崇法治”和“市场规范有序”两项指标的相对权重达到历年最高值，“民主执政优化”为2014年各项的最高分。“民主执政优化”就是推进民主政治建设，提高党的执政能力。十八届四中全会指出，坚持党的领导，是社会主义法治的根本要求，是党和国家的根本所在、命脉所在，是全国各族人民的利益所系、幸福所系，是全面推进依法治国的题中应有之义。

（二）内部组对各指标实施情况的评分及分析

首先对内部组的评分进行一致性检验。利用SPSS对九项指标的评分进行Kendall和谐系数W检验，得到表8。

表8　内部组评分的检验统计量

N	20	df	8
Kendall W	0.048	渐近显著性	0.473
卡方	7.607		

自由度 df = 9 − 1 = 8，在显著性水平 $\alpha = 0.05$ 的情况下，查得卡方界值 $\chi^2_{0.05,8} = 15.51$。而 SPSS 得出的卡方值为 7.607，小于卡方界值 $\chi^2_{0.05,8}$，故接受内部组评分具有一致性这一假设并不可靠，内部组对九项指标的评分存在分化。

评分偏差较大的原因在于，内部评审组各成员所处立场不同，政府中直接参与法律工作的人员进行评分可能比律师评分更偏向于自评，主观意识更强。考虑评估误差的控制问题，本次计算平均分时已剔除单项最高分和最低分，以降低评分偏差。

对内部组评估的平均分值（修正后）进行考查，可从两个角度进行：其一，通过对内部组平均得分进行比较，分析各目标项的发展状况；其二，分析内部评估总分值。

总体来看，相较于 2013 年，内部评审组对 2014 年的评分更为谨慎。2014 年得分最高的是“民主执政优化”，该项也是为数不多的比上年得分上升的指标，同时该项还是 2014 年权重得分最高的指标，显示内部组对于民主执政不仅更加重视，对其取得的进展也给予了肯定。其余各项得分中，除“监督力量健全”比上年略微上升，“司法公正权威”基本持平之外，均有不同幅度的下降，其中“民众尊崇法治”“法律服务完善”和“市场规范有序”三项指标下降明显。从绝对分数来看，各项得分均在 74 分以上，未出现明显低分（见表 9）。

内部组对九项指标实施情况的评分普遍分歧较大，标准差均大于 11，每一项指标均有成员给出满分，除“民众尊崇法治”外，其余指标最低分均在 60 分以下。前两项指标，即“民主执政优化”和“建设法治政府”，内部组给出低分的评分理由主要是行政部门人员因违法违纪案件被查处的事例较多。

表 9　2014 年内部评审组对九项指标实施情况评分的统计情况

	极小值	极大值	均值	标准差
民主执政优化	55.00	100.00	79.15	14.78
建设法治政府	53.00	100.00	76.15	14.02
司法公正权威	50.00	100.00	78.50	14.09
法律服务完善	52.00	100.00	75.60	13.11
民众尊崇法治	60.00	100.00	75.35	11.22
市场规范有序	51.00	100.00	75.30	12.95
全面协调发展	52.00	100.00	75.45	13.55
社会平安和谐	55.00	100.00	78.55	11.32
监督力量健全	43.00	100.00	74.90	14.46

图 7 中，横轴为指标得分，即余杭区在各项指标所代表领域的表现情况，纵轴为指标权重，即各项指标对“法治余杭”的重要性程度，两者的乘积代表该指标对余杭法治指数最终得分的贡献率。以权重 7.5、得分 77.5 分为标准，如图 7 所示，将九项指标的分布分成四个象限，第一象限的指标权重和得分相对较高，贡献率也最高，该象限内的指标为“民主执政优化”和“司法公正权威”，应当维持。指标的权重和得分之间并不完全匹配，值

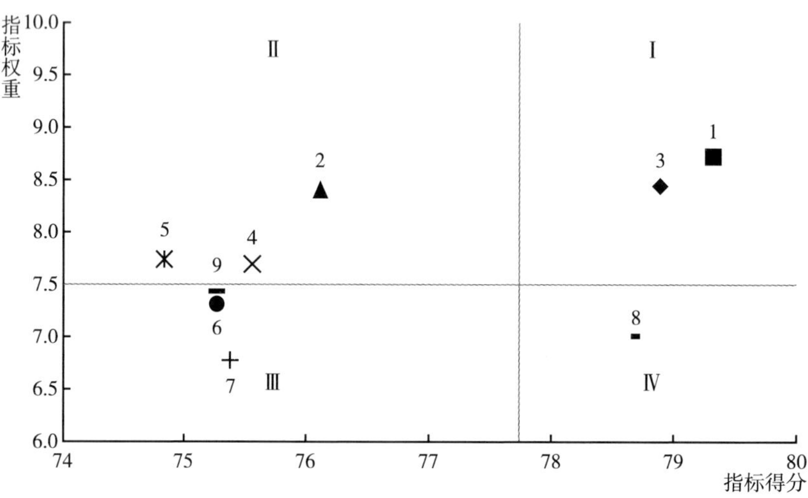

图 7　2014 年九项指标权重与评分二维坐标（内部组）

得关注的是第二象限和第三象限内的指标，均是余杭法治建设中需要改善的方面，尤其是第五项指标“民众尊崇法治”，权重相对较高且改善空间较大。

2014 年度内部组最终总分为 76.66 分，与上年相比有小幅下降，但自 2011 年以来的整体变动较为平稳（见图 8）。

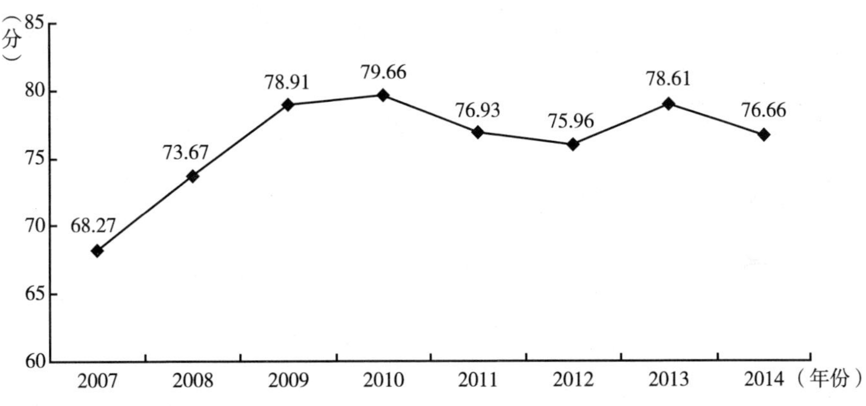

图 8　2007～2014 年内部评审组总分情况

四　外部评审组的评审结果及其分析

（一）外部组评审人员构成与指标权重确定

外部组由不直接参与余杭党委、人大、政府以及司法机关工作，但知晓或者直接、间接参与或者关注余杭法律事务的非政府组织、教育机构、新闻媒体、企业的人员甚至参与过司法诉讼的当事人代表组成。人员构成更加多元，有利于全面地反映余杭的法治进程。打分情况见表 10。

从指标权重来看，2014 年最为明显的改变是，得分最高的三项发生了变化，“民主执政优化”离开了前三的位置，取而代之的是“市场规范有序”，而该项在历年外部组评分中一直偏低，可见外部组对于提高民众法律素养和建设法治社会之间的关系有了新的认识。

表10　2007～2014年外部评审组对九项权重平均赋分情况

平均权重（排名）	民主执政优化	建设法治政府	司法公正权威	法律服务完善	民众尊崇法治	市场规范有序	全面协调发展	社会平安和谐	监督力量健全	总权重
2014	8.67	8.83	9.25	8.33	8.53	8.71	8.01	8.04	8.54	76.91
	(4)	(2)	(1)	(7)	(6)	(3)	(9)	(8)	(5)	
2013	8.79	8.65	8.96	7.94	7.85	7.35	7.74	7.68	8.17	73.13
	(2)	(3)	(1)	(5)	(6)	(9)	(7)	(8)	(4)	
2012	8.91	8.38	8.75	7.94	8.03	7.89	8.14	8.06	8.17	74.27
	(1)	(3)	(2)	(8)	(7)	(9)	(5)	(6)	(4)	
2011	8.64	9.08	8.75	7.62	7.63	7.46	7.98	7.72	8.31	73.19
	(3)	(1)	(2)	(8)	(7)	(9)	(5)	(6)	(4)	
2010	9.28	9.27	9.16	8.01	8.19	8.4	8.18	8.36	8.8	77.65
	(1)	(2)	(3)	(9)	(7)	(5)	(8)	(6)	(4)	
2009	9	9.17	8.89	7.89	7.61	7.56	7.78	8.06	8.72	74.68
	(2)	(1)	(3)	(6)	(8)	(9)	(7)	(5)	(4)	
2008	9.17	9.39	9.44	8.06	8.22	7.94	7.44	7.5	9.11	76.27
	(3)	(2)	(1)	(6)	(5)	(7)	(9)	(8)	(4)	
2007	9.28	9.28	9	6.78	7.72	7.5	7.17	7.22	8.89	72.84
	(1)	(1)	(3)	(9)	(5)	(6)	(8)	(7)	(4)	

（二）外部组评审指标实施情况分析

同样对外部组的评分进行一致性检验，SPSS的输出结果见表11。

表11　外部组评分的检验统计量

N	20	df	8
Kendall W	0.192	渐近显著性	0.000
卡方	30.711		

在 $\alpha=0.05$ 下和 $\alpha=0.01$ 下，卡方值均大于卡方界值 $\chi^2_{0.05,8}$ 和 $\chi^2_{0.01,8}$，即接受外部组评分具有一致性的可靠程度能够达到99%，因此可以得出，外部组评分的一致性较强，信度较高。

以下对外部组评分的具体情况进行比较。

外部组对2014年的法治状况较为乐观，除“监督力量健全”以外，其余八项指标均达到或接近八年来的最高水平。得分最高的是“市场规范有序”，该项得分相比2013年有了大幅提高，提高了将近12分。该项得分在历年评分中一直较低，而2014年不仅扭转了持续下滑的趋势，反而一举成为最高分。得分最低的是“监督力量健全”，该项是所有单项中比上年提升幅度最小的，说明让社会感受到监督机制的完善还需要做更多的工作。总体看来，2014年的得分相比2013年有了全面提高，九个指标得分全部高于上年，说明外部组对2014年余杭的法治状况整体上给予了肯定。

同样以权重7.5、得分77.5分为标准，将九项指标的分布分成四个象限，可以看到相对于内部组，外部组对各项指标的表现明显更为乐观，所有指标均分布在第一象限和第二象限，其中贡献率最高的是指标三“司法公正权威”和指标六“市场规范有序”，值得改善的是指标九“监督力量健全”和指标五“民众尊崇法治”。

2014年度外部组最终打分为79.50分。2014年度的平均得分不仅扭转了2010年以来总体下滑的趋势，更成为了历史最高分。这表明，在外部组看来，2014年余杭的法治状况相比历年有了较大改善。

（三）内外组评估结果的比较

将2014年内部组和外部组的评分状况进行对比，可以看出两组的打分存在较大差别。和上年相比，内部组对于2014年的评分总体较低，而外部组的打分却远超上年，但不管是内部组还是外部组，从分数的绝对值来看，分数较高，说明尽管观察角度不同造成了内外部组结果的差别，但总体来看两组对于余杭的法治状况都是持肯定态度的。两组评分有一定差异，说明对于余杭的法治状况研究要尽可能从不同角度观察，才能得出更为全面、立体的结论。

从两组权重分的对比可以看出，两组都给了“司法公正权威”较高的权重，这说明两组对从制度上保证司法公正是建设法治余杭的关键达成了共识，只有司法系统本身的公正性得到了保证，才有可能保证“建设法治政府”“民众尊崇法治”等目标的实现。

值得注意的是“市场规范有序”指标，在外部组评审中得到了最高分82.56分，而内部组却只给出了75.28分，在自评中也由于“诚信守法企业”达标企业培育质量有待加强而扣去了2分。由此可见，市场监管者与市场主体的感受显然不同，作为监管者可能接触到更多市场中的不规范现象，因此对该项评价较外部组更低。

五　专家组评审分析及余杭法治指数的计算

（一）专家组评审情况

2014年，课题组在对内部组和外部组数据采样的基础上，邀请9名有较高知名度的法学家参与评审。相较于群众满意度调查的纯主观感受和内部评审组的自评色彩，专家评审组作为独立的第三方，立场更为客观，评分也具有权威性和公信力。

具体操作中，专家们根据民意调查结果、内外评审组的最后打分和意见反馈，以及余杭有关部门提供的当地法治建设详细陈述，就余杭法治状况九个指标项分别给出权重值和评分，对评分进行处理后，最终得出各指标的平均值以及专家组对余杭法治情况的总评分。专家组对2014年余杭法治情况的总评分为73.02分。

（二）专家组评审结果分析

相较2013年的69.11分，2014年专家组对余杭法治情况的总评分有较大幅度的提升。2014年专家组评分情况见图9。

2014年各项指标权重值最高的前三项分别为“建设法治政府”“司法公正权威”和“民主执政优化”，与内外组权重给分情况基本一致。就单项指标得分而言，尽管“市场规范有序”较2013年有明显下降，该项指标依旧

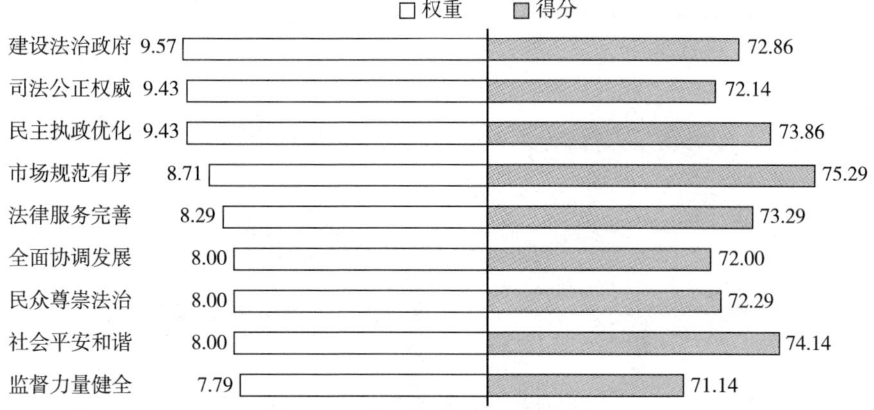

图9　2014 年专家组对九项指标的权重和评分情况

是2014 年得分最高的一项。此外，“社会平安和谐”同样也得到了专家组的认同，得分较2013 年增长明显。

针对以上情况，专家们在评分理由中也给出了较为详细和深刻的论证。有专家对余杭2014 年度的法治建设成果予以肯定，如在个人权益维护方面有显著改善，在深化全民法治教育方面有很多新举措新经验可总结推广。而在得分最低的指标“监督力量健全”方面，有专家在如何构建监督体制方面提出建议，可从以权力制约权力和以社会权力制约国家权力两条线出发。

（三）2014年度余杭法治指数的计算

2014 年度余杭法治指数在民意调查、内外组评分和专家组评审后，最终借助科学设计的统计模型，得出2014 年度的余杭法治指数为74.01 分。具体计算过程如下。

余杭法治指数的计算公式：

$$\bar{\tilde{S}} = \sum_{j=1}^{9} \bar{\tilde{W}}_j \tilde{S}_j$$

通过上述公式可分别计算出内部组、外部组以及专家组三部分的最后法治指数分值，结合民意调查分值，计算出余杭法治指数最终分值。图 10 清晰地显示了这一计算过程。

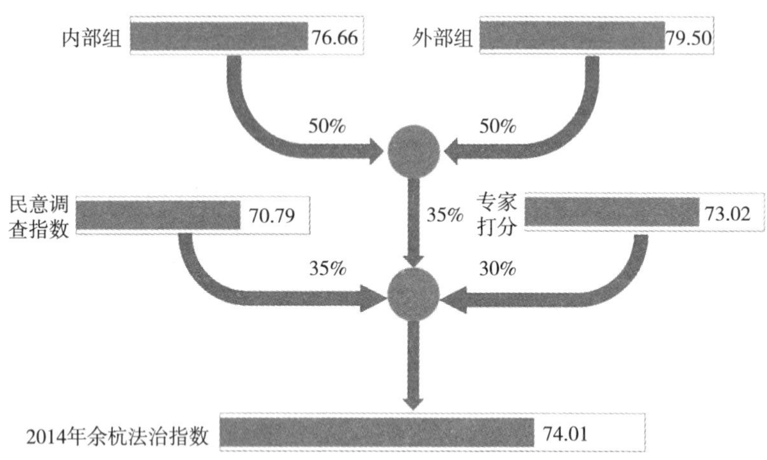

图 10　余杭法治指数计算模型

各部分的分值在余杭法治指数最终分值中所占比例分别为：民意调查得分占 35%，内部组与外部组的评分共占 35%，专家组的评分占 30%。余杭的外部组评估意见整体占到了 82.5%。

将 2014 年余杭法治指数和历年指数得分作比较，可得图 11。

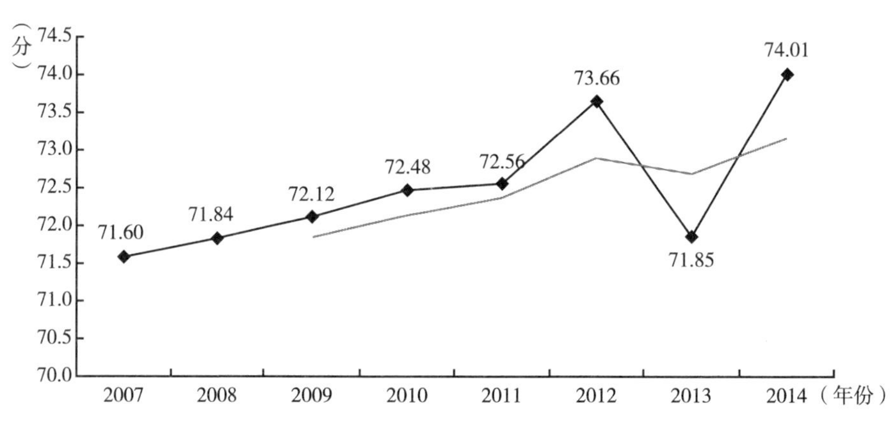

图 11　历年余杭法治指数情况

从得分看，余杭法治状况自2013年度打破稳步上升态势首次出现下滑之后，2014年实现指数的反弹，且再创新高，近三年指数移动平均值也突破往年表现，可以说，余杭总体法治发展步上一个新台阶。

六　问题与建议

（一）“行政机关败诉的案件数”激增和“行政部门工作人员重大违法乱纪案件数”仍然高位运行

1. 原因分析

在具体数据和各个组别均对司法公正持很高评价的前提下，对于“行政机关败诉的案件数”激增和“行政部门工作人员重大违法乱纪案件数”仍然高位运行的现状，根据案件来源调查，合理的解释是行政机关自身及外部环境存在问题。具体而言，这些问题可以分为重大项目推进产生争议，行政执法在程序和实体方面存在违法之处，具体工作人员的违法乱纪行为以及工作人员执法水平不高四个方面。

（1）争议的产生与重大项目推进密切相关。余杭区作为三面拱卫主城的新兴城区，承载了杭州大量的重点项目建设重任，如闲林水库工程、杭州未来科技城项目、乔司国际商贸城等。这类重大项目往往涉及审批、立项、规划、拆迁许可等多项具体行政行为，并且都涉及拆迁行为，由此就会引发公共利益与个人利益的冲突。2014年上半年，涉及闲林水库工程项目的行政诉讼案件就高达35起，均是拆迁问题引起的诉讼。

（2）个别案件的行政行为存在严重的程序问题。例如，房屋行政强制拆除引发的16起行政诉讼和未履行法定职责的3起诉讼主要涉及行政机关程序违法问题，部分街道办事处未依法对建筑物进行认定、处罚就直接以违法建筑予以拆除，甚至未履行基本的告知、听取意见等义务，就越权强行拆除私人合法房屋，剥夺了当事人的知情权、参与权，削弱了执法公信力。

（3）具体工作人员存在违法乱纪行为。在 2014 年 13 起案件中，共有 11 件涉及违法，2 件涉及违纪，违法案件占据绝大多数。其中，违法方面，受贿案件共计 8 件、贪污案件和滥用职权案件共计 3 件，包括政府部门工作人员和街道工作人员贪污受贿和滥用职权等。

（4）工作人员执法水平不高。经过实际调研发现，行政主体败诉的最主要原因是对相关法律掌握不全面、不深入，导致存在违法或者瑕疵行为。例如，在当事人申请信息公开案件中，一些当事人申请公开两个或多个信息，行政机关只公开一个，遗漏其他公开内容；或者在公开主体的表述上，用内设机构作为公开主体，出具的正式文件没有文号、内容方面没有告知权利等。受办案压力的影响，行政机关在部分案件中对相关法律程序的掌握和运用存在一定问题。这一点在存在巨大执法压力的公安机关有所体现。据了解，余杭公安分局 2014 年共处理行政案件 40 余万起，行政拘留 6000 多人次，刑事拘留 3000 多人次，某些案件，如赌博案件涉及多人，24 小时之内依法完成全部法律程序和文件，客观上的确存在一定困难。这些客观困难导致余杭公安分局在一起案件中“传票”的实际送达时间晚于书写的时间，法院判决行政主体败诉。

2. 完善建议

（1）针对行政执法在程序和实体方面存在违法之处的完善建议。

针对上述原因，行政机关加强学习、司法机关做好相关的预防和协助调解，是解决行政机关败诉的最有效方法。通过调研得知，余杭区人民法院和政府在这两方面做了大量工作，并取得良好效果。例如，2014 年余杭区人民法院作出《关于为区“五水共治”工作提供司法保障的实施意见》，严格依据相关法律法规的规定，提示政府在“五水共治”工作中应注意的问题，取得了良好效果。又如，余杭区人民法院 2013 年末作出的《关于为“三改一拆”工作提供司法保障的实施意见》，要求有效预防和化解涉“三改一拆”行政争议，在 2014 年的两起拆迁行政强制案件中，从妥善化解社会矛盾、加强政府法治意识的角度出发，按照有关规定发出“告知函”，要求政府相关部门积极主动化解纠纷，不但使当事人撤回起诉，直接避免了两起行政诉讼案件，而且使得整个工作都在法治轨道上运行。

其次，建立并完善行政首长出庭应诉的机制可以倒逼行政机关严格依法行政。行政首长出庭应诉具有多方面意义，除了有利于行政首长了解情况和消解原告的对抗情绪外，另外一个重要功能是倒逼行政机关在执法过程中从实体和程序两个方面严格执行相关法律规定，并重视通过规范、人性的执法手段实现良好的社会效果。

最后，行政机关要严格按照法律规定的程序履职。例如，在涉及具体项目建设时，对确定项目性质为公共利益、确定房屋征收评估机构等程序瑕疵较多的问题，要加强研讨，加大释明工作力度，尤其是要依法履行告知义务，并积极吸纳群众的意见以获取群众的支持。例如，在确定房屋征收评估机构时，拆迁人应事先征求当事人的意见，如未能达成一致意见，应按照《杭州市区征收（用）集体所有土地房屋拆迁服务工作管理办法》第 13 条第 2 项的规定公开摇号产生评估机构，在评估报告送达之后，拆迁人应积极听取当事人的意见，并依照《杭州市征用集体所有土地房屋拆迁争议裁决办法》第 14 条第 5 款的规定予以复核、鉴定或重新评估。同时，对法律法规或者其他规范性文件未作出具体规定的，行政机关应遵循正当程序的要求合理行政，做到过程公开、程序正当，切实维护当事人的知情权、参与权、监督权。

（2）针对具体工作人员违法乱纪行为的完善建议。

通过调研得知，具体工作人员的违法乱纪行为，包括街道工作人员侵占公司财产、公安派出所工作人员滥用职权等，所涉案件大部分为市里交办。2014 年，余杭区被追究刑事责任的行政机关干部工作人员只有 6 人（贪污贿赂犯罪方面和渎职侵权犯罪方面分别有 3 人），只占全部 38 人的 15.8%，由此可见余杭区国家机关工作人员的职务犯罪率并不高。

针对上述情况，关键是加强和完善相关的制度建设。2014 年检察院在办案过程中发现全区直管公房管理相当混乱，就根据实际情况出台了检察建议，从而引起了区领导的重视，在全区范围内进行了专项治理，并推动制定了《余杭区直管公房管理办法（暂行）》，改变了以往管理混乱的情况，从根本上杜绝了犯罪。同时，要加强犯罪预防，应重点加强职务犯罪专项讲座工作、组织相关行政机关工作人员参与庭审和参观警示教育基地，做好行贿犯罪案件档案管理工作等。

（二）成年人犯罪人数高位运行

1. 原因分析

（1）流动人口数量庞大，流动人口成为犯罪的主要部分。余杭区位于浙江北部，从东、北、西三面成弧形拱卫杭州中心城区，与主城区接壤范围较广，城乡接合带偏多。特殊的地理位置加上近年来不断加快的经济社会发展速度，使流动人口不断增多。本地人与外地人高度混合，关系复杂，矛盾多发，社会管理难度加大。这一特点决定了诱发犯罪的因素较多。从这个角度来讲，余杭区成年人犯罪人数高位运行具有客观基础。通过调研得知，2014 年余杭区外来人口 112 万余人，办理暂住证 95 万余人，但实际数量至少是这个数的 120%。2014 年，流动人口涉嫌犯罪共计 1789 人，占全部涉嫌犯罪人数的 74.89%。

（2）与 2014 年公安机关侦破的案件类型有关。例如，余杭区公安部门 2014 年成功破获“3・22”制贩枪支案，抓获团伙成员 11 名；5 月 10 日，余杭中泰及附近地区人员规模性聚集涉嫌聚众扰乱公共秩序、妨碍公务和寻衅滋事案件中，公安机关对 53 名涉嫌犯罪的嫌疑人刑事拘留；10 月 23 日凌晨对部督“1040”特大传销案集中收网，一举抓获传销头目和参与者 449 人，其中刑事拘留 52 人、取保候审 3 人。仅这三起案件，犯罪嫌疑人（罪犯）就达 120 人，其中绝大多数为流动人口。

（3）本地成年居民犯罪率较低，并且涉嫌犯罪类型较为固定。2014 年，本地成年居民涉嫌犯罪共计 597 人。其中，涉嫌的犯罪类型主要包括：涉嫌交通肇事的犯罪，共计 216 人；涉嫌危险驾驶的犯罪，共计 189 人；涉嫌赌博的犯罪，共计 88 人；涉嫌盗窃犯罪，共计 61 人；涉嫌毒品犯罪，共计 29 人；涉嫌其他类型犯罪，共计 14 人。

2. 完善建议

（1）重点加强对外来人口的管理工作，重视外来人口的法治宣传教育工作。继续加强基层综治网络与基层党建网络“两网合一”工作，实现社会管理服务网络全覆盖，推动社会服务与管理向末端延伸，从而实现把矛盾化解在基层、问题解决在基层。继续实施按照“党建主导、专人牵头、多方参与”的原则配置网格人员和力量。以村（社区）班子成员、党员骨干和村（居）民代表、组长为基础力量，负责牵头、组织、协调网格具体工作和片区内民情联系走访活动；以区级部门、镇（街道）驻村（社区）党员干部为指导力量，负责进行业务指导、加强管理和强化服务；以镇（街道）巡防、城管、劳保等为专职力量，从事专业工作和问题的处理；以村（社区）各类平安议事会、妇女劝导队、“和事佬”、义务监督员、平安志愿者、流动人口骨干分子等为辅助力量，开展义务巡逻、调解、帮扶等组团服务工作。此外，针对外来人口成年人犯罪率较高的问题，应积极探讨与企业联手，依托企业管理平台，进行普法宣传教育活动，并利用“外来务工人员之家”等公益平台，进行针对性宣传教育活动。

（2）继续加强防控体系建设。首先，继续加强街面警力的投入，2014年末建立了一支快速反应机动队（下设5个中队，人员包括40位民警和500名协警，配备20台车辆），并在主要街道和主要乡镇实现24小时不间断巡逻，有效提高对犯罪行为的威慑力。同时，政府应继续加强物质投入，在已经安置社会监控设备10000多处的基础上，全面加强监控设备的安装及运行管理，全面实现在群众报警的同时，打开设备并切入报警现场，做好预判和现场取证工作，从而有效打击犯罪。

（3）创新法治宣传教育形式，针对实际问题，进行针对性的普法宣传教育活动。例如，余杭区本地人口的成年人犯罪率并不高，并且侵财类犯罪较少，酒后驾车等不良习气是导致犯罪的主要原因，同时，毒品类犯罪（特别是新型毒品）案件上升较快。应针对这种情况，结合“打造一条普法旅游线路、增设一批媒体普法专栏节目、培育一批特色法治文化品牌、建设一批普法悦学点、完善一批法治体验点”工作，重点加强相关内容的法律宣传教育活动，以警示性和说明性内容为主、以维权性内容为辅。

（三）区人大代表提出议案建议数相对较少

1. 原因分析

通过调研得知，2014 年代表提出的建议数虽然在历年当中最少，但质量较高。2014 年的议案建议共包含基础设施、生态发展、民主法律、乡村建设等方面，涉及 41 个部门，共有 54 个部门协办，并要求在三个月予以答复。至 6 月 16 日，满意 183 件，基本满意 40 件，不满意 11 件；品类上 A 类 72 件，B 类 128 件，C 类 31 件，无法解决的只有 3 件。议案建议数量降低的原因，主要有以下三点。

（1）最关键的因素是 2014 年对代表建议进行了规范。为提高议案建议的质量，余杭区人大常委会组织全体代表进行会前视察、调研，走访选民，要求代表提出议案建议时一定要深入调研，并建议乡镇人大党委会对代表建议进行规范，要数量更要质量。

（2）一段时间的关注点比较集中，无法解决以后代表就不再关注。前两年涉及的许多问题无法解决，代表们在相关领域的议案建议数量明显减少。

（3）惯性因素。通常来讲，新代表当选以后，参政议政的积极性较高，因此往往是换届的当年和第二年代表提出的议案建议数量相对较多，第三年以后数量一般来讲相对较少，而 2014 年正处这一阶段。

2. 完善建议

（1）把好代表的入口关。代表素质存在不平衡的现象，例如，哑巴代表。一些代表，如企业代表，对于当选人大代表相当积极，但一些企业代表的履职情况较差，应重点把好入口关。

（2）根据实际情况，加强对代表的教育和培训。例如，换届之年应主要是基本法律培训，后面培训的重点是提高履职能力，巩固一季一讲、与人大工作主题相关的法治讲座工作。

（3）为代表搭建履职平台，并根据实际情况选取代表主题活动。对于前者，余杭区 2013 年试点代表联络站，2014 年全面推开，已建立 101 个联络站，总体运作效果较好。对于后者，余杭区人大已搞了三届，2014 年的主题是环境治理，4 月份告知代表，5 月份开始集中活动，代表的参与度、社会关注度都非常高。

（4）完善对代表履职的保障。在经费保障方面，区级代表每年为 1200 元。由于乡镇人大代表每年都要参加二三十次活动，但根据中央八项规定，乡镇街道代表的活动补贴没有予以发放，在一定程度上影响了代表履职的积极性。

专题报告

Special Reports

B.4
湖北省社会治理法治化研究报告（2015）

徐汉明*

摘　要：　本文概述了社会治理法治化在湖北省实现跨越发展中的地位作用，重点介绍湖北在城乡社会公共治安领域和社会特殊群体治理领域推进社会治理法治化的实践成效，分析了当前湖北在社会治理法治化过程中面临的问题，针对这些问题，提出了具有可操作性的对策和建议。

关键词：　社会治理　法治化　对策建议

党的十八大以来，党中央就推进社会治理法治化作出一系列部署，强

* 徐汉明，中南财经政法大学法治发展与司法改革研究中心主任，湖北法治发展战略研究院院长，教授。

调“加快形成党委领导、政府负责、社会协同、公众参与、法治保障的社会管理体制”，“推进多层次多领域依法治理。坚持系统治理、依法治理、综合治理、源头治理，提高社会治理法治化水平。”这不仅是对中国社会建设和改革过程中所形成的国家社会治理理论的继承和发展，更是未来实现国家社会治理现代化的行动指南。为贯彻落实党中央关于社会治理法治化的一系列精神，湖北省立足本省省情，以法治助推本省社会治理实践活动，在探索湖北新型社会治理模式的过程中加快推进地方社会治理法治建设。

一　推动社会治理法治化在湖北省实现跨越发展的地位作用

湖北省在加快“建成支点、走在前列”的进程中，紧紧遵从“以人为本、依法治理、综合治理和合作共治”的社会治理法治原则，注重运用法治方式，大力创新社会治理，以充分发挥社会治理法治化在湖北实现跨越发展中的地位作用。

（一）有益于创建文明和谐的区域人文环境

面对湖北经济社会发展的新形势新任务，社会各领域多层次凸显的新矛盾新问题，人民群众对城乡生存生活环境的新诉求新期待，湖北省各级党委、政府职能部门以党中央提出的有关社会治理法治化的重要思想为依据，针对本省不同领域问题的特殊性，着眼破解社会难题，从政策、制度、人财物力层面提供保障。中共湖北省委2013年以党的十八届三中全会精神和全面深化改革部署为指导，强调“改进社会治理方式，坚持系统治理、依法治理、综合治理、源头治理，实现政府治理和社会自我调节、居（村）民自治良性互动”①；2014年结合贯彻落实党的十八届四中全会精神，部署全

① 中国共产党新闻网，http：//cpc. people. com. cn/n/2013/1230/c368480－23980670－5. html，2015年9月16日访问。

面推进法治湖北建设，指出要“深化多层次多领域依法治理，根据不同类型社会主体的性质、功能和特点，开展符合实际、特色鲜明的法治创建活动”①；为提升社会救助管理服务水平，湖北省民政厅等十三部门还联合制发《关于开展社会救助专项治理的通知》②；在城市社会治理过程中，湖北2015年4月份发布了《武汉市文明城市建设十大工程2015年行动计划》，其基础工程是要调整完善街道、社区职能，大力建设“平安武汉”③。此外，湖北省委省政府鼓励支持社会组织、公众积极参与本省社会治理活动，将保障和改善民生，始终作为政府工作的出发点和落脚点。为此，湖北每年提出为民办十件实事，收到明显成效。譬如，大力整顿和规范市场秩序，深入开展“餐桌污染”等专项治理活动，用更严的监督、更严的处罚、更严的问责机制确保食品药品安全，同时加快湖北省食品药品安全实施条例等地方立法，以此坚决捍卫人民群众“舌尖上的安全”。2015年，全省共侦办食药领域犯罪案件258起，摧毁各类犯罪团伙230余个。尤其是侦破咸宁“10·14”特大制售假冒食用盐案，一举打掉横跨湖北、湖南、广东等3省的制售假食盐犯罪团伙，捣毁制假黑窝点6个，查获生产假食盐设备3套，缴获假食盐20余吨④。这些社会治理工作部署、政策举措、实施机制涉及本省的社会环境、社会风气，涉及城市治理、城市建设，对于改善民生保障、支撑城市发展、打造平安宜居环境、创建文明和谐的湖北区域人文环境发挥了积极作用。

---

① 参见中国共产党新闻网，http://cpc.people.com.cn/n/2014/1229/c64387-26294145-5.html，2015年9月16日访问。

② 湖北省民政厅、省委编办、省委农办、省发展改革委、省财政厅、省教育厅、省人社厅、省住建厅、省卫生计生委、省审计厅、湖北银监局、湖北保监局、省扶贫办印发了《关于开展社会救助专项治理的通知》（民发〔2015〕30号），该通知指出，开展社会救助专项治理工作以进一步提高地方党委政府对社会救助工作的重视程度、增强党员干部为民服务意识、提升社会救助管理服务水平为目标。通过完善社会救助制度、健全社会救助工作机制，提高社会救助规范管理水平，解决社会救助工作“最后一公里”问题，确保社会救助政策措施落实到位、资金发放到位、困难群众得到实惠。

③ 武汉2015年文明城市建设十大工程：信仰工程、作风工程、社风工程、家风工程、文明行为工程、榜样工程、志愿者工程、基础工程、希望工程、整治陋习工程。

④ 湖北长安网，http://www.hbcaw.gov.cn，2016年1月19日访问。

（二）有助于探索出新型多元地方社会治理模式

当前，党中央对国家和社会治理的高度重视不仅适应了中国经济社会探索发展的客观要求，而且为各地区探索创新新型多元社会治理模式提供了前所未有的契机。由于地区间政治经济文化社会环境的差异性，不同省份社会治理方式具有各自的特殊性，即便是省内不同地区、不同行业、不同领域的治理模式也各具特色。因此，湖北在维护社会公共利益的前提下，在推动社会治理法治化的过程中，具体问题具体分析，积极探索政府、社会组织和公众多元主体的治理方式，这种多元主体治理方式试图通过发挥多元主体的自觉合作与协同互动，实现以合作为导向的协同治理目标。例如，2014 年湖北省荆州市综治平安建设工作坚持以落实综治领导责任制、部门负责制为抓手，深入推进“3 + 20”[①] 平安系列创建活动，严防“六大问题”[②]，实施“六小工程”[③]。2015 年湖北省人社厅制定并出台了《关于通过法定途径分类处理信访投诉请求的实施意见》[④]，该意见规定了 9 条处理人社领域群众反映问题的法定途径，旨在大力推进法定途径分类处理信访诉求制度化、规范化，切实提升信访工作绩效，依法推进信访事项终结，着力打造“阳光、法治、责任”信访，使人社领域信访工作回归群众工作和法治轨道。统计数据显示，2015 年湖北公安受理信访案件 10834 件、妥善处置 8572 件，妥善处置率达到 79. 12%[⑤]。这种打通地方群众参与社会治理的渠道，组织全

---

① “3 + 20”：“3”是指开展优秀平安县市区、优秀平安乡镇办（含农场）、平安示范村（社区）三个层级的平安创建；“20”是指开展 20 个方面的系列平安创建，即创建平安单位（含“六无”单位创建）、平安网格、平安园区、平安企业、平安小区、平安校园、平安医院、平安家庭、平安道路、平安铁路（火车站）、平安管道、平安市场、平安工地、平安景区、平安寺庙、平安边界等。

② “六大问题”即刑事大案件、治安大事件、安全大事故、集体大非访、队伍大丑恶、舆情大炒作。

③ “六小工程”即小案件、小事故、小纠纷、小隐患、小麻烦、小需求。

④ 参见人民网湖北频道，http：//hb. people. com. cn/n/2015/0731/c194063 - 25791711. html，2015 年 11 月 23 日访问。

⑤ 数据源自湖北省公安厅研究室统计科和信访处综合科。

民共同参与、协同行动的社会治理活动，是群策群防群治的重要体现。实践表明，它有助于湖北各地探索出适合本地具体情况的多元社会治理模式，能全面夯实综合治理基础建设工程，有效维护本区域政治经济社会和谐稳定。

（三）有利于推进中国社会治理法治化进程

中国社会治理法治化问题关系到权力机关、社会和公民个人三个层面，从权力机关层面看，在国家法治语境下，权力机关依照宪法和法律的授权在管理经济社会文化事务过程中，需要运用法治思维和法治方式深化改革、推进发展、保障人权、维护公平、实现正义、促进和谐、实现经济文化社会生态事务治理的法治化，增进人民福祉。从社会层面看，社会组织依照社会组织法与章程管理自身事务，与政府和社区民众在参与公共事务与社会公益活动中平等合作、互动共治，形成良好的社会组织规范自治与社会合作共治的局面。从个人层面看，公民在依法自主处理个人事务、参与社会治理活动中，以主人公的身份依照法律规定、乡规民约、城市公约、家训家教，有序地参与社区事务、公共事务乃至国家经济文化社会生态事务，既实现自身全面发展，又承担起促进国家与社会经济文化生态事务的义务与责任。因此，湖北省各级党委政府在社会治理活动中把推进地方社会治理法治化作为促进中部地区经济社会发展的重要战略支点的重要内容，与富强湖北、创新湖北、法治湖北、文明湖北、幸福湖北同部署同检查同落实。工作中十分注重发挥党委领导、政府主导、社会参与、公众支持等各方面主体的作用。制定下发了市（州）与省直机关党政领导班子和领导干部法治建设与社会治理绩效考评办法，组织专家起草法治湖北指标体系和考评办法，并在全国率先出台法治建设绩效考核评分标准，社会治理法治建设取得明显成效。湖北的实践启示在于，学会用法治的精神统帅本地社会治理全局，用法治的思维谋划适合本地社会治理的决策战略，用法治的手段破解本地社会治理难题及社会顽疾，用法治的方法巩固本地社会治理成果。湖北社会治理实践活动在推进地方社会治理法治化进程的同时，有利于推进中国社会治理法治化进程。

二　湖北2015年推动社会治理法治化的实践成效

为坚决贯彻和落实党中央提出的“创新社会治理体制、实现国家治理能力和治理体系现代化”等重要部署要求，湖北结合本省实际情况，在理论和实践两个层面，先行先试，具体问题具体分析，着力探索和创新适合湖北省情的社会治理法治化路子，其实践成效主要反映在以下方面。

（一）城乡社会公共治安领域

城乡社会公共治安是湖北开展社会治理和社会建设的关键性领域，它在很大程度上对湖北地方社会治理目标的实现起着决定性作用。鉴于其地位的重要性，湖北各地市州非常重视深入推进本地社会治安综合治理。据统计，2015 年湖北公安机关对社会治安案件共立案 329752 件、处置 283888 件，查处率为 86.09%[①]；全省 2015 年共发命案 440 起，比 2014 年少发 32 起，破案 437 起，破案率 99.32%，发案数创历史新低，破案率创历史新高。2015 年湖北治安重点工作在全国考评中连续三季度排名第一，实现“三季连甲”[②]。

1. 社会公共治安综合治理法治化迈出坚实步伐

为加强湖北社会治安综合治理，维护社会治安和社会稳定，推动社会主义和谐社会建设，湖北省人大根据全国人大常委会《关于加强社会治安综合治理的决定》和有关法律法规，结合本省实际情况，于 2007 年 5 月制定并通过了《湖北省社会治安综合治理条例》。该条例的颁布和实施，标志着湖北社会公共治安综合治理从此走上了制度化和法制化轨道。当前，为提高湖北社会治安综合治理法治化水平，湖北省积极组织有关专家扎根基层开展深入细致的城乡社会公共治安调研活动，通过调研查找社会治安问题症结，

---

① 数据源自湖北省公安厅研究室统计科和信访处综合科。

② 湖北长安网，http：//www.hbcaw.gov.cn，2016 年 1 月 20 日访问。

探索并制定社会治安综合治理措施与办法。为及时研究解决城市综合执法与行政审判中存在的疑难问题，2015 年 7 月湖北孝感中院与孝感城管局互动合作，对本市城管局执法人员 200 多人开展法制讲座。这有益于促进市城管局进一步提高依法行政水平，保障在法定的权限内按法律的方式和程序进行城市治理活动，促进孝感市城市治理在观念、人员和组织制度建设等各方面不断推进法治化。由此可见，面对快速增加且错综复杂的社会问题，法治化是湖北社会治安综合治理体制改革的亮点。

2. 城乡社会网格化管理成效卓著

网格化管理是湖北城乡社会综合治理的新思路，近年来，湖北省把城乡网格化建设作为推进社会治理体系和治理能力现代化的重要手段。早在 2010 年 9 月，湖北宜昌市就开始在城市进行网格化管理的探索，网格员协助综治维稳、民政计生，成效明显；2014 年初，湖北把农村网格化建设作为第四轮“三万”活动的首要任务在全省推广；2015 年湖北省综治委专题推介襄阳市在完成城乡网格化平台建设、网格划分、光纤网络进村和信息平台联通“四个全覆盖”基础上，全面提升城乡网格化管理效能。例如，襄阳市创新实施的“平安‘五小’工程”，是以网格员为载体，定期排查化解“五小（小纠纷、小隐患、小案件、小问题和小需求）”问题，建立村（社区）每周、乡镇（街道）每月汇总上报和分析研判制度，定期开展“平安村（社区）”“平安网格”和“平安家庭”评选活动，努力从源头上预防化解矛盾和治安问题。截至 2015 年 11 月，襄阳市共排查化解“五小”问题 11602 件，预防“民转刑”案件 612 件，98% 以上的矛盾纠纷在乡镇以下基层单位得到化解[①]。因此，网格化管理是湖北政法综治创新地方社会治理的实践经验，由此社情民意在网格中了解，矛盾纠纷在网格中化解，治安防控在网格中加强。总体来看，网格化在湖北社会治安综合治理中发挥着重要作用，它不仅是湖北城乡社会治理的“试金石”，还是检验湖北法治建设的“晴雨表”。

---

① 湖北省综治委：《襄阳市积极拓展网格化功能增强城乡网格化服务管理活力》，《湖北综治》2015 年第 49 期。

3. 立体化社会治安防控体系收效明显

为构建立体化的社会治安防控体系，湖北各市州依据本地实际采取了多项措施。一是建立了网格化巡逻防控机制。2015 年 6 月，武汉市公安局研究出台《关于进一步加强和规范巡逻防控工作的意见》，确定了“圈、块、格、线、点”的顶层设计，构建起网格化巡逻防控体系。截至 2015 年 9 月，武汉全市命案、枪案全破，“两抢一盗”警情明显下降，抢劫、抢夺、扒窃、入室盗窃、机动车被盗警情同比分别下降 26.6%、31.1%、3.6%、19.0%、51.0%[①]。二是织密社区防控网。湖北荆州市公安局出台《荆州市公安局社区警务室建设规范》，旨在做实社区警务，配齐社区民警，实现社区民警与网格员工作对接。全市 159 个社区配备社区民警 190 名，全部落实“一区一警”或“一区多警”，建立“一街一队”122 个、社区安保队 227 个。强大的社区警务及安保队伍为荆州社区工作的有效开展提供了坚实后盾，它们相互支持、配合、促进，共同创造维护了良好的社区治安环境。三是织牢“视频”与“实兵”相结合巡逻网。2015 年武汉公安局在全市原有 25 万个视频监控探头的基础上，新安置探头 5816 个，重点部位视频监控覆盖率新增 65%。此外，武汉市公安局、分局、派出所还组建了 355 人的三级视频侦查“天眼部队”，采取“视频巡逻”与“实兵巡逻”相结合的办法，依托全市智能视频巡逻防控平台开展视频巡逻防控，有效压降了街头“两抢”案件[②]。总之，从湖北对社会公共治安综合治理法治化的高度重视、到城乡社会网格化管理和建立立体化社会治安防控体系，我们可以清晰地看到湖北在城乡社会公共治安领域所做出的巨大努力和所取得的可喜成绩。

（二）社会特殊群体治理领域

1. 特殊社会群体治理方面

湖北在组织开展社会治理的过程中，将社会特殊群体纳为综合治理领域

① 参见《武汉警方向改革要警力——深推 30 项举措促警务效能提升》，湖北法治网，http：//www.124.gov.cn/2015/0915/473495.shtml，2015 年 9 月 21 日访问。

② 参见《武汉警方向改革要警力——深推 30 项举措促警务效能提升》，湖北法治网，http：//www.124.gov.cn/2015/0915/473495.shtml，2015 年 9 月 21 日访问。

的重点和难点。其特殊治理对象主要包括：流浪乞讨人员、吸毒人员、严重精神病患者（或“武疯子”）的强制治疗。

（1）对流浪乞讨人员的治理。流浪乞讨人员的管理问题一直是困扰地方政府的一个难题。为贯彻落实我国民政部、公安部联合下发的《关于加强生活无着流浪乞讨人员身份查询和照料安置工作的意见》文件精神，2015 年湖北民政部门采取多种措施和手段加强对流浪乞讨人员的身份查询及照料安置工作。首先，集中政府和社会力量加强对流浪乞讨人员的排查。公安机关及社会治安管理部门组织专门力量加强对街面、社区等场所流浪乞讨人员的巡查，发现流浪乞讨人员及时引导到救助管理机构，争取不留死角。其次，规劝协助流浪乞讨人员回乡。对流浪人员进行身份比对查询，并规劝教育，帮助他们回乡谋业。最后，加大对无家可归，尤其是流浪孩子的社会救助。2013 年湖北开展“流浪孩子回校园”专项行动，湖北省首家流浪孩子学校在武汉市救助管理站开班，让流浪未成年孩子也能公平、安全、优质地享受九年义务制教育。

（2）对青少年吸毒人员的处置。近年来，湖北省吸毒人数增长迅速、涉毒犯罪活动猖獗、毒品社会危害加剧，严重影响社会治安秩序和人民群众的生命财产安全，群众反映强烈。对全省吸毒人数的统计发现，超过 70%的吸毒人员是青少年，并且吸毒者的比例居高不下，已经成为一个十分突出的社会问题，禁毒工作面临严峻考验。为了预防青少年吸毒、帮助已吸毒青少年戒毒，湖北省相关部门在严厉打击毒品犯罪的基础上，一方面在省内各地市建立青少年戒毒所。2014 年湖北省沙洋强制隔离戒毒所根据“全民阅读进特殊人群”活动安排，通过阅读汲取正能量，越来越多的戒毒学员幡然悔悟，痛改前非，树立了正确的世界观和人生观，从此远离毒品，珍爱生命。另一方面，在全省范围内加强宣传教育，预防吸毒。在湖北各地市中小学校组织开展禁毒法制报告会，使青少年学生认识到毒品的巨大危害性，进而再将禁毒教育在社会各层面展开，彻底将人们对品尝毒品的好奇心扼杀在萌芽状态。

（3）对精神病患者（或“武疯子”）的治疗和管理。近年全国范围内频发严重精神病患者或“武疯子”持刀伤人事件，类似事件的发生给当地社会公共治安安全造成了严重危害。因此，湖北各级综治部门在总结各地处理类似事件经验的基础上，紧密结合湖北实际，一方面协调发挥湖北多种维护社会治安力量，加大对本地街面、社区、校园周围等区域的巡查力度，并鼓励呼吁社会公众参与到预防“武疯子”破坏社会公共治安的队伍中来，切实杜绝严重精神病患者或“武疯子”行凶事件的发生；另一方面，积极协调精神卫生医疗机构加强对精神障碍患者的诊疗服务，协调医疗保险机构将严重精神障碍患者纳入职工基本医疗保险、城镇居民基本医疗保险或新型农村合作医疗保障范围，协调民政部门对查找不到近亲属的流浪乞讨疑似严重精神障碍患者送诊救治，努力做到“应治尽治、应管尽管、应收尽收”。这对于加强和深化湖北省精神卫生工作、维护社会稳定、构建和谐湖北具有深远意义。

2. 校园专项治理方面

（1）根据不同层次校园进行专门治理。湖北省根据受教育群体年龄段学校教育的不同特点，有针对性地对省内幼儿园、义务教育阶段、高中和大学校园四个层次，分别组织开展校园专项治理活动。就湖北幼儿园社会治理建设层面，为贯彻落实教育部、省教育厅统一部署，切实加大学前教育政策实施、科学育儿理念和方法的宣传力度，武汉市致力于创建“三优”园所，开展市级“三优”园所创建活动，志在打造集优秀团队、优美环境、优质活动为一体的幼儿园标杆，引导全市幼儿园和广大教师把对孩子适宜的爱转化为以幼儿为本的育人观和面向全体的质量观，落实到幼儿园保教工作的各个环节，促进全体幼儿健康快乐成长。就湖北高等院校治理层面，湖北省将高校学生网格化管理工作作为提升高校治理能力和治理水平的重要途径，湖北按照教育信息化建设的总体要求，从优化学生教育、管理、服务功能的角度出发，统筹协调推进，合理设计网络管理功能，结合实际推动学生网格化管理系统的广泛应用，努力实现“一个平台管理，一站式服务，一条龙办理”，最大限度方便学生，努力创建“平安大学校园”。

（2）加强校舍校车安全管理。一是关于强化校舍安全管理。以武汉市

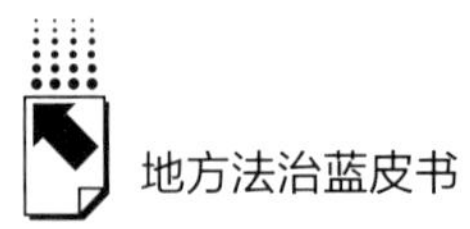

为例，武汉市按照“谁拥有产权谁负责”“谁主管谁负责”的原则，对本市校舍安全管理采取市、区协同，以区为主的工作机制。各区教育局作为校舍安全责任主体，切实做到“五有”，即有应急预案、有培训演练、有专人负责、有管理台账、有检查落实，形成科学高效的中小学校舍安全保障体系。各区教育局坚持对辖区内城镇和农村、公立和民办、教育系统和非教育系统的所有中小学（含幼儿园）中未达到重点设防类抗震设防标准或达到设计使用年限仍需继续使用的校舍，每年进行一次鉴定，对达到重点设防类抗震设防标准的校舍、院墙等附属设施，每5年进行一次鉴定，着力维护校舍安全。二是关于校车安全管理。为保障乘坐校车师生人身安全，2015年8月湖北省政府办公厅出台了《湖北省校车安全管理办法》，该办法对校车服务提供者和配备校车的学校应当履行的职责作出了明确规定。这些办法的出台使得湖北解决学校交通治安问题有法可依，有章可循。

3. 社区矫正方面

社区矫正是指“依法在社区中监管、改造、教育和帮扶犯罪人的非监禁刑执行制度”[①]。近年来，湖北省为教育改造和帮扶社区服刑人员回归、适应社会做了大量工作。2015年湖北省司法厅课题调研组分别赴省内各市、州对社区矫正工作开展情况及立法问题调研。调研数据显示，湖北社区服刑人员2.6万人，全省监狱押犯近6万人，社区服刑人员占罪犯总数约为1/3，社区服刑人员又犯罪率为0.58‰，这表明湖北社区矫正工作取得了良好的法律效果和社会效果。

（1）社区矫正制度体系日益完备。为促进社区矫正工作人员依法履行工作职责、确保社区矫正工作规范运行，2013年湖北省社区矫正工作管理局相继发布了《湖北省社区矫正教育工作规定》《湖北省社区矫正社会工作者管理办法（试行）》等一系列社区矫正工作制度、办法和规定[②]。2015年

---

① 吴宗宪：《社区矫正制度适用与执行》，中国人民公安大学出版社，2012，第2页。

② 参见湖北省司法厅网站，http：//www. hbsf. gov. cn/info/iList. jsp？ cat_ id = 10278，2015年10月19日访问。

5 月武汉市洪山区司法局制定并颁布实施《洪山区司法局社区矫正工作责任追究制度》，首次将追究社区矫正工作机构及人员不作为、乱作为的行为列入社区矫正制度体系①。从湖北省社区矫正管理局发布的规定（办法）到市区司法局制定的社区矫正责任追究制度，反映出湖北社区矫正制度体系的逐步细化和日益完备。社区矫正制度的健全完备，为社区矫正机构及工作人员开展社区矫正工作设立了带电“高压线”，能有效增强工作队伍的责任意识，提高社区矫正工作人员的执法规范化水平。

（2）社区矫正工作机构搭建良好。社区矫正工作机构是开展社区矫正工作的重要载体，它是承载社区矫正工作任务的职能机构。据湖北省司法厅 2015 年调研数据统计，湖北省 17 个市（州）全部成立了社区矫正机构，其中 14 个市（州）50 个县（市、区）已更名为社区矫正工作管理局，90% 的乡镇（街道）司法所加挂了“社区矫正安置帮教中心”牌子，全省范围内的社区、村（居）委会都建立了社区矫正安置帮教工作站，风景区、开发区、大型国有企业、监狱系统的社区矫正机构建设也在逐步有序推进，形成了省、市、县、乡、村五级“横向到边、纵向到底”的社区矫正工作网络，消除了社区矫正工作的空白和盲区。

（3）社区矫正教育活动效果明显。社区矫正教育工作是刑罚执行活动的重要组成部分，贯穿于社区矫正工作全过程。为推动湖北社区矫正教育活动取得实效，湖北各社区矫正机构定期开展社区矫正教育活动。值得一提的是，湖北各市州司法局因地制宜，根据不同地区不同情况开展社区矫正教育活动，赤壁市司法局为落实日常教育监管，推行“十个一”工作法②；当阳市司法局对社区服刑人员坚持正面教育，落实每月 8 小时教育学习时间，建

① 参见武汉市洪山区司法局，http：//sfj. hongshan. gov. cn/detail. jsp? cid = 93&id = 160328&parentids，2015 年 10 月 19 日。

② “十个一”工作法，是指坚持每月对社区矫正人员进行集中教育一次、个别谈话教育一次、思想动态分析一次、家访一次、百分考核一次，每季度集体谈话一次，每半年评议鉴定一次，社区矫正人员须每月参加公益劳动一次、汇报思想一次、监护人反馈意见一次。

立“六课六有”制度[①]。这些做法夯实了社区矫正工作基础，提升了矫正的针对性，提高了社区服刑人员适应社会的能力，能有效预防重新犯罪。就以“湖北 2014 年社区矫正教育活动成效”来讲，全省共开展社区服刑人员集中教育 47832 人次，个别谈话教育 31677 人次，组织社区服务 51074 人次，开展心理辅导 8820 人次，落实低保 502 人次，落实承包田 1904 人次，指导就业、就学 2314 人次，技能培训 1954 人次。这为社区服刑人员顺利融入社会提供了帮助、创造了条件，社区矫正教育活动效果明显[②]。

三　湖北在推动社会治理法治化过程中面临的问题

面对快速增加且错综复杂的社会矛盾，湖北在现有成绩的基础上，要正确看待分析社会治理过程中面临的“多元社会治理主体合作共治缺乏必要的法律制度保障，社会治理法治化专业型人才匮乏，社会治理法治量化评估体系亟待健全”等客观现实问题。

（一）多元社会治理主体合作共治缺乏必要的法律制度保障

社会治理是一个多元化的体系，就其治理主体而言，不仅依赖于党委政府治理，而且依赖于社会组织和公民自身。通过考察湖北社区矫正工作发现，立法尚未对湖北多元社会治理主体参与社区矫正工作分别作出规定，致使参与社区矫正工作的多元社会治理主体难以形成依法合作共治局面，其社区矫正实践成效也难以达到最佳效果。

---

① 《当阳市启动社区矫正“铸魂工程”》，《湖北省司法厅简报》2015 年第 52 期。“六课六有”制度，即加强身份意识、法治宣传、思想道德、合格公民、心理健康、时事政策等专题教育，做到有教育计划、有教学备课、有学习笔记、有心得体会、有考试成绩、有交流园地。

② 湖北省司法厅李仁真教授主持中南财经政法大学法治发展与司法改革研究中心暨湖北法治发展战略研究院项目“关于社区矫正立法问题研究”（项目编号：FZFZYJ2014009）研究成果。

（二）社会治理法治化专业型人才匮乏

社会治理法治化专业型人才是解决社会问题、构建和谐社会的重要力量，被称为“社会工程师”。社会治理人才分布在社区服务、社会救助的第一线，对社会心态和社会矛盾有直观的感受和体验，在城乡社会治安建设、犯罪预防、矫治帮教、应急处置等领域发挥着不可替代的作用。湖北在开展社会治理活动的过程中，注重运用灵活的工作手段动员、调动社会各阶层力量支持和参与社会治理活动，但因社会治理人才专业化程度不高，处置社会问题欠妥现象偶有发生，如 2015 年 9 月湖北电视问政曝光武汉、仙桃等地存在的突出执法问题等。因此，建立完善社会治理法治专业型人才培养机制，不断充实壮大社会治理法治化专业型人才队伍，才是逐步提高社会治理法治化水平的重要前提。

（三）传统行政治理理念与现代社会治理理念相冲突

在全面贯彻落实十八大以来关于社会治理法治一系列重要思想决策的过程中，湖北省委、省政府积极转变由党委政府主导的传统行政社会治理理念，着力打破过去党委政府一揽全局的社会治理状态，引入多元主体共同参与社会治理。湖北在努力践行现代社会治理理念的过程中，一些政府管理人员依然运用陈旧的行政观念、传统的行政管理理念处理社会公共事务，对现代社会治理理念和治理手段持消极态度，这两种治理理念冲突影响了社会治理实效。以社会治理重点领域的“网络安全治理”为例，传统行政治理理念下治理主体、手段的单一性，难以应对未来网络领域的社会治理问题。因此，树立并不断创新现代社会治理理念，构建多元社会治理体系，才能提高社会治理效果。

（四）社会治理法治建设评估体系亟待健全

社会治理法治建设指标体系是评估党委领导、政府主导、社会协同、公众参与社会治理法治建设的具体标准，具有可测度、可操作、可量化等特点，是评估社会治理法治建设成效的依据。当前，湖北虽初步构建了社会治理法治建设评估体系，但评估指标还需进一步细化，目标任务的指标体系亟待健全完善；社会治理法治（城市、县、市、区、单位）创建活动、依法行政等出台了单项考评指标体系，但没有出台全局性、综合性的法治指标体系及考评办法。社会治理法治建设评估体系中存在的不足制约了“法治湖北”建设的科学推进。

四　推进湖北省地方社会治理法治化的对策建议

（一）将加强顶层制度设计作为推进社会治理法治建设的关键

湖北社会治理法治化实践一再证明：在现代社会，治理离不开法治，法治是治理的基本方式，是提高地方社会治理水平的重要保证，地方社会治理是法治轨道上的治理，更是重视运用法治思维和法治方式的治理。因此，湖北地方社会治理实践活动要不断取得实效，首先便是加强社会治理各领域多层次的“顶层制度设计”，尤其是社会治理过程中法律制度层面的顶层设计。

鉴于法治的可预期性、可操作性、可救济性等在地方社会治理层面具有其他手段所不具备的优势，以及法治在湖北社会治理过程中的特殊地位和极端重要性，湖北将法律顶层制度设计作为政府工作的重中之重，着力构建湖北地方“社会治理法律体系”。社会治理法律体系按照社会治理法的效力划分包括社会治理“硬法”与社会治理“软法”，“软法”通常指组织章程、行业规范、社区公约、乡规民约、家教家训等与国家“硬法”及社会治理法律体系相匹配相适应相协调的规范体系[①]。因此，湖北省委、省政府作为地方社会治理的组织者和领导者，在积极开展本省社会治理的过程中，一方

---

① 徐汉明：《推进国家与社会管理法治化》，《法学》2014 年第 11 期。

面，要针对社会各领域出现的具体问题，如“社区矫正”“网络安全”领域存在的问题，在国家“硬法”指导下，积极探索高效解决问题的办法，并不断总结实践经验，进而提出具有可行性的社区矫正、网络安全立法建议等，加快湖北社区矫正、网络安全立法法律顶层制度设计的步伐。另一方面，要求政府工作人员树立法治观念和服务意识，强化对法律知识的学习，特别是涉及地方社会治理和经济社会一体化过程中的相关法律法规的学习应用，提高行政立法和行政执法水平。努力推进地方治理体系和治理能力现代化，将湖北地方社会治理一体化重大行政决策纳入法定程序，加快湖北社会治理各领域法律制度顶层设计，积极推进地方社会治理法治建设。

（二）加快专业型人才培养，壮大社会治理法治人才队伍

社会治理的依靠力量是“人”，加快社会治理法治专业型人才培养以充实壮大社会治理人才队伍，湖北应从社会治理立法、执法、司法人才、律师及教育科研培养社会治理人才共 5 个层面来推动社会治理人才队伍建设。①加快社会治理立法人才培养。立法是社会治理过程中有法可依的前提条件。法要调整的社会关系，只是社会关系的一部分，正像民法不能把所有民事关系囊括无遗一样，社会治理法不可能也无必要把综合治理的全部社会关系都纳入规范之中。因此，当前湖北加快社会治理立法人才培养，有益于明确社会治理立法对象、范围、立法内容、立法形式是实体法还是程序法等等。②注重社会治理执法人才培养。执法人才的专业综合素质直接关系到能否客观公正执法，进而影响执法效果的好坏、社会治理的成效。因此，湖北在推进社会治理的过程中，应注重执法人才的培养，尤其是优先培养基层执法人才，如将基层网络交易监管执法人才培养作为重点工作等。③培养现代专业司法人才。司法工作的最鲜明特点就是运用法律解决复杂社会问题。当前我国深化司法体制改革的推进，对司法人员的素质提出了更高要求，但传统的司法人员培养模式已难以适应时代发展和社会需要。因此，湖北在深化司法体制改革的过程中，要结合本省实际，积极探索培养现代司法人员新模式，以夯实湖北司法人才队伍。④加大律师培养力度。律师作为社会综合治

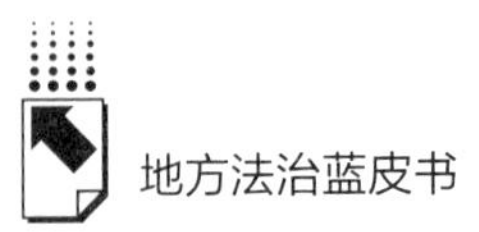

理的一支骨干力量，在协调化解各类社会矛盾的过程中起着非常重要的作用。律师通过提供法律帮助来维护法律的正确实施，通过运用和执行法律来维持社会秩序、维护国家和社会稳定。因此，加大律师培养力度，使律师当好依法执政、依法行政和依法管理社会事务的法律帮手，切实壮大社会综合治理人才队伍。⑤教育科研机构培养大批社会治理法治专业型人才。湖北省近年来从政策、资金等层面大力支持本省高校、科研院所培养社会治理法治专业型人才。中南财经政法大学法治发展与司法改革研究中心创立“社会治理法治专业”国家法学二级交叉学科，并成功进行硕博士人才招录和培养。该学科的建立为社会治理法治专业人才培养打造了一个全新的教育平台。依托这一平台，教师学者带领学生潜心钻研、探讨社会治理过程中的种种棘手问题，查找当下一些社会问题的具体症结，在探讨运用治理理论解决现实社会问题的过程中，为湖北乃至全国培养和输送一批又一批的社会治理专业型人才。总之，湖北从社会治理立法、执法、司法、律师和教育科研层面加快 5 类专业型人才培养，能充实和壮大湖北乃至全国的社会治理人才队伍。

（三）创新社会治理理念与体制以构建多元社会主体共治模式

面对相继出现的社会问题，湖北已深刻认识到仅靠国家、地方政府“保姆式”的管理和“孤军奋战”显然已不能适应日益纷繁复杂的现代社会。作为引领和管理湖北各地市州经济社会发展的当地政府，应转变传统治理理念，顺应新形势新情况，不断推动社会治理理念和治理体制创新，增强创新社会治理体制的能力，争取建立“多中心”社会治理主体、“多模式”社会治理体制，着力构建地方社会治理新机制，为政府、社会组织和公众协同共治打开新局面，以构建适应湖北省情一体化的党委、政府、社会组织和公众参与的多元社会主体共治模式。例如，湖北以“天津新港爆炸事故”为鉴，2015 年在全省范围内开展安全大检查和隐患排查近一个月。在湖北省安全大检查中，武汉等城市已纷纷出台措施，鼓励全体市民举报安全隐患，查实的将给予经济奖励，动员全社会力量积极维护公共安全，提高公众的安全意识和防范意识，最终实现政府监管与法律震慑、企业自治、媒体监督、公众参与等环节的良性互补。变出事故后的“地毯式搜索”为日常生产中滴水不漏的全面安全监督，让安全管理建立在全民共建共享的基础上。湖北2015年共发生重大突发事件927起、妥善处置927起，妥善处置率为100%①。由此可见，湖北唯有依靠社会公众，广泛发动社会力量参与，通过创新社会治理理念、创新社会治理体制，实现群防群治，才能构建出“多元社会主体”共治模式，社会矛盾才能得到有效化解，社会问题才能得到彻底解决，社会重大突发事件才能得到100%的妥善处置，人们才能在和谐的社会环境中得到自由全面的发展。

（四）科学构建社会治理法治建设评估体系

社会治理法治建设评估是一套全面系统观察、测度、监测、评价、预警社会治理法治建设的效果、效率、效益的量化评价系统。它评估的目的是获取有关社会治理法治建设的相关信息，观察、预警、评价社会治理法治建设的状况，对背离社会治理法实施的行为和现象提出查究矫正意见。为准确评估湖北社会治理法治建设状况，湖北应建构一套科学的指标体系。通过评估对偏离目标的现象适时予以调整与矫治，助推法治湖北建设“竞争机制”和“倒逼机制”的形成②。

① 数据源自湖北省公安厅研究室统计科和信访处综合科。

② 徐汉明：《社会治理法治建设指标体系及评估》，中国行为法学会2015年“第五届中国法律实施论坛”主题发言；武汉市2015年“创新改革与法治建设”论坛主题发言《推进社会治理法治建设的几个问题》。

B.5
中山市地方立法工作开局探索与思考

中国社会科学院法学研究所法治指数创新工程项目组*

摘　要：　2015年，中山市正式获得地方立法权，满足了中山在地方经济社会发展中需要通过立法来解决问题的迫切需求，为全面深化改革进程带来了新思路。本文全面阐述了中山市获得地方立法权以来，主动适应中山深化改革和经济社会发展需要，积极开展地方立法工作的开局实践，对地方立法过程中如何处理好与党委、省人大、政府部门、第三方以及内部规范这五个关系进行了初步探究，并总结出中山市立法开局工作得以顺利开展的四大原因。

关键词：　地方立法　中山　立法开局

一　引言

中山市地处珠江三角洲中南部，是一代伟人孙中山的故乡，总面积1800平方公里，常住人口320万，2014年地区生产总值（GDP）2823亿元，人均地区生产总值8.9万元。中山作为不设区的地级市，近20多年来，充分运用粤港澳湾区经济圈中心腹地的区域优势、全国历史文化名城的人文

* 项目组负责人：田禾，中国社会科学院法学研究所研究员、国家法治指数研究中心主任。项目组成员：吕艳滨、王小梅、栗燕杰、刘雁鹏、徐斌、赵千羚、刘迪、杨芹、马小芳、曹雅楠、周震、徐蕾、宁妍、赵凡、刘永利、宋君杰。执笔人：刘雁鹏，中国社会科学院法学研究所助理研究员；田禾。

传统优势、全国著名侨乡的统战影响优势，走出了一条经济社会协调发展的道路。为进一步巩固改革发展的成果，迫切需要将一些成熟的经验、好的做法上升为地方性法规。

2015 年 3 月 15 日，新修改的《立法法》将地方立法权扩大至所有设区的市，并专门规定："广东省东莞市和中山市、甘肃省嘉峪关市、海南省三沙市，比照适用本决定有关赋予设区的市地方立法权的规定。"2015 年 5 月 28 日，广东省人大常委会通过了决定，中山市自此成为广东省第一批正式开始行使地方立法权的地级市。

如何承接地方立法权，切实提高立法质量，真正发挥设区的市的地方立法的引领和推动作用，更好地为中山改革发展保驾护航，是摆在中山市人大面前的一个重大课题。

二　立法开局探索

法律是治国之重器，良法是善治之前提。依法赋予设区的市地方立法权，是十八届四中全会关于全面推进依法治国的重大决定之一，是完善人民代表大会制度、扎实推进社会主义法治进程的重要举措，有利于设区的市更好地运用法治思维和法治方式解决本行政区域改革发展的重大问题，实现立法和改革决策相衔接，做到重大改革于法有据，对进一步完善法治体系、全面推进法治建设将产生积极而深远的影响。中山市认真贯彻党的十八届三中、四中全会精神和广东省委、省人大常委会的部署，加强立法工作机构和队伍建设，着力提高立法能力，积极做好推进立法工作，为地方立法开好局奠定基础。

（一）中山立法有需求

中山市是珠三角重要的制造业和现代服务城市，多年来中山市利用其区域、人文、统战优势协调发展，创造了令人瞩目的成绩。而经济高速发展的背后，存在着社会治安、城市建设、文化教育、医疗卫生、社会管理等问题。中山市通过努力，出台很多创新方案解决上述问题。在社会治安方面，

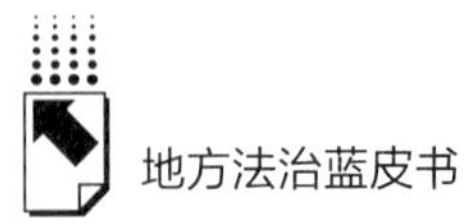

中山市通过“全民治安”打造平安中山[①]；在医疗方面，通过“事前公安介入避免冲突，事后第三方调解化解纠纷”的方式达到了三年无医闹[②]；在教育方面，中山市打破教育壁垒，推进城乡教育公平；在环境保护方面，中山市通过雨污分流解决水污染问题[③]。

这些改革举措的推动大多数都是领导集体会议决定，并以文件形式层层下达，贯彻落实。这种通过红头文件下达政府指令的工作模式应当被逐步舍弃，这是因为：首先，红头文件不稳定，极容易随着领导班子的更迭而发生变化，不仅影响政策推进的持续性和长久性，而且朝令夕改将严重降低政府公信力；其次，红头文件很任性，红头文件的下发往往是领导拍脑瓜的结果，甚至造成红头文件成为红头笑话[④]；最后，红头文件易违法，由于出台红头文件过程中缺少科学论证和民主表决，造成很多红头文件内容规定不合法或与上位法相抵触[⑤]

中山的发展仍未止步，中山的改革仍要继续，但在发展和改革过程中应当放弃原有的通过会议和红头文件贯彻落实的方式，转而依靠地方性法规。中山今后的改革举措若没有立法支持，诸多改革容易进入合法与违法之间的模糊地带。而且现有的改革措施没有上升为地方性法规，则很难继续贯彻执行，中山市之前所有的改革成果也将可能付之东流。因此中山市高度重视地方立法权申报和地方立法筹备工作，将其列入市全面深化改革的主要任务予以推进，明确由市人大常委会全面统筹开展。

---

① 江泽丰：《全民治安提升群众安全感》，《中山日报》2014 年 2 月 18 日，第 A06 版。

② 黄惟勤：《广东中山，三年无医闹》，《人民日报》2015 年 7 月 24 日，第 23 版。

③ 李丹丹、郭锦润：《把雨污分流做成全省样板工程》，《中山日报》2014 年 7 月 10 日，第 A01 版。

④ 有的红头文件要求政府公务员帮助开发商卖房，有的红头文件要求政府公务员帮助政府拆迁，有的红头文件规定每年喝酒任务不能少于 200 万元，等等。参见王志文《潍坊市寒亭区红头文件指令干部替开发商卖房》，《经济参考报》2009 年 3 月 30 日，第 1 版；袁启华：《小糊涂仙：酒不糊涂人糊涂》，《中国企业报》2006 年 4 月 17 日，第 5 版。

⑤ 如地方下发红头文件要求招考女性公务员必须要乳房对称，有红头文件擅自增加行政审批，有的红头文件为企业增设法外特权。参见席淑君、姚建《公务员凭啥要乳房对称》，《中国妇女报》2004 年 2 月 18 日。参见刘文超《收玉米要办砍伐证》，《半月选读》2009 年第 1 期。《红头文件保护排污企业》，《兰州晨报》2006 年 9 月 16 日，第 A06 版。

市人大常委会积极推进，抓好工作落实，自2014年7月以来，根据市委全面深化改革、争创发展新优势的决定及推进民主法治领域改革的部署，把争取地方立法权列入重要工作日程，组织专责工作小组，把握时机和时间节点，争取与设区的市享有同等立法权，成为全省首批被赋予地方立法权的地级市。

（二）中山立法有能力

立法是一项系统性的工程，拥有地方立法权并不意味着一定能制定出良法，需要具备制度、人才、组织等各方面的条件才能保证立法的成功。中山市2015年方才拥有立法权，为了确保立法能力，中山市积极从以下几个方面展开。

首先，完善立法机构。地方立法是设区市新增的一项重大事项，必然需要有对应的专门机构来承担，中山市为了完成立法任务，特成立两个办事机构：其一是成立中山市人大常委会法制工作委员会（简称法工委），二是成立市人大法制委员会（简称法制委）。

法工委是负责综合性立法工作的工作班子，中山市人大常委会党组早在2014年已向中山市委请示设立市人大常委会法制工作委员会。2015年初，经市委同意，中山市机构编制委员会办公室批复设立法制工作委员会，设正、副主任各1名，有综合科、法规科、备案审查科三个科室，共8名行政编制。为保证人员到位，配备高效的工作队伍，常委会在全市范围内进行了遴选，并注重从市法院、检察院和政府部门中选调优秀法制工作人员。

法制委是《立法法》规定的统一审议机构。为确保在开局之年启动第一部地方性法规的制定工作，根据《地方各级人民代表大会和地方各级人民政府组织法》《立法法》的有关规定及省人大常委会的工作要求，中山市于2015年7月召开了第十四届人民代表大会，表决通过了法制委员会成员名单。目前，法制委员会成员共11名，包括市人大常委会法制工作机构人员、专家、资深律师、基层工作者等。

其次，培养立法人才。除了设置相应的立法机构外，中山市对本市拥有的法治人才进行了统计，中山市现有法学专业学历人才3088名，其中硕士研究生366人，博士研究生10人。对于一个地级市而言，这样的基数是可观的，但能列入立法高层次人才的却屈指可数。若一味强调引进立法人才恐怕也不符合中山实际：一则是引进的立法人才不一定能够深入了解中山的实际情况，二则有经验、有能力、有水平的立法人才不一定能够留得住。因此，中山重点从以下几个方面入手：首先，建立本地立法人才培养机制，加强对中山市人大法工委和法制委的培养，使其能够逐步担任立法重任；其次，建立立法人才发现机制，市人大在公检法司及行政职能部门以及高校中发掘优秀的立法人才，通过召开会议、学术征文等形式发现有潜力的立法人才；最后，建立立法人才跨部门交流机制，在法官、检察官、公安、法制、律师、仲裁员中选任优秀人才进入立法机构。

最后，健全咨询机构。中山市2012年以来努力争创“法治广东建设示范市”，为不断开拓思路，人大常委会已建立了系列与法治工作相关的咨询机构，如与中国社会科学院法学研究所共建的法治国情调研（中山）基地，与电子科技大学中山学院合作建立的制度创新研究院。为更好地开展地方立法工作，中山市人大常委会进一步健全工作机构，在电子科技大学中山学院设立了地方立法研究所，借助本地的高校法律人才队伍为本市的地方立法提供立法相关服务。同时，还将聘请多个高等院校相关领域的专家学者为“中山市地方立法咨询专家”，为地方立法提供咨询和服务。

（三）中山立法重民意

十八届四中全会指出：“深入推进科学立法、民主立法。”立法除了要保证科学合理之外，还应当广泛听取民众的意见，做到民主立法。如何立法属于科学立法领域，应当咨询专家学者；立什么样的法属于民主立法领域，应当听取民众的意见。中山市认真贯彻党中央关于科学立法和民主立法的要求，广泛听取民众关于立法的意见。

其一，从民意调查收集立法建议。2015年4月，中山市人大常委会委托第三方机构——中山市地方立法研究院，对地方立法课题开展研究，在全市范围内发放了5000份调查问卷，围绕城乡建设与管理、环境保护、历史文化保护等三个方面向市民征集意见，并形成了《中山市地方立法课题调研报告》，收集了市民对中山市立法工作的意见和建议，供市人大常委会参考。

其二，从民意了解立法需求。广东省人大常委会提出的立法工作要求为“最急需原则、最大共识原则、最具地方特色原则”三个原则。中山市人大常委会在确定立法项目时，积极回应群众关切，围绕城乡建设与管理、环境保护、历史文化保护等三个方面，对政府部门推荐的立法建议项目进行了认真筛选、调查研究、论证评估，拟订了中山市地方性法规第一批立法项目，共有7个纳入年度立法工作计划，涉及城乡建设与管理方面2个，环境保护方面3个，历史文化保护方面2个。上述7个项目中，2015年内提请市人大常委会审议的项目有2个：《中山市水环境保护条例》《中山市城乡供水管理条例》。其中，由常委会主导起草的第一部地方性法规《中山市水环境保护条例》，与调查问卷反映的市民意愿完全吻合。

三　立法开局实践

2015年，中山市全面贯彻党的十八届三中、四中全会及省委十一届四次会议精神，按照省立法工作会议的工作部署，在市委的领导下，主动适应中山改革和经济社会发展需要，积极稳妥地开展地方立法工作，推进法治城市、法治政府、法治社会建设。为保证立法质量，确保开好局、起好步，发挥好立法的引领和推动作用，中山市人大常委会始终贯穿处理好立法与党委、省人大、政府部门、第三方以及内部规范等五个方面关系，充分发挥在立法中的主导作用，确保科学立法、民主立法，为实现经济社会发展和谐善治的目标提供有力的法律制度保障。

（一）处理好与地方党委的关系

加强地方立法工作，提高立法质量，维护社会主义法制统一，推进国家治理体系和治理能力现代化，既是地方人大及其常委会的一项重要职责，也是地方法治建设的一项重要任务。党的十八届四中全会决定对完善立法体制提出的主要举措中，首先是加强党对立法工作的领导，完善立法工作中党对重大问题决策的程序。中山市在地方立法的开局工作中，切实坚持党委的领导作用。

首先，市委常委会专门研究地方立法工作，听取法工委对2015年立法工作计划的情况报告说明，并把推进地方立法工作计划作为一项常规工作进行跟踪，保证工作计划的落实。

其次，重要分歧事项报请党委、党组出面协调、落实。在制定《中山市水环境保护条例》时，对于起草过程中碰到的部门职能分工、调整等一系列有争议、难以定案的重大事项，及时向市人大常委会党组请示，党组及时转请政府协调职能部门，并与市政府领导协商妥善处理争议，为法规顺利出台和今后法规的实施奠定基础。通过坚持党委的领导，保证把地方立法决策与党委改革决策有机衔接起来，及时把改革成果以地方法规的形式巩固下来，共同为中山市经济社会发展营造良好的法治环境。

（二）处理好与省人大常委会的关系

《立法法》第77条规定："地方性法规案、自治条例和单行条例案的提出、审议和表决程序，根据《中华人民共和国地方各级人民代表大会和地方各级人民政府组织法》，参照本法第二章第二节、第三节、第五节的规定，由本级人民代表大会规定。"也就是说，设区的市的地方性法规的制定程序由设区的市的人民代表大会规定。根据《立法法》第72条第2款"设区的市的地方性法规须报省、自治区的人民代表大会常务委员会批准后施行"的规定，设区的市的地方性法规报请省人大常委会审查批准是设区的市地方性法规生效的法定程序和必要条件。为此，中山市积极主动加强与省人大常委会的沟通，做到多请示多汇报，确保省人大常委会法制工作机构能够在立法过程中提前介入，听取专业的意见和建议，为地方立法工作顺利推进奠定基础。

首先，及时推进地方立法工作计划备案。中山市人大常委会在制定立法工作计划后，及时向省人大常委会法制工作委员会汇报年度计划，并进行备案，便于省人大全面掌握中山的立法情况。

其次，及时汇报地方性法规制定情况。根据《立法法》的规定，省人大常委会要对设区的市的地方性法规的合法性进行审查。由于设区的市经验不足，为确保地方性法规的合法性，中山市人大常委会在对第一部法规《中山市水环境保护条例》进行一审、二审后，分管的领导立即与省人大常委会法工委沟通，把条例（草案）及时进行“备案”，这种方式也相应得到了广东省人大常委会的支持，省人大法工委专门组织省直部门专家进行论证，并赴中山加以指导，力争把合法性问题解决在法规正式报请批准前。

最后，及时吸收意见和建议。中山市人大常委会在制定《中山市地方立法建议项目办法（暂行）》时，主动报请省人大常委会法制工作委员会，就把握不准的地方听取意见后，常委会才召开主任会议审议，保证了制度的规范性和可行性。

（三）处理好与政府部门的关系

有观点认为，地方立法将赋予地方政府更大的权力。这种理解误读了《立法法》的初衷。地方立法实际上是限制和规范地方政府的权力，让地方政府在上位法缺位的情况下，在地方性法规或者地方政府规章的框架内行使权力，避免地方政府以印发红头文件的形式自设行政权力的现象，从而更加规范地方政府权力。诚然，鉴于立法是为守法和执法服务的，在立法过程中，更应当从方便执法主体和相对人理解、掌握的角度出发设定法规条款，而政府部门是执法的主体，是行政主体，在这一方面具有丰富的执法经验，政府部门积极参与法规的起草，能有效提高地方法规的可操作性，为法规在当地的实施奠定坚实的基础。但是，行政权力作为国家权力的重要组成部分，具有管理事务领域宽、自由裁量权大、以国家强制力保证实施的特点，一旦被滥用，就会对公民的合法权益和依法治国方略造成损害。为此，在立法过程中应当尽量避免政府既当法规的制定者又当执行者的情况出现。中山市人大常委会在起草第一部地方性法规时，坚持树立正确的立法理念，着力平衡好两者的关系。

首先，坚持人大主导立法。根据《立法法》，地方立法的主体包括设区市的人大、人大常委会和政府，鉴于这三个立法主体的立法职能是不一样的，在区分这三类立法主体的职能时，明确的一点就是对立法起主导作用的是人大，以真正体现权力来自于人民，特别是地方政府决策层更应当读懂这一地方立法的初衷，从一开始就杜绝利用地方立法谋求政府扩权、部门争利的念想，让地方立法朝着正确的方向发展。为此，原则上，能由人大或常委会立法的就应当制定地方性法规；只有在来不及制定地方性法规的紧急情况下，才能制定地方政府规章，施行两年后要么制定地方性法规，要么废止。从中山市的立法工作开局来看，市人大充分发挥主导协调作用，成立了由市人大法制委、常委会相关工委、政府相关职能部门、中山市地方立法研究院等共同组成的起草工作组，并由市人大常委会副主任、法制委员会主任委员担任起草工作组组长，便于统筹资源，协调各方的力量。

其次，立法与执法两者兼顾。正确处理好权、责、利的关系，既不由部门左右甚至主导立法，通过立法来扩权、确权、固权，谋取部门的利益，也不无视政府管理需要，一味地削权、限权、控权。起草第一部地方性法规《中山市水环境保护条例》时，市人大常委会首先明确工作的总体进度安排，然后通过召开起草工作组会议确定草案的总体框架，结合各成员单位的工作职能进行起草分工，由各职能部门完成相关领域的起草条文建议稿。同时，把中山市地方立法研究院纳入进来，在起草、论证等各阶段，都能公正客观地听取第三方客观的意见和建议，这样既吸收了部门的意见，又防止了地方法规掺杂部门保护主义。

（四）处理好与第三方的关系

立法能力关乎立法质量，而中山市的立法能力，有一个从无到有的生成过程。为了尽量使这一过程更短暂更坚实，中山市人大常委会积极引入第三方，充实立法力量。

首先，委托第三方参与地方立法。2015 年 4 月，市人大常委会委托中山市地方立法研究院对地方立法课题开展研究，发放了5000份调查问卷，在此基础上形成了《中山市地方立法课题调研报告》，收集了市民对立法工作的意见和建议，为常委会研究确定立法项目提供了参考。

其次，委托第三方参与地方性法规的起草。2015年7月，市人大常委会把地方立法研究院纳入第一部地方性法规《中山市水环境保护条例》的起草班子当中，提升法规起草能力。

最后，委托第三方参与地方立法论证。2015年10月，为解决对《中山市水环境保护条例》反映比较集中的问题，中山市人大常委会法制工作委员会组织召开了立法论证会，论证会邀请了环保、规划、水务、住建等相关领域的业务专家，关注水环境状况的省、市人大代表以及资深律师、法学教授等参加。作为邀请出席的第三方，他们都开诚布公地表达了自己的观点，立法论证会听到了不一样的声音，取得了较好的效果。此外，中山市还将按照《中山市地方立法咨询专家库管理办法》，成立地方立法专家库，聚集一批法律、环保、城建、城管等方面的技术专家，依靠这个团队提高立法技术水平，做到科学立法。

（五）处理好与内部规范的关系

中山市人大常委会把立法工作制度作为发挥人大立法主导作用、提高立法质量、增强立法实效的重要抓手，健全立法工作规程。中山市人大常委会2015年立法工作计划，确定了年内要制定五项制度，其制度的形成目前主要有三种方式。

首先，参照省的相关立法制度。在刚刚获得立法权的时候，面对具体立法工作相关制度的空缺，中山市参照广东省的地方立法条例和立法技术规范等规定，及时启动了地方立法各项工作。经人大常委会主任会议审议通过，已相继制定了《中山市人民代表大会常务委员会立法论证工作规定》《中山市人民代表大会常务委员会立法评估工作规定》，规范了地方性法规立法论证和评估工作，增强了立法的科学性、民主性。

其次，参照其他城市做法，建立符合中山市实际的工作制度。为增强立法的针对性和实效性，规范立项工作，在参照广州等地做法的基础上，结合中山实际，2015 年 7 月经人大常委会主任会议通过了《中山市地方性法规立项办法（暂行）》。9 月，已经按照该办法面向社会各界征集 2016 年度立法计划建议项目，为科学制定 2016 年的立法工作计划奠定基础。

最后，建立具有中山特色的工作制度，形成合力。2015 年 8 月份经人大常委会主任会议通过的《中山市地方立法咨询专家库管理办法》，一个显著的特点就是实行一库双管，由市人大常委会和市政府统一成立立法咨询专家库，但分设两个专家组分别管理。一个是市人大地方性法规咨询专家组，主要为市人大及其常委会制定地方性法规提供立法咨询服务；另一个是市政府规章咨询专家组，主要为市政府制定地方性规章提供立法咨询服务。虽然两个专家组分开管理，但可以交叉使用，能更有效地整合、统筹立法专家资源，充分发挥专家在地方立法工作中的智力支持作用。中山市还将制定“中山市立法联系点管理联系办法”“中山市立法论证工作规定”“中山市立法评估工作规定”等工作制度，建立立法协商、征求公众意见和意见采纳反馈等工作机制，通过规范的制度，确保地方立法工作按照法定程序和规定有条不紊地推进。

四　立法开局反思

近 20 多年来，中山作为不设县区的地级市，在独特的扁平化行政管理体制下，通过先行先试、改革创新，走出了一条经济社会协调发展的道路，许多经验做法被冠以“中山模式”在广东全省乃至全国推广。在地方立法方面，中山市则正以开拓性的步伐坚实地向前迈进，在实践与探索中显示自己的独特之处。在短短的时间内，能顺利推进地方立法的各项工作主要得力于以下四大因素。

（一）地方党委统筹领导

近年来，中山市形成了党委决策、人大决定、“一府两院”实施、社会参与的法治建设工作格局。这一工作格局毫无疑问为中山市的立法工作奠定了良好的基础，使中山市在地方立法之初，就能使党委的核心领导作用发挥得更加充分，在立法工作中更好地体现党委的权威。在立法开局工作中，中山市人大及其常委会始终坚持了党的领导。例如，在制定2015年的立法工作计划时，市人大常委会党组报请了市委，经市委常委会研究同意后才提交市人大常委会审议，就这样通过法定程序，把党委的意志转化为对全市立法工作的要求，起到了高屋建瓴的效果，确保在立法过程中各个部门能通力合作。又如，《中山市水环境保护条例》起草过程中碰到的部门职能分工、调整等一系列有争议的重大事项以及条例草案在审议、征求意见过程中反映问题比较集中的条款，人大法制工作机构都及时向常委会党组报告、请示，党组主动向市委请示，在整个立法过程中，都凸显党委的统筹协调，这样从体制机制和工作程序上有效防止了部门保护和部门利益法制化。

（二）地方人大积极作为

人大监督要有实效，这既是一个老话题，也是一个新话题。一直以来，外界仍有不少人认为人大的监督是“橡皮图章”，流于形式，只是走走过场，没有实效。近年来，中山市人大常委会正是以务实的工作态度，打破这一说法，中山市人大不断探索完善监督方式，创新工作机制，依法加大监督力度，提高监督实效。坚持从人大监督工作的特点和规律出发，灵活运用行之有效的监督形式和方法，与时俱进，探索创新，从而提高监督水平。2012年以来，从顶层制度建设入手，制定和完善了《中山市人民代表大会常务委员会讨论决定重大事项规定》《中山市人民代表大会常务委员会规范性文件备案审查办法》《中山市人民代表大会代表议案及建议、批评和意见处理办法》等一系列地方规范性文件，使有关的法律法规在本行政区域内能得到有效实施。尤其是结合中山市不设县区的扁平化行政管理特点，在法律框架内实现了有限突破，创新制定《中山市镇人民代表大会监督工作暂行办法》，保障基层人大的监督，取得了很好效果。中国社会科学院法学研究所2015年以《走出“边缘”地位的乡镇人大——基于对2014年中山市镇级人大监督工作的现实考察》为题，介绍了这一做法，收入2015年“法治蓝皮书”公开出版。中山市的地方立法开局为什么能推进得如此顺畅？这正体现了中山市人大常委会长期以来在当地政治生活中树立的地方权力机关权威地位。目前，地方立法工作中缺少的就是人大对立法全局的统筹及活动全过程的把握，以及人大在审议法规前的多个环节如何更好地发挥主导作用，如征集立法建议项目、法规立项、草案起草等方面。中山市人大常委会正是在政治生活中具备了权威地位，能在短时间内取得地方立法权，做到科学立法和民主立法，不是简单地在审议和修改过程中举举手，走走程序，而是抓住了问题的关键，注重对立法工作的统筹协调，充分发挥主导作用。从开局之初，就坚持了四个“主导”的定位，即主导立法方向、主导立法起草、主导立法前评估和立法后评估、主导立法审议和协调。

（三）政府部门高效配合

地方立法是一项政治性、专业性很强的工作，仅仅依靠市人大专门委员会和常委会设置的法制工作机构的力量，是远远不够的，所以部门与部门之间的配合协调显得尤为重要。中山市在党委的统一领导下，非常注重部门的联动力量，善于发挥部门熟悉业务的优势，从而弥补了立法主体专业不足的缺陷，尤其是部门间有着良好的沟通协作机制，推进了立法工作顺利进行。首先，部门的参与与合作，提高了工作效率。仅在起草过程中，起草工作组就召开了四次工作组会议、六次工作碰头会议，且每次会议都是分管业务科室的领导和熟悉的业务骨干参加，共同确定草案的框架和主要内容，一个月内研究提出的草案建议条文超过150条。其次，部门之间良好的沟通协调确保了效果好。由于环境保护的内容比较广泛，涉及的职能部门较多，且对应的上位法依据也不一样，在起草的过程中部分职能部门的意见存在分歧是不可避免的。条例草案只是按照某个部门的职能或上位法的要求去简单地罗列条款肯定是不行的，地方性法规必须处理好法律的内部关系。为此，在整个起草过程中，围绕分歧和重点关注的问题，通过召开工作会议、论证会等形式，最终达成了共识。

（四）政治环境开放文明

中山市立法工作开局得以顺利进行，除了党委统筹、人大积极作为、政府高效配合之外，还离不开中山市开放文明的政治环境。

首先，政府提供了畅通的民意反映渠道。有法律学者指出，地方立法权越大，损害公民权利的可能性也就越大，可见制约地方立法权很有必要，应当创造条件让民众发挥更大的积极作用。近年来，中山市力推依法行政，努力建设法治城市，以法治思维和法治方式推进政府职能转变，着力塑造阳光政府，政府信息公开透明，畅通了社会公众广泛深入参与地方政治生活的渠道，这使得社会公众在地方立法过程中有渠道、有机会表达意见，使地方立法充分体现民意，做到民主立法，通过民意来制约立法权，以防止立法走偏，并提高立法质量。

其次，老百姓对城市政治生活的关注与参与度高。推进地方治理能力现代化的进程，用好民意这张牌，是永恒的主题，立法亦是如此。中山市在城市的发展进程中，历来重视依靠群众，如在社会治理中，分别推出了“全民修身”“全民治安”“全民创文”“全民禁毒”“全民绿化”“全民防医闹”“全民除三害”等系列行动，发动群众参与，收到了较好的效果，广泛调动了群众的政治生活参与积极性，为地方立法机构在立法中能深入倾听民意、广泛征求社会意见做好了铺垫。

最后，当地专家学者的积极支持与参与。中山市长期以来注重实践与理论的结合，促使地方政府和高校、法律机构形成了良好的互动关系。在全面深化改革与经济社会发展对立法工作提出新要求的时代背景下，中山市的专家学者再次踊跃参与地方立法工作，使立法机构借助高校专家学者的力量，为地方立法提供理论支撑和智力支持。

五　结语

中山市大力推进法治建设，在立法开局中已逐步走出了一条开拓性道路。中山市的立法开局不仅对于中山，而且对于其他设区的市地方立法的开展都有重要的启示。诚然，各个设区的市总有自身独特的政治环境和背景，中山市的经验和反思并不能完全适用于其他设区的市。但相信各个设区的市在党委的正确领导下，以推进社会治理和治理能力现代化为目标，发挥地方立法的引领和推动作用，必将创造出更多鲜活的经验。

B.6

信息公开背景下的环境公众满意度提升路径

杨 珂　田 烁　梅斯勒*

摘　要：为使环境信息公开、环境质量改善与公众满意度三者同步提升，为生态文明建设汇聚更大的力量，有必要优化整合政府部门有关信息公开和公众参与的相关职能；完善信息公开和公众参与环境保护的法律制度保障；增强环保政务新媒体的传播力和影响力，增强与公众的互动互信；注重受影响群体的参与，促进利益相关方展开监督与对话；委托实施第三方的信息公开和公众满意度调查，科学评价环境信息公开和公众参与的效果；建设公众环境教育示范基地，培育公众绿色发展科学素养与理性共识。

关键词：环境信息公开　公众满意度　公众参与

浙江宁波、四川德阳和福建厦门等不少地方，在政府评估或社会组织评价中，环境信息公开名列前茅，二氧化硫和氮氧化物等大气污染物排放量逐年下降，但公众对环境质量的满意度却没有随之攀升，甚至在一些大型建设项目上马时，出现以环境为由的群体性事件。通过环境信息公开的数据，可

* 杨珂，环境保护部宣传教育中心环境公共关系与战略传播研究所副所长；田烁，环境保护部宣传教育中心环境公共关系与战略传播研究所项目主管；梅斯勒，环境保护部宣传教育中心环境公共关系与战略传播研究所项目主管。

以比较客观地看出某项工作是进步、原地踏步，还是退步了。但是，仅通过环境信息公开来让公众认可政府环保工作所取得的成绩，并没有那么容易。

为深入探索促进绿色发展的信息公开与公众参与实践路径，环境保护部宣传教育中心组织调研组，多次赴浙江、四川和福建等地，重点调查环境敏感项目建设中的信息公开与公众参与情况，与政府、企业领导和管理层进行了座谈交流，对当地部分居民进行走访，并查阅了当地环境污染治理和环境质量状况的有关资料。调研发现，环境信息公开、环境质量改善与公众满意度三者之间存在不匹配的现象。

一 信息公开与公众满意度的矛盾难题

近年来，浙江宁波、四川德阳等城市在大力开展环境污染治理的同时，注重做好环境信息公开，以谋求公众对环境保护和经济发展相互促进的共识，但效果却不尽如人意。石油炼化一体化等新建大型工业项目屡屡产生公众以环境保护为由的“邻避”效应，在迈向绿色发展进程中陷入困境。

以 2012 年发生“PX 事件”（二甲苯化项目）的宁波市为例，近年来该市全面实施生态环境综合整治行动计划，开展清洁空气行动，重点开展化工等重污染行业的环境整治，水体、大气、土壤等环境污染得到有效治理。仅 2013 年，宁波开展电镀、印染、化工、造纸等十大重污染行业环境整治提升工作，投入市级环保专项资金 4600 万元，完成 830 家关停任务；慈溪、余姚取缔非法废塑料加工经营户 1582 家；持续推行煤耗总量控制和清洁能源替代战略；在化工园区综合治理有机废气无组织排放和其他废气扰民问题，大型企业实施了烟粉尘治理……可以说，宁波市在工业污染治理方面下了大力气。

根据 2007 ~2014 年宁波市环境质量状况公报公布的数据，2008 ~2010 年，多项污染物排放均在不同年份有明显上升趋势，大气污染物排放更是总量和工业排放量双上升。2011 年是宁波污染减排的一个明显拐点，特别是二氧化硫和氮氧化物等大气污染物排放总量及工业排放量均呈明显下降趋势，其他污染物减排量也很明显。

2014 年，宁波市全市化学需氧量和氨氮化物排放量分别为 6.13 万吨和 1.32 万吨，比上年削减 3.87% 和 3.06%；二氧化硫和氮氧化物排放量分别为 12.93 万吨和 19.93 万吨，比上年削减 5.47% 和 17.24%。四项主要污染物减排指标均超额完成省政府下达的 2014 年度总量减排目标任务①。

从第三方评估结果来看，近年来，公众环境研究中心、绿满江淮、绿色潇湘、绿行齐鲁、福建绿家园、南京绿石等民间环保组织根据全国各城市环境信息公开数据，开展了“城市污染源信息公开（PITI）指数排名”，宁波市 2008～2014 年均夺冠。但在 2014 年度浙江省生态环境质量公众满意度调查中，宁波却排名落后。为什么政府花大力气治理环境污染，环境信息公开充分，但公众对环境保护仍不满意？

二　环境质量改善何以不能随污染治理立竿见影

2007～2014 年宁波市环境质量状况公报显示，宁波近几年环境质量状况有一定提升，但改善幅度不如污染减排明显。以环境空气质量为例，2010～2012 年，宁波市的优良天数已连续三年提高。但 2012 年宁波中心城区 8 个国控站点提前实施环境空气质量新标准后，2013 年达标天数比 2012 年下降 5%，而 2014 年比 2013 年又提升了 7.7%。一面是大气质量改善状况不稳定，另一面是地表水水质状况一直不容乐观，优良率和功能达标率总体较低（见图 1）。

相较于污染治理效果，环境质量改善存在滞后效应，表现在公众的感受上，就是“蓝天去哪儿了？”“碧水何时回”？原因如下。

其一，中国工业化仍处于加速发展进程当中。宁波市作为重要的化工产业基地，近年来，虽然主要污染物排放量减少了，但污染排放总量基数仍然

① 《2014 年宁波市环境状况公报》，http：//gtog.ningbo.gov.cn/art/2015/6/4/art_10283_1187824.html。

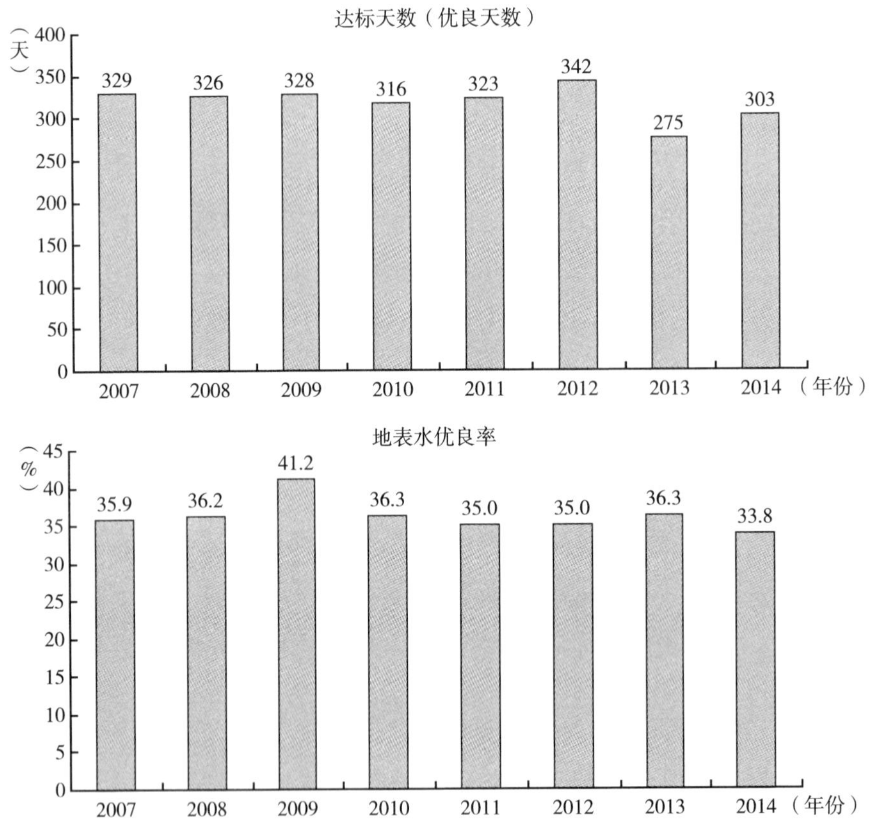

图1　2007～2014年宁波市达标天数及地表水优良率情况

很大，其中工业污染排放占了很大部分。例如，宁波2014年全市二氧化硫排放量12.93万吨，其中工业排放11.81万吨；氮氧化物排放19.93万吨，其中工业排放16.21万吨，机动车排放2.40万吨；烟（粉）尘排放量3.52万吨，其中工业排放3.06万吨。全市废水排放总量为6.18亿吨，其中工业废水排放量1.65亿吨，占全市污水排放量的27%。全市废水主要污染物中化学需氧量排放6.13万吨，其中工业排放2.02万吨；氨氮排放1.32万吨，其中工业排放0.99万吨；石油类排放22.1吨①。此外，个别污染物变少了，

① 《2014年宁波市环境状况公报》。

但其他污染物因人力、财力、物力所限，还没有得到较好控制。在空气质量方面，2014 年宁波市区二氧化硫和一氧化碳（CO）年平均浓度比 2013 年分别下降 22.7% 和 10%，年均值都达到二级标准，日均值全年无超标天；但二氧化氮年均值超标 0.03 倍，日均值超标率 2.7%，可吸入颗粒物（PM10）、细颗粒物（PM2.5）日均值分别超标 22 天和 49 天，超标率分别为 6.0% 和 13.4%；全市灰霾日共 118 天，占比 32.3%，酸雨发生频率 83.8%，仍处于较高水平。

其二，环境质量改善是一个长期的过程。由于环境容量有限，污染物排放总体规模较大，污染减排转变为空气质量和水质改善存在迟滞效应，因此公众还没有直接感受到减排带来的环境质量明显提升。在水质方面，2014 年宁波市地表水水质优良率和功能达标率总体较低，80 个市控监测断面中，优良率比 2013 年下降 2.5 个百分点；功能区达标率比 2013 年下降 1.3 个百分点；劣Ⅴ类断面比例比 2013 年上升 2.5 个百分点。宁波市内三区 10 条河流水质均为Ⅳ类，虽无劣Ⅴ类重度污染断面，但与 2013 年比较，水质无明显变化①。

其三，“请环保局长下河游泳”“PX 事件”等环境网络舆情事件和群体性事件给公众带来的负面印象还将长期发挥社会心理影响。2013 年 2 月 16 日，浙江省杭州市某公司董事长在微博上称，浙江省温州市瑞安仙降街道一河流工业污染严重，如果环保局长敢在河里游泳 20 分钟他就拿出 20 万元。2 月 19 日，继“杭州某公司董事长出 20 万元请瑞安环保局长下河游泳”后，因温州苍南龙港镇内河道污水横流臭气熏天，市民健康受到威胁，苍南又有一名网友将悬赏额提高至 30 万元，“请苍南环保局长下河游泳”，希望能引起环保部门重视。在新媒体的助推下，上述两条信息迅速传播，各地网友纷纷通过个人微博表示愿意出钱“请环保局长下河游泳”。对此，有网络评论认为，此种巨额悬赏并非完全是为了奖赏，而是为了通过此举引起众多人的关注，形成一种压力，以迫使环保主管部门去清除污染，堵住污源。发

① 《2014 年宁波市环境状况公报》。

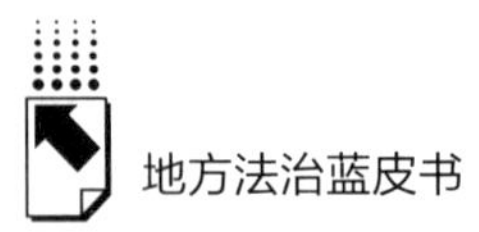

布悬赏实则是一种举报，不仅是对环境污染的强烈不满，也是对环保主要负责人不作为乱作为的严厉批评。此种悬赏的背后，并非人们真要环保局长们下水，更多的是希望对环保局长们有所触动，认真去履行职责①。

与“请环保局长下河游泳”相呼应的是，2013 年 9 月 7 日，浙江省金华市 1000 多名市民从兰溪市中洲公园阳光沙滩下水横渡兰江，和他们一同下水的，还有金华市、兰溪市委以及金华各县市区、衢州市龙游县的环保局领导 15 人②。对此，新华网评论给出启示，面对舆论呼声，官员应敢于回应，勇于直面，也有责任拿出行动。治污需要行动，行动胜过豪言。游泳只是一种取信于民的方式，如果河流真的清澈无比，即便官员不下河，民众也不会说三道四③。以上事件反映出，在新媒体时代，政府信息公开已经不是单向的信息发布、我说你听的模式，而是需要以信息公开为基础，开启与公众互动的双向反馈和改进的模式。

其四，协调经济发展和生态环境保护的关系，不仅需要在思想认识层面形成更多的共识，还需要有更加具体的举措来凝聚社会各界的力量。在调研座谈和走访过程中发现，宁波本地公众对近些年发展石化产业和其他工业所带来的污染也有不满。在享有了石化产业发展给宁波经济腾飞带来的收益后，经济条件的改善使宁波人对环境质量有远高于实际状况的期待。经济高速增长时期所欠下的“环境债”需要一点一滴偿还，而环境质量提升的缓慢性和滞后性，则加剧了公众对环境保护的不满。

公众不愿承受工业发展带来污染的同时，却对产业优化和企业升级能够实现经济发展与环境保护“双赢”缺乏认知。以宁波“PX 事件”中遭遇抵制的镇海炼化一体化项目为例，按照项目设计，如果炼化一体化项目能够如期建成，不仅会获得 598 亿元项目投资所产生的经济收益，而且会大大削减

---

① 人民网，http：//cpc. people. com. cn/pinglun/n/2013/0221/c241220 - 20555932. html，最后访问时间：2015 年 12 月 31 日。

② 《钱江晚报》2013 年 9 月 8 日。

③ 新华网，http：//news. xinhuanet. com/comments/2013 - 09/09/c_ 117280693. htm，最后访问时间：2015 年 12 月 31 日。

企业原有的污染物排放。经计算，该项目减排量与2014年宁波市工业污染物排放量相比，二氧化硫可减少2.46%，氮氧化物减少0.07%，烟尘减少0.33%，VOC可减排1991吨。由此可见，以炼化一体化项目为代表的石化产业升级改造，如何为宁波地方绿色发展和环境质量改善发挥持久的功效，需要进行更为深度的信息传播、对话讨论和互动交流，并吸纳多方意见建议，给予积极的反馈，以获得公众对石化产业绿色发展的信心与共识。

三　凝聚绿色发展的社会共识

一些环境敏感项目建设遭遇“邻避”的案例表明，环境问题牵涉公共利益，需要公共决策；同时要科学认识和解决这类问题有一定的专业技术门槛，需要专业化的解决途径。政府、企业和公众如果没有科学的认识论和方法论基础，共识不可能凭空产生。而科学的认识论和方法论需要长期持之以恒的环境科普宣传教育，也需要信息公开和公众参与的长期实践和改进。

不管是PX、垃圾焚烧还是涉核类项目，都是涉及重大公共利益的建设项目。虽有先进的技术和管理实践，能够给社会公众带来共同效益，但也存在环境风险，公众对它们心生忧惧是很自然的事情。国外类似项目能与居民区比邻而居，源自公众信任度高，公众对项目相关的科学技术现状有了解，对企业管理有信心，风险有补偿，大大降低了心理恐惧，提高了项目的接受度。而国内不少项目建设遭遇邻避，一方面政府和企业认为公众对项目缺乏科学客观认识，居民过度焦虑，甚至被利益团体利用；另一方面，公众则认为政府和企业对项目相关信息缺乏前期沟通，公示时间偏短，有时太过突然，有故意回避之嫌。如果向社会的公示姗姗来迟，如果没有经过听证程序就决定上马，就很难使公众对项目建设产生信任，更难以增进了解、促成理解、达成共识，甚至有可能激化“异见”。在这种互相缺乏信任、相关法律法规机制又不完善的状况下，建设项目虽然经历了合法的环境影响评价公示，甚至政府部门延长公示时间，与市民网民沟通对话，与投资者协商交流，最终没有摆脱停滞甚至被取消的命运。“在社会未达成广泛共识之前，

绝不办理立项手续，绝不开工建设”成为不少地方政府表态以平息事态的“最后一张王牌”，这显示了对民意的尊重，也点出了建设项目之所以遭遇“邻避”尴尬的原因：在环境问题上，缺少社会共识。

对于环境敏感项目的环境影响和决策过程，政府部门要做好相关的信息公开、利益平衡和社会风险预期，不能寄希望于瞒天过海、悄然过关；公众也需要对所关心的项目及其风险有更多了解和参与，不能人云亦云。而媒体作为科学知识和社会信息的传播者也需要理性，不应被偏激言论裹挟而行。以上诸多工作，都要仰赖政府信息公开和公众参与制度的完善。政府部门需进一步细化管理程序和有关要求，如公示发布的时间节点及公示范围要求，第三方专业权威机构参与评估，听证程序的启动条件，等等。凝聚社会共识需要更为专业理性的方法，从而能够让公众走进第一现场，消除误解和恐惧，认识了解绿色发展对污染减排、经济增长及产业升级的作用。只有在推动共识和信任的基础上，才有可能达成政府、投资方和公众的共同参与决策，汇聚科学理性的绿色发展推动力，实现多赢。

四　提高公众对环境保护满意度的思考与建议

导致污染治理、信息公开和公众满意度不能同步提升的因素可能比较复杂，但使环境污染治理、产业转型升级与公众客观理性认识环境与发展的关系同步，汇聚全社会的力量，共同促进绿色发展，却是当务之急。在这个矛盾面前，自说自话、自干自活、自怨自艾都无济于事，还需要全面查找根源、深入分析原因，有针对性地拿出解决问题的具体措施。

1. 原因分析

（1）促进公众参与环境保护的相关政府服务职能和相关资源零碎分散，缺乏系统化整合。政府信息公开为满足公众知情权、参与权和监督权提供了基本保障，但仅有单向的政府环境信息公开难以满足公众参与环境保护的需求。当下环境信息公开、环境污染举报、群众来信来访、公众意见反馈等职能分散在不同部门，缺乏系统化的信息汇集和大数据分析应对，既弱化了政府鼓励和支持公众参与环境保护的能力和服务水平，也制约了公众参与质量的提高。

（2）政府信息公开的开放性和有效性不够。仅靠广播、电视、报刊等传统媒体和网络媒体无法满足政府环境信息公开的即时性和互动性的需求，需要更加重视新媒体技术的应用。“促进中国绿色发展的媒体与公众参与政策研究”课题组报告认为：现有的政府环境信息公开相关立法及部门规章、条例等缺乏对互联网媒体的重视。随着信息技术的变革和传播手段的更新，政府环境信息公开已经不可避免地身处新媒体时代的“洪流”中，为传统媒介形式和传播渠道而设立的环境信息公开制度从观念理念到方式方法都亟待补充完善①。需要增强政府环境信息公开传播的广泛性和可获得性，以更好地服务于公众对政府环境信息的需求及应用，更好地为政府环保部门开展环境执法和推进政策措施赢得公众支持。

（3）政府信息公开的动力主要来源于法律规定和行政要求，未能与公众参与的需求形成呼应。公众参与政策制定、环境影响评估等社会热点关注事项方面，现有的公开信息难以满足需求。特别是社会公众特别关注的项目规划与开发之前所开展的环境影响评价过程，缺乏民意调查、圆桌会议、环境听证等受影响群体的深度参与，也很少与利益相关方展开监督与对话，导致环境影响评价的结果不容易为公众接受。政府部门也未正式建立对外关系管理机构，通过信息公开和接受反馈的过程，增进政府部门、企业单位、社会组织以及受影响群体的互动。

2. 措施建议

为提高公众对环境保护工作的满意度，为生态文明建设凝聚合力，在调整优化产业结构、狠抓环境综合整治、推动节能环保产业发展、破解资源环境瓶颈的同时，需要在政府信息公开的基础上，不断加强与公众的沟通，努力增进绿色发展共识。需要正确认识公众参与的意义，制定和完善公众参与

① 中国环境与发展国际合作委员会2013年年会“促进中国绿色发展的媒体与公众参与政策研究”课题组报告，中国环境与发展国际合作委员会，2013。

环境保护的相关法律，建设以人为本的阳光政府；扶持引导和帮助环保非政府组织的发展；发挥媒体的监督作用，提倡媒体自律；通过广泛而深入的环境教育，提高社会公众对绿色发展的科学理性认识和积极参与的共识。具体需要开展以下方面的工作。

（1）优化整合政府部门有关信息公开和公众参与的相关职能。环境信息公开、群众来信来访接待、环境举报热线接听以及对微博等新媒体上环境热点的回应，这些都是涉及与公众进行有效沟通的重要政府部门职能，也是倾听群众呼声、解决群众困难、坚持群众路线的“传声筒”和“扩音器”，亟须整合优化资源配置，形成一套系统化的信息循环机制。面对公众对环境问题的关注日趋高涨，迫切希望听到政府的声音、看到政府的行动，环保部门应特别考虑优化内部资源，形成公共关系管理机构，加强与政府其他有关部门、排污企业、社会组织、受影响群体及关心环境问题的社会公众之间的互动，从而促进在政策制定、环境影响评估过程中的公众参与。

（2）完善信息公开和公众参与环境保护的法治保障。宁夏、天津、河北等地都已出台了环境宣传教育和公众参与方面的地方条例。汲取这些地方的经验成果，并分析有关立法和执法过程中存在的困难和问题，推动更多地方的相关立法实践。需要将现有的政府环境信息公开和公众参与法律法规的程序进一步具体化、明确化，特别要对公众不能依法获取政府环境信息和参与环境保护的问题提供行政与司法救济。明确环境公益诉讼的诉讼主体资格，明晰利益相关方的法律责任、损失赔偿等，补充关于环境法律责任、行政复议与诉讼、纠纷处理、损害补偿和公民环境权利等方面的法律规定，使其有更强的操作性。

还需要建设一支强有力的专业化环境宣传教育队伍，确保环境保护新常态下做好社会宣传、公众沟通和舆论引导等创新工作。促进各类社会民间组织依法、有序参与环境决策。通过购买其社会服务等方式，支持环保非政府组织、非企业社会团体以及民间智库的发展。

（3）增强环保政务新媒体的传播力和影响力，增强与公众的互动互信。重点打造环保政务新媒体平台，包括微博、微信公众号等信息发布平台和公众监督举报平台建设。通过环保部门的官方微博，快速及时发布政府官方网站上的重要环境信息，定期公布相关数据，增强传播力和影响力；建立本地环保新媒体联盟，汇聚环保正能量，加强与公众的沟通交流互动；了解不同的利益诉求，及时回应公众关切，有效引导社会舆论，增进公众与环保部门之间的互动互信。网络舆情监控固然重要，但更为重要的是，相关政府部门要通过微博，直接和公众沟通对话，积极回应网络舆情，尤其是网络谣言。

（4）注重受影响群体的参与，促进利益相关方展开监督与对话。要特别重视在项目规划与开发之前的环境影响评价阶段，落实新《环境保护法》和《环境影响评价法》中关于公众参与的具体法律规定。在立项和实施过程中，让相关专家、环保组织、环保人士参与监督，采用科学、客观、公正的民意调查，真正摸清群众意见和诉求；有效采用问题研讨会、圆桌对话会、环境听证会等方式，加大受影响群体的参与，落实信息反馈责任。环保热线 12369 是公众参与环境保护的重要途径，要普及环保热线，鼓励公众举报，对举报行为予以积极反馈，对预防污染事故有重大贡献者予以奖励。同时，尤其需要做好环境上访接待工作，认真处理信访和回访工作。对群众的投诉既要尽快解决，也要长期跟踪，对于短时间内无法解决的问题要定期查看核实，明确办理责任。

（5）委托实施第三方信息公开和公众满意度调查，科学评价环境信息公开和公众参与的效果。为使环境敏感项目的科普信息更有效地传播，获得公众的信任，应参考借鉴“果壳网”“松鼠会”等科普新媒体的传播经验，鼓励建立民间信息库，通过新媒体途径公开由民间搜集的关于 PX、垃圾焚烧项目、核能源项目等重大议题的知识，并与公众形成积极互动。还要引入专业调查团队，开展对公众的环境满意度调查评价，客观掌握公众的环境保护满意度动态及意见建议，探索以信息公开和公众参与为途径、不断拓展提高社会公众对环境保护工作满意度的创新路径。

（6）建设公众环境教育示范基地，培育公众绿色发展科学素养与理性共识。既要绿水青山，又要金山银山，已成为当前政府与公众的绿色发展共识。但要将这一共识付诸实现，协调发展与保护之间的关系，使公众科学理性认识环境敏感项目的风险并在一定范围内接受，还需要更多更深层次的努力。形成共识的基础是公众具有基本的环境科学和风险常识。当前环境教育已经逐步纳入基础教育体系，教育部和环境保护部也于2012年联合启动了中小学环境教育社会实践基地建设，这些对培养青少年的环境科学认知和环境保护意识发挥着持久的功效[①]。但面对公众环境意识与参与环境治理能力同步提升的挑战，还需要面向社会公众加大环境教育机构和基础设施的建设。发达国家和地区公众参与环境保护的成功经验表明，公众环境教育示范基地是能够发挥这一功效，并支持专业的环保志愿者力量发展的重要基础设施，需要政府推动、社会各界投入力量支持其发展。通过这些公共服务机构，开展日常的深入基层、面向全体人民的鲜活而富有实效的环境宣传教育，帮助公众科学认识绿色发展，学习积极参与环保的途径与方法。

总之，信息公开与公众参与彼此不可或缺。在权威数据与公众感受之间做好沟通，外力是“好的翻译”，让公众听懂数据的声音，接受数据背后的故事；内功则是不惜付出一切努力，让发布的数据与公众真实感受对应起来。消除不被理解的烦恼，需要内外兼修，更要苦练内力。

① 《环境保护部、教育部关于建立中小学环境教育社会实践基地的通知》（环发〔2012〕113号），2012年9月10日，http：//www.zhb.gov.cn/gkml/hbb/bwj/201209/t20120918_236368.htm，最后访问日期：2015年10月30日。

B.7

城乡一体化改革的相关法律问题

——以浙江省德清县为样本

德清县人民法院课题组*

摘　要：　城乡发展一体化改革涉及城乡二元结构的破除和新型农工城乡关系的构建，涉及很多利益关系的调整。改革进程中，不可避免地发生各种矛盾纠纷，不少纠纷会进入诉讼程序。人民法院如何能动司法，积极运用审判职能，及时、公正、妥善审理好城乡一体化改革中的相关案件，既关涉农民权益的保障，也关乎交易安全的维护，对全面推进城乡发展一体化改革具有重要意义。

关键词：　城乡一体化改革　能动司法　农民权益

党的十八届三中全会作出了城乡发展一体化改革的战略部署，保障广大农民平等参与现代化进程、共同分享现代化成果。2014 年 3 月，浙江省政府批准了《德清县城乡体制改革试点方案》（以下简称《方案》），德清县城乡一体化改革试点正式启动，试点目标是突破城乡二元结构，加快推进新型城市化，形成以城带乡、以乡促城、城乡融合的一体化发展新格局。2014 年 12 月 31 日，中共中央办公厅、国务院办公厅印发

---

* 课题组主持人：赵震，德清县人民法院党组书记、院长；沈芳君，德清县人民法院党组副书记、副院长。课题组成员：叶剑荣、张泽杭、姚俭、章溯、田芳、宣艳、翁璐娴、林媛贤、杨静、王静。执笔人：余文斌，德清县人民法院助理审判员。

《关于农村土地征收、集体经营性建设用地入市、宅基地制度改革试点工作的意见》，决定在全国选取30个左右县（市）行政区域进行试点。鉴于试点内容需要突破现行土地管理法、城市房地产管理法的相关法律条款，全国人大常委会于2015年2月授权德清等33个县区暂停部分土地法律条款实施。

试点启动以来，德清城乡一体化改革取得阶段性成效。同时，城乡发展一体化改革涉及城乡二元结构的破除和新型农工城乡关系的构建，涉及很多利益关系的调整。随着改革试点的不断深入，改革带来的新问题与障碍也逐渐凸显，如不及时妥善处理就极有可能引发矛盾纠纷，甚至影响社会和谐稳定。基于此，德清县人民法院组成课题组，就城乡一体化涉法问题展开专项调研。课题组走访了县农办、国土资源局、金融办、产权交易中心等10多个部门，并先后组织各层面人员召开5次座谈会，逐项梳理改革推行中面临的法律障碍，并从行政和司法两个方面提出对策建议。

一　德清城乡一体化改革试点推进情况和存在的问题

（一）关于农房在全县范围内流转

《方案》提出，全面实施农村居民住房所有权初始登记颁证工作，推进农村居民住房财产权抵押、转让，探索农房在县域间“农对农”流转，以金融杠杆撬动农房财产权沉睡资产。《德清县农村宅基地确权登记发证若干问题处理意见》“德清县农村住房抵押贷款实施办法（试行）”等规范性文件已经颁布实施，所有宅基地已100%确权发证，所有农房已100%完成测绘工作，全县81351户农房完成发证65339户，累计发放农房抵押贷款585户，金额7115万元。调研发现，由于多数农村居民秉持“祖宅不可卖”的思想观念，以转让方式流转的意愿很弱，抵押贷款意愿较强。但是金融机构对农房抵押贷款申请要求严格，如德清农村商业银行办理农房抵押贷款要求农户提供非唯一住房证明。这样的做法固然有利于控制风险，也便于司法审判的执行工作顺利进行，但现实中大多数农户并不拥有两处住房，无法满足贷款申请条件。加上“德清县农村住房流转管理办法”尚未出台，采取农房租赁方式的多，而农房流转基本处于停滞状态。

（二）关于农村集体建设用地入市流转

《方案》提出，通过创新和完善农村集体经营性建设用地与国有建设用地使用权相一致的建设用地流转机制和市场体系，促进集体土地资源优化配置。集体经营性建设用地入市流转是指在相关土地集体所有权不变的前提下，土地使用权以有偿方式发生转移、再转移的行为。流转范围包括经建设规划确定的工业用地、商业用地、旅游用地、娱乐用地等；流转形式为出让、转让、出租、转租、入股、抵押等，地上合法建筑物及其他附着物随之出让、转让、出租、转租、入股和抵押，但严禁使用集体经营性建设用地进行商品住宅开发。全国人大常委会已授权德清等 33 个县区暂停部分土地法律条款实施，允许集体经营性建设用地入市流转，《德清县农村集体经营性建设用地入市管理办法（试行）》及相关配套文件已制定出台。2015 年 9 月 8 日，德清县敲响了浙江省农村集体经营性建设用地使用权拍卖第一槌，该县洛舍镇砂村村 20 亩村级集体土地以 1150 万元价格成功出让 40 年使用权。德清全县农村集体经营性建设用地共 1881 宗，面积 10691 亩，其中 41% 的地块条件成熟，可直接就地入市。到 2015 年底，已分批实施了 41 宗集体经营性建设用地入市。

（三）关于农村土地（林地）承包经营权流转

《方案》提出，深化农村土地（林地）承包经营权流转改革，建立农村土地承包经营权流转交易机制，保障农民对承包地的占有、使用、收益、流转，推进农村土地承包经营权抵押。《德清县农村土地承包经营权流转交易实施细则（试行）》《德清县林权流转交易实施细则（试行）》已经颁布实施，土地（林地）承包经营权 100% 确权，农业经营面积 50 亩以上、林业

30 亩以上的流转经营权证 100% 发放；发放农村土地承包经营权证 79793 本，发放农村山林承包经营权证 31737 本，发放土地（林地）流转经营权证 862 本，土地流转面积 88703 亩；发放农村土地（林地）承包经营权抵押贷款 292 户 1.756 亿元。但调研发现，《德清县农村土地承包经营权流转交易实施细则（试行）》与《德清县林权流转交易实施细则（试行）》只规定了农村土地（林地）承包经营权流转的方式与程序，对流转双方合同效力、争议解决、利益保障方面未作明确规定，导致承包方担忧流转关系不稳，怕农户“坐地起价”“毁约收地”，农户则担忧“失地失权”，出现合同履行不能时，极易引发矛盾纠纷。

（四）关于农村集体经济股权流转

《方案》提出，推进农村集体经济股权流转机制，成立农村土地股份合作社，探索推进农村集体资源性资产股份制改革，推进农村股权质押融资和担保贷款。农村集体经济股权是村民享受集体经济收益分配的依据，可以依法继承、内部转让，但不得退股提现。《德清县关于全面推进村经济合作社股份合作制改革的实施意见》《德清县农村集体经济组织股权交易实施细则（试行）》已经颁布实施，全县所有村（居）集体经营性资产 100% 完成股份制改革，共核实村集体总资产 18.32 亿元，确定股东 30.01 万人，发放股权证书 9.07 万本；组建 131 家村土地股份专业合作社，入股面积 128885 亩，发放集体经济股权抵押贷款 215 户 5415 万元。但由于村集体股权贷款额度小及相关配套措施还不健全，截至 2015 年 10 月尚无交易发生。调研发现，由于集体经济股权折股量化资产范围的制度规定之间存在冲突，导致农村集体经济组织、农户和管理部门认识不统一，农村集体经济股权流转价值难以有效实现。同时，由于单个主体持股比例没有设限，随着股权流转改革进程的加快，有可能出现一个或几个特定的主体（包括集体经济组织之外的个人或组织）完全控制集体经济股权的情况，从而将导致集体经济经营决策方式的重大变化，甚至使集体财产权利发生转移，影响农村集体经济资产的安全与稳定。

二　城乡一体化改革试点面临的法律障碍

由于现行法律规定之间存在矛盾、政策措施缺乏明确法律依据、不同政策措施之间不够协调等原因，改革试点的许多具体措施难以落地，主要表现在以下几个方面。

（一）欠缺农村产权流转改革措施的法律基础

政策性改革中的试点措施不可避免会对现有法律规范形成一定冲击。实践中，有的可以通过对相关法律规范作扩大或限缩解释予以解决，有的则难以在现行制度框架下妥善解决。城乡一体化试点的很多措施涉及农村产权（特别是土地）在农业人口之间、农业人口与非农业人口之间的权属转移。为保障农民居有定所和保证国家耕地红线，国家法律和政策大多对农村土地流转设定严格的限制。首先，建设用地方面，国家对宅基地使用权实行有限制的流转政策，且不允许宅基地进行抵押；其他集体建设土地使用权不能主动进入市场，除非由于发生兼并、破产等情形而被动进入市场。《土地管理法》禁止农村居民取得两处以上的宅基地，国务院相关规定更是明确禁止城市居民在农村购置宅基地；《担保法》《物权法》均禁止在宅基地等集体土地使用权上设置抵押。因为法律限制，“德清县农村住房流转管理办法”一直未能出台。《德清县农村住房抵押贷款实施办法》限定受让人必须是全县范围内的农村经济组织成员，但“农村经济组织成员”的身份与相关政策规定的“农村居民”身份并不完全一致，尤其是在户籍制度改革启动后，城乡居民户籍统一登记，居民身份的“城”“乡”之分更加模糊，无论是集体土地使用权变更登记管理部门（国土资源部门）、房产抵押登记管理部门（房地产管理部门），还是发放贷款的金融机构，都不能保证准确辨识买受人是否具有“农村居民”或“农村经济组织成员”身份。其次，承包地方面，现行法律对农民家庭承包和通过招标、拍卖、公开协商等方式承包的土地规定了不同的流转制度。《农村土地承包法》虽然允许对土地承包经营权的“转包、出租、互换、转让或其他方式流转”，但该法规定，家庭承包的土地转让承包权必须经发包方同意，且只能转让给从事农业生产经营的农户。如果受让人非本农村经济组织成员，还需经村民会议或村民代表会议审议通过。通过招标、拍卖、公开协商等方式承包农村土地流转对象没有限制，但转让给非农村经济组织成员，也需村民会议或村民代表会议审议通过。

按照试点的相关制度方案，德清将试点农房（宅基地）抵押、转让按照“地随房走、房随地走”原则，一旦农户农房抵押不能还款，宅基地需一并转移，造成事实上的宅基地抵押和受让对象范围扩大。其他建设用地流转的审批程序复杂，且牵涉到土地、规划等多项法律制度。承包地流转的程序则更为复杂。法律制度的不统一，使得相关权属登记和合同效力极易出现瑕疵。一旦当事人诉至法院，容易在产权登记效力、流转合同效力等方面形成争议焦点，给法院审判执行工作带来许多难题。

（二）征收征用补偿制度不健全

城乡一体化建设导致大量农村承包地被征收征用。因补偿问题引发的纠纷数量迅速上升，尤其涉及对承包经营户补偿的纠纷更为多发。新发纠纷的原因多为合同双方权利义务、征收征用利益分配约定不明确，补偿标准不统一。《土地管理法》《农村土地承包法》规定较为粗略，而《德清县农村土地承包经营权流转交易实施细则（试行）》《德清县林权流转交易实施细则（试行）》等试点相关政策规定也未对合同双方权利义务、征收征用利益分配作出规定。此类纠纷进入诉讼程序后，法律适用存在困难。

（三）农村土地股份合作社法律地位与主体性质不明

农村土地股份合作社是农民自愿将承包的土地以出资形式入股，申请工商登记而成立的企业法人。设立手续比较简单，只要农民自愿商定，以自己承包的土地出资，土地无须第三人或中介机构作价、评估，申请登记时也不需要验资。德清全县所有村（居）的集体经营性资产100%完成股份制改革。但合作社的法律地位如何，在法律上的主体性质是什么？以什么财产对外承担法律责任？在涉及盈利和亏损时，盈利如何分配，亏损如何承担？这些问题在德清已有的相关试点政策性文件中并未明确。

（四）道路交通事故赔偿标准一体化引发新的问题

户籍管理制度改革后，根据浙江省湖州市中级人民法院《2013年道路交通事故责任纠纷案件基本赔偿项目及标准》规定，自2013年9月30日起，德清道路交通事故赔偿标准实现了城乡一体化。德清县法院已对符合规定的200件案件按照城镇居民标准进行判决，230名当事人获得赔偿共2000余万元，取得良好的法律效果和社会效果。然而，“同命同价”判决在实践中也引发了新的问题。一是适用范围窄。现仅适用于道路交通事故纠纷，对其他涉及人身损害的侵权责任纠纷仍然按照城乡不同标准区别对待。二是引发新的不公。即德清本地居民与非本地居民适用标准不同，德清本地居民在德清法院与外地法院适用标准不同，赔偿数额相差悬殊，容易引起公众的不满情绪。三是道路交通事故案件上诉率提高。改革使得保险公司理赔成本大大提高，但保费却不能相应提高，保险公司压力不断增大并导致各家保险公司频繁上诉，一审法院受到一定压力。

三　城乡一体化改革法律问题分析

对于农房流转、土地承包经营权抵押、集体经营性建设用地入市流转等改革举措，应正确处理好严格适用法律和执行改革政策的关系。

（一）关于农房流转法律问题

长期以来，国家将农村房屋流转从大市场中分离出来，保障作为弱势群体的农民的基本居住权利，法律法规对宅基地交易范围和主体作了严格限定。在司法层面，北京、山东等多个省份高院出台会议纪要规定，集体经济组织以外村民购买集体经济组织成员宅基地和房屋原则上认定无效①，但这些规定不但没有限制农房抵押流转，反而导致了农村超规定占地、建新不拆旧、一户多宅、“小产权房”现象的产生②。同时，由于不能抵押、流转，大量农房被闲置甚至毁坏，加大了农村居民和城镇居民的收入差距，阻碍了农村经济社会发展。随着市场机制的完善和法律法规的健全，只允许宅基地使用权在村集体经济组织成员内部且符合宅基地使用权分配的农户范围内转让已不合时宜。

党的十八届三中全会《中共中央关于全面深化改革若干重大问题的决定》(以下简称《决定》)、《中共中央、国务院关于全面深化农村改革　加快推进农业现代化的若干意见》（以下简称《若干意见》）已经突破现有法律规定，明确规定要改革完善农村宅基地制度，选择若干试点，慎重稳妥推进农民住房财产权抵押、转让，探索农民增加财产性收入渠道。浙江省高院出台的《关于为推进农村土地流转和集体林权制度改革提供司法保障的意见》（浙高法〔2009〕250 号）提出，以农村住房抵押贷款担保方式贷款的，只要当事人依据相关规定办理了抵押或出质登记的，对抵押权和质权应当予以确认和保护。

面对法律没有修改而政策已经先行的现实，司法机关应审慎、有效回应农房流转的探索与尝试，不宜依据法律规定一刀切地认定登记机关抵押登记行为违法，农房流转合同无效，而应综合考虑农房抵押、转让合同是否经过审批同意、合同履行情况及买受人身份等因素，注重合同实质性生效要件，区分不同情况，妥善予以处理。

（二）关于农村集体经营性建设用地入市流转法律问题

农村集体建设用地入市流转与《土地管理法》规定存在冲突，会导致

① 北京高院《关于农村私有房屋买卖纠纷合同效力认定及处理原则研讨会会议纪要》（京高法〔2004〕391 号）：“此类合同（房屋买卖合同）的效力以认定无效为原则，以认定有效为例外，如果买卖双方都是同一集体经济组织的成员，经过了宅基地审批手续的，可以认定合同有效。”山东高院《2008 年民事审判工作会议纪要》（鲁高法〔2008〕243 号）：对本集体经济组织之外的村民购买本集体经济组织成员的宅基地和房屋的，原则上应当确认为无效。

② 袁铖：《城乡一体化进程中农村宅基地使用权流转研究》，《农业经济问题》2010 年第 11 期。

登记机关抵押登记行为违法，流转合同无效。但《决定》已明确指出，要建立城乡统一的建设用地市场，在符合规划和用途管制前提下，允许农村集体经营性建设用地出让、租赁、入股，实行与国有土地同等入市、同权同价。浙江省高院《关于为推进农村土地流转和集体林权制度改革提供司法保障的意见》指出，依法取得并已经确权为经营性集体建设用地，采取出让、转让等方式有偿使用和流转的，应认定有效。全国人大常委会已授权德清等33个县区暂停《土地管理法》第43、63条规定适用，允许集体经营性建设用地入市流转。为此，对德清探索农村集体经营性建设用地入市流转，司法上应予以支持。

（三）关于土地承包经营权抵押及流转后衍生的经营权质押法律问题

对于土地承包经营权抵押，《最高人民法院关于审理涉及农村土地承包纠纷案件适用法律问题的解释》规定，土地承包经营权抵押合同无效。《中共中央、国务院关于全面推进集体林权制度改革的意见》（中发〔2008〕10号）指出，林地承包经营权人可依法对拥有的林地承包经营权进行抵押；《决定》《若干意见》也都指出，要在坚持和完善最严格的耕地保护制度前提下，赋予农民对承包地占有、使用、收益、流转及承包经营权抵押、担保权能，允许承包土地的经营权向金融机构抵押融资①。

可见，相关政策规定已经突破法律禁止性规定，允许土地（林地）承包经营权进行抵押。同时，依照“举重以明轻”的法理，也宜允许土地承包经营权抵押。实践中，以家庭承包取得的土地承包经营权抵押已从暗流涌动走向明潮喷发，成都、重庆、海南等各个地方②都试行了土地承包经营权

---

① 浙江省高级人民法院联合课题组：《浙江高院关于农村改革发展中土地流转纠纷法律适用问题调研报告》，《人民法院报》2011年8月11日。

② 成都、重庆、海南等地都制定了土地承包经营权抵押融资办法并进行了探索，如《成都市农村土地承包经营权抵押融资管理办法（试行）》《重庆市农村土地承包经营权抵押登记实施细则（试行）》《海南省农村土地承包经营权抵押融资管理办法》。

抵押并取得了良好成效，允许土地承包经营权抵押已势在必行。因此，对于土地承包经营权抵押，司法上应予以支持。

对于土地承包经营权流转后衍生的经营权质押，课题组认为，这实际上已不是以家庭承包方式取得的土地承包经营权抵押，而是土地承包经营权流转后由接包方取得的经营权的质押，按照浙江省高院《关于为推进农村土地流转和集体林权制度改革提供司法保障的意见》，只要当事人依据相关规定办理了出质登记，对土地承包经营权流转后衍生的经营权质押应当予以确认和保护①。

四　城乡一体化改革试点相关对策与建议

（一）政府层面：统筹协调，顺利推进城乡一体化改革各项工作

城乡一体化改革试点力度大，涉及范围广，与百姓利益息息相关，很多改革措施突破了传统观念和做法，甚至突破了现有法律规定，需要政府系统谋划、统筹推进，需要政府各职能部门在各个层面协调配合，沟通协作。

1. 完善制度，为城乡一体化改革提供有效制度保障

建议在深入调研的基础上，出台“德清县农村住房流转管理办法”，明确农房流转的方式、范围和审批管理办法等事项，为农房流转提供政策依据；建议完善相关政策文件关于流转合同效力、争议解决、利益保障、征收征用利益分配方面的规定，解决经营大户、农户的后顾之忧；建议修改完善各实施办法与细则中与法律冲突的规定。例如，《德清县农村住房抵押贷款实施办法（试行）》第 6 条规定，“抵押双方当事人签订农村住房抵押借款合同后，应到房地产管理部门办理房屋抵押权登记，抵押合同自登记之日起发生法律效力。”这与《物权法》存在抵触。按照《物权法》规定，抵押合

① 浙江省高级人民法院联合课题组：《浙江高院关于农村改革发展中土地流转纠纷法律适用问题调研报告》，《人民法院报》2011 年 8 月 11 日。

同自双方签订协议时生效，抵押权自登记之日起可对抗第三人。又如，上文提到的农村集体经济组织折股量化的集体资产范围在文件中应予以统一，同时对持股比例作出明确限定，等等。

2. 明确农村土地股份合作社的法律地位与性质

课题组认为，农民专业合作社，既不是有限公司和无限公司，也不是合伙型企业，而是一种特殊类型的企业法人。土地承包经营权作价出资专业合作社，只是农户以入股形式组织在一起，从事农业合作生产，收益按照股份分配，而不是将农村土地承包经营权入股作为赚取经营回报的投资。否则一旦合作社经营不善或者破产，农户失去土地，会影响农村社会的稳定。土地承包经营权入股农民专业合作社，应作价出资并在营业执照中注明。该出资额和公积金份额即为入股农户承担责任的范围①。

3. 在过渡阶段逐步取消对农民的有利差别

一些领域对农民有利的政策措施还沿袭改革前的政策，导致对城镇居民事实上的不公。根据法律平等原则，建议设定合理过渡期，逐步实现城乡的真正统一。

4. 建立健全宅基地使用权、农房等农村产权价值评估体系

政府应制定并公布本区域内农村宅基地抵押融资基准价格，作为宅基地价值评估的依据和基础。农村宅基地的价值可由抵押当事人协商确定，也可由抵押当事人认可的具有资质的评估机构评估确定，抵押物价值不得低于基准价格②。大力发展农村产权价值评估、法律咨询等中介组织，培养专业资质农村产权评估人员，为农村产权流转提供服务。

5. 建立贷款损失保障或补偿机制，解除银行后顾之忧

农业生产经营的长期性、农作物的生长成熟受自然因素的影响决定了农作物产出收益可能并不稳定，增加了作为抵押权人的金融机构的经营风险和流动性风险。在农户贷款发生违约，银行实现抵（质）押权较困难时，实

---

① 浙江省高级人民法院联合课题组：《浙江高院关于农村改革发展中土地流转纠纷法律适用问题调研报告》，《人民法院报》2011 年 8 月 11 日。

② 涂圣伟：《农村宅基地制度改革最佳窗口期到来》，《上海证券报》2014 年 9 月 11 日。

施抵（质）押物收购或进行贷款风险补偿，弥补银行可能出现的处置亏损和不良贷款。政府可以出资成立农村产权抵押贷款风险基金，鼓励由企业或个人成立农村产权抵押小额贷款担保公司；促成保险公司在现行法律法规的框架内开设农房、土地承包经营权、集体经济股权等抵押贷款保险品种，以降低银行发放抵押贷款的风险，激发农村产权的融资功能。建议在《德清县农村住房抵押贷款实施办法（试行）》等相关规定中增加"原则上应由抵押人办理财产保险"的规定，以降低风险，解除银行后顾之忧。

6. 加大住房保障体系建设，保障失地失房农民居住权益

农房、土地承包经营权、农村集体经济股权等农村产权抵押流转后，今后一部分农民可能会成为失地失房的"流民"，造成社会的不稳定。为防止今后农民成为"流民"现象的出现，建议政府加强住房保障体系建设，保障失地失房农民居住权益，解除改革后顾之忧；建议政府出台"德清县城乡居民保障用房管理办法"，明确保障用房的申请范围、申请条件等事项。课题组认为，宅基地经置换或被法院依法强制执行的农村失地失房人员符合申请条件的，可以申请保障用房，但被法院依法认定为失信的被执行人除外。

7. 建立农村产权流转后的相关权益保障和利益分配机制

流转后的农房、宅基地一旦被征用，农房、宅基地、村集体土地等相关利益分配问题处理不好，极易引发矛盾纠纷。课题组认为，农房、宅基地流转后，农房所有权、宅基地使用权已由受让方所享有，转让后的农房、宅基地被征用，利益应归受让方所有，但出让方不会因为农房转让而丧失村集体经济组织成员身份，村集体土地、承包经营地、林地等相关村集体经济组织成员利益按照村农户底册进行认定，仍应由出让方所享有。

（二）司法层面：定分止争，为城乡一体化改革提供有力司法保障

妥善处理城乡一体化改革引发的涉法问题与纠纷不是单纯的法律问题，而是关系城乡一体化改革成败，维护农民合法权益，社会主义新农村建设的重大问题，应当处理好严格适用法律和正确执行改革政策的关系，弥补现行

法律不足及法律和政策间的裂缝，并通过司法判决的示范效应，支持农民参与市场的新方式和新途径，为各项改革的顺利推进提供有力司法保障。

1. 农房流转纠纷案件的审理思路与对策

对于农房抵押，课题组认为，应综合考虑农房抵押合同生效的各项因素，农房抵押合同签订只要是双方当事人的真实意思表示，不违反法律、行政法规的强制性规定，并向房地产管理部门办理房屋抵押权登记的，依法予以确认和保护，以维护农房交易秩序的稳定和安全。在审判和执行中，要灵活运用强制措施，对暂时缺乏还款能力的被执行人，在保障其基本住房的前提下，可采取暂缓和分期履行的方式。

对于农房转让和农房抵押到期未还款，法院执行阶段农房拍卖变卖的合同效力，课题组认为，可以参照上海高院、绍兴中院、舟山中院等各地法院做法，将“农村集体经济组织”概念作扩大解释，扩大到全县农民①，具体可以作如下处理：第一，对于德清县域内农民之间的农房转让，原则上认定房屋转让合同有效，但违反法律、行政法规强制性规定的除外；第二，对于将农房转让给城镇居民、德清县域外人员的，原则上认定农房转让合同无效，处置时应考虑合同无效对双方当事人的利益影响，尤其是根据出让人因土地升值或拆迁补偿所获利益与受让人因房屋现值和原转让差价造成的损失，妥善解决相关利益冲突和矛盾，或者，在执行申请人同意的前提下，法院可以依法裁定买受人享有房屋租赁使用权，以相应农房租金予以抵偿。对于抵押优先权，可以对其使用权年限进行评估作价拍卖处置。

2. 农村集体经营性建设用地流转纠纷案件的审理思路与对策

在符合土地利用规划和用途管制的前提下，法院应依法确认集体经营

---

① 例如，绍兴市中级人民法院课题组认为，现行法律并未对“房屋所在地集体经济组织”的范围加以明确规定，人民法院可以根据当地实际，在与相关部门充分协商的基础上，适度扩大“房屋所在地集体经济组织”的适用范围，将其限定在县（区）级行政区域内，只要是该县（区）级行政区域内的集体经济组织成员，均具有参加拍卖、变卖的资格。这种扩大严格禁止城镇居民的进入，符合土地利用城乡二元结构关于保障集体土地的农用性质及总量控制的目的，因此与国家政策的精神并不违背。《关于农村房屋执行问题的调研——以绍兴法院的执行实践为基础》，绍兴法院执行网，http：//www. sxfyzxw. cn/article. asp？ bh＝2014430123509766，最后访问日期：2015 年 10 月 20 日。

性建设用地与国有土地享有同等权利，促进农村集体经营性建设用地与国有建设用地使用权相一致的建设用地流转机制和市场体系的形成，实现集体土地资源优化配置。在符合土地利用总体规划、县域总体规划和村镇建设规划前提下，对依法取得集体建设用地使用权的非住宅类集体经营性建设用地，采取出让、转让、出租、转租、入股、抵押等方式进行流转的，依法认定有效。

3. 土地承包经营权案件的审理思路与对策

以维护农民土地承包经营各项权益和保持土地承包关系稳定为核心，法院应依法保护农民对承包土地享有的占有、使用、收益权能，依法制裁借土地流转之名，违反法律、政策规定收回、调整承包地等侵害农民土地承包经营权的行为。对承包方依法采取转让、转包、出租、互换、股份合作等方式，流转其农村土地承包经营权和林权的，只要符合“依法、自愿、有偿”原则，应确认有效。对改变土地集体所有性质、改变土地用途、损害农民土地承包权益的流转行为，依法确认无效。对以股份合作形式流转土地承包经营权的，要着重审查入股行为是否符合农民意愿，防止因股份合作导致农民丧失土地承包经营权①。

对于土地承包经营权抵押，法院应充分考虑双方的真实意愿和农业规模化经营的融资需求，只要不改变土地用途，保障农户基本生产生活条件，一般认定合同有效。即使认定无效，也应当从保护各方合法权益的角度出发裁判纠纷，防止各方当事人利用现有司法解释的禁止性规定牟取不法利益。对于土地承包经营权流转后衍生的经营权质押，当事人依据相关规定办理出质登记，依法予以确认和保护。

4. 农村集体经济股权流转案件的审理思路与对策

法院在审理中，应支持农村集体资源性资产股份制改革，支持农村土地承包经营权等农村产权作价出资成立专业合作社，出资额为入股农户承担责

① 浙江省高级人民法院联合课题组：《浙江高院关于农村改革发展中土地流转纠纷法律适用问题调研报告》，《人民法院报》2011 年 8 月 11 日。

任的范围；支持农村集体经济股权流转，对农户以股份经济合作社股权出质贷款，只要农户依据相关规定办理了出质登记，予以确认和保护。

5. 涉户籍管理制度改革案件的审理思路与对策

法院应依法保障进城镇落户农民的合法权益，妥善调处户籍管理制度改革过程中引发的矛盾纠纷，耐心做好判后答疑工作，为国家户籍制度改革后如何适用死亡赔偿金和残疾赔偿金计算标准提供可资借鉴的做法。

6. 涉城乡金融体制改革案件的审理思路与对策

农村金融是现代农村经济的核心，也是制约农村改革发展的瓶颈。依法支持创新贷款担保方式，以拓宽农村抵押物范围、破解农户融资难为着力点，扩大农村有效担保物范围，拓宽农村融资渠道。要以防范和化解农村金融风险、稳定农村金融市场、规范和引导更多信贷资金和社会资金投向农村为目标，妥善处理好农村金融体制改革过程中出现的各类案件。

附件：

农房、农地流转的法律和政策限制（摘编）

试点项目	法律和政策限制
农房转让	（1）《土地管理法》第62条："农村村民一户只能拥有一处宅基地。农村村民出卖、出租住房后，再申请宅基地的，不予批准。"（2）《土地管理法》第63条："农民集体所有的土地的使用权不得出让、转让或者出租用于非农业建设；但是，符合土地利用总体规划并依法取得建设用地的企业，因破产、兼并等情形致使土地使用权依法发生转移的除外。（3）国务院办公厅《关于加强土地转让管理　严禁炒卖土地的通知》（1999）："农民的住宅不得向城市居民出售，也不得批准城市居民占用农民集体土地建住宅，有关部门不得为违法建筑和购买的住宅发放土地使用证和房产证。"《国务院关于深化改革　严格土地管理的决定》（2004）第10条："改革和完善宅基地审批制度，加强农村宅基地管理，禁止城镇居民在农村购置宅基地。"（4）国务院办公厅《关于严格执行有关农村集体建设用地法律和政策的通知》（2007）："农村住宅用地只能分配给本村村民，城镇居民不得到农村购买宅基地、农民住宅或'小产权房'。"（5）《中共中央、国务院关于切实加强农业基础建设　进一步促进农业发展农民增收的若干意见》（2008）规定："城镇居民不得到农村购买宅基地、农民住宅或'小产权房'。"

续表

试点项目	法律和政策限制
农房抵押	(1)《担保法》第37条:"下列财产不得抵押:(二)耕地、宅基地、自留地、自留山等集体所有的土地使用权。"(2)《物权法》第184条:"下列财产不得抵押:(二)耕地、宅基地、自留地、自留山等集体所有的土地使用权,但法律规定可以抵押的除外。"
土地承包经营权流转	(1)《农村土地承包法》第37条:采取转让方式流转的,应当经发包方同意。(2)《农村土地承包法》第41条:(家庭承包)承包方有稳定的非农职业或者有稳定的收入来源的,经发包方同意,可以将全部或者部分土地承包经营权转让给其他从事农业生产经营的农户。(3)《农村土地承包法》第48条:发包方将农村土地发包给本集体经济组织以外的单位或者个人承包,应当事先经本集体经济组织成员的村民会议三分之二以上成员或者三分之二以上村民代表的同意,并报乡(镇)人民政府批准。

B.8 江阴市三十年普法的实践

陈根发*

摘　要：本报告对江阴从“一五”普法到“五五”普法主要工作的做法及经验进行了梳理，并全面总结了“六五”普法的亮点、成就和经验。发展至今，各级政府机关特别是政法机关与普通市民能够共同把依法办事和法治作为解决矛盾纠纷的最高和最终手段，培养起各阶层学法、用法和信仰法治的人文精神。其经济发展与法治宣传教育互为条件、相互促进并相互提升，协同促进全面发展的做法，值得其他地方学习借鉴。

关键词：江阴　普法　法治宣传

江阴市是连续13年蝉联全国县域经济与县域基本竞争力百强县第一名的经济发达县级市①。其普法和法治宣传教育工作也一直走在全国县级（市、区）单位的前列，并且普法所营造的法治江阴和平安江阴已经对当地的社会经济和文化发展产生了越来越明显的促进作用。

一　“一五”普法到“五五”普法的主要工作及经验

（一）“一五”普法（1986～1990）

“一五”伊始，江阴市就在全市范围内有领导、有计划、有步骤地开展

* 陈根发，中国社会科学院法学研究所副研究员、法治战略研究部秘书长。

① 中国从1983年3月实行市管县体制，江阴县隶属无锡市。1987年4月，经国务院批准撤县建市，改称江阴市。为表述方便，本报告统一使用了江阴市的概念。

普及法律常识的工作，基本完成了普及“十法一条例”的任务。在各类普法对象学完规定普法内容后，注重巩固和深化，主要是根据稳定大局和党的中心工作的需要，开展了与治理经济环境、整顿经济秩序相关的法律法规教育，开展了《宪法》和《集会游行示威法》的教育，开展了行政法律法规和《行政诉讼法》的教育。在此期间，还紧密配合严厉打击严重刑事犯罪和经济犯罪，配合社会治安专项治理，有针对性地开展法治宣传教育。江阴市因而被江苏省确定为依法治市的试点城市。全市 70 余万普法对象，参加学习并经考核的人数达到 64.75 万人，普及率为 92.5%。

（二）“二五”普法（1991～1995）

从 1991 年 3 月开始，江阴在全市范围内开展了普法教育工作。1993 年进行了依法治村、依法治厂的试点工作。1994 年在全市全面展开了依法治市工作。从总体上看，江阴市的“二五”普法教育和依法治市工作通过建立组织、健全网络、统一规划、分步实施、建立制度、落实责任，既注重普法主管机构的统一管理职能，又发挥各部门、各系统的积极性，形成合力，把普法和依法治市工作作为一项宏大的社会教育工程。全市 71.6 万普法对象中有 62.3 万人参加了普法学习，占应普对象的 87%。其中市局以上干部 660 名，市镇两级机关干部 3210 名（普及率 98%）参加了《宪法讲话》《法制建设讲话》两本书及四项基本国策和经济法教材的学习，通过了市依法治市机构组织的考试、考核。7.63 万名市属企事业单位干部、职工中有 7.24 万人（普及率 95%）参加了四项基本国策、经济法教材和有关专业法的学习，并通过了各系统组织的普法考试、考核。14.7 万（普及率 91%）镇办企业职工和 23 万（普及率 80%）农民（含村办企业职工）参加了宪法和有关专业法的学习，分别由镇政府和村民委员会组织进行了考试、考核。全市大、中、小学生开设了法制课，由市教委统一编印了教材，使 14.2 万名在校学生接受了法治教育。全市 2.5 万名个体从业人员以夜校为阵地，分期分批进行，以培训为主，以发放法治教育材料自学为辅学习了宪法、四项基本国策、税收征管法等法律，普及率达到 80%。

“二五”普法期间，虽然成效显著，但也存在一些问题。①少数单位的负责同志对法治建设与市场经济的内在统一性缺乏足够的认识，因而对普法重视不够，普法工作由司法行政一个部门“独家经营”，缺乏相关部门的密切配合，致使经费没有保障，任务不够落实。②存在有法不依、执法不严、违法不究的情况，影响了干部群众的学法、用法积极性。③农村“三资”企业及外来人员的法治教育由于种种原因还相对薄弱。④市场经济新体制下法治宣传教育职能部门的地位、职权、责任及法治宣传教育形式有待探索和拓展。

（三）“三五”普法（1996~2000）

通过全市上下广大干部群众的共同努力，“三五”普法教育工作取得了较好的成绩，为维护社会政治稳定，促进全市改革开放和社会主义现代化建设的顺利进行，发挥了积极作用，收到了良好的社会效果。其主要亮点和经验如下。

1. 突出重点，深入开展干部学法活动

各级干部是“三五”普法宣传教育活动的重点对象。为此，各级领导能够高度重视，采取多种形式，通过多条渠道组织全市各级领导干部、普法骨干以及机关干部广泛深入地开展学法活动。例如，选择重点普法内容，定期举办专题讲座，针对不同对象，采取多种形式进行培训和教育。为组织开展好国家公务员的学法活动，根据省政府的统一部署和要求，江阴市依法治市领导小组办公室会同人事部门及时召开了国家公务员学法宣传教育工作动员大会，并成立了公务员学法领导小组和办公室，制定了一套行之有效的学习、考试办法以及考核奖励制度，把干部学习和掌握必要的法律知识、依法办事的情况作为考核干部的重要内容，逐步建立健全各级干部学法制度。

2. 精心组织，大力开展新颁布法律法规的宣传普及工作

1997 年下半年以来，颁布了一系列具有重大意义的法律法规，如《公路法》《价格法》《献血法》《防洪法》《建筑法》等。为促使广大干部群众及时了解和掌握这些法律法规的基本内容，增强法治意识，全市各级党政组

织广泛开展了学习新颁布法律法规的活动。

3. 强化监督，全面推进依法治市工作

江阴市从“二五”普法末期开始，在全市农村和基层开展了以依法治村、依法治厂为重点的依法治市工作。“三五”普法期间，依法治市工作又向新的目标迈进，以依法行政为重点，大力开展依法治市活动。在全市20多个行政执法部门全面开展了依法行政工作。

4. 注重实效，为经济社会发展提供优质的法律服务

狠抓律师队伍建设，充实和发展贴近基层、熟悉基层、便于为基层群众提供法律服务的乡镇法律工作者队伍。全市建立了32个法律服务所，有158名从业人员，其中14个镇的法律服务所与镇司法办分设，实行自收自支、自负盈亏，自我发展、自我约束的“四自”管理形式，大大调动了广大法律工作者的从业积极性。1997年，全市5个律师事务所21名专职律师共为335家企事业担任了法律顾问，担任辩护和代理律师办结刑事案件253件，民事案件295件，经济案件453件，行政案件12件，非诉案件137件，法律援助案件24件，追回应收款2.5亿元，涉及标的5.1亿元，挽回经济损失1.68亿元。乡镇法律服务所参与经济和其他案件的调解和代理2708件，为629家单位担任法律顾问，联络协办公证1045件，办理见证业务796件，挽回或避免经济损失3889万元，为江阴的经济建设作出了较大贡献。

5. 加强领导，建立健全普法教育和依法治市工作责任制

为保证“三五”普法教育和依法治市工作的有序开展，市、镇两级都建立健全了依法治市领导小组，建立了日常工作班子，形成了比较健全的领导网络和组织体系，对全市普法和依法治市工作起到了很好的指挥、组织、协调和指导作用。每年年初，市依法治市领导小组都要根据上级的统一部署和要求，结合本市的“三五”普法规划，制定全市的普法教育和依法治市工作年度实施计划，落实相应的工作措施，保证普法教育和依法治市工作的深入开展。采取条块结合，以块为主的方法，一级抓一级，实行目标管理，建立严格的工作责任制。

“三五”普法虽然取得了一定的新成绩，但也存在不少问题和薄弱环

节。①部分单位的领导对普法教育和依法治市工作的重要性和必要性认识不够，法治观念、依法办事、依法决策的自觉性不够，从而导致领导不力、工作放松。②普法教育工作发展不够平衡。大部分地方和单位能根据市里的部署和要求，扎扎实实地开展各项工作，但少数地方和单位工作力度不够，普法工作处于被动应付状态，经费得不到落实，活动难以开展。③企业改制后，一些地方对私营企业、股份制企业缺少有效的调控，使普法教育工作遇到了一定的困难，工作难度加大。④有法不依、执法不严的现象仍然存在，对一些违法事件的查处还不够及时有力。

（四）“四五”普法（2001～2005）

在此阶段，江阴市较好完成了“四五”普法规划确定的“两个提高”（全面提高全体公民特别是各级领导干部的法律素质、全面提高社会法治化管理水平）和“两个转变”（由提高全民法律意识向提高全民法律素质的转变、由注重依靠行政手段管理向注重运用法律手段管理的转变）目标，初步走出了一条高起点、有个性、重实效的普法新路。以法治文化为特色的江阴普法工作得到了司法部、江苏省和无锡市的肯定和推广，被中宣部、司法部授予“2001～2005年全国法治宣传教育先进市”荣誉称号。“四五”普法在建设法治江阴和全面小康达标、三个文明发展中发挥了积极而重要的作用。

“四五”普法中，仍存在一些突出问题：有的领导干部对法治宣传教育工作重视程度不够，学法用法自觉性有待进一步提高。有的单位和人员，不同程度地存在有法不依、执法不严的情况。一些公民的法律意识淡薄，法治宣传教育的方式方法需要进一步改进。

（五）“五五”普法（2006～2010）

江阴市“五五”普法的成效显著，受到了全国普法办、省普法办的高度关注和充分肯定。2008年9月，“全省法治文化建设现场会”在江阴市顺利召开，司法部法治宣传司、省委政法委有关领导对江阴市法治文化建设给予了充分肯定。2010 年 3 月，“全省法治宣传工作座谈会暨‘五五’普法考核验收部署会”再一次在江阴市召开，进一步推广了江阴市的普法工作经验①。江阴市的普法工作特别是法治文化已成为一张名片，对江苏全省乃至全国的普法都产生了一定的影响。在“五五”普法期间，先后有 70 余批来自全国 60 多个县市区的 3000 余名领导和学者来江阴市参观交流普法工作。其主要亮点和经验如下。

1. 领导高度重视

江阴市成立了依法治市领导小组和法治宣传教育领导小组，及时研究制定了“五五”普法规划，出台了《法治江阴建设纲要》《“五五”普法考核验收办法》及考评细则。市委常委会认真研究普法依法治理工作，每年召开法治江阴工作会议。市人大高度重视“五五”普法工作，先后两次对全市普法工作进行专题审议，人大领导带头参加学法用法实践，积极参加全市普法重大活动，并在人财物等方面为普法职能部门多方呼吁。

2. 人财物的投入有保障

一方面，市委、市政府在法治宣传教育的人员配备上给予了大力支持。通过调任、招录公务员、吸收军转干部等途径充实普法一线人员，保证市级机关各部门有 1 名兼职、基层司法所有 1 名专职、市司法局有 5 名以上专职普法工作人员。另一方面，在财力上给予大力支持。5 年来，市财政共划拨普法专项经费 440 万元，在此基础上，市级机关各部门、各镇（街道）、企业、学校也相应投入经费用于普法工作，保证了普法工作全面开展。

3. 组建了多支队伍

主要建立了六支队伍：一是由市镇（街道）两级司法行政机关人员组成的 22 名专职法治宣传队伍，二是由以市委党校讲师、法官、检察官、律师为主的 40 余名市普法讲师团队伍，三是从市镇（街道）到村居纵向到底、横向到边的 600 名普法联络员队伍，四是以政法干警为主体的 90 余名法治副

① 高斌、熊年俊：《普法宣传为幸福江阴建设注入新动力》，《普法依法治理通讯》2011 年第 2 期。

校长队伍，五是以专业演员、作家、书画、摄影、美术、漫画知名人士为主体的60余名法治文化研发推广队伍，六是以热心普法宣传工作“五老”人员为主体的13000余名普法志愿者和信息员队伍。这些队伍在弘扬法治精神、传播法律知识、推进依法治市进程中发挥了重要作用。

4. 构筑多个普法阵地和平台

一是市法治宣传办公室和市级机关各部门在市“一报两台”开辟普法专栏，先后在电视台开辟了《法眼直击》《百姓茶坊》专栏，在市广播电台开播《法律新时空》《文明在路上》，在《江阴日报》开设《律师信箱》《人口视角》等栏目；20余个市级机关部门在《江阴日报》办专版，在江阴电视台特约播出法治电视剧，各镇（街道）积极为不同教育对象开通数字电视法律频道，并在镇办有线电视频道开辟《法律周讯》等栏目，实现了普法教育每周“电台有声、报刊有文、电视有像、网络有帖”的立体宣传格局。二是从市镇到村居、企业都建立了固定的法治宣传栏，共2400余个，每季度更新一次；建立市民法治学校350余所，建立户外电子宣传屏150余个，适时播放法治讲座、法治教育片、普法动态和宣传标语。三是市镇两级及各部门门户网都开辟了法治宣传教育栏目，行政执法部门普遍建立了电子触摸屏。四是市法治宣传办公室专门建立了“江阴普法网”，月点击量达8000人次，创刊《江阴法治导刊》《江阴普法》杂志；并为全市所有行政村、社区免费订阅《江苏法制报》。这些阵地从不同角度为广大市民学法用法提供了良好平台。

5. 突出重点、分类推进，着力提高各类重点对象的法律素质

一是突出了各级领导干部的学法用法工作。二是突出了公务人员的学法用法工作。三是突出了青少年的学法用法工作。四是突出了企业经营管理人员的学法用法工作。五是突出了农民和农民工的学法用法工作。

6. 搭建载体、开展活动，努力提高普法工作的覆盖率，增强针对性

一是开展“专业法”宣传月活动。二是开展“万张挂图进基层、万册书刊进家庭”活动。三是开展“12·4”法治宣传日宣传活动。

7. 积极打造法治文化特色品牌

积极顺应人民群众的文化需求，创新载体，改进方法，使法治宣传从过去的说教式、灌输式、被动式向文化熏陶、感性共鸣、理性思考、自觉接受方向转化，有效增强了普法工作的吸引力和感染力。一是成立专门艺术团体。早在2003年11月，司法局成立法制艺术团，聘请江阴籍专业剧团退休退养的20余名演员专门从事相关文艺演出。二是成立法治文化研发推广中心。2005年2月，市法治宣传办公室又成立了“法治文化研发推广中心”，聘请在江阴工作的省级以上作家、诗人、书法家、美术家和摄影家共18名，专门从事法治文化的研究、创作和推广工作。三是建设大桥法治公园。2008年市委、市政府出台了《关于进一步深化法治文化建设的意见》，提出了建设大桥法治公园等重大举措。借助江阴大桥公园原有设施，大量注入法治元素和文化特色，在南北长2750米、东西宽200米的区域内，组织全市60多个部门、18个镇（街道）和部分骨干企业精心制作了近500块法治宣传图板，建起了普法宣传长廊；并开辟了公园导示、执法成果展示、雕塑碑刻、法治漫画、专业法宣传、法治文艺演出等10多个法治宣传园地，形成了立体宣传效果。四是新建市法治文化基地。为更好地推广江阴市法治文化，市法治宣传办公室又对近几年来已有的法治文化资源及成果进行了认真梳理和整合，新建了法治文化基地。该基地融法治艺术团团部、法治文化研发推广中心和成果展览于一体，为法治文化工作者建起了一个“家”，为市法治文化产品建起了“超市”。全市法治文化已形成“向基层延伸、向农村发展”的良好态势，已有11个示范点被无锡市命名。

8. 注重结合、普治并举，全面提高法治建设的整体水平

这些结合措施包括：一是坚持将普法工作与依法行政紧密结合起来，二是坚持将普法工作与公正司法紧密结合起来，三是坚持将普法工作与基层依法治理紧密结合起来。普治结合有力提升了法治建设的整体水平，江阴市连续七年被江苏省评为“社会治安安全市”；2009年5月，被评为“全国平安建设先进市”。

在取得丰硕成果的同时，“五五”普法也还存在一些问题，这主要表现

在以下方面。一是少数人员对普法工作的认识还有偏差。少数党政领导干部没能将普法工作放在当地经济社会发展总体格局中来谋划，而是将它当作软任务、软指标来应付，因而在普法工作的组织领导、经费投入、工作措施等方面存在一定差距；少数市级机关部门片面地认为，普法工作仅仅是司法行政部门的事，而与自身无关，因而对全市组织的大型普法活动不是很积极，对本部门应该落实的专门法的宣传也是浮光掠影；少数群众学法用法的指导思想发生了偏差，在遇到法律问题时往往只强调法律赋予的权利而不愿履行应尽的义务。二是普法工作的覆盖面还不够广，发展还不平衡。从总体情况看，市本级好于各镇（街道），镇（街道）好于各村居，村居好于企业。企业的普法工作是个薄弱环节。三是普法工作的方法手段还需进一步改进。由于新情况新问题不断涌现，普法的方法也必须更加灵活多样。比如，随着农村耕地的减少，许多农民在种好自家田地的同时还在企业上班，如何对这部分亦工亦农群体开展普法教育？再比如，随着城市化进程的加快，大量农民工涌入江阴，对这一群体如何进行普法教育？面对这些新问题，传统方法已出现失灵，需要进行创新。这些问题在“六五”普法期间需要进一步研究和解决。

二 “六五”普法的亮点与成就

2011 年“六五”普法实施以来，江阴市的普法工作在市委、市政府的领导下，在市人大及其常委会的监督指导下，根据江苏省和无锡市提出的“全体公民法律素质明显提高，法治文化建设成效显著，法治实践活动更加深入”的总体目标要求，紧紧围绕全市经济社会发展大局，按照“普治并举、整体部署、全面推进、重点突破”的工作思路，以“法律六进”为载体，以争创全国“六五”普法先进市为目标，以提高全民的法律素质和法治意识为重点，坚持高起点谋划，大力度保障，全方位推进，全市的普法工作在以往普法依法治理的基础上有了很大的提升和飞跃。2013 年江阴市被评为江苏省“六五”普法中期先进市。2015 年 3 月，江阴市周庄镇山泉村

被表彰为“全国民主法治示范村”。在总体上，江阴市的“六五”法治宣传教育和普法工作具有以下突出的亮点和成就。

（一）领导和组织保障到位

1. 领导重视比较到位

市委、市政府高度重视法治建设，坚持将普法工作纳入全市社会经济发展目标责任体系，纳入全市三个文明建设年度考核，纳入法治城市、法治城镇创建考核体系，与经济建设同筹划、同部署、同检查、同考核。市委、市政府多次召开会议专题研究“六五”普法工作，制定“六五”普法规划，市人大先后两次对全市普法工作进行专题审议，协调解决普法工作中的难点，有力推动了“六五”普法的深入开展。2015 年初开始，市委、市政府更是高瞻远瞩，大力投入，主动加强与中国社会科学院法学研究所的战略合作，高点定位、统筹谋划江阴的法治建设及普法工作。

2. 工作机制比较健全

市委、市政府成立市依法治市领导小组和法治宣传教育领导小组，出台了法治江阴建设、领导小组工作制度、领导小组成员单位分工职责等系列文件，明确了成员单位工作职责，切实形成了党委统一领导、人大政协监督、政府部门实施、相关单位配合、全社会共同参与的普法工作体系。各镇(街)、各单位、各村（居）相应调整普法、依法治理工作领导小组，全市三级普法组织网络体系进一步健全。强化考核培训，研究制定了《“六五”普法考核验收办法》及考评细则，按照“谁执法谁普法谁培训”的工作机制，加强普法工作培训，五年来全市各级各部门共开展各类法律法规培训 200 多期，1.8 万多人次。

3. 普法队伍建设比较全面

全市建立了以机关职能科室和镇（街道）司法所负责人为主的 100 余名普法联络员队伍，组建了以苏州大学法学院教授、公检法等执法单位骨干和律师为主体的 30 名普法讲师团队伍，聘请了以政法干警为主体的 80 余名法治副校长队伍，招募了以热心社会公益事业和普法工作的法律服务工作者、教师、“五老”人员为主体的13000余名普法志愿者队伍。这些队伍在弘扬法治精神、传播法律知识、推进依法治市进程中发挥了重要作用。

4. 普法经费保障有力

江阴市按照省司法厅标准，认真落实全市“六五”普法专项经费，各镇（街）、各部门在经费紧张的情况下，积极筹措资金，不断加大对普法宣传的资金投入。五年来，市镇（街道）两级政府、机关部门、学校和企事业单位在普法教育和法治文化建设上累计投入3000余万元，其中仅法治文化阵地建设就超过2000万元。

（二）在法治宣传教育和普法的对象、内容上有拓展

1. 对领导干部和公务人员学法用法推出新举措

在抓好政府常务会议学法、各级党委（组）中心组学法、市镇机关“每月一法”学法讲座和市委党校学法培训的基础上，着眼于提高领导干部和公务员的法治思维能力，推出了“江阴大学堂”这一新载体，先后聘请国家城市规划设计院、国家环保部、上海市委党校的知名专家学者来江阴授课，培训干部约10000人次。在制度建设上，出台了《关于进一步加强全市领导干部公务员学法用法工作的意见》、市管领导干部年终述法、全市公务人员网上学法考法等制度。2013年2月又率先在无锡市建立了非人大任命领导干部法律知识任职资格考试制度，两年来共有82名非人大任命的领导干部参加了法律考试。

2. 校园普法形成新品牌

建立了由司法、教育、关心下一代工作委员会、团市委等部门参加的青少年法治教育联席会议制度，每年对青少年学法工作进行研究部署。全市各学校将法治教育纳入课程，每个学校都聘请了法治副校长、普法导师，实现学校普法常态化。司法、民防、禁毒等部门免费为各中小学征订和编印普法教材，市法院将“模拟法庭”巡回开进学校，市司法局将法治文艺演出送进学校，市教育局开展了“特色教育示范学校”评比，并将每年的9月份确定为“法治教育月”。全市先后开展了青少年学法“春风行动”、法治教

育节等丰富多彩的学法活动。全市有10多所学校在法治教育上形成了自己的特色，如云亭中学的“青春家园”、青阳华姿职校的“心语驿站”、顾山北国中心小学的“红领巾警察学校”、长泾实验小学的“儿童法学院”、周庄实验小学的“交通安全情景园”等都富有特色。

3. 企业普法实现新突破

围绕市委、市政府中心工作，积极开展“企业服务月”活动，组织“流动法治讲堂、法治文艺进企业”，先后为30余家企业干部、职工举办法治讲座和法治文艺演出。十八届四中全会后，专门聘请法学专家就企业在全面推进依法治国的总纲领下，如何依法治企、防范法律风险等问题开展讲座，培训企业中层干部3000余人次。充分发挥律师队伍的作用，组织律师深入1000多家企业开展“法律体检”，向企业发送“联系卡”1300余份，制定服务企业转型升级措施49条。市法院优化服务措施，开展“百名法官进百企”活动，编写赠送《法官在你身边》案例选，深受企业欢迎。市安监、环保、食品、卫生、工商、税务等部门坚持边执法边普法，环保局推出“全程说理，执法普法”新举措，人社局向全市1.2万家企业发送“维护劳资和谐公开信”，对全市8800家劳动用工单位开展劳动保障书面审查，涉及职工53.2万人。通过培训、服务、督察多措并举，当地企业经营管理人员的依法治企意识进一步增强，广大职工的维权意识、法律意识进一步强化，涌现出一大批重视普法教育、注重培育企业法治文化的企业典型。

4. 农民普法取得新成效

大力推进农村普法工作，依托村（社）法律服务网络建设，充分发挥律师、基层法律工作者的专业优势，大力推进村（社）法治宣传教育全覆盖。全市227名律师、法律工作者与15个镇（街道）302个村（社）开展了法律服务结对活动。同时，利用本市矛盾纠纷排查网格化管控的资源优势，深入278个片格、3214个组格为农民群众提供零距离法治宣传教育服务。广泛开展“‘法润暨阳、普法惠民’法治文艺、法治电影村（社）行”“农民工学法活动周”“送法进车站”“法治交流对话”等活动，使群众在观看文艺演出和影片赏析中提升法治意识，在面对面的法治对话中解决心里的法律困惑，在送法惠民活动中感受法治的温暖。五年来，为农民和流动人口办理法律援助案件4500多件，组织公益法治电影、文艺演出800场次，开展法治讲座200场次，受教育群众达50万余人次，发放法治宣传资料5万余份，赠送法律知识图书、手册3万余册。

（三）普法和法治宣传教育的阵地、载体、形式和方法有创新

1. 法治文化阵地实现多元化

根据省委、省政府出台的《关于加强社会主义法治文化建设的意见》，江阴市提出了“新一轮法治文化建设向机关拓展、向基层延伸”的新思路，充分发挥考核和评先评优的杠杆作用，将法治文化建设纳入“法治镇创建考核、精神文明建设年度考核”之中，有效激发机关、基层法治文化创建的积极性。“六五”期间，市级层面先后增加了道路交通安全主题教育示范基地、消防教育馆、环境科普教育展示馆、香山法制书屋示范点、青少年法治教育基地等一大批资金投入大、档次定位高、普法质效好的法治文化阵地；基层单位先后增加了澄江街道消防主题公园、南闸青少年禁毒馆、周庄实验小学交通安全情景园、祝塘镇法治文化公园、城东胡山源法治文化广场、青阳法治一条街、临港街道普法新干线等基层法治文化阵地。江阴市有省级法治文化示范点2个、无锡市级法治文化示范点65个，农家法律书屋、法律图书角340余个，市、镇（街道）、村（居）法治文化阵地建成率达100%。

2. 法治文化作品实现精品化

充分发挥市法治文化研发中心的优势，每年创作一部高水准的法治文学书籍，先后出版故事集《风雪凤凰山》、案例集《以案释法》、散文集《那一抹诗意的绿色》、青少年故事集《青春的歧途》等，以满足不同对象的学法需求。2014年举办了全市法治公益广告和法治微电影大赛，收到全市30多家单位共200多幅公益广告作品、26部法治微电影作品，极大地丰富了法治文化作品类型、提升了品位、产出了精品。在第十一届全国法治漫画动画微电影作品征集活动中，江阴市地税局报送的法治动画《禹贡的故事》获全国优秀

奖，市法治宣传教育领导小组办公室获全国优秀组织奖。

3. 法治宣传渠道实现立体化

江阴市司法局按照“土洋结合、无孔不入、立体多元”的思路，针对不同社会群体的认知能力和喜好程度，不断拓展宣传渠道。一是通过法治文艺进行普法。每年组织市法治文化研发中心成员根据社会生活中的法律热点、新法亮点等创作法治曲艺节目，分发给市法治艺术团、锡剧团以及民间艺术团体，通过各个团体的法治文艺演出进行普法宣传，五年来先后创作《法律援助结硕果》《寻物启事》《为了明天》《剪葡萄》《当心上当》等法治曲艺剧目30余个，巡回演出1000余场。二是利用传统媒体进行普法。先后在江阴电视台开辟《法治全澄》《老娘舅》《阿继讲故事》等普法专栏，在江阴广播电台开辟《空中热线》《阿强说法》《检察之声》等栏目，在《江阴日报》开辟《江阴司法》《律师热线》《公证案例》等专栏，公安、环保、国税等20多个市级机关部门在《江阴日报》办专版进行专业法宣传。三是创建新兴媒体进行普法。市法治宣传办公室建立了“江阴普法网”，并将相关专业法部门网站与江阴普法网实现链接，构建江阴普法大联盟。开通普法微博、微信，及时向群众发布普法宣教、法律服务等方面的信息。人社、安监、物价、计生、卫生等20余个专业法部门开通了“法治微博”，10多个专业法部门开通了“法治微信”。四是打造公共阵地进行普法。会同市公交公司打造了2条共20辆公交车的法治漫画和法治公益广告普法“品牌线”，以全市中心城区三纵五横八条路120个公交候车亭为宣传阵地，通过法治公益广告的形式广泛宣传法律法规。各大银行网点、车站候车厅等公共场所，增设法治书架，摆放法治类报纸、杂志、书籍，供群众阅读。全市200辆公交车、468辆出租车、沿街单位、门店、十字路口的LED电子显示屏随机滚动播放法治宣传短片和宣传标语，形成了主体多维的普法态势。

4. 法治文化活动实现常态化

按照“围绕中心、服务大局、公正司法、服务民生”的思路，加强法治文化活动的筹划和组织实施。“六五”期间，市法治宣传办公室先后组织

“深化普法教育、服务现代化滨江花园城市”“打击和防范涉众型经济犯罪”“学法维稳、喜迎盛会”“法润暨阳·春风行动”“宪法进万家”等大型主题宣传活动，举办“全市法治微电影和法治公益广告大赛”“全市交通安全韵律操比赛”“万人学宪法律知识竞赛”等大型普法竞赛活动，每年12月4日都要组织丰富多彩的宣传活动。在此基础上，每年下发“专业法”宣传活动意见，明确各专业法部门的普法重点。全市40多个专业法部门充分利用法律法规出台纪念日，举办系列宣传活动，市公安禁毒办开展“手拉手远离毒品、心连心造福社会”为主题的书法比赛，编排禁毒小品《为了明天》在全市巡演。市法院开展感知公正“三百工程”，在全市范围内开展百场法治宣传、百起案件公开审理、百起案件司法救助活动。市计生局开展“计生知识万封邮”活动，发动全市计生干部和协会会员“走千家万户、传婚育新风”。市交通局与电台联办《高新说交通》普法栏目，举办“六五”普法电视大奖赛。市人社局向全市50人以上企业人力资源经理和小微企业法人代表免费举办人社政策法规培训。市安监局开展“安全微文、短信大赛”征集和“安全法书画展”活动。市国土局举办职工文艺会演，法治歌曲大家唱等十大系列活动，被省国土厅评为“宣传好项目奖”。

（四）在法治宣传教育和普法的广度、深度上下功夫，注重结合，普治并举

1. 坚持将普法与基层民主法治创建相结合

以法治宣传教育为先导，以“四民主、两公开”为重点，大力推进民主法治村（社）创建工作。编印下发了《民主法治村创建工作手册》，对全市民主法治村（社）创建工作的硬件、软件进行了统一和规范；先后召开“全市基层民主法治创建工作现场交流会”“民主法治创建工作推进会”，推广澄江街道小河社区等6个基层单位的创建经验，率先在周庄镇实行村（社）法治副主任制度，充分发挥法律服务在推动法治惠民和基层法治建设中的积极作用。通过办培训、抓规范、强考核，使基层民主法治建设取得了新的进步。全市302个村（社）中，已创建国家级“民主法治示范村”2

个，省级示范村（社）86个，省级创建率达28%。

2. 坚持将普法与典型培养相结合

市法治宣传办公室在工作中十分注重发掘、培育法治宣传教育中的“平民化”先进典型。青阳镇退休教师薛生龙多年来利用家中多余房屋自办农家书屋，自发组织村民看书读报，对青少年开展立身做人教育。市法治宣传办公室先后两次下基层走访看望，赠送法律书籍，聘其为特邀法治宣传员，2014年薛生龙被评为无锡市“普法达人”。市民季丰秉承“全民阅读、全民普法”理念，创办个人公益书屋——香山书屋，市法治宣传办公室先后投入5万余元，购置法制图书3000余册，助其创办了江阴市首家法制书屋示范点。江阴市普法工作做得比较好的还有民营企业家叶寿泉创建的飞达驾校交通安全主题示范基地、国资上市公司江南水务的企业普法以及周庄山泉村的民主法治建设等，这对全市的普法工作起到了较好的引领示范作用。

3. 坚持将普法与依法决策、依法行政、公正司法相结合

市委、市政府自觉运用法律手段指导和管理经济社会事务，对事关区域经济社会发展、与人民群众利益密切相关的重大事项都要经过人大审议并形成决议；全面推行政务公开，对应当公开的执法依据、执法结果、收费事项、监督措施全部依法公开；深入推进行政复议委员会试点，设立由法学专家组成的法律专家咨询委员会；全力推进司法改革试点，法院、检察院、公安、司法行政各项改革工作稳步推进。“六五”普法以来，江阴市劳动合同签订率达99.3%，工资集体协商制度建制率达96.5%，行政机关负责人出庭应诉率达100%，人民群众对法治建设满意度达96.1%，居全省前列。江阴市先后被评为“全国首批法治县创建活动先进单位”、全省首批十大“法治建设示范市”，荣膺全省“平安县（市、区）”11连冠。

结　语

通过考察江阴市30年来的法治宣传教育和普法进程，可以发现一条重

要的江阴经验，那就是江阴市的经济发展与法治宣传教育是互为条件、相互促进和相互提升的，经济、法治的共同发展，才造就了江阴的全面发展。

江阴法治宣传教育的另一条重要经验是各级政府机关特别是政法机关与普通市民能够共同把依法办事和法治作为解决矛盾纠纷的最高和最终手段，培养了各阶层市民学法、用法和信仰法治的人文精神。这是江阴市十余年来虽历经风霜，但在经济、社会、文化等方面能够一直领跑全国县（市、区）域发展的重要原因。

法治政府

Building a Law-Based Government

B.9
宁波市法治政府建设调研报告

叶新火*

摘　要：全面推进依法治国，客观上要求地方各级政府提升法治政府建设水平，依法行使行政权力，将法律法规具体运用到经济社会发展和行政管理的每一个环节和过程当中。近年来，宁波市政府从组织领导、规范决策、科学立法、严格执法等方面采取积极有效的措施，取得了明显成绩。从宁波的实践来看，领导重视、人才队伍建设、重点工作突破和社会氛围的营造，是法治政府建设取得成效的重要保障。

关键词：宁波　法治政府　政府决策

* 叶新火，浙江省宁波市人民政府法制办公室备案审查处处长。

近年来，宁波市政府贯彻中央文件精神，法治政府建设工作取得了明显成效。宁波市法治政府的实践，有效落实了党和国家全面推进依法治国的方略，也为本地经济和社会发展提供了有效的法治保障。

一　认真抓好法治政府建设的基础工作

法治政府建设既是政府自身建设的一项基础性工作，也是对政府运行全方位、多角度的规范，需要政府从全局的高度部署动员，形成合力，有效推进。为此，宁波市不断加强对法治政府建设的组织领导和考核督察工作，确保工作落到实处。

（一）加强组织领导

一是组织召开建设“法治宁波”工作领导小组扩大会议。2015 年 7 月 17 日，宁波市召开建设法治宁波工作领导小组扩大会议。会议强调，各地各部门要深入学习贯彻习近平总书记系列重要讲话精神，从推进“四个全面”战略布局的高度，牢记“干在实处永无止境、走在前列要谋新篇”的新使命，瞄准“跻身全国大城市第一方队”这个坐标，齐心协力推动法治宁波建设继续走在前列、谱写新的篇章。二是组织召开法治政府建设推进工作会议。2015 年 4 月 30 日，宁波市政府召开全市法治政府建设推进工作会议，市委、市人大、市政府主要领导均出席会议。会议强调，要把法治政府建设作为法治宁波建设的关键来抓，把依法行政作为法治政府建设的核心来抓，全力推进法治政府建设，率先基本建成职能科学、权责法定、执法严明、公开公正、廉洁高效、守法诚信的法治政府。

（二）狠抓贯彻落实

一是强力推进法治政府建设。2014 年，宁波市政府发布了《关于促进“两减少、一提高”，推进法治政府建设的意见》，以减少行政诉讼案件的发

生率和败诉率、提高行政机关负责人出庭应诉率。党的十八届四中全会召开后，市政府进一步加大了法治政府建设推进工作力度。2015年4月1日，市政府第60次常务会议审议通过了《宁波市人民政府关于加快建设法治政府的意见》。二是明确法治宁波建设要点。按照《2015年建设“法治宁波”工作要点》，将简政放权、执法体制改革、构建科学规范的权力运行机制等工作作为重要的工作内容。三是注重考核的针对性和科学性。市法制办会同市考核办发布考核文件，对制度质量、行为规范、执行力、透明度等8方面指标进行考核，并实行政府内部评价、专业机构评价和社会满意度测评三位一体的考核模式。

二　加强专门人才队伍建设

党的十八届四中全会要求，全面推进依法治国，必须大力提高法治工作队伍思想素质、业务工作能力、职业道德水准，推进法治专门队伍正规化、专业化、职业化，提高职业素质和专业水平。宁波市政府认真贯彻落实党的十八届四中全会要求，通过机构建设、组织学法、人员交流培训等措施合力推进，全面提高法治队伍的专业化水平。

（一）强化领导干部的学法工作

一是做好市委、市政府领导学法用法工作。市委、市政府通过市委中心组学习、宁波论坛报告会等形式，引领全市各地各部门贯彻学法用法制度。近年来，宁波市邀请了中央综合治理办公室、全国人大常委会法律委员会等的知名专家教授作全面推进依法治国的报告；把法律知识作为处级干部轮训、新录用公务员培训、军转干部培训的必修课程。同时，组织对全市省管领导、市管领导干部纳入学法用法考试范围。二是做好市政府常务会议学法工作。2015年，市政府常务会议安排了10次集体学法活动，由浙江大学等高校教授、市政府法律顾问、有关部门领导就法治政府建设有关问题进行授课。到2015年10月份，已经就政府信息公开、行政诉讼法、民商事仲裁、行政执法体制改革等内容进行了8次集体学法。三是组织开展行政机关负责人行政诉讼专题培训。2015年9月21日，市委组织部、市法制办联合举办了行政机关负责人行政诉讼专题培训活动，并邀请国务院法制办行政复议司主要领导作了“行政诉讼法的修订与行政复议的应对”专题讲座，全市各有关单位的负责人及法制机构负责人参加培训。

（二）加强法治人才业务能力建设

一是优化了政府法律顾问队伍。2014年，市政府聘请了新一届政府法律顾问，其中有4名高校法学教授、4名社会知名律师，市政府还出台了法律顾问工作规则，法律顾问在政府依法行政中的作用不断增强。二是组建了新一届政府立法和复议专家组。2015年9月1日，市政府聘请了华东政法大学、浙江大学等高校教授和市律师协会、市新闻工作者协会等机构的18名专家学者为政府立法和复议专家。三是推进高校教师、社会律师到政府法制机构挂职。到2015年9月，已经有3位来自于宁波大学、浙江万里学院具有法学博士学位的优秀青年教师来市法制办挂职。四是加强政府法制机构建设。市政府决定在市政府法制办增设备案审查处，市政府发布的所有行政规范性文件、专题会议纪要、行政合同都要经合法性审查后才能对外发布。五是加强政府法制机构和高校的合作交流。宁波市法制办正着手和宁波大学合作组建法治研究机构，对法治政府建设中的理论和业务问题进行分析研讨，加强人员培训和业务能力建设，不断提高政府法制机构和法学专家学者服务法治政府建设的能力。

（三）强化公务人员学法考法工作

一是宁波市普法办制定了《2015年全市普法依法治理工作实施意见》，按照省市要求开展学习、考试工作。宁波市在宁波干部党员学习网上开辟《政策法规》专栏，有40多个学习课件；同时建立了机关公务员学法用法培训考试题库，共计350题。宁波市还实行网上考试一人一卷，考试人员用个人账号登陆随机抽取题目。全市3万多名公务员参加了考试。二是加强行政执法人员培训。市法制办以推进严格规范文明执法为目标，不断加强行政执法人员培训教育。在全省首创集中授课、网上学习、模拟考试相结合的培训方式，录制了行政处罚法、行政许可法、行政强制法、行政复议法、行政诉讼法等法律知识培训课件，并上传到“宁波干部网上学院”，学员可点击“行政执法人员综合法律知识培训”窗口随时进行学习。三是加强政府法制业务综合培训。近三年来，宁波市法制办先后会同不少知名高校院所组织了政府法制业务专题研修班，就行政复议与诉讼、地方立法和规范性文件管理、政府法律顾问业务、行政执法与诉讼中的证据等问题进行专门学习、交流；市法制办还组织了行政合同合法性审查、地方立法等专题培训。

三　加强地方立法和规范性文件管理工作

宁波市根据国家有关法律法规，以满足本市经济社会发展需求为方向，以解决本市发展需要解决的问题为动因，不断完善立法机制和程序，构筑起适合当地实际、和法律法规相配套的地方性法规体系，为深化改革、扩大开放、加快发展、保持稳定提供了有力的法治保障。

（一）科学确定立法项目

市政府把加强政府立法作为保障经济社会发展、建设法治政府的重要内容，不断推进科学立法、民主立法，立法工作取得了积极的成效。2014年，市政府提请市人大审议了《宁波杭州湾新区条例（草案）》《宁波市城市房屋使用安全管理条例（草案）》等5件地方性法规，制定了《宁波市渔业互助保险管理办法》《宁波市户外广告设施设置管理办法》等8件政府规章，为宁波市经济社会发展提供了有力的制度保障。到2015年9月，市政府已经提请市人大审议了3件地方性法规、颁布了《宁波市政府核准投资项目管理办法》等3件政府规章。新修订的《立法法》颁布实施后，宁波市人大、市政府及时调整地方性法规和政府规章制定项目，调整不属于地方权限范围内的立法事项，确保地方立法工作依法推进。

（二）完善立法机制建设

一是规范立法草案的起草和审查工作。2014 年，市法制办发布了《宁波市地方立法草案起草工作指引》《立法项目审查办理工作规程》和《宁波市政府规章立法技术规范》，并把国家和省、市有关立法规范进行汇编，为提高立法质量发挥了积极作用。二是健全了民主科学立法的机制。2014 年，宁波市建立立法志愿者和立法联系点制度，市法制办确定了 120 名公民为政府立法志愿者、市安全生产协会等 52 家单位为政府立法联系点，加强了与基层组织、人民群众的立法联系。2015 年，市法制办出台了立法听证规则，建立了立法民主协商机制，市法制办协同市政协社会和法制委员会、民族宗教事务委员会组织市政协委员参加政府规章立法计划编制、立法草案审理、立法项目调研、立法项目后评估等工作，开展民主协商，交流意见，建立规范化、常态化的民主立法体系，为提高政府立法质量提供有力保障。三是建立了政策法规性别平等咨询评估机制。市法制办会同市人大法工委、市妇联共同建立了政策法规性别平等咨询评估机制，推进了政策法规制定实施中的男女平等，促进两性平等和谐发展。2015 年，市法制办会同市人大法工委、市妇联联合召开会议，就性别平等咨询评估机制运行中的有关问题和推进措施进行了分析研讨。

（三）加强行政规范性文件管理

一是完善行政规范性文件制定程序。2014 年，市政府发布了《宁波市行政规范性文件草案公开征求意见的规定》，细化了行政规范性文件草案的书面、网上、专家论证等征求意见方式。2015 年，针对行政规范性文件管理、征求意见等工作中存在的问题，市法制办发布了《关于进一步明确行政规范性文件草案公开征求意见有关问题的通知》《关于进一步规范行政规范性文件管理工作的通知》，市政府办公厅发布了《关于做好行政规范性文

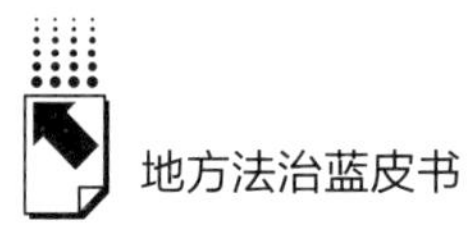

件政策解读工作的通知》，文件管理流程不断健全。二是全面开展市政府行政规范性文件合法性审查工作。2015 年 1 月至 9 月底，市法制办对 60 件市政府行政规范性文件、48 件市政府专题会议纪要、18 件两办文件、7 件各单位征求意见稿、14 件行政机关合同草案进行了合法性审查。对于市法制办在合法性审查中提出的意见建议，发文单位都予以修改、采纳。三是开展规范性文件备案审查工作。2015 年 1 月至 9 月，市法制办共统一登记编号 146 件市级部门行政规范性文件，备案审查各单位报备文件 374 件。在备案审查过程中，市法制办加强和市委法治办、市人大法工委的沟通衔接，有力地提高了规范性文件备案审查工作质量，对维护法制统一、推进依法行政发挥了积极作用。

（四）推进政府规章和规范性文件后评估工作

为提高制度建设质量，市政府每年组织对市政府规章、行政规范性文件开展评估，2015 年已经对《宁波市药品经营监督管理办法》等 2 件政府规章和《宁波市高成长企业培育行动管理办法》等 15 件市政府行政规范性文件进行了评估。通过评估，形成了制度建设、制度执行、制度评价、制度完善的良性互动。

四　依法建立重大决策机制

行政决策是行政行为的起点，因此，规范行政决策既是规范行政权力的重点和抓手，也是法治政府建设的起点。行政机关能否做到依法科学民主决策，既直接反映了其依法行政水平的高低，也决定了法治政府建设的目标能否如期实现。特别是随着经济社会的快速发展，社会利益日趋多元，决策中妥善处理各方利益诉求的挑战越来越大，为此，宁波市不断健全依法决策的机制，确保合理合法的意见和诉求充分体现到决策中，真正使人民权益最大化、公平正义法治化。

（一）严格落实重大行政决策相关规定

市政府严格执行《宁波市人民政府工作规则》《宁波市人民政府重大行政决策程序规定》，对全市国民经济和社会发展中长期规划、年度计划等事项，以及通过合同、规范性文件体现的决策，都落实了行政决策的程序规定。市政府督察室每年还对各地各部门行政决策情况进行专题督察调研，进一步推进了决策的规范化。

（二）充分发挥专业机构决策智囊团的积极作用

市政府高度重视市咨询委等专业机构在决策中的积极作用。近年来，市咨询委就宁波“十三五”规划思路、庄桥机场及周边地块开发建设、宁波岸线优化利用、对接上海自贸区、城市物流配送等多个主题开展了认真研究；市政府有关部门还就《宁波市城市总体规划（2004～2020）》的修改等重大事项征求了咨询委意见，行政决策的专业化水平不断提高。

（三）充分发挥社会公众的积极作用

对涉及社会公众利益的政府民生实事项目以及城市棚户区改造、户外广告设施设置规划、奥体中心建设等事项，市政府及有关部门都通过《宁波日报》、网站等途径广泛听取社会各界的意见建议。为制定科学合理的地铁票价，市政府有关部门还召开了听证会，广泛征求消费者、地铁经营者、人大代表、政协委员等社会各层面的意见，并在此基础上作出决策。

（四）加强政府决策的法律审查工作

市政府充分发挥政府法制机构在重大行政决策中的积极作用，对市政府集中开展的“三改一拆”、“五水共治”、户外广告整治等工作，市法制办都全程参与。近年来，宁波广电集团和华数传媒合作、新芝宾馆承包经营、大红鹰学院举办者变更、宁波中心土地出让等重大事项，市政府法制机构都积极参与，进行了合法性审查。

五　严格规范公正文明执法

法律的生命力在于实施，法律的权威也在于实施，因此，必须把严格规范公正文明执法作为加快建设法治政府的重点任务。在政府部门执行法律规定、履行政府职能时，必须妥善处理好政府和市场、社会的关系，坚持有所为，有所不为，明确政府权力边界和清单，真正从全能政府向有限政府转变。在执法力量配置方面，通过改革行政执法体制来提升行政执法水平，按照减少层次、整合队伍、提高效率的原则配置执法力量，提高执法和服务的水平。宁波市政府按照上述要求，在制定权力清单、明确政府职责、厘清权力边界、优化组织结构方面开展了大量工作。

（一）全面推行行政权力清单制度工作

2014 年 4 月，宁波市政府组织开展了行政权力清单清理工作。市政府下发了《关于开展部门职权清理　推行权力清单制度工作的实施意见》《关于开展部门责任清单编制工作的实施意见》以及相关配套文件，并通过建立联席会议制度、召开专题会议部署、编发工作指南等形式，狠抓工作落实，取得了重要的阶段性成果。2014 年 10 月底和 12 月底，两张清单分别向社会公布。市级各相关部门共公布权力事项 4189 项、主要职责 574 项，细化具体工作事项 3470 项，涉及多个部门职责边界划分事项 149 项、事中事后监管制度 630 个、公共服务事项 395 项。

2015 年，市政府继续开展权力事项库建设、厘清部门职责边界、谋划综合执法改革等工作，持续推进“权力清单”和“责任清单”的优化完善。2015 年 3 月 17 日，市政府办公厅发布了《关于抓紧做好行政权力事项比对规范与信息梳理工作的通知》，明确比对规范原则和工作要求，并通过上门走访、集中座谈等形式，强化对市级有关部门和各县（市）区工作的检查指导，确保宁波特有权力事项全部入库。宁波市权力清单能够与《省市县三级权力事项基本目录》对应的权力事项合计 5277 项，2015 年 4 月底已经完成比对梳理，5 月底全部完成权力事项库导入工作。通过“晒出”权力清单和责任清单，接受社会监督，切实把权力关进制度的笼子，确保权力规范、运行透明，部门职责得到全面履行。这次改革中，宁波市的“12345 政务服务热线整合”被中央编办选为特色案例，在全国权力清单工作现场会上向与会代表介绍了经验。

（二）精简审批事项，提高审批效率

结合行政权力清单工作，宁波市政府不断推动行政审批事项清理、下放，市级 44 个部门保留 949 项审批权力，向县（市）区下放了 43 项行政审批权力。在此基础上，继续采取“同步、对等、配套、协调”的原则推进权力下放。完善以“6 + 1”“9 + x”会商会审为核心的基本建设项目联合审批方式，将多部门单独实施的专项竣工验收工作进行整合。市场监管局实行“先照后证”的领证模式，大大简化了企业成立手续；市质监局对工业产品生产许可证等 4 个事项实行“先承诺发证，后检查监管”的当场审查发证模式，得到了国家质检总局的肯定。

2015 年 9 月，宁波市政府发布了《宁波市企业“五证合一”登记暂行规定》，从 10 月 1 日起在全市推行“五证合一、一照一码”登记制度，在全国“三证合一”（营业执照、组织机构代码证、税务登记证合一）的基础上，增加社会保险登记证和统计登记证。“五证合一、一照一码”登记制度推行后，企业注册登记将更加方便，原本企业办理营业执照等 5 个证件时需要来回跑 5 个部门，填 5 份表格，现在企业填一套表格，通过市场监管窗口统一受理，就可实现数据信息共享和证件办理。

（三）积极推进政府职能转变和机构改革

2015 年 1 月 10 日，宁波市政府机构改革方案得到浙江省政府批复，市委、市政府组织召开全市政府职能转变和机构改革动员大会，部署改革任务，发布了《宁波市人民政府职能转变和机构改革方案》，要求加快政府职能转变、推进简政放权，激发经济社会活力，改善政府管理，加强事中事后

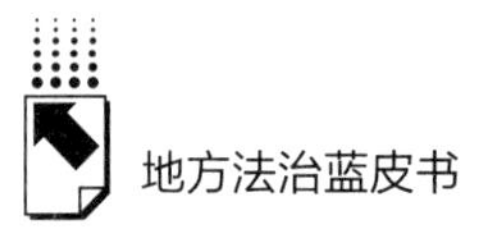

监管，强化公共服务，着力保障和改善民生，深化政府机构改革，稳步推进大部门制改革，完善决策权、执行权、监督权既相互制约又相互协调的行政运行机制，加快形成精干高效的政府组织体系。同时统筹推进相关改革，加快事业单位分类改革、行政执法体制改革，创新开发园区管理体制，严格控制机构编制，精简人员编制，降低行政成本，把更多财力用于改善民生。2015 年 9 月，市政府第 67 次常务会议还审议通过了《宁波市政府职能转变任务分工方案》，该方案已经通过市人民政府办公厅正式发布施行。

（四）科学配置执法力量，统筹推进综合行政执法改革

2014 年以来，市政府整合了工商局、食品药品监管局以及质监局的部分职责，组建了市场监管局，加强统一市场监管的职责，调整了贸易、农业等部门职责。市政府有关部门还加强了轨道交通治安管理、机动车尾气污染治理有关执法机构建设，执法主体和职能配备的科学化水平不断提高。2015 年省政府《关于深化行政执法体制改革　全面推进综合行政执法的意见》下发后，宁波市及时组织开展专题调研，了解掌握市级部门执法职权运行情况以及相关机构、队伍状况，并结合宁波实际，认真研究拟订工作方案，起草宁波市综合行政执法改革总体方案，向市领导作了汇报。同时，围绕综合执法领域权力事项，按照省级制定的权力清单样本口径进行了梳理，征求市级相关涉改部门修订意见，及时增补综合行政执法领域行政权力事项，为部门行政执法职权划转提供了基础保障。市编委办已起草完成《宁波市人民政府关于深化行政执法体制改革　推进综合行政执法的实施方案》，将在提交市政府常务会议审议后，报省政府审批。

（五）强化行政执法案卷评查

宁波市政府每年组织对市级行政执法机关开展执法案卷评查工作。2015 年 6 月以来，全市各地各部门通过自查自评、抽查测评等方式，开展对行政执法案卷的评查。市法制办组织市检察院、市监察局、市政府法律顾问、县区法制办以及市政府有关部门、法制部门工作人员组成的案卷评查小组，通

过交叉互评的方式，对市政府32个执法部门报送的2014年6月至2015年5月办结的行政许可、行政处罚和行政强制案卷共169卷进行评查。市法制办通过对评查中发现的问题进行认真梳理，对评查中发现的问题，将下发书面反馈整改意见。评查结果将在全市通报并作为2015年度法治政府建设考核评价的内容之一。市卫生、安监、城管、烟草专卖等部门也组织开展了本系统的行政执法案卷评查工作。

六　不断完善纠纷化解机制

法治社会并不是没有矛盾和纠纷的社会，而是矛盾和纠纷发生后能够依法得到及时有效解决的社会。中国已经进入全面建成小康社会的决定性阶段，有效维护群众权益、妥善化解矛盾纠纷，是新形势下对党和政府的重大要求。宁波市适应新形势的要求，建立健全了社会纠纷预防和化解机制，实现了各种纠纷解决机制的有效衔接、互相协调。

（一）推进人民调解机制建设

2015年3月27日，浙江省人大批准了《宁波市人民调解条例》，该条例于2015年6月1日起施行。宁波市以深入实施《宁波市人民调解条例》为抓手，进一步完善人民调解与行政调解、司法调解联动体系，大力加强人民调解组织、队伍建设，积极推进人民调解工作规范化、法治化，人民调解工作得到进一步发展。全市共有各类人民调解组织4466个，其中乡镇（街道）村居（社区）3305个，企事业单位981个，医疗纠纷、交通事故、劳动争议、物业纠纷等行业性、专业性人民调解组织103个，商圈、集贸市场等其他人民调解组织77个。截至2015年9月底，全市人民调解组织共调解各类纠纷84421件，调解成功83471件，调解成功率为98.87%。

（二）深化行政调解、人民调解、司法调解联动体系建设

完善人民调解与行政调解、司法调解联动体系建设是2015年全市法治建

设的重要工作。宁波市已经建立了以下工作机制：一是交通事故纠纷人民调解机制和“警调”衔接机制，上半年全市交通事故纠纷人民调解委员会化解纠纷36649起；二是健全人民调解与信访纠纷对接机制，化解相关矛盾纠纷，县（市）区矛盾纠纷联调中心平台已基本实现了此项功能；三是依托行业性、专业性人民调解组织，接受相关领域（部门）的委托，化解矛盾纠纷。在人民调解与诉讼调解的衔接方面，全市设在法院的人民调解委员会有11个，人民调解工作室23个，上半年调解涉诉民事纠纷2973起，同时开展人民调解协议书司法确认工作，上半年经过司法确认的人民调解协议3001件。2015年上半年，司法部在宁波市摄制《人民调解规范化建设》专题片，拟在全国推广。

（三）不断健全行政复议工作机制

为进一步提高行政复议公信力，保障当事人、社会公众的知情权、参与权和监督权，2015年5月，市法制办发文，要求各县（市）区人民政府和市政府各部门作出维持、撤销、确认违法、变更、履行、驳回行政复议申请的决定，除涉及国家秘密、商业秘密、个人隐私等情形的以外，都要在本级政府（部门）门户网站或其他政府信息公开平台予以公开。市政府法制机构还加强了行政复议案件的总结研究工作，精选了53个行政复议典型案例，组织人员进行研究，已汇编并由中国检察出版社出版。

（四）积极推进行政机关负责人出庭应诉工作

经市政府2014年第45次常务会议审议通过，市政府办公厅发布了《关于全面推进行政机关负责人出庭应诉工作的通知》，对行政机关负责人出庭应诉的范围、要求等作了明确规定。2014年5月，市法制办、市复议办组织市级40余个行政机关负责人及其他工作人员共120余人赴市中院参加行政诉讼案件的庭审旁听和应诉实务培训。新《行政诉讼法》实施后，宁波市进一步加强了行政机关负责人出庭应诉工作。宁波市中级人民法院就本市行政诉讼败诉情况进行了通报，市法制办就行政机关负责人如何做好出庭应诉工作作了专题辅导。

七　强化政府信息公开

政务公开作为现代行政的一项基本制度，是强化权力制约、加强监督体系建设的重要环节，也是实现人民当家作主、提升信息化条件下政府履职能力、构建开放型经济体制的客观需要，在管理经济社会事务中发挥着重要作用。近年来，宁波市政府不断加强对信息公开工作的组织领导，完善信息公开制度、突出公开重点，信息公开工作取得了显著成就。中国社会科学院法学研究所多年连续测评发现，宁波在公权力运行的阳光透明方面，呈现出风景这边独好的“宁波现象”。在中国政府透明度指数测评中，宁波市政府连续多年排名前列，2009 年、2010 年、2012 年排名第一，2011 年排名第六，2013 年排名第三，2014 年排名第二。

（一）加强政府信息公开的基础性工作

为推进政府信息公开工作，市政府召开了全市政府信息公开工作会议，市政府领导出席会议，在充分肯定近年来取得成绩的同时，对做好信息公开工作提出要求。2015 年，市政府办公厅印发了《2015 年宁波市政府信息公开工作要点》《关于对 2015 年度政府信息公开工作实施目标管理考核的通知》，对信息公开工作进行了明确部署。市政府办公厅还举办了全市政府信息公开工作业务培训，通过专家辅导、案例分析、信息公开平台操作讲解等，进一步提升了工作人员的业务素质。

（二）不断加强公开平台建设

在推进政府信息公开工作中，为方便公众获取政府信息，市政府加强了信息公开载体建设，采取多种方式丰富主动公开形式、提升公开效果。坚持以政府网站为主，政府公报、现场查阅点、行政服务中心、新闻发布会以及政务微博、微信等为辅，搭建高效便捷、渠道多元的公开载体。同时，对信息公开平台页面进行了优化，新增了企业政策查询平台、宁波发布（微

博）、阳光工程网、新闻发布会、政府公报等链接，强化公开平台查询功能，对提高政府信息公开的效率，方便群众查阅、办事，发挥了积极作用。优化了政府信息公开平台栏目设置，开展了政府信息公开平台专项清理行动，整合了《在线访谈》《政策解读》《行政处罚信息》等专栏。针对传统政府信息公开的目录分类单一、无法适应各种主体对政府信息不同需求的问题，市政府大力创新，按照主题、机构和服务对象三种分类方法呈现公开在门户网站上的信息，极大地方便了人民群众查询信息。

（三）拓展主动公开的广度和深度

市政府以财政预算和“三公”经费、行政权力运行、保障性住房、征地拆迁、食品安全和环境保护等领域为重点，不断拓展政府信息公开的深度和广度。市人民政府按照要求，每年在市政府网站信息公开平台公布政府信息公开工作。据市政府初步统计，2015 年上半年，宁波市各地各部门公开政府信息 10 万多条，其中县（市）区主动公开 70000 多条，各重点开发区主动公开 8000 多条，市级各部门主动公开 20000 多条；依申请公开信息 1000 多件，其中县（市）区政府 600 多件，市级部门 400 多件。宁波市还重点推进了行政审批信息、财政资金信息、公共资源配置信息、公共服务信息、公共监管信息的公开，权力运行的公开、透明度不断提高。2015 年 7 月以来，按照《浙江省行政处罚结果信息网上公开暂行办法》的要求，市政府推进了各部门行政处罚结果网上公开工作。

结语

宁波市法治政府建设工作是中国地方法治政府建设成就的一个缩影。在这个过程中，宁波市认真贯彻落实党和国家的方针政策、法律法规，结合本地实际进行了一系列探索，在法治政府建设方面积累了一些经验。

1. 领导重视是法治政府建设的重要前提

宁波市委、市政府高度重视法治建设工作，市委成立了建设法治宁波工作领导小组，市政府成立了全面推进依法行政（法治政府建设）工作领导小组。市委建设法治宁波工作领导小组每年召开扩大会议，对法治建设中的问题进行研究、部署和动员，明确法治宁波建设的工作要点，不断推动法治宁波建设。市政府通过组织召开法治政府建设推进会议、政府法制工作会议、政府信息公开会议等综合性和专题性会议，对法治政府建设中的经验进行总结推广，对重点工作进行明确部署。在市委、市政府的高度重视下，各地各部门依法行政工作积极主动、成效显著。

2. 队伍建设是法治政府建设的重要基础

全面推进依法治国，必须要建设一支德才兼备的高素质法治工作队伍。特别是随着法治在平衡社会利益、协调各方关系、规范权力行使方面的作用不断凸显，法治人才成了推进科学立法、严格执法、公正司法、全面守法的重要基础。为此，宁波市高度重视法治人才队伍建设，把思想政治建设摆在首位，在党政机关内部，对领导干部、公务人员、法制工作人员、执法人员进行针对性的培训教育；同时打通高校和实务部门的交流途径，在人员交流、业务合作、课题研究等方面加强合作，为法治政府建设提供了源源不断的智力支撑，也使法治政府建设不断有新的举措和成效。

3. 重点工作是法治政府建设的重要抓手

法治政府建设是全面的，必须和国家、省、市的中心工作结合起来，借力推动，增强实效。比如，为解决城市管理中部门职责交叉、互相推脱的问题，宁波市开展了大部制政府机构改革和城市管理相对集中行政处罚权的深化工作，大大提高了执法效率；针对医疗纠纷、交通事故、劳动争议等领域矛盾多发难解的实际，开展了矛盾纠纷的人民调解和联合化解工作，创建了纠纷化解的“宁波经验”，并逐渐为各地认可、复制；针对群众对信息公开的诉求不断增加的现实，稳步推进政府信息公开工作并走在了全国前列。重点工作实效显著的同时，也带动了其他工作的同步发展，使宁波市法治政府建设的总体水平不断提高。

4. 法治文化是法治政府建设的重要保障

全面推进依法行政、建设法治政府，并不是国家权力机关的独角戏，需要社会各方普遍参与，并在全社会形成良好的法治文化范围。为此，宁波市制定了《宁波市法治宣传教育条例》，出台了《关于加强社会主义法治文化建设的实施意见》，要求全方位、多层次推进社会主义法治文化建设。在具体工作中，宁波市加强了法治文化阵地建设，法治文化活动、法治文化传播、法治文艺创作、法治理论研究不断深入，全社会学法、尊法、守法、用法意识大大加强，为依法行政提供了有效持久的发展动力。

B.10 欠发达地区法治推进的成效与展望

——以重庆市黔江区为样本

中国社会科学院法学研究所法治指数创新工程项目组*

摘　要：在全面推进依法治国的背景下，有必要高度重视中国法治的地域不平衡问题。实现法治突围是摆在许多欠发达地区面前的迫切难题。黔江区兼具老、少、边、穷、山的特征，其在推进法治、实现跨越式发展进程中进行了积极探索，积累了一定经验，也面临一定的现实困难，其推进法治建设的实践对其他地方不无借鉴参考价值。实现欠发达地区法治的跨越式发展，还必须从树立法治思维、完善配套保障机制等方面入手。

关键词：欠发达地区　法治建设　突围

全面推进依法治国，要求从中央到地方、各个行业部门均实施依法治理，不仅经济社会相对发达的地域应走向法治，也要求经济相对欠发达的地区同样向法治迈进，乃至实现跨越式发展。重庆市黔江区兼有老、少、边、穷、山（革命老区、少数民族地区、多省交界地区、贫困地区、山区）的

* 项目组负责人：田禾，中国社会科学院法学研究所研究员、国家法治指数研究中心主任。项目组成员：吕艳滨、王小梅、栗燕杰、刘雁鹏、徐斌、赵千羚、刘迪、杨芹、马小芳、曹雅楠、周震、徐蕾、宁妍、赵凡、刘永利、宋君杰。执笔人：栗燕杰，中国社会科学院法学研究所助理研究员；田禾。

特征，其推进法治的做法和面临的困难值得总结，对其他地方的法治发展也不无借鉴的价值。

一 黔江区推进法治的经验做法

欠发达地区如何有效推进法治？如何实现依法治理的跨越式发展？这是摆在许多地方面前的迫切难题。黔江区作为欠发达地区，在法治推进方面进行了一系列积极探索。

（一）提升领导干部的法治意识

法治建设归根结底要通过人的行为来贯彻落实，领导干部的行为对当地法治氛围的形成和依法治理的实施具有模范、表率和抓手作用。黔江区在法治推进上，注重抓住当地领导干部这个关键少数，通过领导干部学法用法的制度构建及相关考试考核，发挥好领导干部的作用。

黔江区通过建立区政府常务会议会前学法、领导干部法治轮训、重大决策先行学法、新提拔领导干部法治理论知识考试、年度普法学习考试、法治讲座等机制，努力营造干部职工学法、用法、守法的良好氛围。黔江区财政局加强干部职工参加法律知识培训和新出台法律法规专题培训，并把培训情况、学习情况作为考核和任职的重要依据。黔江区还注重通过引入外脑，提升依法治理的能力。2014 年，黔江区与中国社会科学院法学研究所签订《合作共建法治黔江框架协议》，发挥第三方作用，深入客观分析存在的问题，为法治政府建设提出富有建设性、针对性的意见建议。黔江还借智高校，探索校地合作机制，聘请专家参与案卷评查、课程培训等。

（二）着力规范执法行为

为确保执法文明规范，黔江区采取了以下举措。一是推进行政执法规范标准化。黔江区通过编制执法手册的方式，为执法人员提供统一的执法指南，并做精做细执法标准。《重庆市黔江区行政执法人员手册》注重行政执法的行为规范、语言规范，特别将行政执法基本文明用语、行政执法禁忌用语，作为该手册的重要内容。区规划局将执法职权分解到执法科室、岗位，并明确各科室、岗位的执法责任、具体程序、要求、期限，在很大程度上克服了职权交叉、人员交叉等现象。二是强化说理机制。执法部门既注重文书中说理的到位，也注重简易程序的当场说明理由。由此，力争让行政执法的相对人对执法结果更为信服，使得行政执法活动更为顺畅，也减少了相关争议的发生。三是将执法人员信息的公开作为倒逼行为规范的重要抓手。黔江区对全区 66 个行政执法机构、1054 名行政执法人员的信息进行了梳理，在重庆政府法制网和区政府法制网上公布了执法主体、执法证件号码、执法领域等信息，接受社会各界的监督。

（三）突出公众知情参与互动

法治建设的推进，并非政府一家之事，公众的知情和参与，对于法治突围有着关键意义。《中共中央关于全面深化改革若干重大问题的决定》提出：“促进群众在城乡社区治理、基层公共事务和公益事业中依法自我管理、自我服务、自我教育、自我监督。”在行政管理过程中，采取参与式行政、合作式行政，有利于确定特定时期行政执法监管的重点任务，增强公共管理的公众可接受度，提升实质合法性和管理水平。

政务公开为公众参与打下了扎实基础。黔江区的阳光透明政务建设注重注入互动因素，开通了“黔江论坛”，加强互动交流。

在重大决策的公众参与方面，黔江区不仅注重通过政府网站发布消息，还通过公示栏、宣传活动等多种方式发布决策事项，多种渠道征集公众意见，而且注重回应、互动，将合理意见尽可能体现在决策结果之中。比如，白石乡政府对征集、获取的各种公众意见建议进行归类整理，采纳其中的合理意见，并对采纳、不予采纳的情况予以及时公布，不予采纳的还说明理由。由此，重大决策、执法监管的实体结果更加贴合民意，提升了民众的认同感，也增强了当地民众的规则意识与法治观念，全民守法的氛围逐渐形成。

（四）以高效便民提升公共服务能力

改革行政审批制度，提升政务服务水平，这是依法全面履行政府职责的必然要求。近年来，黔江区将法治政府建设作为便利民众、提升效能、优化流程的重要抓手。其做法包括以下方面。

一是行政审批加速。针对以往存在的多头审批、多层次审批、多环节审批、互为前置等妨碍公众办事的现象，黔江区全面推行行政审批流程再造，先后印发《黔江区建设领域立项环节并联审批实施办法（试行）》《黔江区建设领域规划环节并联审批实施办法（试行）》《黔江区建设领域用地环节并联审批实施办法（试行）》《黔江区建设领域设计环节并联审批实施办法（试行）》《黔江区建设领域验收环节并联审批实施办法（试行）》《重庆市黔江区人民政府关于在新城区实施建设项目行政审批制度改革试点的意见》等一系列文件通知，通过“并联方式”提升效率。通过审批前指导服务，首问负责制，限时办结制等制度机制，确保了办理各类事项不超越法定期限，并不断提高办事效率。2013 年，黔江区行政审批服务中心就实现了即办件按时办结率达 100%，承诺件承诺期内办结率 100%，报批件办结率 100%。为提升审批效能，黔江还探索实施超时默许、缺席默认的工作机制。在开展建设工程并联审批的过程中，凡超过并联审批规定时限的，一律视为超时默许；参加联合审查、联合踏勘、联合验收缺席的，一律视为缺席默认，行政审批随即进入下一环节，相应责任由超时或缺席部门承担[①]。黔江通过多轮的行政流程优化再造，已成为重庆各区县审批时限最短的区县之一。

二是加强便民服务中心建设。黔江区现已实现三级便民服务中心规范化建设全覆盖。黔江区各乡镇、街道也都注重便民的组织机构和体系建设。黔江区严格落实《重庆市人民政府关于改革乡镇执法监管　强化公共服务试点工作的决定》，将公共服务作为乡镇政府履行职责的重点内容。例如，石会镇

① 参见《重庆市黔江区建设领域并联审批实施方案（试行）》（黔江府发〔2015〕3 号）。

政府以便民服务中心为抓手，进行功能拓展，做好全程代理及一站式服务。

三是大力发展网上审批。自 2015 年 5 月黔江区正式启动建筑工程竣工验收网上备案系统，通过全面实行网上备案，竣工验收备案审批期限缩短至 5 天，并实现了竣工验收备案信息与施工许可管理系统、质量监督报告系统等的信息共享。为提高审批效能，避免多平台给办事人员带来困扰，黔江网上审批将直接使用统一的行政审批平台，各部门不再建设独立的网上审批平台。全区网上行政审批协同平台的业务办理将依托全区电子政务外网（原政府系统办公业务网）运行。预计到 2016 年 7 月，黔江的行政审批将实现“互联网 +”，各环节全面上网，业务申请、受理查询、信息公开等均可依托互联网运行。

四是着力推进全社会的信息化。黔江区在政务信息化方面，启动黔江区电子政务外网云平台及 OA“云计算”项目建设，逐步实现区内各单位网络互联互通、信息共享共用，推进农村信息便捷发布和政民互动。自 2013 年实施宽带普及提速工程以来，黔江区实现了无线通信和有线通信的行政村（居）全覆盖，已实现城区重点公共区域无线网络热点全覆盖。

（五）加强政府法制机构建设

有力推进法治政府建设离不开专门的政府法制机构。黔江区的政府法制机构建设，体现在人员编制保障和功能拓展两大方面。

黔江区政府将法制办作为工作部门予以单列，在一些重要的行政执法部门设置法制科室，未设置专门法制科室的区政府部门单位也都明确了专职或兼职法制工作人员。黔江全区还建立起政府法制工作联络员制度，在政府部门、乡镇街道都明确了政府法制工作联络员。

在机构改革与人员精简的背景下，黔江区政府法制机构的专业工作人员编制到位，尤为难能可贵。黔江区政府法制办设 4 个科室，从初创时的 2 人发展到 2015 年的 12 人，政府法制工作在机构设置和编制配备上都有了质的飞跃。这样的配置不仅在重庆各区县相对靠前，而且即便与长三角、珠三角经济发达地区的区县政府法制机构相比，也毫不逊色。这为黔江区的法治政府建设与依法治理能力提升，提供了坚实的组织保障。

黔江区注重拓展政府法制机构的功能。黔江区政府建立法制办主任列席政府常务会议制度，要求凡涉及全区经济行政事务的，都必须要求法制办负责人列席；凡是政府重大招商引资合同的签订，区政府出台的规范性文件，都要求政府法制办参与、审核，进行合法性审查；对于政府转送的涉法事务及交办的上（信）访案件，全过程提供法律咨询服务，向相关部门收集资料，分析纠纷成因，研究处理方案，及时向区政府提出切实可行的法律意见并参与解决。这为政府管理发挥了法制参考助手的作用，也确保了政府活动的规范合法。

（六）注重矛盾纠纷的预防与化解

黔江区在矛盾纠纷的预防化解方面，多管齐下，预防机制较为健全，调解作用发挥到位，应对效果明显。

一是组织领导体系完善。以调解工作为例，黔江区成立了以常务副区长任组长，法制办主任为副组长，信访办、监察局、人社局等单位主要领导为成员的行政调解工作领导小组。领导小组办公室设在区政府法制办，具体负责全区行政调解工作的推进、指导、协调和监督等日常工作，区政府各部门及各街道、乡镇均成立了相应组织机构，健全了乡镇、街道、村居、企事业单位的调解组织，完善了调解的组织网络。

二是有效整合资源，完善各类纠纷解决机制的衔接联动机制。积极推行“五调合一”模式，建立乡镇调解工作联动机制，探索建立行政调解、人民调解、司法调解、信访调解、民间调解的协调配合机制、信息沟通机制和效力衔接机制。黔龙阳光花园对人民调解、司法调解和行政调解进行整合，组建了三种调解融为一体的“三合一调解室”，起到良好效果。

三是完善纠纷化解的流程机制。黔江区发布《关于进一步加强行政调解工作的意见》《行政调解工作规定》和《关于印发黔江区行政调解法律文书示范文本的通知》，科学界定调解范围，规范调解程序。黔江区在人民调解工作中不仅注重调解的中立、自愿，而且探索出“八步调解法”“十心调解法”等新方法，并及时将行之有效的探索予以制度化，按照“六统一、五有、四制度”的模式进行调解委员会制度建设①，规范“四个上墙”②。

调解程序的设置凸显对当事人选择权的尊重。比如，正阳街道从辖区选出大专以上文化程度、有调解专长、业务精通的优秀人才作为调解员，组成“人民调解员超市”，形成“信得过谁，选谁调解”的新机制，提升了调解的公正性和可信服性。黔江区注重调解考核机制的完善，层层签订了人民调解工作目标责任书，并将调解工作纳入综合治理与平安建设工作考核。

四是强化队伍建设。调解员的水平素质高低如何，在很大程度上关乎纠纷化解的程度。对此，一方面，黔江区要求调解员持证上岗，按照懂政治、懂法律、懂政策、会做群众工作的“三懂一会”要求聘用调解员，广泛吸纳退休法律工作者等群众信赖、调解能力强的人员作为调解员。另一方面，各个基层司法所对辖区内调解员每年进行两次集中培训。

二　欠发达地区推进法治面临的困难

国家治理体系与治理能力的现代化，离不开基层治理的法治化与现代化。必须清醒地意识到，虽然全国的法治推进工作已经取得显著成效，但地域失衡的现象不容低估。北上广和长三角、珠三角等大城市和经济发达地区，法治建设较为先进；而中西部经济社会相对欠发达地区，特别是老、少、边、穷、山地区的法治建设则相对滞后。欠发达地区推进法治面临的困难，值得深入剖析。

（一）受到社会观念习俗的制约

不少欠发达地区的社会观念受到民族、宗教、风俗习惯等的较大影响，

① 六统一——调解组织统一名称、统一印章、统一牌匾、统一徽标、统一文书格式、统一调解员上岗证；五有——调解组织有办公室、有必备的办公用品、有牌匾、有印章、有上岗证；四制度——建立纠纷受理制度、纠纷排查制度、纠纷调解制度、纠纷档案制度。

② 四个上墙：调解人员姓名、照片、通信方式上墙，调解组织的任务、工作职责及流程上墙，调解工作的原则和纪律上墙，调解纠纷的范围上墙。

与现代法治存在较大偏差，甚至格格不入。必须清醒地认识到，一些陈旧过时的地方风俗习惯可能与法律抵触，甚至影响法治的落实。比如，在不少贫困农村地区，通奸被当作非常严重的不当行为，一些农民认为殴打奸夫天经地义，当受到法律制裁时普遍非常困惑。再如，在黔江一些农村，以及其他欠发达地区，较为普遍地认为嫁出去的女儿不应继承父母财产。当地政府、调解机构在处理一些相关纠纷时，往往依据当地风俗习惯进行，经常存在合法性问题。

在民族地区，风俗习惯与法治的关联更是值得关注的问题。政府保障少数民族的权利和尊重少数民族的风俗习惯是其法定职权①，但与此同时，在老、少、边、穷、山地区，不少基层群众的法治观念也比较淡薄。项目组在重庆、山东、河南、湖北等地多个欠发达的地区调研时发现，受制于传统维稳体制影响等因素，一些群众面对官民矛盾往往首先想到去上访，并不去法院起诉，甚至对复议一无所知，其结果是信访压力不断加大。因此，在推进法治的过程中，应注意当地的特殊情况，注意处理好民族关系、宗教关系，尊重民族习惯和宗教信仰，注重因势利导，否则容易产生纠纷。要有效注入法治因素，显然面临“基础弱、周期长、投入大、见效慢”等困难。

（二）政府执法监管容易偏向简单粗暴

“天下之事，不难于立法，而难于法之必行。”欠发达地区的法治建设水平不高，政府职能定位有偏差、法律执行实施不到位是其重要表现。就政府职能定位而言，观察中西部一些相对欠发达的地区，其政府职能的缺位、错位、越位等现象往往较为常见。就政府管理过程而言，欠发达地区的政府机关，将领导指示置于法律之上、上级红头文件高于法律等观念做法并非罕见。依照法律法规行使权力、履行职责尚未成为主导意识，惯于按政策、命令办事，进行较为短期的运动式治理，势必陷入人治怪圈。一些领导干部的

① 参见《地方各级人民代表大会和地方各级人民政府组织法》第61条第5项。

官本位思想仍较为严重，公仆意识、服务意识仍较为淡薄，习惯于发号施令、大包大揽，其行政管理、重大决策、执法监管带有明显的随意性。越是欠发达地区，执法监管的方式方法越是较为简单，滥用权力也相对较为多见。这里存在两种不当倾向值得关注。一种是认为执法机关及其工作人员高高在上，自认为行为粗暴一些、执法蛮横一些是工作需要，有利于维护行政管理秩序；另一种观念认为，现在执法人员是“弱势群体”，面对违法行为不敢理直气壮地开展工作，担心“刁民”闹事上访，害怕惹祸上身。两种倾向都不利于把握好执法尺度，维护好社会秩序和民众权益。

（三）法治队伍建设相对滞后薄弱

法治队伍是法治建设的主力军。法治队伍的素质水平直接关系到地方政府的法治能力。欠发达地区的执法机构对现代法律、专业人才的吸引力不强，人员组成老化、人才断层、操作技能不高等问题普遍存在。欠发达地区受过系统的法学专业教育、接受过相关培训的执法人员相对较少，对法律法规了解不够深刻到位，习惯凭经验做事、靠感觉执法、拍脑袋决策，往往容易逾越法律底线而不自知。

（四）保障机制不到位，难为“无米之炊”

越是欠发达地区，对法治施行的保障机制要求就越高。比如，一些偏远山区或者面积辽阔的地区，人口相对分散，或者处于多个省市交界处，存在跨区域、跨边界诸种问题，这都给行政执法监管带来巨大困难，对保障机制提出更高要求。

经费保障的不足，是一些地方法治建设相对滞后的重要原因。实践中出现了以罚代管等滥用处罚权的行为，乱收费的做法与执法经费不到位、不充分具有密切关系，并成为制约法治推进的瓶颈。以现在纷纷推行的委托执法为例，一些地方本着权力下放的理念将区县部门的执法权力委托给乡镇执法，使得执法者更为接近相对人和可能的违法对象。但是，一些地方在权力下放、委托的时候，存在“卸包袱”的不良倾向，乡镇执法队伍建设、业务培训并未跟上，经费也未予相应增加。这种组织经费保障的缺失，在欠发达地区尤为突出。

（五）经济发展水平形成严重制约

由于经济发展的滞后，许多欠发达地区将工作重点放在摆脱贫困、城镇化加速等方面，法治工作往往起步较晚、水平较低。而且，当地政府和领导对法治工作的关注，被其他事项严重挤压。当地民众的收入水平，也构成实施法治的制约因素。这种没钱打官司没钱聘请律师导致群众法律需求无法得到满足的现象，在欠发达地区比较突出。

三　黔江样本的启示

“郡县治，则天下安。”作为经济社会相对欠发达的地区推进依法治理的一个成功例子，黔江带来的启示是多方面的。

第一，遵循法治一般规律与体现因地制宜相统一。老、少、边、穷、山地区，往往有着自身特殊的地区特色，对法治重点、侧重面也有特殊个别化的需求。黔江区既注重借鉴其他地方的先进做法与创新模式，又注重结合当地发展阶段、特殊需求调整侧重点和抓手。比如，合法性审查制度是许多地方行之有效的做法。对此，黔江区予以严格执行，推行政府常务会议决策前合法性审查制度，区政府法制办负责人、法律顾问固定列席区政府常务会议；对涉及全区经济社会发展的重大决策，均充分听取政府法制机构的意见或者直接由区政府法制办会同相关部门起草决策意见或建议，确保了各项重大决策的合法合规。

第二，源头治理与重点整治相结合。重点领域暴露出的各类缺陷和严重问题，受到人民群众的关切热议，也严重损害了政府权威。对此，黔江注重加强道路交通、食品药品、环境保护、劳动社会保障等重点领域执法，相关领域公共秩序焕然一新。在社会治理中将关口前移，避免小事拖大、大事拖爆，将大量纠纷消除在萌芽状态，行政复议数量逐年下降。黔江区已经连续多年无重大恶性案件发生，无暴力恐怖事件发生，无重大以上安全事故发生，无重大群体性事件发生。

第三，经济发展与法治推进良性互动。一些经济欠发达地区，为推进经济发展罔顾法律规范，企业违法排放、污染环境成为经济发展的代价。之后加强环境保护执法，导致多家企业被关停，带来严重的失业现象和债务危机①。黔江区坚持“工业强区”战略，与此同时，并不简单模仿复制发达地区的做法，而是推动特色差异化发展路线，尽可能避免先进发达地区的教训和问题。

第四，法治建设与民众需求有机统一。公开透明是法治的基本要求。针对一些领域法治建设起步较晚、基础相对较差的实际情况，黔江区在法治建设中充分考虑当地民众的需求，凸显法治建设的实效性与适用性。比如，在政府信息公开领域，黔江区从群众普遍关心和涉及群众切身利益的实际问题着手，及时公开群众关注强烈的热点议题、当地经济社会发展的重大问题，收到了事半功倍的效果。比如，严格实施安全生产法律制度，严密防控各类安全生产事故的发生，到 2015 年已连续 7 年被评为重庆市安全生产优秀区县。

为解决贫困群体请不起律师、打不起官司的问题，黔江区对“五保户”、残疾人、低保户、农民工等困难群体维权开通绿色通道，实现“应援尽援”。为提升法律援助服务的满意度，黔江实行“点援制”。对专业性强和其他特殊性法律援助案件由当事人选择承办人员，满足受援人挑选案件承办人的要求。

四　欠发达地区法治突围的展望与建议

许多相对欠发达地区的法治推进还面临各种问题和挑战，对此，既不能

① 参见孙立荣《临沂治污急转弯：环保约谈后关停 57 家企业，引千亿债务危机》，澎湃新闻，http://www.thepaper.cn/newsDetail_forward_1347676，最后访问日期：2015 年 10 月 8 日。

因循守旧、墨守成规，以地方经济欠发达、民族习惯、宗教氛围为由，对现代法治、现代治理模式持排斥态度，也不能罔顾当地特殊情形特色，不能过分超越发展阶段。具体建议包括以下方面。

（一）树立法治思维观念

欠发达地区的法治推进，在很大程度上“非不能也，实不为也”。有必要完善法治建设的动力机制，既应有来自于领导干部的政治压力，又应有适应当地企业、民众需求的市场动力和民众压力。因此，从上到下、从内到外营造法治观念，引入法治思维，对于法治突围具有先决作用。对此，一方面，这需要党政机关牢固树立依法治理的意识观念，抓住领导干部这个关键少数。一些欠发达地区之所以法治建设水平不高，与当地部分领导干部仍不同程度地存在人治思想、特权观念不无关联；一些领导干部认为用法治思维依法办事条条框框多，程序环节繁杂，束手束脚不利于开展工作，甚至存在以言代法、以权压法的现象。要把当地治理纳入法治轨道，必须通过强化领导干部应用法治思维和法治方式的意识和能力。这需要领导对法治相关工作的高度重视，将实施法治置于维护当地长治久安和经济社会可持续发展的高度来抓。另一方面，这需要提升全社会各行业、各类主体组织的法治意识，摆脱“关系”思维，摈弃违法“特权论”的错误观念，跳出信访不信法的怪圈，通过法律手段依法理性维权。

（二）尊重与保障民生

法治建设必须为了人民、依靠人民、造福人民、保护人民。具体到区县层级，与民众直接打交道的事项更多，凸显民生、帮扶弱势群体理应成为法治推进的重要内容。一方面，推进法治应当注重对社会相对弱势群体的关怀照顾。公平对待外来务工人员，如在社保、教育、医疗等方面走向均等化；特别要注重保护残疾人、失能老人等的合法权益，加强其他特殊、弱势群体的保护，如犯罪受害人、罪犯子女、社区矫正人员、陷入困境人员等等。另一方面，法律公共服务的均等化和支持应当受到重视。一些相对欠发达地区之所以信访泛滥，重要原因是对于信访人而言，如果采取“诉”的途径，很大程度上意味着烦琐的程序和高额的费用，因此容易产生畏惧感，倾向于选择门槛更低的信访途径。这就需要相关部门通过提升法律服务水平、减免费用等方式提供帮助，为信访人铺设更简捷、更高效的法律渠道。相应地，在法治促进民生方面，应当建设完善法律救助、法律援助、涉法事项的临时救助等制度机制，重点加大经费投入。

（三）加强法治培训宣传

法治实施，普法先行。一是加强对基层公职人员特别是领导干部的法治培训教育。在欠发达地区，改变领导干部、执法人员的思想观念具有“牛鼻子”的作用。通过法治教育培训，消除官本位、特权观念等残余，树立起正确的法治观、权力观，为法治推进打下坚实基础。二是加强对当地社会大众的法治教育。法治的全面贯彻落实，对地方相当于一个“移风易俗”的过程。应当通过传统宣传和新媒体宣传，使得村居民不仅知道法律，而且树立依法维权、依法化解纠纷的意识，夯实法治推进的民众基础。三是应完善激励奖惩机制。将普法教育宣传纳入考核评估体系，纳入年终总结表彰范畴，加大考核力度。四是加快培训宣传的制度机制创新。考虑到政府自身普法的人力物力相对薄弱、方式较为保守等缺陷，应当注重法律普及、宣传、教育的多种力量参与，积极发挥市场机制、社会力量的作用，进而形成合力。针对各种群体的特殊状况与个性需求，进行创新性的针对性普法。例如，对企业人力资源管理人员、各类务工群体的劳动福利、社会保险普法，对青少年的未成年保护普法，对老年人的防金融诈骗普法等。

（四）完善配套保障机制

法治推进的保障机制具有支撑作用，在内容上包括机构组织保障、编制人员保障、经费投入保障、设备设施保障等。法治建设缺乏可靠的保障机制，必将面临“巧妇难为无米之炊”的烦恼。

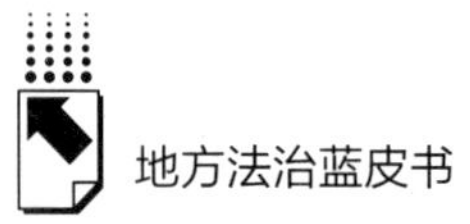

完善政府法制机构体系，加强各层面的法制力量建设。黔江区从区里到乡镇、街道，都成立了法治推进领导小组、办公室等机构。各地政府法制机构普遍存在上强下弱的“倒三角”格局，特别是在乡镇街道层次政府法制机构更是虚置，甚至根本没有，这种状况势必将妨碍基层依法行政工作的开展，不利于基层领导干部、公职人员法治观念的树立。必须清醒地意识到，乡镇街道作为基层政府，直接接触广大群众，其法治思维、执法水平直接关系到民众的切身利益和政府形象。为此，有必要强化乡镇街道的法治机构建设，推进依法行政工作规范化、专职化。在具体措施上，可考虑设立专门的政府法制工作机构。

法治的推进，需要加大经费投入保障。黔江区五里乡等一些地方的执法检查、行政审批、行政征收、行政给付等执法经费，在年初即纳入财政预算，根据情况实报实销，这为文明规范执法，治理乱收费、乱罚款打下了坚实基础。与此同时，还应注重提升投入的使用效率，好钢要用在刀刃上，有效克服关键性的薄弱环节。比如，随着乡镇执法任务的不断加强，应当有针对性地进行相关《行政处罚法》《行政强制法》和专业性法律法规的培训，快速有效提升其能力。

B.11

金寨惠民资金公开的实践与展望

安徽政务公开调研课题组*

摘　要： 金寨县近年在基层惠民资金公开方面，积极主动探索创新，其重视程度高，推进力度大，并有效地将公开与惠民资金管理者有机结合在一起，成效较为明显。发展至今，惠民资金公开已成为当地建设法治政府、廉洁政府、服务政府、透明政府的重要举措和有效抓手。

关键词： 惠民资金　信息公开　金寨

国家各项基层惠民资金落实的程度直接关系到基层群众的生产生活、关系到政府公信力。近年来，安徽省六安市金寨县积极探索，坚持把“公开透明”作为落实好惠民政策、提升政府公信力、促进党风廉政建设、加强基层民主的工作方法。其将“要我做”转变为“我要做”，敢于公开，勇于接受监督，充分发挥“公开透明”在保障科学决策、公平公正、服务高效、廉政建设、维护稳定等方面的有效作用。

---

* 课题组负责人：田禾，中国社会科学院法学研究所研究员、国家法治指数研究中心主任；郑训练，安徽省政务公开办公室副主任、政务服务中心主任。副组长：吕艳滨，中国社会科学院法学研究所研究员、国家法治指数研究中心副主任；张克锁，安徽省政务服务中心副主任。课题组成员：黄广亮、王健、吴福祥、漆学富、郑鹏、张英国、王小梅、栗燕杰、刘雁鹏、徐斌、赵千羚、刘迪、杨芹、马小芳、曹雅楠、周震、徐蕾、宁妍、赵凡、刘永利、宋君杰。执笔人：刘雁鹏，中国社会科学院法学研究所助理研究员；王健，安徽省政务公开办公室主任科员。

一　金寨县基层公开的背景

金寨县位于安徽西部、大别山腹地、鄂豫皖三省七县两区结合部，总面积3814平方公里，总人口68万，其中农业人口57万，辖23个乡镇、1个现代产业园区、226个行政村，是全国著名的将军县、全国扶贫开发工作重点县，也是安徽省面积最大、山库区人口最多的县和安徽省农村综合改革试点县。

随着2003年国家逐步取消“三提五统”（即村级三项提留和五项乡统筹）和农业“两税”（即农业税和农业特产税）征收等农村税费改革，党中央、国务院高度重视“三农”工作，连续多年出台“1号”文件，加大“三农”方面的投入，惠民政策逐年加强，惠民资金逐年增加，补贴领域逐年拓宽。近年来，按上级规定，金寨县每年发放各级各类政策性惠民补贴资金均在5亿元以上。2013年，惠民补贴资金金额达58687万元，人均受益近1000元；2014年金额达70033万元，人均受益近1220元①。

随着各类惠民资金规模的不断增加，普通群众对惠民资金的流向分配关注程度越来越高。“好事没办好”的现象不时出现，甚至滋生新的弊病，突出表现在以下方面。

一是一些惠民资金的使用效率不高。之前由于经手人多、审批环节多，各层级的贪污、挪用、截留、代领、优亲厚友等现象并非罕见，导致惠民资金的投放精准度不高。

二是基层干部违法犯罪并非少见。随着惠民资金项目、规模的不断增加，加上相关制度机制不够健全，乡镇、村干部相关的违法违规现象一度有上升趋势。首先是侵害群众切身权益的现象时有发生，这表现为截留、冒领、贪污、挪用、克扣城乡低保、救灾救济、医疗救助及各项涉农补贴等惠民资金，侵吞土地征收、房屋拆迁、危房改造等补偿金，处理救助、补贴等

① 以下若无特别说明，数据来源皆为金寨县自有数据。

事务时吃拿卡要或者收受、索取财物、私自收费等。其次是骗取国家惠民资金的现象时有发生，这主要是利用职权骗取移民后期扶持资金，违反城乡低保法规文件办理“人情保、关系保”，贪污、克扣、截留、挪用、弄虚作假套取征地拆迁补偿资金。最后是程序违法的现象较为普遍。这包括村财务制度不健全、管理混乱等。事实上，“乡村级腐败”主要就发生在惠民资金方面，金寨当地村委会干部因为骗取国家库区移民补助款、危房改造项目资金、改水改厕项目资金等国家惠民资金，而被追究刑事责任的情况也时有发生。而截至2015年7月15日，全县已有370名村干部（其中党员360名）主动上缴违纪款200.02万元[①]。

三是群众信访投诉压力巨大。群众对惠民资金关注程度、参与意识越来越强，越来越关注惠民资金发放的公平、公正，相关投诉信访压力巨大。比如，南溪镇2014年低保户2800余户，一些不符合条件的家庭也享受了资金分配，群众意见大，认为“优亲厚友”，上访、投诉不断，全年因保障资金分配上访51人次。

二　金寨基层公开的做法

惠民资金发放、使用中暴露出的问题影响到群众切身利益，妨害到国家资金的依法使用，也损害了政府公信力，这些倒逼金寨县规范惠民资金的使用。为此，金寨县把“基层惠民资金公开”纳入政务、村务公开的重点领域，把“公开”作为政府工作的基本方法。为了使大量惠民资金落到实处，发挥作用，金寨县积极转变工作方法，创新惠民资金管理机制，完善为民服务方式。2004年起，金寨县在落实惠民政策上开全国之先河，成功实施了惠民资金“一卡通”改革，把由部门分散管理、发放的各项惠民资金改由财政部门集中管理、统一打卡发放。2007年起，金寨县为进一步规范惠民

① 参见《金寨县开展村干部违纪违法问题专项整治活动》，六安市监察局网站，http://www.lajjjc.gov.cn/article.php?MsgId=159255，最后访问日期：2015年12月12日。

补助对象管理，防止暗箱操作，确保基础数据和补助对象的真实性，实行惠民资金管理六个“一线实”试点，即责任明确一线实、规范操作一线实、动态管理一线实、政策衔接一线实、监督检查一线实、考核奖惩一线实，保证了惠民政策效益的最大化，维护了人民群众利益。

（一）明确公开范围

金寨县规定，凡是按照党和国家的有关政策规定由各级财政安排并直接发放给农民的各类补贴资金，均要纳入公开范围。主要包括四类：一是农业生产类资金，主要是为进一步促进农业生产，调动农民种粮积极性，增加农民收入，包括粮食直接补贴、农资综合直补，水稻等良种补贴、农机具购置补贴等；二是生活保障类资金，主要是为建立社会保障体系奠定基础，解决老有所养问题，保障城乡困难群众的生存权益，维护社会稳定，包括“五保户”补助、农村居民最低生活保障、抚恤（优抚）资金等；三是社会救助类资金，主要是面向社会，解决因灾、学、病、残等致基本生活困难而给予的救助和补助，包括灾民救灾补助、农村计划生育家庭奖励、农村贫困学生“两免一补”等；四是具有特定用途的补偿和其他补贴类资金，主要指执行国家宏观政策、促进生态建设、促进社会就业等方面的政策性补贴，包括森林生态效益补偿、成品油价格改革补贴、大中型水库移民后期扶持等。

（二）实行全程公开

为让群众更全面了解、参与惠民资金监督管理，金寨县由仅偏重“结果公开”向注重过程公开与结果公开并重转变，实行政策宣传公开、信息采集公开、对象评议公开、审核审批公开、资金发放公示“五公开”。政策宣传方面重点公开惠民补助资金类型、数额、补助对象和条件限制等政策信息；信息采集方面主要公开拟采集补助对象地区、范围、内容等基本信息，印制《金寨县惠民资金补助对象信息管理办法》；对象评议方面主要公开经村民代表大会或理事会民主评议后初拟补助对象和数额；审核审批方面主要公开惠民资金审核审批程序和县乡村三级审批单位；资金发放主要公示经各级审批后的补助对象及数额，全年惠民资金发放结束后，金寨县年终及时向补贴对象发放补贴资金“明白卡”，让群众全面了解全年补贴资金项目和数额，利于群众监督举报。例如，白塔畈镇在确定农村低保户时，除政策宣传公开外，执行三榜公示制度，一是将村民代表大会民主评议符合低保户的人员在镇村公开栏公示 7 天，二是将经镇政府审核评定的结果再在镇村公开栏公示 7 天，三是经县主管部门审批后将结果在镇村公开栏长期公示。通过全程公开，大大增强了工作透明度。

（三）丰富公开载体渠道

为确保群众对涉及切身利益的相关信息能“看得到、读得懂、信得过、能监督”，金寨县将现代技术与传统方法相结合，拓展公开载体。在传统方式上，主要依托为民服务中心、为民服务代理点、政务公开栏、村务公开栏（橱窗）、明白纸、广播、电视等传统方式进行公开，开通举报投诉电话，受理群众举报投诉，接受群众的监督。每年初由县财政部门牵头，会同县直有关单位编制惠民资金政策手册，发放惠民资金明白纸，让群众全面了解各项惠民资金政策。现代技术主要发挥政府网站在政府信息公开中的第一平台作用，建立以县政府门户网站、政府信息公开网、先锋网（组织部门面向社会公众的党建宣传与党员教育门户网站）为主要载体，各乡镇政府网站为支撑，村级政务公开网为补充的三级政务信息公开平台。县财政和各惠民资金主管部门分别依托自己的网站，同步进行公开，农户可通过安徽省财政厅网站《服务直通车》栏目中的“惠农补贴查询”系统，在线查询惠农补贴资金发放相关信息。

（四）将公开制度化

一是制定惠民资金信息主动公开、责任追究等 12 项监督制度。规范公开程序和时限要求，按照“谁负责、谁公开”“谁公开、谁审查”“谁审查、谁负责”的原则，资金打卡发放公示时间不少于 7 天。二是实行

"县、乡、村"三级公开责任制度，落实公开责任主体，明确县级政府及组成部门、乡镇政府及直属单位、村两委是政府信息产生的主体，也是政务公开的责任主体，县政务公开办主要承担组织协调、日常监测、督察指导、考评考核等工作，并负责组织开展业务培训，每年举办信息员培训2次以上。三是建立惠民资金公开工作调度和督察考评机制，由县纪委牵头，将惠民资金公开工作与效能建设、督察督办相结合，实行"一周一更新、一月一调度、一季一监测、半年一督察、一年一考评"长效工作机制，每季度对网站信息发布情况进行监测并下发整改通报，将日常督察监测考核结果纳入效能考评，纳入目标管理责任制考评，确保惠民资金公开工作有序推进。

三　取得的成效

近年来，金寨县通过推行"基层惠民资金公开"制度，倒逼政府依法行政，大大提升了政府公信力，增强了工作透明度，促进了党风廉政建设，维护了社会稳定，取得了明显成效，得到了群众的拥护和上级认可。

（一）政府公信力得到提升

"基层惠民资金公开"增强了政府决策的公众认同度，维护了群众的民主权利，提升了政府公信力。基层惠民资金的公平分配，直接关系党和国家"温暖工程"的实施效果。金寨县委、县政府把公开作为与基层沟通意见、增进理解、提高认同、完善方案的有效渠道，要求资金发放阳光操作，全程公开，透明运行，征求群众意见，取信于民。所有涉及需要评议确定的惠民资金项目，均要通过召开村委与村民代表会议或村民理事会，让群众参与评议，然后层层审核，确定补助对象，并通过乡镇政务公开栏、村务公开栏、政府信息公开网页、村务公开网向社会多批次公示，接受群众监督举报。全过程实行民主决策、民主评议，保证了补贴对象的准确性，提升了政府为民服务的公信力。

（二）基层矛盾得到化解

“基层惠民资金公开”消除了群众误解隔阂，化解了基层矛盾，维护了社会稳定。通过基层惠民资金公开，阳光操作，透明运行，虚报冒领、优亲厚友、多吃多占的现象得到遏制，提高了群众知晓率，消除了群众误解，给群众一个明白，还干部一个清白，确保了各项政策公平、公开、公正落实，群众来信来访件（次）数大幅降低，促进了社会稳定。2015 年，南溪镇党委政府将享受低保的家庭名单及原因全面公开，接受群众监督，低保户由 2800 余户下降至 1300 余户。低保数量减少了，上访、投诉的人也大大减少，促进了社会稳定，镇村干部更能将精力集中到中心工作上。2015 年金寨县级共受理来访 611 批 2750 人次，同比分别下降了 50.1% 和 53.1%①。

（三）便民服务效果显著

“基层惠民资金公开”倒逼行政效能提高，加强依法行政，提高了服务效果。乡镇政府信息公开网、村务公开网、为民服务中心和村级代理点建设公开栏，公开了为民服务项目、服务流程、办事条件、服务时限、监督方式、投诉电话和查询方式，建立了为民服务登记台账。每一环节群众均能实时查询，有效监督。有了公开与监督，“门难进、脸难看、事难办”的“衙门”作风得到了根本改变，办事拖拉、敷衍塞责、推诿扯皮的不良风气得到扭转，增强了干部依法行政的自觉性。2015 年 1 ~8 月，23 个乡镇为民服务中心共办理代理事项 11000 余件，村代理点办理事项 3000 余项，为民服务事项办理平均时间为 11 个工作日，较以往缩短了 9 个工作日，效率提升 45%，做到了为民服务项目件件有着落，事事有回音，项项有结果。

---

① 《关于报送全县“十二五”期间暨 2015 年信访工作总结的报告》（金信〔2015〕号），调研提供内部材料。

（四）腐败增量得到遏制

“基层惠民资金公开”完善了有关制度，加强了廉洁自律，促进党风廉政建设在源头落实。基层惠民资金公开，让权力在阳光下运行，是源头上加强党风廉政建设的治本之策，是遏制“四风”、从源头上遏制“腐败增量”的关键环节。实施惠民资金公开，乡镇村将农村低保、农资补贴、危房改造等惠民资金全面公开，到村到户，接受群众监督，“暗箱操作”空间得到最大化压缩，从源头上遏制了“腐败增量”。过去金寨县乡镇村干部因落实惠民资金群众反映大，受到查处较多，近年来，由于实施政务公开，提高村干部待遇，群众检举、投诉、上访明显减少。据统计，2015 年 1 ~8 月，县纪委接受群众来信来访来电 167 件，其中检举控告 114 件，较上年同期 263 件、191 件，分别减少 36.5%、40.3%。

当然，仅仅反腐还不够，还要让村干部不想腐，为此县委、县政府出台提高村干部待遇的规定，促进村干部强化岗位责任意识、风险防控意识、廉洁自律意识，形成不想腐、不能腐、不敢腐的有效机制。一是建立村干部报酬和养老保险逐年增长机制。规定村干部报酬由“基本报酬 + 业绩考核奖励报酬”组成，基本报酬标准按照不低于上年度农村常住居民人均可支配收入的 2 倍确定，由县财政全额承担，业绩考核奖励报酬按照不低于报酬总额的 30% 确定，由乡镇人民政府负责；村干部养老保险年缴费金额不低于上年度农村常住居民人均可支配收入的 35%，其中村干部个人缴费额不超过缴费总额的 30%。2015 年，全县村干部每人每月一次性增加基本报酬 100 元，村干部养老保险缴费金额为 2716 元，县财政承担 1901 元，村干部个人承担 815 元。二是设置工龄补贴。从 2015 年起，按照 5 元/年的标准累加计算工龄补贴，与基本报酬一起，每月打卡发放，由县财政承担。三是设立村干部廉政风险保证金。从 2015 年起，按照每人每月 300 元的标准设立廉政风险保证金。在每年初列入县财政预算，由县财政全额承担，设立财政专户，实行统一管理。在村干部正常离任后，本人提出书面申请，经乡镇党委、纪委审核，县纪委、县委组织部审批后，由财政部门负责打卡发放。

四　经验总结

金寨县基层惠民资金公开为政务公开、村务公开树立了榜样，积累了经验。其经验可总结如下。

（一）牢固树立公开意识

在金寨推进政府信息公开工作的过程中，逐渐形成了“公开为常态，不公开为例外”的意识，将公开作为日常工作的常态和共识，将公开的各项规定变为工作的习惯，变被动公开为主动公开，变“要我公开”为“我要公开”。

（二）将公开嵌入相关工作机制

公开已成为金寨县政府推进工作的基本方法，把公开作为落实政策、加强沟通、增强透明度、促进公平公正的主要工作方法，贯穿于整个工作的全过程。随着金寨县加快推进依法行政，政务公开制度建设已基本完善，正走向规范化轨道。

（三）灵活采用多种形式公开信息

金寨县针对地处山区、居住分散的现状，采取简单实用、方便可行的公开方式，力求公开的内容群众看得到、看得懂。在乡镇、村的政务（村务）公开栏、信息查阅点按时公开群众关注的事项信息，白纸黑字张榜公布，会识字的基本都能看明白。同时在县和乡镇政府门户网站公开各类信息，大大方便了在外务工人员上网查看本镇、本村、本户各项补贴资金的发放情况以及各项政策的落实情况。

（四）落实责任与绩效考评相结合

权责清晰是考评的前提和抓手，在实践中部门与部门之间相互推诿根源就是权责不清，因此破解公开难题一定要明晰责任。金寨县逐级落实公开责

任，明确县级政府及组成部门、乡镇政府及直属单位是政府信息产生的主体，也是政务公开的责任主体，形成层层抓落实的工作机制。县政务公开办承担组织协调、日常监测、督察指导、考评考核等工作，并负责组织开展业务培训，每年举办业务培训，每季度对网站信息发布情况进行监测并下发整改通报。县政府将政务公开的督察、监测、考评结果纳入县直部门效能考评和乡镇目标管理责任制考评，以考评促公开。

五　存在的问题与不足

金寨县在推进基层政府信息公开和政务公开方面取得了积极成效，但也存在有待改进和完善之处。

第一，对政务公开工作重视程度不一。虽然中央层面对政务公开工作要求严，各级政府领导也非常重视，省、市、县三级单位通过各种手段督促各个部门公开。但对具体部门和有关人员来讲，许多还没有完全引起足够重视，把政务公开只是当作一种要求，而不是完全当作自觉行动。因而，在一些单位，公开仍然停留在被动层面，认为公开是工作完成后的一种宣传，而没有将公开认定为政府工作的必经程序。

第二，政务公开工作推进深度和广度不够。信息公开之后，会将之前工作的漏洞和疏忽完全暴露给群众。群众会以此来质疑政府，从而对基层政府的工作带来不利影响，因此基层公开的广度和深度越是不足，越是会出现恶性循环：工作存在纰漏越是不愿意公开，公开的信息也就越少，越无助于减少工作纰漏。

第三，公开制度性规定仍然存在不足。虽然《政府信息公开条例》和国务院办公厅下发的政府信息公开要点明确了政务公开的范围和重点，但是对于某些重大项目、重要资金、重大工程实施安排，没有作硬性规定要求。省、市、县针对本区域的实际情况公布了公开的文件要求，但这些文件规定可操作性差，最终导致公开效果不佳。

第四，公开载体有待进一步丰富。当前政务公开选择的传播媒体主要是网络、报纸、公开栏等，但对于农村的村民而言，网络并不是他们获取信息的最主要渠道，虽然有村镇信息公开栏公开信息，但仍然不能做到全覆盖。电视作为农村村民获取信息的最主要渠道，基本可以覆盖大部分农村，但是目前在电视栏目中尚未开辟政务公开专题。

第五，公开信息不准确。信息公开的基本要求之一便是所公开的信息准确无误，但是在实践中，由于信息量巨大，造成信息审阅和公布存在难免的瑕疵和错误。例如，有的乡镇、村居在网上公开资金发放结果时出现了身份证号码错误、身份证号码与本人不匹配等现象。如何在推进政务公开的过程中准确录入和公开信息已经成为亟待解决的难题。

六　展望与建议

2016 年，中共中央办公厅、国务院办公厅印发了《全面推进政务公开工作的意见》，政务公开工作进入快车道。金寨县基层惠民资金公开只是基层公开的一个缩影，其在推动基层政务公开方面的努力、创新以及经验值得在全国推广，但是所反映的问题也值得深刻反思。这对于化解金寨在信息公开中面临的问题，乃至推动全国的信息公开工作都有重要意义。

第一，出台细化可操作的公开标准。虽然金寨的信息公开有《政府信息公开条例》《社会保险法》《社会救助暂行办法》等上位法依据，但是应当怎么公开、公开的标准等具体问题上位法往往缺乏具体规定。为此，建议国家、省级层面出台政务公开标准化、规范化的专门政策文件，推动基层公开工作有序进行。

第二，完善公开体制机制。《政府信息公开条例》的一些规定已难以适应复杂多变的信息公开需求。因此建议修订完善政务公开有关制度规定，做到有章可循，有力推进政务公开工作。同时，在制度设计时，应当将公开工作放置在政府管理事项中，作为政府工作的必经程序，而非作为事后的宣传和公示，只有这样才能转变政务公开的工作思路，真正从“要我公开”转变为“我要公开”。

第三，行政推动与群众需求相结合。当下，公众的信息公开需求与传统行政思维惯性在一些地方和部门仍存在矛盾。在主动公开尚未成为自觉行动的情况下，公开工作需要行政强力推动。比如，金寨县涉及资金发放、项目建设、行政审批等事项，群众希望公开透明、规范运作，了解、参与并予以监督。但部分乡镇和村，受传统的行政思维影响，尚不习惯群众评议、张榜公示等现代管理方式。有的注重结果公开而不注重过程公开，一定程度上影响了民生工程的公信力。有的公开底气不足，资金发放结果公开不充分，群众有怨言，好事往往得不到好评。有的地方、部门把政务公开、政府信息公开视为额外任务，而不是当作“吸纳意见、完善方案、统一思想”的机制创新。因而，传统的“急事急办”工作思维往往导致重大事项决策的过程公开不充分，决策的社会认同度不高，影响决策效果。因此，在群众需求受到传统行政思维制约的情况下，没有外力的“破茧”，很难取得成功。因而，需要行政强力推动，把自上而下传导的压力与群众需求的“动力”有效融合，从而推动传统治理向现代治理的转变。

第四，配备与工作相适应的人员编制。信息公开工作的推进离不开具体工作人员的付出。相比省级和市级单位，县级单位专职从事信息公开的人员数量较少、人员变动大，常常是从事其他工作的人员兼职来落实信息公开政策。由于兼职较多，专业程度低，遇到依申请公开，难以判断是否符合国家规定，大大降低了服务的效果。因此，增加基层从事信息公开工作的人员编制是关键，今后国家层面应当着重研究解决基层工作机构和编制问题，加强政务公开队伍和能力建设。专岗专职从事信息公开工作，既能够提升信息公开的服务质量，又能大幅提高信息的准确性，避免公开错误信息。

第五，强化公开的考核机制。政府信息公开若仅仅停留在文件宣传层面，政府信息公开工作不会有任何进展，没有监督和考评就不会有工作实效。因此，建议国家、省级层面将政务公开政务服务工作纳入对各级政府工作目标考评内容，加大考核权重。只有纳入考核才能够引起各级各部门的高度重视，使政务公开政务服务工作成为政府工作的主要方法和自觉行动。

地方司法

Local Administration of Justice

B.12

河南法院司法公开体系的构建探索

王韶华　王少禹*

摘　要：本文以河南法院司法公开实践为例，分析了近年来司法公开工作取得的成绩及存在的问题，并从系统论出发，对司法公开体系的构建进行了思考，提出应以审判为中心，构建司法信息公开制度；以回应型司法为导向，完善民意沟通反馈制度；以权利救济为目标，构建司法公开保障制度；以科学合理的指标设置为依据，构建司法公开评价制度。当前，人民法院应以平台建设为重点，搭建庭审公开平台和审判流程、裁判文书、执行信息公开平台以及互动沟通平台，扎实推进司法公开体系建设。

* 王韶华，河南省高级人民法院审判委员会专职委员，院长助理；王少禹，河南省高级人民法院研究室副主任。

关键词： 司法公开 体系构建 平台建设

司法公开是现代法治社会普遍遵循的一项司法原则，是人民法院实现阳光司法、透明司法的重要途径，更是确保司法公正、提升司法公信、促进司法民主的重要手段。近年来，最高人民法院围绕司法公开出台一系列文件，作出了一系列重大安排部署，全国各地法院认真贯彻落实，积极推进，司法公开举措层出不穷，领域不断拓展，推进司法公开工作的广度和深度不断加大，司法公开工作取得了积极进展。但不容忽视的是，当前司法公开工作还存在不少问题，突出表现在司法公开缺乏整体设计，各项制度、措施之间缺乏体系性连接，司法公开呈现无序状态，也影响了司法公开的整体效果。本文拟从系统论出发，对司法公开的整体构建提出建设性意见，以期对推进司法公开工作有所助益。

一 何谓司法公开体系

对司法公开至少有三个层面的理解，一是把司法公开作为一项原则，将司法公开作为中国宪法、诉讼法规定的审判原则①；二是从动态的角度来理解，突出“公开”的运作过程，如有人认为，“司法公开被理解为向公众展示审判全部过程，以避免司法暗箱，消除公众合理怀疑和司法神秘性，进而实现司法公正”②，“司法公开是指整个司法运作过程中应保持透明和公开”③；三是从静态的角度理解，突出司法公开的制度建设，如“公开审判制度是保障当事人诉权、维护审判公正、化解社会矛盾纠纷的基本程序性保

① 周峰：《司法公开的目的与受众心理分析》，载蒋惠岭主编《司法公开理论问题》，民主法制出版社，2012，第105页。

② 王国锋：《司法公开的边界与司法行为的隐秘性》，载蒋惠岭主编《司法公开理论问题》，民主法制出版社，2012，第128页。

③ 徐小飞：《司法公开的维度和限度》，载蒋惠岭主编《司法公开理论问题》，民主法制出版社，2012，第137页。

障制度”[①]，“司法公开制度改革，是当今我国社会主义民主政治建设和社会主义法治国家建设的重要组成部分”[②]。可见，在司法公开成为当前主流话语的情况下，其含义却并不明确，不同主体在不同的场合出于不同的目的使用这一概念，使得司法公开问题的讨论虽然十分热闹，有时却并非处在同一层面上。

本文所谓的司法公开并非是对宪法原则的阐述，也非对其动态运作过程的考察，而主要是从制度建设的角度来使用这一概念。本文认为，司法公开是由一系列相互关联、互为补充、外向开放的制度来保障实施的，并由此形成完整的体系。体系是指一定范围内或同类事物按照一定的秩序和内部联系组合而成的整体。司法公开的体系，就是指司法公开的各项制度相互衔接组成的有机统一的整体，这些主次分明、相互衔接配合的制度使司法公开的目的和功能得以全部实现。

司法公开各项制度之所以要体系化，是基于以下理由。

第一，司法公开的体系化是由司法审判的本质规律所决定的。司法审判是人民法院的中心工作，而审判的过程从立案、审判到执行是一个依法、有序、规范运转的过程，司法公开贯穿于这一过程的始终，其各项制度也必然是一个相互衔接、规范严谨的体系。另外，围绕司法审判这一中心，人民法院还有一些相关的工作，如司法政务、廉政建设等，这些工作也受到司法公开原则的制约，置于当事人和社会公众的监督之下，因此，司法公开制度也必然包含这些内容。由此，以审判公开为中心，以相关配套工作的公开为辅助，司法公开的各项制度就形成了一个完整的体系。

第二，司法公开的体系化是由司法公开的目的功能所决定的。关于司法公开的目的和功能，不少学者已有论述。其中，有四功能说，即民主知情功能、批评监督功能、司法自律功能、社会规范功能等[③]；有五功能说，即权

---

① 高伟、何育凯：《审判机制创新视野下的审判公开制度研究》，载蒋惠岭主编《司法公开理论问题》，民主法制出版社，2012，第146页。

② 蒋惠岭：《司法公开十问》，载蒋惠岭主编《司法公开理论问题》，民主法制出版社，2012，第1页。

③ 蒋惠岭：《只有公开审判，没有“内部”司法》，载蒋惠岭主编《司法公开理论问题》，民主法制出版社，2012，第23页。

利保障功能、司法监督功能、诉权保障功能、能力提升功能、教育引导功能等[①]。不管是四功能说，还是五功能说，相互之间均有逻辑联系，要实现这些目的和功能，非有体系严谨的司法公开制度体系不可，单一的、零散的、缺乏逻辑联系和周密安排的制度均不能真正实现司法公开之目的。

第三，司法公开体系化是国家治理由“社会管理”向“社会治理”转变的必然要求。国家治理由对抗式管理转向对话式治理，体现在司法运行中，就是应当以对话式、对接式司法的方式实现诉讼信息在法官与诉讼参与者之间的对称流转，进而促进司法公开，而对话式司法本身就是司法信息彼此公开的诉讼过程[②]。从社会管理到社会治理的背景转换，为重构司法公开制度的各项规则，提供了新的场域和空间，司法公开各项制度的体系化则为这一转换提供了必要的保障。

基于以上理由，司法公开的各项制度必须体系化，而司法公开也必然是一项系统工程[③]，任何系统都是一个有机的整体，它不是各个部分的机械组合或简单相加，系统的整体功能是各要素在孤立状态下所没有的性质。既然司法公开是一项系统工程，就必然要进行整体设计和顶层设计，而当前所进行的司法公开制度改革更多的是“摸着石头过河”，这与司法公开的体系化要求是不相符的。

二　河南法院近年来对司法公开体系建构的实践探索

十几年来，最高人民法院先后发布了四个“五年改革纲要”，使司法公开制度改革逐步深化。从1999年以来，最高人民法院陆续发布了《关于严格执行公开审判制度的若干规定》《关于加强人民法院审判公开工作的若干意见》《关于人民法院执行公开的若干规定》《关于进一步加强民

---

① 李静:《略论司法公开的功能、体系及保障》,《人民法院报》2013年10月12日。

② 王小林:《司法公开的本质与体系建构》,《中国审判》2014年第5期。

③ 王伟丞:《司法公开是一项系统工程》,《人民法院报》2013年8月31日。

意沟通工作的意见》《关于司法公开的六项规定》《关于人民法院在互联网公布裁判文书的规定》等十几个重要的改革文件，部署了百余项司法公开的改革措施。通过这些改革举措，司法公开从原来单纯的庭审公开扩展到全方位公开，从法院案件审理信息公开延伸到所有管理工作信息的审务公开。司法公开的形式越来越灵活，从传统静态的司法公开方式发展到多角度、全方位动态信息化的传播方式①。近年来，河南法院认真贯彻落实最高法院的一系列文件精神，对司法公开体系建设也进行了积极探索。

（一）建立审判全程公开制度，全面推进阳光司法

河南高院根据最高法院的有关规定，确立了司法公开的总体要求，即坚持依法、全面、及时公开的原则，以案件诉讼为主线，在立案、庭审、执行、听证、文书、审务等各个环节全面公开相关信息。

一是加强立案公开，把好矛盾化解第一关。坚持导诉机制，为当事人及来访群众提供咨询、建议、引导等优质服务。全面公开立案条件、程序、收费标准等信息，免费发放诉讼指导材料，及时告知案件受理情况，确保当事人或来访群众了解立案相关信息，依法行使诉权。

二是加强庭审公开，确保案件审理公开公正。2009 年，河南高院制定了《关于全面开放庭审活动的暂行规定》，明确规定公民凭有效身份证件，可以旁听任何一个公开审理的案件，最大限度地实现庭审向公众公开。为进一步深化庭审过程公开，积极推行庭审网络视频直播，实现审判过程公开，选择公众高度关注又具有法治宣传教育意义的案件进行直播。全省法院共庭审视频直播 5538 件次，数量位居全国前列。2011 年初，又制定出台了《全省法院庭审网络视频直播实施细则》，细化直播程序，明确将巡回审理案件和社会法庭调处的纠纷纳入直播范围。

---

① 蒋惠岭：《只有公开审判，没有“内部”司法》，载蒋惠岭主编《司法公开理论问题》，民主法制出版社，2012，第 23 页。

三是加强司法拍卖公开，维护当事人合法权益。河南法院自2010年7月份开始，在全省法院开展了以“四个统一”为主要内容的改革，即统一拍卖机构名册，统一由中级法院对外委托，统一进入政府设立的产权交易中心竞拍，统一媒体公布拍卖信息，全面实行司法拍卖社会化、市场化、公开化。

四是深化听证公开，促进法律效果和社会效果良好统一。对开庭审理程序之外涉及当事人或者案外人重大权益的案件实行公开听证，并公告听证事由、时间地点、听证法官、听证参加人的权利义务等。对涉及人数众多、群众反映强烈、争议较大、多次上访及在社会上引起重大影响的涉诉信访案件公开听证，有效化解社会矛盾。对申请再审案件实行公开听证，提高再审质量和效率。

五是推进审务公开，加强审判管理。全省三级法院基本建立起自己的互联网站或者其他信息公开平台，借助这一平台向社会公开法院的重要信息。近年来，河南省高院通过河南法院网这一网络平台向社会公开重要审判工作会议及重要活动部署200余次，公开规范性文件及审判指导意见、工作报告、重要研究成果、非涉密统计数据及分析报告100余份，省高院和各中院亦建立起新闻发布制度，定期或不定期举行新闻发布会、通气会，向社会通报重大案件的审理情况及其他工作情况等。

六是全面推行减刑假释案件公开审理，探索监外公开审判减刑假释案件。2010年，全省建立驻狱（所）巡回法庭44个，全年在监狱公开审理减刑假释案件1993件。2010年底，省高院相继出台《审理减刑、假释案件工作规则（试行）》和《开庭审理减刑、假释案件程序规定（试行）》，明确减刑假释案件以开庭审理为基本原则，规范公开开庭审理程序，把审判过程公开向前延伸与提请公开相对接，向后延伸与结果公开相联结。2012年，省法院设立了独立建制的减刑假释审判庭，迄今仍是全国唯一的独立建制的减刑假释庭。

（二）大力推行裁判文书上网，实现裁判结果公开

一是坚持全面上网原则。全省三级法院专门成立网络办公室，推进裁判

文书上网工作。2009 年底实现了全省三级法院裁判文书全面上网。上网案件范围广泛，涉及刑事、民事、行政等所有案件类型，除不公开审理的案件、死刑案件、国家赔偿案件、调解或撤诉案件及当事人有正当理由明确请求不上网公布其裁判文书的，一审、二审、再审案件判决书全部上网，维持原判的刑事裁定、不予受理、对管辖权有异议、驳回起诉、申诉、发回重审等八类裁定书也全部上网。

二是坚持规范上网的原则。严格裁判文书上网的审批程序，加强规范管理。实行部门负责人签字负责制，对文书质量及是否上网进行审核批准。将裁判文书上网纳入案件流程管理，从开始审批到上网完毕，“裁判文书上网公布审批表”附卷备查。同时注意保护案件当事人、证人隐私，删除电子文本中相关涉密信息。合理确定上网率计算公式，实行裁判文书上网情况月报告制度，实现裁判文书上网工作数据化、指标化。建立裁判文书上网工作检查通报制度、文书质量评查制度、绩效考评制度等，确保文书公开效果。

三是坚持积极回应网民的原则。河南法院裁判文书网页专门设置“我要评论”窗口，广泛倾听网民对裁判文书的意见。积极关注网民评论并及时回复反馈，网民是当事人的，由原承办合议庭当面进行判后答疑。建立《舆情网评摘报》载体，及时向领导反映网评信息。

（三）创新司法公开方式，畅通民意沟通表达机制

一是扎实开展“公众开放日”活动，拉近社会公众与法院的距离。从 2009 年开始，三级法院将每年的 5 月 4 日、6 月 1 日、8 月 1 日、9 月 9 日、12 月 29 日确定为“法院开放日”，作为与公众交流、实现群众和法院零距离沟通的平台。2010 年至 2015 年，全省法院先后邀请、接待人大代表、政协委员、青少年学生、现役军人和其他社会公众 10 万余人到法院参观、观摩庭审并与法官座谈，以积极开放的姿态，欢迎社会各界的监督。

二是畅通网络公开渠道，发挥网络媒体沟通作用。全省三级法院均建立网站，开设《网评法院》专栏，开通河南法院“爱说话的朋友们”QQ 群，

及时回复、处理网民诉求，《网评法院》栏目成为河南法院网的明星栏目。2014年2月，河南高院又开通了微博、微信和微视“三微一体便民互动”平台，并于5月份建成了功能齐全的“豫法阳光”新媒体工作室，为全国法院新媒体建设作出了表率。

三是实施重大新闻定期和临时发布制度，积极回应社会关切。特别是在处理赵作海错案和时建锋逃费案时，及时掌握舆论动态，主动引导舆论，这一做法及其良好效果受到中央纪委、省委领导的充分肯定和广大人民群众的好评。

（四）畅通监督渠道，拓展司法公开的深度和广度

一是畅通信访举报渠道。以落实最高人民法院“五个严禁”和省法院“十条禁令”为重点，向社会公布了24小时录音举报电话和网上举报信箱，向当事人随案发放宣传资料，主动接受案件当事人及社会各界的监督举报。建立完善举报登记反馈机制和转办督办机制，限期查报结果，及时向举报人反馈调查结果。

二是健全外部监督渠道。建立廉政监督员制度，从人大代表、政协委员、律师及基层组织中聘请廉政监督员80名，邀请参与法院重要活动、暗访检查、旁听案件审理。聘请执行监督员，参与重大、疑难案件执行，涉执信访案件的审查、办理，旁听执行异议、复议等案件的听证等活动，并从全国712名网民中海选确定了16名网络监督员，收集、反映人民群众的意见和建议。

三是强化人大代表、政协委员监督渠道。省高院出台《关于与省级以上人大代表、政协委员结对联络的实施意见》，制作联络手册，设立人大代表、政协委员“联络之家”。在河南法院网上开辟《代表委员之窗》及时公布全省法院联络工作开展情况、代表委员关注案件办理情况以及联络工作的制度建设、经验做法、领导批示等信息。

四是拓展媒体监督的方式。邀请省内主要媒体的记者一起对19个中级法院、163个基层法院及389个人民法庭进行了明察暗访，对45个法院发出督察通报，并在媒体上公开曝光。邀请人民网前往郑州、新乡、漯河等地

法院对全省法院“十件实事”落实情况进行采访，并形成了系列报道在网络上公开，极大地促进了基层干警的作风改善。

三　当前司法公开体系建设中存在的问题及原因分析

尽管包括河南法院在内的全国各级法院对司法公开工作非常重视，新举措不断，亮点频出，但与人民群众的期待和要求相比，还有相当的距离。司法公开的倒逼作用并未完全显现，一些举措甚至被认为是“作秀”。总体上司法公开在实践中还存在相当多的问题，体系化建设的道路更是十分漫长。归纳司法公开方面存在的问题，主要有以下一些方面。

一是存在选择性公开、限制性公开的问题。在实践中，符合法律规定必须审判公开的案件，一般能做到审理和裁判的公开。但如果是一些社会关注度高、可能引起一定社会逆向反应、有“维稳”或“维权”风险的案件，虽然也进行公开审理，甚至通过官方微博向社会公开，但此类案件向社会公开的程度和公开的方式都受到限制，往往采用旁听证制度，允许部分当事人家属、人大代表、政协委员、法学专家或知名人士参加旁听，这被称为“内部人公开”的审判公开方式。另外，由于公开的程度、范围、事项等缺乏具体明确的规定，不少法院各行其是，进行有选择的公开，程序性事项公开多，实体性事项公开少；对法院有利的公开，对法院不利的不公开；与当事人利益关系不大的公开，当事人急切想知道的事项不公开；等等。由于司法公开局限于有限的司法事项，而且往往是程序性事项的公开，对审判管理事务信息、审判组织执业背景信息、案件审理进展、立案审查信息等当事人关心的事项，公开的程度仍然不足，影响了司法的透明度，降低了民众对司法的信任感①。

二是公开存在重形式、轻实质的问题。司法公开更主要的是重实质、重效果，而不是重形式。然而，司法公开大多是法院自主进行，有点自说自

① 包蕾等：《民意沟通与司法公开的关系与融合》，载《司法公开理论问题研究》，中国法制出版社，2012，第197页。

话，而且外在的、形式上的较多，与当事人和社会关联性较弱，互动不够。一些公开还只是一种形式、一种宣示或者说只是法院事务性或管理性信息，还未触及社会及当事人最关注、最希望了解的实质性公开。具体来说，实质性公开主要在于裁判结果的形成过程以及事实认定、法律适用的充分论证与说理，即审判组织合议庭、审委会成员的具体裁判意见及其理由①。上述意见及理由决定着裁判结果，然而，这一关键环节并不在司法公开范围内，不仅没有公开，而且属于法院审判秘密。由于部分审判权的不公开行使，增加了当事人对法律适用和事实认定的疑虑，也增加了公众对审判暗箱操作的怀疑，直接导致当事人和公众寻求程序外方式来表达诉求，新媒体就成为最便于表达疑虑和观点的平台，一些案件就容易被炒作。

三是公开“自说自话”，缺乏交流互动。司法公开不是法院的单方工作，而是需要民众的积极参与，目的是畅通民意表达渠道，使群众能了解司法、参与司法、监督司法，最大限度地保障人民群众的知情权、参与权、表达权和监督权，从而促进公正司法。很多司法公开举措还处于一种静态的、单向的封闭或半封闭状态，缺乏与民众的互动和交流。有些法院在司法公开的过程中，为了公开而公开，措施简单，对公开之后的效果不管不问。例如，裁判文书上网工作，有些法院仅满足于将裁判文书挂在网上，缺乏民意沟通机制，对民众的意见和建议不能及时吸收、反馈，同时对裁判文书上网的成果运用、转化不够，致使司法公开的效果未达最大化。

四是司法公开比较粗放，还未形成系统化、体系化。近年来，在最高人民法院的指导下，全国法院的司法公开工作有了前所未有的发展，但总的来看，司法公开还缺乏整体的规划设计，四级法院各行其是，公开的随意性较大，注重细节不够，系统化、体系化不足，而且缺乏统一的平台支撑。司法权不同于其他公权力，必须注重其自上而下的协调和统一行使，虽然不排除一些基层法院的创新和探索，但归根结底必须自上而下统一领导、组织协调。例如，新西兰各级法院信息公开是由新西兰法院网站统一执行的，综合涵盖了最高

---

① 王韶华：《司法公开，还有很长的路要走》，《人民法院报》2014 年 6 月 29 日。

法院、上诉法院、高等法院和地区法院的各类信息，包括各级法院的历史、职能结构、管辖范围和案件分类介绍等，便于公众更好地了解各级法院的情况①。

关于司法公开体系化建设中存在问题的原因，一些学者也进行了分析。比如，有的认为，司法公开面临六大障碍，即思想观念的障碍、体制机制的障碍、法庭场所的障碍、内部运转的障碍、科技支持的障碍、诉讼权利的障碍等②。有的将司法公开不足归因于“封闭式”的单向改革路径（即缺少受众的参与、交流和沟通）、“轻程序”的观念仍然根深蒂固（程序工具主义观念始终没有彻底改观）、制度“硬伤”迫使司法公开走过场（法院地方化、行政化色彩浓厚）、审判权之于当事人诉讼权的强势地位没有根本改观等③。在这些分析基础上，仍有两个问题需要认真对待。

一是思想观念方面的问题。当前一些法院对司法公开的认识还不够，司法民主意识不强，观念陈旧、抱残守缺，从内心深处不愿公开。有的法院受“司法神秘主义”思想的影响，认为公开是“自曝家丑”“自己搬石头砸自己的脚”，担心公开会引发更多负面舆情；有的法院对自己的司法工作及司法“产品”缺乏足够的自信，不敢对外公开，对公开持排斥、抵制态度；还有的法院不知道如何公开，在满足民众对司法公开新期待方面畏首畏尾，停滞不前，举措不多，创新不足。

之所以在思想观念上存在这些问题，其深层次原因是对司法公开工作还存在模糊认识。比如，对司法公开主体认识存在偏差，认为法院权力主导型是司法公开决定主体中的绝对力量，忽视当事人在司法公开中的主体地位；对司法公开价值认识存在偏差，放大了司法公开自揭家丑影响司法公信力的顾虑，而没有把司法公开作为一种促进司法公正的倒逼机制。另外，对合议

① 洪志坚：《以公开促公正赢公信》，http：//www. chinatrial. net. cn/chat/19. html，最后访问日期：2015 年 8 月 20 日。

② 蒋惠岭：《只有公开审判，没有“内部”司法》，载蒋惠岭主编《司法公开理论问题》，民主法制出版社，2012，第 23 页。

③ 顾宁峰：《“权力本位”范式下司法公开制度的反思》，《上海政法学院学报》（法治论丛）2012 年第 3 期。

庭意见、审委会决议等审判工作秘密事项是否应当公开，以及微博微信等新兴媒体在司法公开中的作用等问题尚未形成普遍共识。对司法公开的上述认识，导致了将司法公开看作司法存在的派生属性，未将其上升到本原性存在属性来看待；将司法公开看作司法外部形象拓展职能的形式，而作为司法公正的内涵式结构存在常被忽视；将司法公开看作实现公正、公信的手段，而未将司法公开上升为司法目的本身①。

这种认识上的问题还深深根植于中国司法传统。中国传统上是司法与行政不分、民事与刑事不分，司法自上而下的压制作用十分突出，在这种“压制”而非平等“对话”的传统惯性下，公开被认为没有必要，甚至被认为有损司法的“威慑”效应。另外，就大陆法系的传统而言，判决往往是以法院的面目出现，法官则躲在判决书背后。在这样的传统之下，要让法官从幕后走到台前，首先要突破一些思想上的问题。

二是司法体制方面的问题。首先是法院内部行政化问题的制约。长期以来，院长、庭长的审判权、监督权、管理权关系不明，合议庭成员职责不清，裁判文书层层审批，导致“审者不判、判者不审”，主审法官、合议庭、审委会各自意见均不显示，而这些问题恰恰是当事人急于了解的，也是司法真正需要公开的，目前仅以裁判文书上网公开来满足民众的知情权是远远不够的。如果不改变法院内部的行政化问题，心证公开、文书说理的实质公开是不可能实现的，因为行政化以上下级之间的服从关系为核心，违反了审判的本质规律，与司法公开原则也是不相容的。

其次是法官的职业保障制度问题。法官的职业保障主要包括身份保障、安全保障和物质保障。目前，中国的法官职业保障制度尚未完全建立，法官人身安全遭到攻击或威胁等现象普遍存在，这在很大程度上影响了司法公开工作的开展。比如，根据最高法院《关于推进司法公开三大平台建设的若干意见》的规定，人民法院应在审判流程公开平台公布合议庭组成人员的姓名、承办法官与书记员的姓名、办公电话等。但一些法官担心一旦自

---

① 王小林：《司法公开的本质与体系建构》，《中国审判》2014 年第 5 期。

己的姓名、办公电话甚至手机号被公布出去，就有可能受到当事人的电话、短信骚扰甚至人身威胁，很不愿意公开这些信息。许多法院不愿意公开，一个重要原因就是审判机关的独立性不够，司法的职业保障没有建立起来。如果一些环节真正公开了，反而可能会对法院的司法环境和保障机制带来更大的问题①。

因此可以断言，司法体制改革是一个系统工程，司法公开制度改革也是一个系统工程，二者相辅相成，司法公开的改革需要与司法体制改革同步推进，试图超越体制机制改革而单兵突进是不现实的。比如，如果仅仅强调信息公开，而不对司法行政化管理体制进行改革，不落实合议庭和独任法官依法独立审判的权力，司法公开就会沦为只触及皮肉不触及灵魂的表面文章。再如，司法公开隐含着司法要摆脱行政权的不当干预，司法公开的深入推进就必然涉及司法与行政体制甚至与立法体制关系的问题②。

四　关于司法公开体系构建的几点设想

如上文所言，司法公开体系建设需要放在司法改革的全局中统一思考和布局，尤其要注意它与其他改革措施的配套和协调，注意它在司法改革全局中的地位和作用。就司法公开体系建设本身来说，本文提出以下一些构想。

（一）司法公开体系构建需要把握的基本原则

司法公开体系构建首先需要遵循司法公开的基本原则，这些原则一些学者也进行了阐述，主要有依法公开、及时公开、全面公开、实质公开等③，

① 蒋惠岭：《以改革创新精神推进司法公开》，http：//theory. people. com. cn/n/2012/0824/c49150 – 18823811. html，最后访问时间：2015 年 4 月 20 日。

② 王晨光：《借助司法改革深化司法公开》，《法律适用》2014 年第 3 期。

③ 张文辉：《应然与实然双重语境下探司法公开的必然》，载蒋惠岭主编《司法公开理论问题》，民主法制出版社，2012，第 124 页。

除了这些原则之外，就司法公开体系建设来说，还应坚持以下原则。

1. 主动公开原则

在司法公开体系建设上，人民法院应具有主动性，积极主动搭建信息平台，向当事人和社会公众公开一切可以公开的司法信息，而不能消极懈怠、被动应付，更不能在媒体曝光或发现错误以后才被迫公开一些本应公开的事项；对具有重大社会影响的案件，更要做到积极主动、提前做好公开准备。例如，在薄熙来案件中，山东济南中院公开工作做得非常好，赢得了社会各界的广泛赞誉，给各级法院作了表率。

2. 系统公开原则

如前文所言，司法公开是一项系统工程，必须做到系统公开。按照系统论的观点，系统是多种多样的，可以根据不同的原则和情况来划分系统的类型。司法公开是一个复杂的系统工程，可以进一步细分为母系统、子系统，在子系统项下，还可以根据需要进一步划分。需要注意的是，系统之间应当协调一致，既不能冲突叠加，也不能挂一漏万。系统内和系统外也要相互协调。比如，法院系统的司法公开工作和检察院系统的司法公开工作不能自行其是，也要相互衔接，以充分满足人民群众的知情权。以刑事公诉案件为例，从侦查、提起公诉到法院审判各个环节之间环环相扣，司法公开工作也必须做到首尾相顾，这就要求各个系统之间的协调一致。

3. 立体公开原则

在全媒体、大数据时代，司法公开体系建设必须做到立体公开。要让普通民众看得见、摸得着、感受得到。司法公开对司法公信建设起着决定性作用，而社会公众对司法公信的感知是立体的，他们可能通过报纸杂志了解法院的工作，也可能通过电脑电视了解法院的工作，也可能会走进法院，切身感受法院的工作，因此，司法公开也应做到立体式、全方位公开。以庭审公开为例，首先应允许社会公众自由旁听，直接感受现场的气氛；其次，将庭审进行网上直播能够满足大多数网民的需求。对于一些不上网的群众来说，还可以通过报纸了解庭审的情况，这样就兼顾了各类人群对司法公开的需求，效果当然就会比较显著。

（二）司法公开体系的制度建构

以系统论的观点，司法公开体系制度建设至少应包括司法信息公开制度、民意吸纳沟通制度、司法公开保障制度、司法公开评价制度等。其中，司法信息公开制度是司法公开体系建设的核心，其他制度均为配套制度，下面逐一阐述。

1. 以审判为中心构建司法信息公开制度

在司法审判过程中，由于信息不对称，当事人和社会公众对司法有不少的“联想”，一些媒体对个案的炒作也与司法信息公开不够有关。因此，要构建司法公开体系，首先必须建立司法信息公开制度。对于人民法院来说，审判是第一要务，因此，司法信息公开也必须以审判信息公开为中心。当前，中国并没有制定司法信息公开的专门法律，司法信息发布工作处在探索阶段，尽管最高人民法院对司法透明和公开审判提出了具体要求，但由于缺乏系统性、规范性，司法信息公开的内容、范围等都不明确。2007 年 4 月 5 日，国务院发布了《政府信息公开条例》，该条例确立了一系列重要制度，如政府信息的主动公开和依申请公开制度、公开主体制度、公开发布和统一协调制度、公开程序制度等，这些规定对司法信息的公开具有重要的参考意义。

对于司法信息发布来说，首先需要明确信息发布的范围。司法信息按照生成方式划分，可分为内生信息，即由司法机关产生、制作的信息，如评议笔录、裁判文书、司法统计报表等，外生信息，即由外部机关、组织、团体和个人产生，被司法机关获取、认定的信息；按照信息存储介质划分，可分为传统的纸质文档信息和依托现代技术的电子文档信息；按照案件类型可分为民事司法信息、刑事司法信息等。在确定信息分类的基础上，按照程序设计理念，应当进一步明确司法信息公开主体的范围、司法信息公开的范围，制作和发布司法信息公开目录，明确司法信息公开申请权利的保障时限、司法信息公开的权利救济方式及司法信息公开的系统性、常态化发布途径等①。

在司法信息公开系统下，还应建立以下子系统②。

（1）法院基础信息系统。法院基础信息系统主要包括法院特征信息和法院司法政务信息等。法院特征信息主要介绍法院概况，包括所在行政区划、所辖区域、法院规模、受案范围、内设机构及业务分工等，促使社会公众全面清晰地了解法院分布状况，也可为异地诉讼当事人提供方便。

（2）法官执业信息系统。法官执业信息系统主要包括法官个人基础信息和从业信息。法官基础信息应当仅限于与履行审判职务有关的信息，并且应当将其设定为上述法院特征信息的下位信息，内容包括该法院法官名册、法官等级、业务分工等。法院司法政务信息主要向社会提供某法院的整体司法状况，并为查询具体案件提供检索入口，社会民众据此可对一个法院的司法情况进行全面细致的了解，有利于提高法院司法的整体认同度。

（3）司法审判信息系统。司法审判信息系统是整个司法信息公开系统的主体部分，包括庭审公开信息库、裁判文书数据库、案件流程信息库、案例指导信息库等。通过展示个案裁判在立案、庭审、执行等各个流程环节的内容，以及法官在证据采纳、事实认定、法律适用等裁判作出过程中的内容及信息，提高司法裁判的个案认同度。

为实现司法审判信息的公开，需要建立立案结果公开机制、文书说理公开机制、公开宣判机制、涉诉资产网络拍卖机制、内外部干预和说情过问公开机制等，限于本文的篇幅，对上述机制不再一一展开论述。另外，为了能在庞大的信息系统中迅速便捷地检索到所需的司法信息，还应当建立司法信息索引系统，以方便当事人和社会公众查阅。

需要注意的是，司法信息公开制度的建立应注意与政府信息公开制度的区别，主要是因为司法审判工作与政府行政工作有本质的不同。比如，裁判

---

① 天津市第二中级人民法院课题组：《信息分类基础上的司法公开程序保障》，《人民司法》2014 年第 13 期。

② 薛剑祥、王秀叶：《司法公开的系统构建——以提高社会认同度为取向》，《人民法院报》2011 年 12 月 16 日。

文书说理的实质公开只有在司法审判中才能出现。同时，在信息发布上，要实现审判公开与审务公开相统一、实体公开与形式公开相统一、对当事人公开和对社会公开相统一、传统载体与现代载体相统一等，以最大限度地实现司法审判的公开、透明。

2. 以回应型司法为导向，完善民意沟通反馈制度

所谓回应型司法，是主张司法发挥主动作用以回应社会需要的一种模式[①]。司法公开的主要目的是促进司法公正，这个目的的实现需要人民群众的积极参与，而不是法院“自说自话”。当前，一些法院没有充分认识到司法公开的价值和功能，把司法公开工作当成一项任务、一个“包袱”，为了公开而公开，没有充分征集吸纳民意。另外，法院信息单向输出的渠道比较多，而信息输入的方式、途径都有待充实、规范，这关系到法院对社会需求的动态把握程度，进而影响到司法回应的准确性和及时性。以往法院对社会需求的把握，往往通过走访、座谈等形式，个别性、随意性较大，在司法公开体系构建中，法院要构建更多样化、系统化、常态化的社会需求吸纳机制，对法院重要工作事项广泛征求意见，凡涉及人民群众切身利益和法院工作全局的重要司法决策、司法文件、司法建议和改革举措，在出台前应通过各种形式，广泛听取人民群众和社会各界的意见和建议；对于在互联网公布的裁判文书，要及时关注民众的意见，必要时给予反馈，答疑解惑；对于重大案件的审理工作，通过召开新闻发布会、在法院网或法院微博发布权威消息等形式，以最权威的声音及时向社会公布。通过这些公开措施，最大范围地吸纳民意、汇集民智，接受广大人民群众的监督，真正实现“阳光司法”“透明司法”。

3. 司法公开保障和救济制度

对照《政府信息公开条例》中的公开监督保障制度，司法公开的实施还需要建立保障机制。例如，对于应当公开审理而未公开审理的案件，其审判程序是否会因为没有依法公开而被认定无效，审判组织和审判人员对此有无责任？事实证明，如果没有配套的保障制度，对当事人知情权、参与权、

---

① 金民珍、徐婷姿：《回应型司法的理论与实践》，《人民法院报》2012 年 11 月 21 日。

表达权、监督权予以保障，司法公开的目标就会落空。保障和救济是一枚硬币的正反面。“无救济即无权利”。司法公开工作在一些地方之所以出现虚置的状态，与缺乏救济机制不无关系。司法公开救济机制至少应包括以下内容[①]。①救济程序的启动。一是赋予当事人和社会公众要求法院公开相关信息的申请权。二是要规定法院对于当事人和社会公众符合形式要件的申请必须受理。②救济申请的审查与处理。应明确规定法院有关部门对当事人的申请作出审查和处理。③申请人的异议与复议。申请人对结果不满意的，应赋予其进一步获得救济的权利。④法院决定的执行与法律责任的承担等，应明确规定法院对相关司法信息作出准予公开决定的，主审法官和合议庭必须执行，否则应承担相应的责任。

4. 司法公开外部评价制度

在司法公开体系建设中，考核和评价制度也是至关重要的。设置科学合理的量化评价机制，摆脱司法公开的随意性和盲目性，逐步成为一项规范合理、有序运行的工作。当前，这项工作还停留在法院内部作为一项工作进行考核的阶段，而且内部考核的指标设计也未必合理。只有建立一套科学的检测体系，司法公开工作才能逐步进入一个互动开放的高级发展阶段。

浙江法院设立了阳光司法 36 条标准，中国社会科学院法学研究所等一些科研机构还设置了阳光司法指数，并根据这些指数对法院司法公开情况进行统计排名，这些工作对司法公开起到了极大的促进作用。

（三）以平台建设为重点，推动司法公开体系建设扎实开展

推进司法公开不仅需要理念、制度、机制等方面的软件建设，还需要有平台、技术等方面的硬件支撑。近年来，全国各级法院积极作为、不断创新，搭建了名目繁多的公开平台，如立案信息查询平台、网上诉讼服务平台、在线诉讼服务平台、裁判文书网、执行信息查询平台、庭审网络视频直播平台等等，但比较分散、混乱，缺乏系统性和整体性，需要在当前构建各

---

① 滕艳军：《无救济即无权利：司法公开的救济机制》，《人民司法》2014 年第 13 期。

个平台的基础上，最终形成统一的公开平台。

1. 庭审公开平台

在整个司法公开体系中，庭审公开是审判公开的核心，立案公开、庭前信息公开以及执行公开等都要围绕庭审公开进行，缺少庭审公开环节，程序和实体上的公平正义就失去了载体，整个司法公开的意义就会大打折扣[①]。为此，有必要积极构建庭审公开平台，为促进庭审公开提供平台支持。

2. 审判流程、裁判文书、执行信息公开平台

2013 年 11 月，最高人民法院出台《关于推进司法公开三大平台建设的若干意见》，要求全国各级法院全面推进审判流程公开、裁判文书公开、执行信息公开三大平台建设。本文以为，搭建司法公开三大平台是创新公开渠道、满足人民群众对司法公开新期待的重要战略举措，关键在于加强信息化建设，提高科技含量。要加大对三大平台建设的科技投入，大力推进信息化在立案、审判、执行、审判管理、司法统计、人事管理、绩效考核、司法行政、纪检监察等方面的应用，尽快实现审判执行信息一次录入、自动生成、实时更新，实现审判执行信息与互联网对接，既方便公众和当事人查询，又最大限度地减轻法院的工作负担，使三大平台成为展示现代法治文明的重要窗口。

3. 沟通互动平台

司法公开的一个重要目的是方便群众了解司法、监督司法，从而更好地促进司法公正。为此，有必要设置与群众的沟通互动平台，主动接受当事人及社会公众监督。一是可以在法院政务网站专门设置群众举报监督平台，主动接受案件当事人及社会各界的监督举报。建立完善举报登记反馈机制和转办督办机制，限期查报结果，及时向举报人反馈调查结果。二是在裁判文书网专门设置“我要评论”窗口，广泛倾听网民对裁判文书的意见，及时回复、处理网民诉求。

4. 各公开平台要形成统一的整体

司法公开是一个系统工程，需要构建多个公开平台，但各个公开平台应当

① 包蕾等:《民意沟通与司法公开的关系与融合》，载《司法公开理论问题研究》，中国法制出版社，2012，第 197 页。

互联互通，不能相互割裂，以方便当事人和社会公众实际操作。当前，各级法院应按照最高法院的要求，大力加强信息化建设，充分利用“云计算”“大数据”，积极构建人民法院信息集中控制中心，使之成为集审判监督、案件管理、行政管理、公众服务等功能于一体的审判业务、事务管理中心，为构建统一的司法公开平台奠定基础，全面提升人民法院信息化建设和应用水平，为提高审判执行工作质效、全面推进司法公开公正提供更加坚实的科技保障和载体平台。

近一段时间以来，最高人民法院对司法公开工作进行了一系列安排部署，《人民法院第四个五年改革纲要（2014～2018）》对司法公开工作又提出了明确的要求，充分显示了中央和最高法院推进司法公开工作的信心和决心。司法公开已经成为司法改革和法院工作的重点、亮点和突破点。司法公开只有起点，没有终点，仍有许多工作要做，也可以做。

B.13 成都法院司法公开现状与完善

许 玮 宋淑君*

摘 要: 公平正义是司法工作不懈的目标和追求，司法公开是司法公正的保障，便民为民是司法工作的出发点和落脚点。成都市法院力图通过对比找准定位，借鉴学习有益经验，按照全国一流、西部领先的标准，围绕建设与现代化国际化大都市相匹配的司法公开便民服务平台和体系，提出明确的思路和措施。

关键词: 司法公开 成都地区 法律服务中心

党的十八大和十八届三中、四中全会对全面深化改革、推进依法治国作了相关部署，提出构建“开放、动态、透明、便民”的阳光司法机制，在顶层设计上充分肯定了司法公开与便民为民的价值和意义。成都作为西部中心城市，着眼加快构建现代城市治理体系，建设全国一流法治城市，以推动西部法律服务中心建设为契机，为实现“打造西部经济核心增长极，建设现代化国际化大都市”的目标定位提供有力法治保障。持续推进司法公开便民，是成都建设西部法律服务中心的重要内容。在成都市委的领导和部署下，成都市委政法委员会组织课题组成员分别赴重庆、武汉、西安、昆明、贵阳等中西部主要城市进行司法公开便民的考察调研，力图通过对比找准定位，借

* 许玮，四川省成都市中级人民法院审判管理办公室副主任；宋淑君，四川省成都市中级人民法院审判管理办公室书记员。

鉴学习有益经验，按照全国一流、西部领先的标准，围绕建设与现代化国际化大都市相匹配的司法公开便民服务平台和体系，提出明确的思路和措施。

一　成都法院司法公开概况

（一）成都法院司法公开发展历程

成都法院司法公开于2008年底启动，在所辖高新区法院先行先试的基础上创建“审判公开6+1”体系，是全国最早推进公开工作的法院之一。2009年，成都市中院向全市法院推广高新区试点公开经验，率先提出“以公开为原则，不公开为例外”的公开理念，建立专门公开网站“成都法院审判公开网”，对社会公众公开立案信息、开庭信息、鉴定评估信息、执行信息、证据信息和裁判文书等六项信息，对当事人公开审判流程信息。2014年，按照最高人民法院新要求，成都法院对原有公开资源整合升级，按照“集中公开、直观展现、现代技术、有机链接、方便查询、资源共享”设计理念，建成与社会互相沟通、彼此互动的成都法院司法公开平台——成都法院司法公开网，链接网上诉讼服务大厅，公开成效较为突出①。

（二）司法公开平台建设情况

司法公开平台以促进社会公平正义、增进人民福祉为出发点和落脚点，满足社会公众和当事人的知情权、参与权、表达权和监督权，最终实现两级法院审判流程、裁判文书、执行信息公开透明。

一是高效公开审判流程。成都法院司法公开网结合12368法院公开电话、手

① 在2014年最高法院发布的裁判文书上网情况通报中（2014年第四季度、2015年第四季度均未发布），成都中院文书上网数连续在第三、第四两个季度在全国中级法院排名第二。根据中国社会科学院法学研究所2015年3月发布的《中国司法透明度指数报告（2014）》，成都中院司法透明度在被测评的全国49个较大的市的中级法院中排名第四，在被测评的包括最高人民法院在内的全国81家法院中排名第六。

机短信平台、电子公告屏和触摸屏等现代信息技术，自动摆渡网上办案和诉讼服务信息，向社会公众和当事人高效公开法院 12 大类 32 项案件审判流程信息，主动向当事人推送 17 个案件节点信息。截至 2015 年第三季度，全市法院公开立案信息 133399 条，同比增长 42.15%，开庭信息 80710 条，同比增长 25.58%，庭审视频 13880 件，与上年同期基本持平。成都中院从 2015 年 5 月 4 日起开始向当事人发布公开审判流程短信，截至第三季度共发布短信 5357 条。

二是全面公开裁判文书。成都法院以“公开为原则，不公开为例外”，智能优化文书上传方式，提升文书上传效率，实现包含赔偿案件、减刑假释案件等 8 大类裁判文书全面公开。截至 2015 年第三季度，全市法院在成都法院司法公开网公开裁判文书 45467 份，同比增长 54.43%。截至 2015 年第三季度，全市法院在中国裁判文书网公开裁判文书 34416 份，同比增长 17.72%。

三是深度公开执行信息。成都法院及时向社会公众和当事人公开执行立案、执行措施、执行财产处置等 9 大类信息，短信主动推送申请执行人关心的被执行人财产查控、评估、拍卖、案款支付等 10 项重要信息，开设执行曝光平台促进社会征信体系建设。截至 2015 年第三季度，全市法院在司法公开网公开执行信息 24913 条，同比增长 56.29%；市中院公开执行短信 5515 条，同比增长 19.94%。

四是持续公开特色内容。成都法院司法公开网保留成都法院“6 + 1”公开体系特色内容，从审判流程信息、裁判文书和执行信息，扩大到全方位公开庭审视频、证据材料、鉴定评估拍卖信息、减刑假释案件、法院政务信息等内容，证据材料、鉴定评估拍卖信息、减刑假释等特色公开信息数量均同步提升。成都法院司法公开网区分开设社会公众与当事人查询栏，设置“旁听庭审预约”、高级搜索、帮助、网民留言、院长“四公开”（电话、信箱、电子邮箱、短信）平台，动静结合，充分满足社会公众对司法公开多元化的需求。

（三）司法公开制度建设与工作机制情况

为保障各项公开举措建设到位，在司法公开配套制度建设方面，成都中院先后印发《全市法院推进司法公开三大平台实施意见》等13份指导实施性文件①，从前期网站实施阶段的工作开展到后期网站建成阶段的考核、更新维护，均明确了公开标准、责任领导与部门、时间路线图，并将全市各基层法院和中院各职能部门的公开工作纳入目标考核。在司法公开工作机制设定方面，一是法院内部案件流程管理系统和执行管理系统与当事人查询系统实时对接，同时将文书公开设为案件审结的必要节点，以保证审判流程数据和裁判文书公开的及时准确性；二是成都中院将本院服务器作为基层法院司法公开网以及网上诉讼服务中心公开数据的“交换”器，实现全市法院公开数据集中共享，降低基层法院公开成本。为及时更新法官名单及其联系方式、人民陪审员、司法财务等司法服务类信息，市中院为各基层法院和市中院相关部门设置独立的网站后台账号，工作机制更为灵活。

（四）成都法院司法公开特色

第一，开通微信微博和手机APP等新媒体公开途径。为方便群众随时随地获取司法服务，截至2015年6月2日，成都法院在新浪官方微博发布信息793条，在微信公众号发布信息30期。成都中院从2015年6月起，与新浪公司合作在成都中院官方微博“@成都市中级人民法院”开设《司法公开》栏目进行“微博庭审视频直播”试点工作，共视频直播案件8件，取得了良好的效果。一是官方微博的粉丝增加近3万人；二是微博的转发共计4775次，评论2126条，点赞1135次，直播话题阅读量达49.7万；三是包括四川电视台、新浪网、搜狐、网易、《成都日报》《华西都市报》共20

① 此处的司法公开指导实施性文件，一是指导性文件，如《全市法院推进司法公开三大平台建设的实施意见》《成都市中级人民法院关于全面推进司法公开的指导意见》《全面推进网上诉讼服务中心建设指导意见》《市中院网上诉讼服务中心管理办法》；二是工作方案，如《加强执行公开平台建设的工作方案》《裁判文书信息公开软件需求方案》《审判流程信息公开平台建设软件需求方案》《成都法院网上诉讼服务中心设计方案》《执行信息公开平台建设需求方案》《减刑假释案件信息上网公开方案》；三是考核文件和其他保障性文件，如《司法公开工作考核办法》《关于规范在中国裁判文书网申请撤回裁判文书的通知》《关于做好成都法院司法公开网信息更新有关事项的通知》。

余家媒体给予关注报道转发。

第二，司法公开对接社会征信系统，推进社会诚信体系建设。成都中院通过建立惩戒曝光联动机制，发挥司法的惩戒教育功能。在完善被执行人信息系统方面，成都中院将被执行信息纳入成都信用网、人民银行征信系统、成都市房地产开发企业信用信息库，累计提供被执行人信息 22949 条。成都中院与民航西南管理局达成限制被执行人乘坐民航客机协议，2014 年全年报送被执行人信息 42 条。2014 年报送工商警示信息 5692 条。在集中曝光失信被执行人信息方面，成都中院向报纸、广播、电视、网络等平台曝光失信被执行人 717 人，向人民银行征信系统、工商、税务、国土、住建部门报送失信被执行人 3698 人。

第三，实现诉讼服务中心“实体店”“虚拟店”同时公开。全市法院、派出法庭和社区投入运行的诉讼服务中心（站点）① 共计 117 个，在此设施及服务建设的基础上，配备触摸屏、电子宣传屏、电脑查询端和诉讼便民手册等公开设施。网上诉讼服务中心专设社会公众、当事人、律师和检察官通道，方便不同人群对公开的需求。建成全市法院院长“四公开”平台并开通 12368 法院专线，为当事人提供法律咨询、判后释疑、查询审判流程信息等服务，并把当事人提出的意见建议转至责任部门及单位，督促其迅速办理，跟踪回访群众满意度。2015 年上半年，成都中院接听 12368 法院公开电话 4269 次，同比增长 69. 34%；回复信件 625 件、邮件 136 件、短信 200 条，同比增长 35. 87%、17. 24%、132. 56%。

二　司法公开情况的对比分析

2013 年 10 月，最高人民法院确定 11 家法院为“人民法院司法公开三大平台建设试点法院”，包括 7 家高级人民法院和 4 家中级人民法院②。对

① 诉讼服务网络的建设情况：全市两级法院建有 21 个诉讼服务中心，派出法庭建有 58 个诉讼服务点，社区建有 38 个诉讼服务站，2015 年诉讼服务站扩展至 200 个社区。

② 四家试点中级人民法院分别是武汉中院、重庆一中院、西安中院和乌鲁木齐中院。

照列入试点法院的武汉中院、重庆一中院、西安中院以及其他公开水平较高法院的司法公开情况，下文从各个角度作相关对比分析。

（一）司法公开平台建设情况对比分析

1. 成都三大平台建设的问题和不足

在公开网站平台建设方面，重庆、武汉、成都法院均建成专业司法公开网站，将司法公开功能从政务网站中剥离出来，并按照最高法院对审判流程、裁判文书、执行信息三大平台建设的公开要求设置公开内容和公开模块。相比而言，成都仍存在一些问题和不足。

一是互联网各公开平台之间的功能交叉问题。线上司法公开途径一般包括网站、微信、微博、手机客户端，但各公开平台之间会存在定位不准导致的同质化倾向。成都中院还没有开发出司法公开手机应用软件，对比观察武汉中院的“武汉司法公开”软件，其主要功能模块有法院概况、新闻中心、法院公告、案件查询、文书公布、执行查询、诉讼指南，功能较全但“新闻中心”等模块较为冗余。重庆一中院推出“执行信息公开软件”以实现执行案款信息公开，供当事人手机扫描二维码以查询执行日志和执行案款到账及拨付信息。重庆的做法中，手机软件的功能定位和传播定位都很准确，结合手机本身具备的扫描功能发挥了便携实时的优势。

二是裁判文书公开存在平台重复建设的问题。现阶段的文书公开存在最高人民法院、省高院和市级法院等几个公开层面，成都地区一份裁判文书要同时上传至中国裁判文书网和成都法院司法公开网，武汉中院则多了一道省级公开程序，一份文书要公开三遍，带来较高的存储成本和维护成本。对比来看，西安中院的做法是直接将法院网站的“裁判文书”模块链接到中国裁判文书网，并能直接显示西安中院及其基层法院的文书公开页面。司法公开是一项依靠顶层设计并推动的举措，由最高人民法院牵头建设的四级法院公开平台有中国裁判文书网、中国执行信息公开网、中国诉讼资产网等网站，在司法公开本地化建设中可以通过网站链接、数据共享等方式，与“国字号”公开平台进行有效的衔接，有效降低公开成本。

三是常态化庭审直播平台有效落实的情况。司法的核心是审判，审判的核心在庭审，实现实质性司法公开，庭审直播的重要性毋庸置疑。现有电视直播、网站直播、微博直播等直播方式，但电视直播成本太高，借助直播网站和微博等新媒体实现常态化庭审直播成为大趋势。在实现网站常态化庭审直播方面，武汉市两级法院 50 个科技法庭在庭审直播网站上实现常态化直播，每日至少一播。全国范围内，江苏全省法院在 2011 年就开始实现常态化庭审直播，广州市两级法院 88 个科技法庭实现常态化直播，现已直播近 3400 场庭审案件。在实现微博庭审直播方面，西安中院微博于 2013 年 11 月 25 日首次进行案件庭审图文直播，后陆续直播“杨达才受贿、巨额财产来源不明案”等重大敏感案件。微博庭审视频直播是 2015 年才开始推行的直播模式，武汉市江夏区法院于 2015 年 5 月 19 日进行微博庭审视频首播，且武汉中院确定参加 6 月 26 日的国际禁毒日微博联播。比较而言，成都中院及所辖高新区法院仅实现了两次庭审直播，没有专门直播网站，直播经验也较为缺乏，是司法公开中的一大短板。

四是司法公开的保障性基础设施建设情况。科技法庭建设和使用方面，重庆一中院、武汉中院、成都中院的科技法庭同步录音录像率分别是 80%、82%、30% 左右。另外，重庆一中院于 2014 年底将全部数字法庭升级为 1080P 全高清制式，提高庭审数据采集质量。武汉中院建设并使用科技法庭 28 个，截至 2015 年 5 月，其科技法庭开庭审理案件 3727 件，并借助科技法庭在看守所建设远程提讯系统，以实现远程开庭和听证。司法公开的信息技术运用方面，重庆一中院最早将云计算理念引入法院工作，将海量的公开信息上传到云端，以减缓读取数据迟缓、滞阻等现象，保障海量公开信息的快速储存和集中使用。为解决庭审视频数据网络点播不均衡的问题，利用大规模非活动磁盘阵列存储技术，延长硬盘使用寿命。由此可见，成都中院司法公开的数据收集水平、公开基础设施使用水平有待提高。

2. 线下平台建设情况

一是诉讼服务中心公开设施建设情况。诉讼服务中心是当事人、诉讼参与人、社会公众接触法院最多的地方，是司法公开的重要阵地。成都中院的

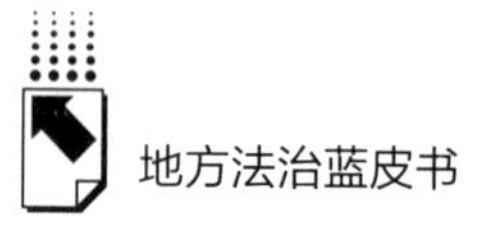

诉讼服务设施及服务建设水平排在全国前列，十八大召开前夕，最高人民法院召开司法为民新闻发布会，专门推出了成都法院诉讼服务新模式。依托诉讼服务中心现有资源，成都中院实体公开平台优势较为显著。重庆一中院采取了类似的围绕诉讼服务中心建设线下司法公开平台的思路，在诉讼服务中心建成远程接访系统、大屏宣传屏、触摸屏、庭审直播室和 LED 滚动屏，分别用于远程接访、执行案件进度和案款流转信息查询、庭审旁听和案件开庭信息公布。重庆一中院又在诉讼服务中心内另辟律师工作室和自助查询室，前者内设律师专用工作信息平台，后者设置查询终端。重庆一中院的司法公开整合度和工作细节值得借鉴学习。

二是面向不同社会群体的延伸性司法公开情况。司法公开服务需要面向信息化欠发达地区的人群，以及从事法律专业的高校师生、律师等特定群体。在联系群众方面，西安中院选择与群众密切相关的民事案件、多发性刑事案件、涉众型经济犯罪案件及刑事自诉案件、涉军维权案件等，到农村、社区、企业、学校、军营就地审理或举行听证，每个合议庭每年度公开开庭审理案件至少 1 件。在高校合作方面，重庆一中院与西南政法大学签订意向协议，为该校师生提供庭审同步音像作为案例教学素材，并通过高校司法公开论文征集等活动，推进司法公开信息的深度应用。相较而言，成都中院面向代表委员、党政干部、企业、街道社区、农村村民、在校学生、医疗机构等群体组织开展“走进法庭听审判”活动，截至 2015 年 11 月底，开展此项随案说法活动 1835 件次。成都中院结合本地情况打造成具备成都特色的公开品牌，有效延伸了司法公开触角。

三是与媒体宣传平台合作进行司法公开的情况。在现代传播社会，社会公众不可能亲临每一个司法事件现场，媒体便起到放大器的作用。常见的公开平台及形式有新闻发布会、白皮书系列、法院活动日等，各地法院的公开实践差异不大。白皮书系列均以行政案件和知识产权案件报告为主，目的是促进行政机关依法行政、介绍本地法院知识产权司法保护状况和成绩。法院开放日活动主要邀请社会各界群众、媒体、网民、干部参观法院，旁听案件庭审并与法官交流，加强对法院的了解。成都中院开展该类活动的实践较为成熟，已成为常态化的工作机制。以新闻发布会为例，仅2015年上半年就举办了深化司法公开、“3·15”维护消费者权益及十大案例、“4·26”世界知识产权日等8场新闻发布会。

（二）司法公开机制建设情况对比分析

第一，顶层设计与基层创新相结合的工作机制建设情况。重庆市高院在建设重庆法院公众服务网、设计司法公开制度、创新工作机制方面，所辖法院几乎均贡献出公开智慧，形成群策群力的局面，如合川、璧山等法院完成远程提讯系统等审判流程相关系统建设。一中院新增执行案款查询功能、建立两级法院公开平台上下联动机制和三大平台建设评估体系。沙坪坝法院制定评估拍卖变卖规定。武汉中院将“提出司法公开系统完善建议并制作出方案”列为司法公开考核加分标准，在各项考核指标中其权重大小排名第二。反观成都地区的司法公开格局，没有赋予基层法院建设司法公开的“自由裁量权”，成都中院承建成都法院司法公开网并制发各项公开工作意见，看不到所辖20家基层法院的主动公开探索，司法公开成为一场打不开局面的“独角戏”。

第二，执行联动机制建设情况。夯实执行工作基础，在各执行机关之间形成流畅的执行“信息流”“数据流”是推进执行公开的有效途径。武汉中院采取的做法是，与市社会管理综合治理办公室共建查控网以共享人口基本信息，与15家银行以及市国土、国税、工商等部门共享被执行人财产信息。西安中院通过执行指挥中心的“点对点”查控系统，实现被执行人银行账户、工商登记、纳税、房产和土地等信息的集中查询功能。成都中院与市公安局、市国资委等5家职能部门发布合作备忘录，规定失信被执行人的信用惩戒范围和惩戒方式，并与国土、车管、工商、房管等部门开通运行“点对点”网络查控机制，实现信息共享。各法院间的执行联动机制工作思路基本一致，实现信息共享是第一步，成都中院下一步需要完成对被执行人资产的控制处置，同时完善建设信息共享的基础设施，如扩展基层区县信息查询的覆盖面、提升成员单位间的信息交流程度等。

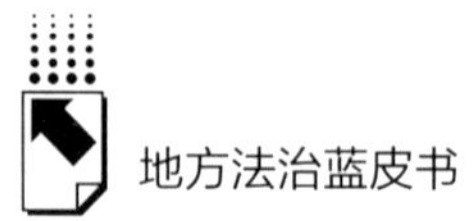

第三，庭审旁听制度建设情况。对比香港地区法院，在香港法院，人们可旁听任何公开审理的案件，不需要出示证件，也不需要办理旁听证。但在内地庭审旁听实践中，庭审旁听往往受到限制。在公众旁听程序方面，西安中院要求出示合法身份证件，即公众进入法庭须查验身份证，有些法院甚至要求扣押身份证以换取旁听证。其实，严格的安检程序和法庭现场的法警足以保障庭审的安全，查验、扣押身份证对法庭秩序没有任何帮助，反而成为限制旁听的一种托辞。在媒体旁听程序方面，成都中院 2015 年 6 月 3 日对一起行政诉讼案进行首次庭审直播，媒体被安排在视频会议室，通过大屏幕和手机终端旁听庭审。2009 年阜阳“白宫书记”案审理中，媒体“混”进法庭却被“请出”。媒体进入法庭现场往往受到限制而不是优待，存在以庭审直播代替现场旁听、关注度越高的案件旁听越是受到限制的现象。

第四，庭审直播机制建设情况。庭审直播在司法公开各环节中难度系数最高，所考察法院中仅武汉中院实现常态化的网站庭审直播。在庭审直播规程制定的注意事项上，一是直播中证人保护的问题。在证人保护制度薄弱的背景下，证人暴露在直播镜头中会增加遭打击报复的可能性。广州电视台 1989 年直播一起恶性刑事犯罪案件，涉及 60 宗案件的 100 多名证人，只有 3 名出庭作证，不排除直播加重了证人心理负担进而选择退出出庭作证的因素。二是直播中当事人权益保护的问题。庭审直播因具备图文声情并茂特性，与当事人隐私等权益保护间会存在冲突。在南京中院直播关于柳岩的肖像权侵权案中，在临近开庭前原告代理律师要求撤诉，部分原因在于当事人担心庭审直播可能带来媒体炒作等问题。三是直播拍摄妨碍正常庭审的问题。直播拍摄中存在多项干扰，如摄像机及其机位移动、镁光灯照射、工作人员的走动等，这些都会对法官、陪审员和辩护人带来影响，甚至限制辩论时间，降低辩论效果①，使庭审流于表演性和表面化。四是网络语境下直播

① “中国电影第一大案”被告在事后反映：“由于电视直播的介入，使最后辩论时间太短，只给我们 21 分钟，我们的辩论受到了限制。”

数据访问情况无法预测的问题。在关注度较高的案件庭审直播中，如薄熙来案有5000万人观看直播情况，杭州中院滴滴打车商标案有4.5万人观看，而且观众来源分布在全国甚至全球各地，这对服务器、带宽等网络设施带来较高要求。

第五，与法院管理制度的衔接情况。所考察法院均建立起司法公开的考核评价体系，在司法公开与审判管理、执法监督、法官司法行为规范、法官素质提高等制度间的有效配合方面，其他法院有值得借鉴学习的地方。在司法公开之前的环节把控方面，重庆一中院在内部审判管理系统中设置信息节点阀门，在该系统生成包含查询途径信息的受理案件通知书、应诉通知书之后，才能进行后续案件排期、法庭安排。建立执行日志监督管理制度，执行局长可通过二维码掌握具体案件的执行日志填写情况并加以监督。在司法公开之后的环节把控方面，西安中院对于上网文书存在质量错漏问题而带来严重后果或重大负面影响的，要求监察室追究相关人员的责任。制定不上网文书审批与备案制度，以掌握并监督文书不公开情况。成都中院的做法是将文书公开作为案件归档结案的必要节点，同时将公开与审判管理工作中的案件评查相结合，并由政治部纳入对全院合议庭成员的考核中，相较而言，正向激励、责任倒逼和质效预警设置较为宽松。

第六，借力法院外部资源推动公开的情况。在部分内容公开必要性的界定机制方面，如案件庭审笔录、案件审判少数意见及理由、不上网文书数量及情况分布、最高人民法院及上级法院发布的司法公开意见及其他指导意见等内容是否要公开，笔录中的证人证言如何处理，这些问题都需要由法学专家作审慎论证。成都中院正筹建的司法改革专家咨询委员会，为中院各项司法改革提供理论支撑和智力支持，司法公开作为司法改革的一项内容，可以借此破解公开中存在的种种难题。在当事人问责倒逼公开机制的完善方面，成都司法公开一年来的实践中，部分基层法院发生过未将裁判文书标题中的离婚案件双方当事人或未成年人姓名隐去的公开“事故”。另外，审判内容应公开，但调解过程不宜公开，法院存在把握不准的情况，以上都带来司法公开诉讼制度中当事人的诉讼权益损害。这与司法公开被普遍定位于司法权力的运行方式，未被转化为当事人和民众的权利话语有关，西安中院对此采取的做法是建立举报投诉机制和责任追究机制。

第七，司法公开地区差异的平衡机制建设情况。根据地区发展情况的差异，成都各区（市）县划分为一圈层、二圈层和三圈层，这是各地司法公开工作开展必须面对的现实问题。在法官业务水平等“公开软实力”方面，武汉中院反映部分法官文书说理不充分或驾驭庭审能力不强、年龄大的法官电脑操作能力较差、法官对突发事件及舆情处理的能力还较弱等问题，这些问题在一些欠发达地区会更加严重，会对司法公开的广泛铺开带来一定困难。在司法公开软硬件建设方面，按照数据中心、LED 滚动屏、触摸屏、远程提讯和数字法庭录像 1080P 全高清制式等“顶配”建设标准，需要投入大量的建设资金，对于发展水平较高的地区法院来讲压力不大，但对其他欠发达地区法院却是不能承受之重。

（三）司法公开便民利民情况对比分析

自成都中院司法公开三大平台建设以来，从部署公开要求到公开工作全面铺开，这期间成立了法院司法公开领导小组、制定各项公开配套制度、完善公开数据建设、筹建公开网站、举办全市公开培训会议和工作推进会议、开展文书交叉评查和年终公开考评工作，司法公开投入了大量人力物力和精力。司法公开的出发点和落脚点是实现便民利民，衡量公开质量最重要的标准即群众满意度。但在省法院通报的第三方测评机构测评结果中，成都中院得分在全省中级法院中排名倒数第 3，普通群众、律师等提出 21 个方面的意见建议。市中院在市委目标绩效考评社会评价和区县评价测评中，在 20 个党委部门中排名倒数第 3。从这两个倒数第 3 以及 2015 年成都两会上人大代表、政协委员提出的 7 大类 414 条意见建议来看，直接面向公众和当事人的司法公开工作存在很大的提升空间。这其中有公开开展时间较短、公众知悉度不高等原因，更重要的原因在于司法公开没有真正回应公众的公开诉求。所考察法院的公开做法有以下特点。

一是贴合用户需求以引导公开工作方面。“用户体验”和“用户需求”

是一种互联网词汇，它源自互联网中企业的行业生存特点。以手机为例，以苹果为代表的智能手机的崛起直接宣告了诺基亚等老牌手机企业的衰落。这种强调用户需求和用户体验的思维始于互联网，但不会终于互联网，“工业4.0”即是通过用户需求进行个性化的工业订制生产。这种思维也会传递到服务业和政府等公共事业部门，公众不会看司法公开做了多少工作，而是看司法公开是否契合了自己的需求。重庆一中院即是强调“以用户体验为导向”的工作思路，当事人用手机扫描案件受理通知书上的二维码就可以查询执行日志，了解最为关心的执行案款到账及拨付信息。武汉中院方面，阿里巴巴公司和光谷联合产权交易所合作探索网络司法拍卖，已累计向淘宝网平台上传竞拍品148件，标的额9.59亿元。拍卖成功的物品，平均溢价率达5.26%，为当事人节省佣金共计750万元，降低了拍卖成本，提高了债权清偿率。此外，武汉中院还推进“一村（社区）一法官”机制建设，在村（社区）设立法官工作室，确定联系法官，悬挂统一公示牌，公开联系法官的职责范围、联系方式等，方便群众查询联系。

二是外部监督结合实际公开工作开展方面。目前成都中院的司法公开监督工作更多来自法院内部，通常由审判管理部门组织本院人员进行。考核主要采取抽查的方式，重点是各公开项目的公开数量、公开质量。西安中院则是专门聘请资深法官、律师、法学专家学者、人大代表、政协委员、执法监督员作为裁判文书质量和案件质量评查员，对上网裁判文书和案件质量进行日常监督检查和定期集中评查，并通报、反馈评查结果。此种做法值得借鉴，律师、人大代表、政协委员等能代表社会特定群体的建议意见，通过案件评查等重要渠道汇集到法院实际工作中，并指导法院下一步的工作。

三是公开工作开展细致程度方面。公开工作中经常出现止步于“最后一公里”的问题。以本院网站为例，前期进行了大量的公开准备工作，如各项制度设计实施、公开数据平台的建设到位等，但网站查询功能的缓慢问题会让一切前期准备工作前功尽弃。重庆一中院在服务律师的公开工作设计上，与司法局协作将全市所有律师的身份证均录入法院系统，设立律师免检绿色通道和律师访客系统，提高律师通行效率。在诉讼服务中心的律师工作室内，律师可凭身份证登陆查询其在本院承办案件的审判进度、庭审笔录和裁判文书，并为律师提供打印机等设施。在诉讼服务中心与司法公开工作有机结合方面，通过导诉台、司法公开海报、重庆一中院司法公开宣传片提高司法公开群众知悉度，并在宣传台上摆放一中院编撰的常用诉讼文书格式册，在 LED 播放屏前摆设观众座席，用心程度贯穿在司法公开的每一个细节。据了解，重庆一中院在司法公开中前后投入资金 400 多万元，而成都中院前期仅筹到 100 多万元公开专项资金，在后期工作开展中确有力有不逮的地方。

三　推进司法公开为民便民利民的对策

一是以司法公开为抓手促进司法服务提升。司法公开在实践中要摒弃司法神秘主义，注重保障群众的各项权利。公开要保障诉讼权利，通过保障当事人和诉讼参与人对审判过程、裁判根据和裁判结果的知情权，防止法官恣意妄为并获得法律救济。但诉讼权利中的参与权和制约权却经常成为公开盲点，司法公开同样需要赋予当事人合理制约法院和法官审判行为的权力，才能真正体现诉讼公正和司法公信。公开要保障民众的合法权益，主要是知情权、表达权和参与权。通过保障庭审、文书、案件报道等审判信息的知情权，群众可以完善自身理性、保护自身权利。通过构建民意表达机制，与人大代表、政协委员、民主党派、律师、专家学者等定期沟通，创建流畅方便的群众民意表达和投诉平台，以防止司法腐败，推动司法民主进程。

二是公开中注重顶层设计与基层创新相结合。在公开事务中，讨论技术性实现的居多，研究公开工作机制的较少，但合理的工作机制是促进公开良好开局和后劲持续的重要保证。在公开政策制定层面，首先要构建合理的总体工作思路。在具体组织筹划过程中，以总体思路为导向建章立制，各项工作都围绕公开路线图有计划、有步骤地展开，向一个方向迈进，避免走弯路和公开资源重复建设。最高人民法院推动的裁判文书公开即是沿袭“制度设置、平台建设、季度通报”的路线图进行，公开成效明显。要进行顶层统筹建设。数据和平台建设在司法公开中占很大比重，如庭审直播系统的科技法庭和直播网站建设，如果由省高院对此“重头戏”统一标准、整体推进，在汇集全省公开数据的基础上引入云计算、云存储等大数据处理技术，可以降低总体公开成本、减轻基层负担。要尊重基层公开创新。上级法院“包揽包干”的工作倾向会损害基层法院的积极主动性，也会浪费宝贵的基层经验和公开智慧。通过基层试点推广、在考评中纳入基层创新指标等方式鼓励尊重基层的公开创新工作，形成上下协调的公开格局。

三是合理规划走出本地特色公开道路。尽管最高人民法院、省高院可以筹建文书、庭审直播等统一公开平台，但公开数据建设、当事人沟通机制等工作仍需发挥下级法院的主动性。司法公开要结合本地实际情况。法院所在地区不同，其公开客体如案件公开数量、案件类型分布等情况均存在较大差异，公开中要避免“一刀切”式的工作模式，在公开时效、公开数据设置、公开途径等方面积极探索用户需求、尊重本地审判特色。司法公开要发挥工作主动性。公开是一项耗资工程，但地区经济水平发展落后不能作为司法公开无法推动的托辞，重在发挥工作主动性。以康平县法院为例，所属县城是辽宁省级扶贫重点县，该法院在 2013 年搭建第三方微信平台和电话服务热线，当年受案数、结案数上升近 30%，审限内结案率 99. 85%，获得当年全国法院网络宣传先进单位称号。

四是借力社会资源打开司法公开局面。司法公开涉及社会公众、当事人、诉讼参与者等多方权益，仅凭一院之力很难下好司法公开这盘棋。司法公开要汲取公众智慧。通过专家咨询委员会、座谈会和法院开放日等机制，就司法公开的理论难题、实践障碍，法院与人大代表、政协委员、人民陪审员、行业协会成员、相关行政机关、专家学者等群体展开对话讨论，收集意见建议、汇集大众理性。借力独立第三方测评。公开平台建设可以借鉴政府网站引入绩效评估的做法，借助科学合理的测评指标审视公开成效。例如，借鉴中国社会科学院的法治蓝皮书系列指数报告、人民网舆情监测室的新浪政务微博报告等，指导司法公开平台建设。司法公开要与媒体协作。法院与媒体的合作历史由来已久，如最高人民法院与央视合作进行庭审直播等，司

法公开可借助媒体扩大影响力。例如，在“失信被执行人曝光”等公开事项上，通过影响力大、受众面广、传播效能高的媒体公开“老赖”名单。

五是优化组合线上平台公开优势。优化组合网站、微博、微信和手机客户端等公开平台间的组合，才能打出漂亮的公开“组合拳”。公开内容应定位准确。专业公开网站不同于政务网站，其内容围绕司法权的行使过程展开，重点在于公开审判流程、裁判文书和执行信息，而不是领导行踪、审判人员风采，大篇幅公示此类信息会降低网站专业性。平台运用应有所侧重。公开网站是信息发布的主要载体，其信息容量大、检索便捷，应作为司法公开的第一平台和建设重点。微博等新媒体渠道虽然曝光热度高，但往往有字数篇幅限制、受众群偏年轻且数量不稳定的缺点等，应作为配套公开平台。平台内容应结合自身特点。微信等新媒体平台具备实时、便捷、用户基础好等优势，适于发布重大突发事件，为法院提供第一时间的发声平台。公开手机客户端有便携优势，法院还可以进行定制性的功能开发，向当事人定向推送审判流程信息或案款到账信息，但不适合公开法院文件等长篇幅内容。

六是落实庭审直播常态化机制。相比其他公开项目，庭审直播有几宗“最”，最能还原庭审现场、最高公开成本投入、最高公开难度系数，但庭审直播若不能实现，实质性的司法公开就无从谈起。提升新媒体运用水平。常规案件的直播载荷可以由法院自身承担，但社会关注度极高的大案要案对网络设施中服务器、带宽、网络节点分布的伸缩性要求极高，这超出了一般法院的直播能力。法院可以采取购买社会服务的方式解决该问题，在法院微博上进行庭审直播。制定庭审直播规程。庭审直播规范办法需要对案件直播范围、直播频率、审批程序、问责机制、中断直播情况、归口管理、部门考核等事项作出明确详尽的规定，督促庭审直播工作有条不紊地落实。对于敏感案件、大案要案的直播，要提前制订完整的直播方案。制作庭审视频直播技术手册。在设备应用、证人保护、镜头处理、庭审点评等方面均要做到慎之又慎，如拍摄角度、光线处理、镜头时间等要秉持感情客观中立原则，庭审点评提供背景介绍但不作“球赛式”旁白渲染等。总之，庭审直播事关当事人的权益，是庄严公正的活动，不能要求其在内容上出彩、情节上起伏。

七是提升公开数据建设和应用水平。司法公开为法院审判数据提供了应用窗口，也提出更高的建设要求。完善法院基础数据建设，法院有海量的审判数据，但随着公开的不断推进，会对法院基础数据设施提出更高要求。法院基础信息系统、法官执业信息系统、司法裁判信息系统和司法信息索引系统需要不断进行完善，为公开提供发展后劲。提升网络硬件设施建设水平。从长远看，裁判文书、庭审视频等公开数据会不断积累，存在所需存储空间不断扩大和数据访问不均衡的问题，前者需要引入云存储技术，后者则需要借助大规模非活动磁盘阵列等“绿色存储”技术，以期达到环保、延长硬盘使用寿命的要求。畅通单位间的信息互通共享渠道。法院执行部门与银行、房管、工商等部门间互通共享执行查控信息，能有效兑现当事人各项权利。如果再切实提高该信息的互通实时性，可以有效限制被执行人的高消费、出境等行为，推动社会诚信建设。加强对公开数据的挖掘分析。以裁判文书为例，依照审理部门、案件类型、结案事由等维度进行统计分析，可以解析文书的公开趋势。通过类似的公开数据分析，可以设计出均衡结案等预警机制以指导法院工作。

B.14
全媒体时代司法舆论沟通机制的构建

赵兴武　李　钰*

摘　要：　司法通过个案的裁决，能给公众提供某种可预期的行为指引，向社会大众宣示行为规则，因而司法活动备受社会公众关注。本文提出，应在满足公民知情权、表达权、参与权和监督权的基础上，合理构建全媒体时代司法舆论引导机制，从而有效沟通舆论，传播公平正义，引导社会行为，进而提升司法公信力。

关键词：　全媒体　司法舆论　构建

加强司法公正，推进依法治国，人民法院必须外升公信力、内增凝聚力。在当前全媒体环境复杂、司法公信力不彰的情况下，法院在加强审判工作的同时，尤其要重视司法宣传中的舆论沟通工作。要着眼实现司法公正与效率的目标，围绕社会公众心理及信息需求，大力推进司法公开，把握传播规律，创新传播方式。在积极回应关切和真诚应对民意中，着力提高新闻宣传能力、舆论沟通能力和舆情应对能力，为人民法院的审判工作营造良好的舆论氛围。

一　全媒体时代人民法院舆论沟通的困境

随着经济社会改革逐步走向深入，改革过程中涉及体制机制、利益等方

* 赵兴武，江苏省南京市中级人民法院宣传处处长；李钰，江苏省南京市中级人民法院宣传处干部。

面的矛盾与问题大量出现，许多矛盾和问题通过诉讼形式进入法院，人民法院成为矛盾纠纷的“聚集地”、离奇故事的演绎场。同时，随着媒体融合的升级，新媒体和传统媒体共同进入了一个崭新的全媒体时代，媒体传播更具时效性、传播力、影响力。人民法院历来是媒体和公众关注的重点，案件是媒体和公众聚焦的核心。面对新形势新情况，司法部门在积极应对全媒体的发展变化上还面临不少问题。

第一，公众对司法的高需求与司法服务能力形成反差，引发舆论关注。随着经济社会的发展和人民生活水平的提高，社会公众对司法的需求越来越多，期待也越来越高，而司法工作虽然与过去相比取得了长足发展，但仍面临“人少案多”“执行难”等困难和问题，不能完全满足群众日益增长的司法需求。同时，对一些社会普遍关注的案件，一些法官在事实认定、法律适用等方面出现问题，导致案件裁判错误引发炒作。例如，浙江省湖州市南浔区法院一纸判决引发的“临时性强奸”事件，湖北佘祥林被错误认定“杀妻”事件，等等。

第二，公众的传统伦理价值观与现代司法观念形成反差，引发舆论关注。在现实生活中，一些传统地域文化、朴素伦理道德价值观要求跟不上现代司法理念。例如，“杀人偿命”“欠债还钱”与“保障人权”“无罪推定”“诉讼时效”等理念发生碰撞冲突。一些高关注度案件的法律适用由于法官解读不到位，使媒体和公众产生误解，甚至招致怀疑指责。例如，江苏省某法院判决的“中国最后一个流氓罪犯人”案件，被告人赵某某在1996年参与聚众斗殴，导致一死一伤，法院在适用法律时按照“从旧兼从轻”的原则，对赵某某以原《刑法》中的“流氓罪”论处。由于解读不到位，网民以此案为“离奇判决”进行炒作。

第三，公众通畅的民意表达与法官沟通之间形成反差，引发舆论关注。在移动互联网时代，以自媒体为代表的新媒体彻底颠覆了传统的传播模式，人人都是记者，人人都是“麦克风”，民意表达更加便捷通畅。与此同时，在人民法院法官构成中，一批具有高学历、年轻化的法官走向审判岗位，这些青年法官有朝气，知识面宽，法律功底扎实，但与当事人沟通的能力欠缺。审判活动既是应用法律的艺术，也是一门做人的工作的艺术，沟通不畅容易引发对立和矛盾。同时，一些法官由于工作方法简单、案件久拖不决、语言不文明、行为不规范、文书不严谨等司法作风不良，也成为引发炒作的另一诱因。

第四，舆情多元复杂与司法的信息发布及舆论沟通能力之间存在反差，引发舆论关注。转型期社会矛盾多发，当事人和普通民众都容易将社会转型过程中的生活挫折感带入法院，司法领域成为社会不良情绪的“投射板”；一些人法治意识不强，以自身利益得失而不是以法律上的是非曲直来判断法院工作；用“放大镜”看待法院工作瑕疵，对法院工作进行质疑和负面解读，甚至传播谣言，刻意丑化；个别媒体受利益驱动发布不实报道，故意炒作或意图影响案件审判。面对复杂的舆论形势，一些法院观念滞后，在信息发布与舆论引导上方法单一，舆论引导能力欠缺，引发负面舆情。

二　司法舆论沟通困境的原因分析

上述问题的出现，一方面是由于法院自身工作的性质，打官司两相对立，矛盾冲突激烈，很难做到双方都满意；另一方面，法院自身工作不到位，尤其是对全媒体环境下的信息发布与舆论沟通工作研究不够，工作不力，方法不当，应当引起高度重视。

第一，审判执行工作本身存在问题。案件裁判是法院生产的“主要产品”，也是社会公众评价法院工作的主要依据。所谓“案情决定舆情”，公正审判是舆论沟通的基础和前提，若审判执行工作本身存在问题，那么，舆论沟通“硬伤”将难以“愈合”。审判执行工作本身存在的问题主要表现在：个别案件在审判过程中证据不足、事实不清、适用法律不当，导致裁判不公；一些与民众生产生活关联度高、矛盾冲突较大以及一些案件类型新、法律适用难的案件，司法裁判的法律效果与社会效果结合不好；部分案件裁判标准不统一，同案不同判；个别案件裁判生效后，执行不力，成一纸空文；部分法官效率不高、作风不廉、态度不好、释明不够等。这些“硬伤”

的舆论燃点非常低，很容易成为舆论攻击的“靶心”。

第二，审宣工作相脱节。长期以来，司法宣传一直定位于服务审判执行工作的辅助性地位，而没有真正将其放置在与审判执行工作同等重要的地位来看待，审判与宣传“两张皮”问题突出。审判部门在案多人少矛盾突出、办案压力普遍较大的情况下，抱着不管你懂不懂、服不服只要我依法判决就行了的心态，对舆论沟通工作能推则推。宣传部门不了解不掌握审判部门的工作动态和案件情况，舆论引导工作总是“慢半拍”。因而，对可能发生的舆情事件，没有事前的主动策划，只有事后的被动应对，导致舆论沟通事倍功半，效果大打折扣。

第三，舆情应对工作不到位。司法舆情事件从发生、发展到消散，有其特有的规律。通过轨迹分析，科学掌握舆情传播时间节点、空间分布等规律，提升舆情处理能力，可以增强舆情处理的针对性、实效性。然而，现实情况是，一些法院在内设机构中没有专门的宣传部门和专业的宣传人员，更勿论有严谨的舆论沟通流程和规范，在舆情应对上采取“捂盖子”、不理睬甚至放任的态度，随意性较为严重。有的不会信息发布，不懂舆论沟通，导致舆情的二次发酵和次生灾害发生，后果十分严重。

第四，不善于运用新媒体进行宣传。以自媒体为代表的新媒体与传统媒体进行互动共振，形成了并行不悖的“两个舆论场”，“两个舆论场”各具特点，优势互补，新媒体以其信息传播快、覆盖广、式样多、无限量、可匿名、少审查、即时交互、聚集力强的特点，对社会生活的各个方面实现了即时全面、无孔不入的记录和监督，形成了隐形的“压力集团”。传统媒体在发挥信息“管家”，传播渗透、强制引导等作用方面“宝刀不老”。实践表明，“两个舆论场”重叠的部分越大，舆论沟通的针对性和有效性越强。然而，一些法院舆论引导偏重传统媒体的应用，忽视对新媒体宣传领地的主动占领，有的法院还没有开通门户网站、官方微博，缺乏与微博网民进行互动对话的平台。已开通的法院门户网站、微博定位不准确，未能从“教堂”走向“集市”与网民平等互动。在此情形下，法院信息发布与舆论引导很容易陷入“沉默的螺旋”，被网络负面舆论所淹没。

三　合理构建全媒体时代司法舆论沟通机制

在全媒体时代背景下，司法工作要顺势而为，掌握舆论沟通规律，从社会公众和媒体关切入手，加强舆论沟通和信息发布的策划，积极探索有效的舆论沟通方法，内建机制外重沟通，在舆论沟通上打好主动仗，切实提高舆论沟通的综合效能。

（一）构建司法公开与传媒报道良性互动机制

第一，人民法院要为新闻媒体采访报道司法活动创造条件、提供便利。司法公开是人民法院实现司法公正的目标与手段。通过推进庭审公开，让公众走进法庭，在知情、表达、参与、监督中与司法活动“共振”，是最有效的舆论引导方法。因此，人民法院要主动适应新形势下社会公众对司法公开的新需求、新期待，创新公开方法，最大程度上推进司法公开。要坚持做到，凡是公开审理的案件均应以“开庭公告”的形式在法院门户网站及法院门口的电子屏幕上予以预告，并均应准予媒体采访报道。不公开审理的案件必须遵循“法律限定”原则，同时，人民法院有义务将不能公开审理的理由告知媒体。对于公开审判的案件，新闻媒体记者和公众可以凭身份证以公民身份旁听。审判场所座席不足的，应当优先保证媒体和当事人近亲属的需要。有条件的审判法庭可以在旁听席中设立媒体席。对于社会关注的重大典型案件和法院重大举措以及按照有关规定应当向社会公开的其他信息，人民法院应当通过新闻发布会、记者招待会等形式向社会及时发布相关信息。新闻媒体因报道案件审理情况或者法院其他工作需要申请人民法院提供相关资料的，人民法院可以提供裁判文书复印件、庭审笔录、庭审录音录像、规范性文件、指导意见等，如有必要，也可以为媒体提供其他可以公开的背景资料和情况说明。

第二，建立司法公开与传媒报道良性互动的保障制度。一是建立沟通机制。定期召开媒体与人民法院有关人员的工作座谈会，通报工作情况，提出工作注意事项，在畅通沟通渠道中实现司法和传媒报道的共赢。二是建立工作机制。对社会公众关注的话题，可通过召开新闻宣传策划会、通气会等，交代案（事）件背景、基本事实、相关法律法规以及工作报道注意事项，使案（事）件通过媒体报道，在接受监督中保证裁判公正。三是建立协调机制。新闻媒体在采访报道司法活动过程中遇到人民法院违反司法公开规定的，可以及时向人民法院宣传职能部门反映情况，由人民法院宣传职能部门协调做好报道工作。人民法院发现新闻媒体在采访报道法院工作时有损害国家安全和社会公共利益的，泄露国家秘密、商业秘密的；对正在审理的案件报道严重失实或者恶意进行倾向性报道，损害司法权威、影响公正审判的；以侮辱、诽谤等方式损害法官名誉，或者损害当事人名誉权等人格权，侵犯诉讼参与人的隐私和安全的；接受一方当事人请托，歪曲事实，恶意炒作，干扰人民法院审判、执行活动，造成严重不良影响的；等等。这些情形可以向新闻媒体通报情况并提出纠正建议。

（二）构建大宣传格局下的舆情沟通工作机制

第一，完善舆情源头防范机制。关注网民舆论，准确掌握舆情动向，完善舆论引导预案是人民法院真诚应对民意、回应民众关切的基础。在下列情形下，应当制订舆论引导预案进行舆论引导：①制定出台和部署实施容易引起公众与传媒关注的制度规范、改革方案及工作举措前；②群体性、敏感性纠纷、诉讼前已成为社会热点，人民法院在立案受理、开庭审理和公开宣判前；③当事人认为裁判不公，媒体关注的案件在公开宣判前；④类型新、争议大、矛盾易激化的案件在公开宣判前；⑤其他可能引发舆情的情形。

第二，完善舆情应对责任机制。舆情所涉部门是舆情源头防范的第一责任人，宣传部门是舆情监控呈报的第一责任人。宣传部门应当安排专人负责舆情监控，对在监控中发现的舆情，应当以“舆情专报”的形式及时呈报院长和舆情所涉部门的分管院领导，不得漏报、迟报、不报。完善舆情风险评估机制，应当由舆情所涉部门分管院领导，宣传部门、舆情所涉相关部门主要负责人组成舆情风险评估专门小组，负责舆情风险等级评估，提出应对

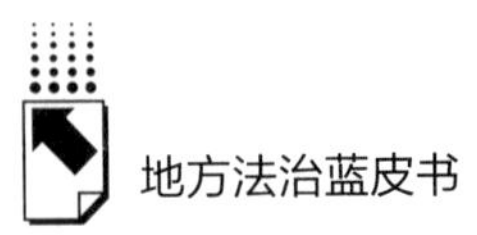

方案，并组织实施。风险评估的内容主要包括案件有无瑕疵或可能受到诟病的地方、公众和舆论的关注和质疑点、舆论反响、应对舆情的措施等。

第三，完善重大案（事）件处置机制。重大、社会关注度高的案件从立案开始，宣传部门要提前介入。庭审前，宣传部门要了解掌握媒体和网民的关注点，制订信息发布与舆论引导的方案；在庭审中，推动审判公开的落实，让公众和媒体在知情和参与中消除误解。宣判后，要根据舆情确定舆论沟通层级、规模、节奏、方式、力度等，使审判与舆论沟通均取得良好效果。例如，南京鼓楼法院审理的王某失火案曾引发社会关注。原因是此案致2名大学生死亡，一名大学生重伤。而对于这一重大案件，辩护人在审判前在网上发布了无罪的辩解，引发网民的同情。为此，鼓楼法院精心策划舆论沟通方案：坚持公开审判，以公开满足公众知情权；把庭审活动作为舆论引导的环节，切实把好案件事实关、证据关、法律适用关，确保裁判公正；庭审后法官接受媒体采访，就该案所涉相关法律问题进行解读，回应公众关切。媒体和网民了解了案件真实情况以及相关的法律规定，对“罪”与“非罪”的界限掌握了，猜疑自然就消除了。

（三）构建主题策划与舆论沟通处置机制

第一，确保裁判公正，使裁判体现民意。有效防止舆情的发生，最重要的是裁判公正。对社会关注案件，除了法官要认真查明事实真相，准确适用法律外，院庭长也要切实加强对案件的审查把关，切实把好案件事实关、证据关、适用法律关，确保裁判公正。例如，南京浦口法院审理的一起食客醉酒溺亡案，谁该担责的纠纷引发社会公众的关注。邓某邀请朋友吃饭，不胜酒力的他散席后醉躺在店外路边，店主老唐好心将其送到他指定的某农科院住所。次日发现，邓某溺亡在某农科院数十米处的河道中。家人将同桌饮酒者、老唐、某农科院、河道管理方等一起告上了法院。此案之所以引发关注，是因为类似案件的情形经常发生在大家身边，公众透过对此案的关注，有助于了解侵权的边界和自身权利维护的方法。庭审中，原被告双方围绕溺亡的责任、各自应承担什么样的责任、责任如何分担等进行辩论。最终法院判决，死者属意外坠亡，自己承担70%的责任；同桌饮酒的表哥朱某未尽到提醒照顾义务，担责15%，某农科院及某养护所未尽到对河道护栏的管理维护义务等，各承担7.5%的责任。店主老唐已尽到主动照顾义务，不仅无责任而且行为值得倡导。该案判决后，媒体和网民齐赞判决合法、合情、合理。

第二，区分不同类型，针对性地做好回应。经过调研发现，涉法网络舆情的形成主要有四种情形：因法官裁判不公或行为不端而引发，因对裁判不理解或对裁判误读而引发，因案件类型新、法律适用争议大而引发，当事人为实现诉求借助媒体炒作而引发。对此，要区别不同情况针对性地做好回应：对裁判不公和法官行为不端的要及时纠正；对裁判误读的要耐心做好法律释明工作；对法律适用有争议的要详尽阐释适法依据；对恶意炒作的也要真诚应对民意，在平等交流中达成共识。

第三，强化主题策划，让舆论沟通释放正能量。在网络媒体时代，面对海量的信息、多元的价值观，在舆论沟通上必须把群众关切、群众需要作为的切入点，把媒体平台的广泛应用作为舆论沟通的手段，把传播内容的落地率、覆盖率、转载率作为舆论引导的目标。案件是社会公众对司法关注的重点。为此，要注重做到：对社会公众高度关注的案件，坚持把解读裁判理由与引导舆论相结合，及时回应公众关切；对与群众生产生活紧密关联的案件，把宣传法律与提高法律适用相结合，强化公民的法律意识；对涉及法律知识较专业的典型案件，把传播公平正义理念与提高公众法律素养培养相结合，增强公众诚信守法的意识。以备受关注的“乐燕故意杀人案”为例，从媒体报道和网民关注的情况看，公众对“乐燕案”的关注点共涉及18个方面的问题，其中包括乐燕案的事实真相、罪名定性、量刑等相关的法律问题，还包括监护制度、信息公开、未成年人权益保障、社会管理等其他方面的问题。在前期充分把握舆情和网民心理的基础上制订新闻发布预案，设置了七大议题，囊括了社会公众和媒体对该案的全部关注点，新闻发布会结束，媒体和网民纷纷对法院审判公开、依法定罪量刑、透彻解读裁判理由“点赞”。

（四）构建自媒体舆论沟通机制

第一，打造自媒体平台。着力打造以官方微博、微信、互联网为代表的自媒体平台，发挥其搜集、梳理、汇总分散于各微博、论坛和网站的涉法舆情信息及整合管理功能，建立有序沟通处理的机制，实现舆情的可控性和应对的及时性。南京中院官方微博“@南京V法院”专门设置“倾听专区”，受理网民投诉，自2013年5月15日开通运行以来，处理信访投诉及建议1000多条。同时，官方微博能在充分把握舆情和网民心理的基础上，设置议题，及时发声，有效引导舆论方向。例如，乐燕案中，在舆论引导过程中，南京中院官方微博对开庭、庭审现场、被告人最后陈述、宣判等庭审重要信息第一时间进行发布，并对新闻发布会进行了全程直播。9月22日，中央人民广播电台《新闻与报纸摘要》把乐燕案作为司法公开的典范予以肯定。

第二，努力做好沟通工作。当前，中国社会处在社会转型期，法治建设还不够完备，法院队伍建设亟待加强，个别法院和少部分法官在公众心目中形象不佳。增强司法公信力，是舆论引导的根本。因此，要加强日常宣传沟通工作，通过不间断的有效宣传，树立人民法院和法官公正、亲民、真诚的形象，获得人民群众信任，消弭负面影响。在形式上，除运用法院互联网发出自己的声音外，还要善于利用新闻发布会、网络论坛、新闻跟帖、博客、播客、微博、手机短信、即时通信工具等最大范围占据网上阵地。在内容上，要围绕审判工作和群众关切，增强宣传内容的可读性，特别是对人民群众痛恨的司法不公、不廉等问题，拿出壮士断腕、除恶务尽的勇气，加强法院队伍建设，使法官真正赢得人民群众的充分信赖。

B.15
法院提升司法公信的淄博实践

中国社会科学院法学研究所法治指数创新工程项目组*

摘　要：　面对案件数量不断增加、信访难、执行难、法官行为不规范等问题，淄博中院提出了创建公信法院的整体思路，自2007年起先后出台一系列文件，在领导持续重视下，通过统一裁判制度，加强审判流程管理，推进司法公开，创新执行机制，强化司法便民建设和人才队伍建设等举措，司法公信得到明显提升。淄博法院在司法公信方面仍存在一些问题和不足，需要从立案、审判、执行、行为规范、司法作风等方面加以改进与完善。

关键词：　淄博　公信法院　司法公信力

党的十八大报告提出要把“司法公信力不断提高”作为深化改革的重要目标，2014年《中共中央关于全面推进依法治国若干重大问题的决定》更是将“保证公正司法，提高司法公信力”作为全面推进依法治国的重要组成部分。时至今日，“公信”已成为公权力机关普遍关注的热点。2013年，最高人民法院发布《关于切实践行司法为民　大力加强公正司法　不断提高司法公信力的若干意见》（法发〔2013〕9号），把提升司法公信力作为重要任务。

* 项目组负责人：田禾，中国社会科学院法学研究所研究员、国家法治指数研究中心主任。项目组成员：吕艳滨、王小梅、栗燕杰、刘雁鹏、徐斌、赵千羚、刘迪、杨芹、马小芳、曹雅楠、周震、徐蕾、宁妍、赵凡、刘永利、宋君杰。执笔人：栗燕杰，中国社会科学院法学研究所助理研究员；田禾。

一　提出目标

淄博中院提出创建公信法院的直接起因是当地法院工作面临的巨大挑战。1980 年，全市法院审结案件为 5037 件；到 2007 年，全市法院审结案件达到 52915 件，增加近十倍。在法院办案压力不断增大的同时，社会各界对法院的质疑也有所抬头，对法官行为不公、不廉的反映时有发生。“信访不信法”“信上不信下”“信官不信法”等现象不断蔓延，折射出社会各界和人民群众对法院的不信任。2006 年，全市法院涉诉信访总量达到 4706 人（件）次，占同期全市法院结案总数的 8.9%，且越级信访和赴省进京非正常信访问题突出，严重扰乱了正常的审判秩序。2006 年，个别法官和干警出现违纪事件，导致法官形象、法院形象受损，队伍中的怨气及消极情绪也不断滋长。

在此背景下，淄博中院提出要通过创建公信法院，内外兼修，提升法院审判执行水平，改善社会各界对司法工作的认识。

二　主要做法

淄博中院“公信法院”创建活动的总体目标是“司法公正、服务高效、管理规范、队伍廉洁、和谐权威、社会认同”，其中，司法公正、服务高效是创建“公信法院”的基本途径，管理规范、队伍廉洁是创建“公信法院”的重要保障，和谐权威、社会认同是创建“公信法院”的最终标准。围绕以上目标，淄博中院先后制定出台《淄博市中级人民法院关于开展“公信法院”创建活动的意见》《淄博市中级人民法院关于进一步深入开展“公信法院”创建活动的通知》《淄博市中级人民法院关于继续深入开展创建“公信法院”活动的通知》《淄博市中级人民法院关于突出以司法作风建设为总抓手继续深化“公信法院”创建活动的通知》等一系列制度文件，将公信法院的创建推向全面化和纵深化。具体做法如下。

（一）统一裁判尺度，确保裁判结果可预期

淄博中院作为全国量刑规范化的试点法院，进行量刑规范化改革，使得量刑活动更为规范透明，量刑结果更令人满意。其做法是规范案件裁判标准、研发量刑辅助软件，推进量刑规范化改革。淄博法院还打造诉讼风险指数平台并推广诉讼风险“五笔账”评估机制。由此，群众不用找法官，只需要根据实际情况回答系统设定的问题，就能算一笔大致的明白放心账。

（二）加强司法流程管理，提升司法行为规范性

实现全程、立体式审判管理。淄博中院专门出台了《淄博市中级人民法院关于强化审判管理的意见》，细化12项一般流程及7项重点，涵盖从案件受理到结案归档的各个环节，实现了案件程序性事项的无缝隙管理。

创新裁判文书网评机制，倒逼裁判文书质量提升。淄博中院依托数字化审判管理平台，将所有生效裁判文书按照流程管理节点上传至法院局域网，实现对文书的网上公示和全员点评，并由此按月评选出最优和最差裁判文书通报全院。这调动了法官的工作积极性，客观上推动了裁判文书的质量提高。

建立群众、当事人参与机制，提升司法规范性。淄博中院通过逐案发放司法评议监督卡、回访当事人等方式，使得一般民众和当事人有更多渠道参与司法、了解司法和监督司法。

（三）推进司法公开建设，让公平看得见

围绕司法公开“三大平台”建设，淄博各级法院建成庭审直播公开系统，实现庭审视频和微博同步直播；加大互联网公布裁判文书工作力度，2015年全市法院共公布生效裁判文书60961份。

在庭审公开方面，淄博中院做到公开质证、公开认证、公开调解，并推行“当庭释法答疑”工作法，承办法官当庭主动答复当事人的问题，避免

遮遮掩掩给当事人带来种种疑虑。在二审阶段，淄博中院秉承“以公开审理为原则，以不公开审理为例外”，积极推行二审案件开庭审理，逐步提高二审案件公开开庭比率。自2010年以来，淄博两级法院法官深入企业、乡村、社区、学校等开展开庭、听证、合议、调解工作，让普通百姓走近司法、了解司法。

在统计信息公开方面，淄博中院建立起审判执行情况向社会发布制度。近年来，先后发布行政审判白皮书、知识产权司法保护等白皮书20余次，有效回应了新闻媒体、人民群众对司法热点难点的关注，增强了社会各界对当地法院工作的理解和信任。

淄博中院还研发出手机APP案件信息公开查询平台。法院将特定二维码标识附于受理案件通知书左下方，当事人扫描二维码即可下载并安装查询客户端。受理案件通知书上列明了案件信息查询的三种方式。应用该APP软件，当事人可以查询包括案号、案由、案件来源、审判程序、承办部门及承办人等十项信息。

（四）多管齐下提升执行力，保障合法权益实现

淄博两级法院注重标本兼治，最大限度实现胜诉当事人合法权益。

在治标层面，淄博中院开展了涉民生案件集中执行等专项执行活动。对拖欠农民工工资和工程款、损害赔偿、劳动争议等涉及民生的案件，开辟“绿色通道”，优先立案执行。全市法院已多次组织开展拖欠农民工工资和涉及特困群体案件专项执行活动。加大对恶意逃避债务履行行为的制裁力度，加大逃避执行的违法成本。2015年，全市法院与公安、车管、房产、国土、银行等联合采取查控措施，并组织开展强制执行月等专项活动，对1182人依法采取司法拘留措施。

在治本层面，淄博中院注重理顺司法执行体制，健全执行的成效工作机制，特别是争取市委转发了《市法院党组关于切实解决“执行难”问题的报告》等文件，探索建立金融司法查控系统，推进执行指挥中心建设等。

（五）加强司法便民机制建设，方便群众诉讼

2015 年，淄博中院落实立案登记制要求，组织召开全市法院落实立案登记制改革工作推进会议，就相关工作进行安排部署，严格按照中央《关于人民法院推行立案登记制改革的意见》和最高人民法院《关于人民法院登记立案若干问题的规定》要求，对依法应当受理的案件，做到有案必立、有诉必理，确保了立案登记制改革顺利推进。淄博两级法院还着力打造便民诉讼立案网络。对于当事人直接向人民法庭起诉的案件，经审查认为符合人民法庭受理条件而决定立案的，人民法庭应及时予以立案，并将当事人的基本情况、案由、简要案情报送法院立案庭统一编号并纳入审判流程管理。

建立律师服务平台，依托律师服务平台统一为律师群体提供网上提交、申请、送达、指挥中心直播、查询、辅助、留言 7 大类 25 项服务，服务涵盖了立案、审判、执行、信访各个阶段，律师通过执业证号和密码登陆平台就可以向法院申请立案、保全，网上提交或接收诉讼材料法律文书等，还可以观看庭审直播、查询案件进展情况。该平台的建成和利用，不仅便利了律师和法官的交流，而且为律师监督司法活动提供了新渠道。

完善便民诉讼网络。早在 2008 年，淄博就在不设法庭的乡镇设置“法官便民工作站”，实行窗口化、一站式、综合性服务，承担案件受理、法律服务、矛盾调处、指导民调、预警联动五项职能。在部分村居设立诉讼服务点，选聘司法联络员。发展至今，各镇街均已设有法官便民工作站。由此，淄博两级法院的矛盾化解功能均能抵达“神经末梢”，“1 小时司法服务圈”全面建立。

依托全市社会治理三级网格，建立了以人民法庭为中心、法官便民工作站为触角、便民联络员为纽带的工作体系。

探索“最短审限工作法”。审理期限的缩短，是司法效率提高的重要表现，对于尽快恢复社会秩序，尽快实现公平正义有重要意义。针对年底突击结案，年底不再收案等不良现象，淄博中院大力推行“最短审限工作法”，建立实行按月均衡结案制度，较好平衡了审判效率与审判质量，并大幅缩短

了案件的平均审理期限。

探索二审案件就地开庭机制。淄博中院为方便群众打官司，到基层法院公开开庭审理二审上诉案件，避免了当事人上诉的奔波之苦。

（六）加强法院人才队伍建设，提供智力支持

开展“人才引进”工程。自2008年以来，每年招录10名左右具备研究生学历且通过国家司法考试的高素质人才。同时，每年引进事业编制的财务、计算机等专业人才2～3名，并于2012年首次面向社会公开招考10名事业编制书记员，有效解决了司法辅助人员数量不足、流动性大等问题。2008年到2014年，淄博中院先后从基层法院遴选优秀法官19名、6名德才兼备的中层干部到基层法院担任院长职务。

强化审判作风建设。出台《淄博市中级人民法院进一步加强审判作风建设的意见》，要求牢固树立政治意识、自律意识、以当事人为本意识和认真务实意识，集中解决好对待当事人冷硬横推、吃拿卡要等问题。

严查司法违法违纪行为。将严肃查办“关系案、人情案、金钱案”作为查处司法违法违纪的重点。近三年来收到的有效举报案件共227件。对于列入查处的举报案件，均依法依规予以自办或转办；对上级机关和领导督办的案件，结案率达100%。

经过持续深入推进“公信法院”建设，淄博中院的审判执行工作、队伍建设等都取得了新发展，迈上新台阶。该院先后被最高法院表彰为全国法院刑事审判工作先进集体、全国法院立案信访窗口建设先进集体、全国法院司法警察执法规范化活动先进单位、全国法院纪检监察工作先进集体，被最高法院确定为全省唯一一家行政审判联系点中院；分别被省法院及市委、市政府荣记集体二等功。2007年最高人民法院以简报形式刊载了该院开展“公信法院”创建活动的做法，《人民法院报》多次头版、整版进行宣传报道。2007年底，该院在市委组织的对市直单位和部门考核排名中，由第98名上升到第16名；2008年起，该院党组连续被市委评为目标管理考核优秀

领导班子。2010 年 12 月，该院在全省政法工作会议上作了题为“创建‘公信法院’、推进三项重点工作”的典型发言，社会各界对该院工作评价的满意度、认可度不断提升。2015 年，淄博中院被省法院表彰为全省法院信息化工作先进集体。

三 经验总结

淄博中院创建“公信法院”取得了显著成效。其主要经验如下。

（一）领导重视常抓不懈

淄博两级法院的公信法院建设之所以取得显著成效，与领导重视是分不开的。自 2007 年初在全国法院系统率先提出创建“公信法院”的总体思路以来，淄博中院始终以此作为鲜明主线和重要抓手，边探索边总结、边实践边强化，坚持做到年年有主题、有部署、有目标、有举措，从理论上、实践上、制度上加强探索创新，可谓久久为功。

（二）强化制度机制建设

淄博中院自公信法院创建之始，就高度注重制度化建设和考核机制的建立完善，其《“公信法院”创建制度文件汇编》已汇集相关司法文件、意见、细则近百篇，总字数逾 30 万字。依靠一系列制度、配套机制的出台，淄博两级法院在公信法院创建方面实现了有规可依。

（三）通过绩效考评提升工作实效

淄博中院每年出台“公信法院”考核办法，从审判执行、队伍建设、社会评价、管理指导等方面对基层法院创建“公信法院”进行考核。在结果应用上，将考评结果与评先评优、干部使用等有效衔接。淄博中院还注重独立第三方在测评中的作用，进一步提升测评的客观性和科学性。

（四）注重信息技术应用

淄博中院紧紧围绕“把握问题导向、强化深度融合”工作定位，积极推动“互联网+”背景下的信息化建设和应用的转型升级，打造了具有淄博法院特色的信息化之路。特别是把信息化工作摆在更加突出的位置，与审判执行工作同部署、同落实、同检查，着力打造了诉讼服务平台、司法公开平台、新媒体平台、审判管理平台、远程视频接访平台，抓好了信息化建设和法院工作的结合点、切入点。

四　面临的主要问题

从全国范围看，淄博两级法院在内的不少法院在司法公信方面进行了持续而卓有成效的努力，但仍面临一些问题和困难，主要表现在以下方面。

（一）制度化、常规化实施尚未完全到位

公信法院的建设需要以制度规范的持续实施为依托，否则如“逆水行舟，不进则退”。虽然淄博中院有重视制度建设的优良传统，但制度化、常态化的实施，并未完全到位。比如，其行政审判白皮书等白皮书的发布，起到良好效果。但2012年发布行政审判白皮书之后，迄今再未发布过行政审判白皮书。项目组认为，此类白皮书应当尽可能实现按年度定期发布。

（二）与社会互动水平仍显不足

法谚云：正义不但应当实现，而且应当以看得见的方式实现。公信法院的建设，必须落脚在公众的认识和评价上。淄博中院的公信法院建设，更多注重“苦练内功”，与社会大众的互动略显不足。一是做得多说得少。淄博中院许多提升便民度、透明度、公正度的做法创新，经验总结不够，对外宣传不够，这不利于社会各界对淄博中院工作的评价。二是存在

互动对象的失衡。对于人大代表、政协委员、特邀监督员等具有特殊身份的群体，沟通互动相对较为充分。通过认真做好人大代表议案、批评建议和政协委员提案办理工作，并通过上门走访、电话沟通等多种方式，及时反馈办理结果，确保事事有着落；但对于普通民众、新闻媒体，则还存在互动不足的问题。

（三）考核评价指标的科学性需进一步提升

为创建“公信法院”，淄博中院围绕案件质量效率、队伍建设、社会评价、管理指导等四个方面制定了具体的考核标准，并确立 34 项量化指标。但总体上，其量化考核仍处于起步阶段。一是在实施主体上，其量化考核依赖法官本人填报相关信息，既增加了工作量，客观性也打了折扣。二是就指标本身而言，一些指标不够客观。比如，有考核指标要求“认真落实……的”，得满分；落实不到位的，扣若干分。但是否认真落实，这种指标本身就缺乏客观性，打分时的人情等因素难免渗透在内。三是一些考核指标设置不够科学。比如，将调解撤诉率作为审判工作质效考核的组成部分。这容易挫伤法官当判则判的积极性，存在滥用调解、压制当事人撤诉的可能性。调解撤诉率是否越高越好，在司法理论和审判实践中都存在一定争议，不宜纳入考核。再如，将赴省进京访、重点时期上访人员稳控率等纳入考核指标，既不利于法官依法独立审判，也导致一些当事人、代理人以此刁难要挟法官。

（四）外部不利因素影响制约较大

社会环境因素的影响和制约，是许多法院在提升司法公信力时共同面对的外部问题。比如，近年来，媒体对司法负面的消极报道较多，这是必须正视的事实。再如，法院系统腐败的出现，对整个司法系统的公信力势必造成损害。又如，一些社会公众、当事人对司法机关存在排斥抵触心理，甚至故意拒不履行法院生效裁判。

（五）人少案多矛盾更加突出

中国自古以来就有远离诉讼的文化传统，以诉为耻、厌恶诉讼、畏惧诉讼是国人的习惯心理，一度被认为是中国文化的重要特征。但是，改革开放以来特别是21世纪以来，随着价值观的多元化和经济社会发展，人民法院受案数表现出明显的增长趋势。2008年全国法院受理案件总数首次突破千万件，到2014年，各级法院受理案件已接近1.6千万件。随着立案登记制改革的实施，案件量再次出现爆炸式增长。

与案件量快速增长形成鲜明对比的是，法官数量并无显著增加。1995年全国法院工作人员数量即超过28万人，其中法官人数约16.8万人；到2005年全国法院工作人员数量约29.7万人，其中法官约18.9万人；2013年则分别为33.8万和19.6万人。显然，法院工作人员、法官数量的增长远远落后于案件数量的增长速度。与此同时，受到工资待遇相对低、级别晋升比较慢、工作强度非常大以及信访压力等不确定因素的影响，一些法官干警工作积极性下降，有的甚至通过各种途径离开法院，不少法院人才流失严重。比如，2014年全年上海法院系统共有105人离职，其中86人为法官，法官流失人数较2013年同比上升91.1%。2015年第一季度，上海法院系统共有50人离职，其中法官18人①。

许多法院人少案多的矛盾日渐凸显，一些法官办案压力较大，难以兼顾案件审理的质量和效率。随着案件管理系统的普遍引入适用，法定期限内审结案件的压力加大，更使得部分法官开始片面追求案件审理数量、审限内结案率，而放松了对案件审理质量的要求。但与此同时，大量社会矛盾化解难度较大，群众权利意识、程序意识提高，对案件审理质量的要求更是空前。这使得案件审理质量问题日益严峻化。

① 参见王烨捷、周凯《拿什么“挽救”日益严峻的青年法官流失问题》，原载《中国青年报》，转引自中国法院网，http：//www.chinacourt.org/article/detail/2015/04/id/1598077.shtml，最后访问日期：2015年10月20日。

五　展望与建议

加强公信法院建设，提升司法公信力，仍存在一些可以改进的空间，应当以司法改革为契机，进一步完善司法公正、司法为民的制度机制。

（一）继续加强司法规范化建设

法院的司法规范化建设，要以提升司法质量和改进司法活动的外在形象为目标，应本着问题导向，通过测评、自评、公众反馈等多种渠道，搜集梳理其在立案、审判、执行等方面存在的突出问题，有针对性地加以纠正、克服。

（二）实现阳光司法的常态化、长效化

司法公开的推进，应当与法院日常的审判执行工作有机结合起来，以确保司法公开工作在切实提升司法水平、规范司法权力、提升司法公信力方面发挥应有的作用。只有步入制度化轨道，司法公开工作才能持续稳步发展。为此，应当进一步完善司法公开的制度机制，确立领导体制和工作机制，明确划分上下级法院之间、法院各庭室之间的职责权限分工，科学设计司法公开与信息化建设的规划。

（三）不断提升司法执行能力

执行难问题虽然经过多年治理，但至今仍是不同程度困扰着各地法院的普遍性难题。对此，应当内外兼修提升法院的执行能力。

在着力整治法院执行机构消极执行、乱执行、执行程序不够高效便民的同时，对于拒不执行判决裁定和暴力抗拒执行等违法犯罪行为应予以严厉打击。被执行人之所以敢于无视乃至蔑视生效法律文书，逃避乃至抗拒执行，除了执行本身的体制机制不健全之外，还因为对不配合和故意不履行的被执行人的惩戒机制手段有限，运用不足，威慑效果较差。必须清醒意识到，当

不履行义务的被执行人无法从事商业交易活动，甚至无法开展正常的社会活动，逃债赖债的违法成本大大增加时，理性的经济主体就会趋利避害，配合司法执行，进而有效缓解执行难问题。对此，公检法应当相互配合，并考虑在制度层面将拒执罪改为既可公诉、亦可自诉，充分应用刑罚机制，提升被执行人对生效法律文书的敬畏之心、配合之心和自觉执行意识。

在制度建设层面，继续深入完善执行流程管理、公开听证、异议复议、网上拍卖等相关制度机制，既要提升法院执行的能力，又要保护被执行人、案外人的合法权益。要改进执行工作作风，通过机制创新解决申请执行门难进、脸难看、事难办诸种问题。项目组在浙江、广东、重庆、北京等地的调研测评结果显示，申请执行人对法院的不满，既有司法执行不到位的实体问题，也有申请人联系不上法官、电话打不通或没人接、法院工作人员不耐烦甚至态度粗暴等问题。这在一些案件存在客观执行不能，而民众权利意识、主人翁观念日渐强化的当下，是导致申请执行人对法院怨气累积的诱因。显然，改进执行机制和程序，完善告知机制，创新联系方式，改进工作作风，对于提升司法公信力都有正面作用。

（四）创新完善涉法涉诉信访制度

信访工作是法院与普通群众联络最密切的工作之一。一些普通群众对司法工作的评价，与对司法信访工作的看法有密切关联。应当采取措施，切实扭转“信访不信法”现象。通过完善申请再审和申诉立案受理制度，分流涉法的信访案件量，并实施涉法信访的终结机制。进一步加强信访工作的信息化和网络化建设，让群众足不出户便可从网上提出信访申请，实现网上受理、网上答复。

（五）完善相关测评考核抓手

公信法院测评要发挥好全面改进司法工作的重要抓手作用，测评结果是否可应用是重要衡量因素。为此，应加强测评指标的精细化程度。测评指标的要求，不应停留在表面上的一般性要求，而应不断走向纵深、细致化，使得被测评的法庭、法官可以依据指标来纠偏司法行为，倒逼各项工作的规范化。

（六）强化编制经费保障机制

随着司法人员出现流失和案件数量的逐年剧增，人少案多是包括淄博法院在内的国内许多法院面临的普遍性问题。提升司法公信力，给司法机关提出了远高于法律、司法解释规定的新要求，这对于司法活动质量提出了更严格的要求。大量工作在一线的办案人员的实际工作状态需要关注，实际困难应予解决。因此，必须将司法队伍建设作为工作重点内容。一方面，应当结合当下正在进行的司法员额制改革，根据自身案件量和发展态势，为两级法院争取合理的法官员额规模。另一方面，应当继续加强法官素质技能培训，提升其法律专业能力和应用现代信息技术的能力，有效增强其司法裁判、执行的质量和效率。

B.16
义乌民营企业知识产权的司法保护

义乌市人民法院课题组*

摘　要：随着义乌市国际贸易综合改革试点工作的开展，义乌民营企业的知识产权意识与自主开发能力同步增强。义乌法院受理的涉民营企业知识产权纠纷案件逐年增加，新类型案件不断涌现。调研表明，民营企业的知识产权存在知识产权需求与保护不平衡、保护不足与保护过度并存、自主创新能力和被控侵权时的防御能力均不足等问题。对此，应当构建以司法为主导的民营企业知识产权保护机制，发挥司法保护的主导作用，将行政执法与司法程序顺畅衔接，加大政府对民营企业的扶持与保护等。

关键词：民营企业　知识产权　司法保护

一　义乌民营企业知识产权现状

（一）义乌民营企业发展概况

浙江省义乌市被联合国、世界银行等权威机构确定为全球最大的小商品

* 课题组负责人：钱建军，浙江省义乌市人民法院院长。课题组成员：龚益卿，浙江省义乌市人民法院知识产权庭庭长；张婷，浙江省义乌市人民法院知识产权庭助理审判员。执笔人：张婷。

批发市场，拥有市场经营面积500多万平方米，有7万余个商位、170多万种商品，市场外向度达到60%，1万多外商常驻，商品出口到215个国家和地区，经济活跃、人员流动密集。民营经济在带动义乌经济发展和振兴地方经济方面起到了重要作用，尤其在增加地方财政收入、增加居民收入、解决劳动就业、推动经济发展、调整经济结构等方面，发挥着越来越积极的作用。

根据义乌小商品批发市场的特色，义乌民营企业大致可以分为三类。一类是规模以上企业。2013年，义乌年主营业务收入在2000万元及以上的工业企业总数达789家，工业总产值776.8亿元，一大批民营企业迅速发展壮大，如浪莎针织有限公司、浙江三鼎织造有限公司、浙江新光饰品股份有限公司等企业，成为行业发展的排头兵。一类是中小型企业。义乌的中小型企业从无到有，不断发展壮大，已逐步拓展至多个领域。一类是个体私营企业。义乌小商品市场上的个体经营户有65800户，2013年全年的成交额为683亿元。2013年，义乌市政府出台《支持个体工商户转型升级为企业及小微企业规范升级工作实施意见》，义乌个体工商户掀起了一股转企业的高潮，已有7884家个体户转为企业，注册资（本）金总额137878.7万元①。

从义乌民营企业近年来的情况可以看出其具有许多鲜明的特点，如发展迅猛，规模不断扩大，经济总量急速增长；制造业与贸易服务行业同步发展；国际化迅速提升，成为对外贸易的主角等。但是，民营企业在快速发展的同时，也面临着各方面的风险，其中知识产权法律风险最容易被忽视，如果处理不慎，将会给企业的正常运营和持续发展带来严重的影响。义乌民营企业家族式管理模式明显，经营管理者文化素质低、现代企业管理知识缺乏、人力资源不足等问题，已成为义乌经济发展的主要障碍。义乌民营企业主要从小商品的贸易行业入手，再向制造业发展，都是从资金门槛和科技含量低的产业入手，比较“擅长”做缺乏技术含量的模仿工作，阻碍了企业的创新持续发展。要实现义乌民营经济的转型升级，关键在于企业能否拥有自主知识产权，提高企业的自主创新能力。

---

① 数据均来自义乌市市场监管局统计。

（二）民营企业知识产权拥有和管理现状

为了解义乌民营企业知识产权拥有和管理现状，义乌法院 2015 年从义乌工商局提供的中小型企业名录中随机抽取了 83 家获得创新型企业荣誉的企业，进行了问卷调查。结果显示，随着经济发展空间的不断扩大，义乌民营企业对知识产权的认知和重视程度逐步提升，知识产权意识与自主开发能力不断增强。

首先，民营企业知识产权的拥有量大幅上升。接受调研的 83 家企业有 77 家企业拥有自己的专利，企业专利拥有量达到 92.77%；有 79 家企业拥有自己的商标，商标拥有量已达 95.18%；有 43 家企业拥有自己的版权，版权拥有量达到 51.81%。民营企业均认识到专利对于企业自主发展、商标对于企业有效发展的重要性，注重研发、培育相关专利、商标，提高产品在技术上的竞争力，实行商标、商号和品牌的创建战略，为增强企业核心竞争力奠定了良好的基础。

其次，民营企业知识产权保护意识普遍增强。接受调研的绝大部分企业将自主创新的科技成果形成知识产权予以保护，有 74 家企业拥有与其特点相适应的知识产权研发模式，包括企业内部研发、委托外部研发、建立产学研基地以及受让获得知识产权等，有 56 家企业制定了明确具体的知识产权保护和发展规划，另有 18 家企业虽然没有制定明确具体的规划，但在实际生产经营中把知识产权问题纳入企业发展的全局性谋划中予以考虑。

再次，民营企业知识产权的管理机制初步建立。一般认为，企业知识产权管理是企业为充分发挥知识产权制度在企业发展中的重要作用，运用知识产权制度的特性和功能，从法律、经济和科技的角度对企业知识产权的开发、保护、营运，从而进行有计划的组织、协调、谋划和利用的活动[①]。企业知识产权管理包括机构管理、人员管理、制度管理、信息管理、经营管理、纠纷管理等方面。参与调研的 83 家企业中，有 33 家企业设立了专门的

① 梅术文：《企业知识产权管理八要点》，《电子知识产权》2006 年第 12 期。

知识产权管理机构，约占 39.76%；有 40 家企业由企业的其他部门管理知识产权事务，约占 48.19%；有 73 家企业由企业内部的法务部门或外聘律师管理公司的知识产权事务，约占 87.95%；有 59 家企业制定了明确具体的知识产权管理制度，约占 71.08%。

最后，民营企业知识产权双轨制保护体系初步建立。在知识产权保护方式上，除了可以采取司法救济途径以外，还可以采取行政救济途径。知识产权行政执法机构通过行政管理方式，在保护作为私权利的知识产权的同时，维护社会公共利益。参与调研的企业在遭遇知识产权纠纷的问题上同时通过行政途径及司法途径解决的有 5 家，完全通过自行和解的有 8 家；企业在选择行政途径维权时，采取向工商部门举报的 51 家，向海关举报（海关知识产权备案）的 6 家，直接向国家相关知识产权部门申请主张权利无效的 13 家。

二　义乌民营企业知识产权面临的问题及原因分析

（一）存在的问题

1. 企业对知识产权需求与保护不平衡

义乌特有的经济发展方式，导致民营企业发展不平衡，小商品市场的繁荣发展也决定了大量微小企业甚至个体经营户的存在。义乌三类民营企业发展程度不同，导致企业对知识产权的需求和保护程度也不同。部分中小企业以及个体私营企业主要从事劳动密集型行业，本身对科技要求不高，不重视科技创新，知识产权保护意识不强，因此对知识产权的需求和保护程度不高；规模以上企业从事知识密集型行业，重视知识产权开发、管理、经营以及保护，及时申请专利，进行商标保护以及采取产品配方秘密保护等措施，甚至依托科研院所进行科技创新或者直接向这些单位购买知识产权，因此对知识产权的需求和保护程度很高。参与调研的企业知识产权拥有量在 20 件（项）以上的有 53 家，知识产权拥有量在 20 件（项）以下的有 30 家，设有完善的知识产权管理机制的有 71 家，既没有设立知识产权管理机构也没有设置知识产权管理人员的有 12 家。

2. 企业知识产权保护不足与保护过度并存

一方面，建立既符合知识产权科学原理、技术市场的客观规律，又符合自身发展条件的知识产权管理制度，是知识产权充分发挥效益的制度保障。然而，义乌民营企业普遍缺少知识产权管理机构，知识产权管理尚未形成制度化，落后的知识产权管理状况使得很多企业遭受巨大损失。一旦发生知识产权侵权纠纷，义乌民营企业维权效果不明显，很少采取司法途径和行政途径解决侵权纠纷，有相当数量的企业选择自行协商和解，若和解不成，只能放弃维权。

另一方面，由于中国知识产权制度仍不完善，知识产权滥用行为时有发生，不当利益驱使导致过度行使诉权。知识产权权利持有人超出法定范围行使其权利，或者利用其权利从事违法活动，或者将原本不存在的“权利”作为知识产权行使，构成知识产权滥用行为①。有些权利人违反或超出规定创设、行使知识产权或者寻求知识产权侵权救济，容易构成知识产权滥用。例如，义乌法院在审理某日用品公司诉陈某商标侵权一案中，发现原告大量注册囤积商标达 50 余件，但实际并未投入使用。再如，原告穆哈拉德起诉五家市场经营户商标侵权系列案件中，各被告均抗辩被控侵权产品上的商标在原告申请国内注册之前已在国外使用多年，原告有抢注国外知名商标的嫌疑。

3. 企业自主创新能力和被控侵权时的防御能力均不足

义乌民营企业的产品大多定位在初级产品，普遍存在着贴牌生产的情况，虽然在短期内积聚了大量资本，但企业的开拓和创新能力不足，自主知识产权不多，制约自身的长远发展。尽管近年来义乌民营企业知识产权申请量大幅上升，但是大多数限于外观设计、版权，发明创造申请较少，知识产权的质量和含金量不高，核心技术缺失，存在着分布面不宽、结构不尽合理等问题。参与调查的企业拥有的知识产权价值占企业总资产的比例平均为

---

① 李顺德：《知识产权保护与防止滥用》，《知识产权》2012 年第 9 期。

23.48%，平均转化率仅为63.54%。

义乌民营企业面对频繁发生的被控知识产权侵权案件，明显表现出准备不足、缺乏有效的防御能力等问题。由于义乌民营企业对知识产权法律规定不甚明了，运用相关的版权、专利、商标的抗辩事由进行抗辩的能力以及举证能力均不足，在诉讼中的表现不够理性和成熟。近三年来，义乌法院审结的778件企业作为被告的知识产权民事案件中，仅有42件是由于被告举证证明其不侵权而撤诉或被驳回。

4. 知识产权"双轨制"保护模式存在诸多局限

与国外的知识产权保护大都通过司法途径解决不同，中国为加大对知识产权的保护力度，建立了特有的行政保护和司法保护"两条途径，并行运作"的知识产权双轨制保护模式。2007年，义乌市委、市政府联合法院、科技局、工商局、文广新局等成立知识产权工作领导小组，设立保护知识产权举报投诉服务中心，受理涉及义乌市行政区域的有关侵犯商标权、专利权、版权等各类知识产权案件的举报和投诉，对受理的案件依据职权分工转交分流到相应的行政执法机关和公安、司法机关依法办理，并将知识产权保护工作与整顿和规范市场经济秩序工作紧密结合。在知识产权"双轨制"保护模式下，行政执法与司法并存，部门多，程序烦琐，管辖权不明确，人民法院在同一案件已经进入或者经过行政执法程序后，仍然有管辖权，行政和司法的冲突不可避免。这主要表现为以下几方面的问题。一是司法与行政在认定侵权的标准方面产生冲突。尤其在出现知识产权侵权纠纷时，行政保护和司法保护同时或先后介入同一案件时，对其中涉及的权利有效性、侵权认定等问题出现结论不一致的现象。二是程序设置烦琐影响维权效果。知识产权行政和司法保护程序设置烦琐，效率不高，容易导致循环诉讼的发生，不仅造成行政和司法资源的浪费，也不利于知识产权人权利的保护。三是行政执法程序与诉讼程序衔接不畅。相关行政执法部门在查处知识产权违法案件过程中，对侵权行为进行处罚之后，不对权利人进行通报，导致权利人根本不知道自己的权利受到了侵害，自然也不会提起民事诉讼，对涉及刑事责任的案件未如数移送司法机关审理。例如，近三年来，义乌工商行政管理部门共查处各类商标违法案件2643件，而移送司法机关追究刑事责任的案件只有92件，行政处罚后权利人又提起民事诉讼的仅为271件（基本上都是境外权利人通过国内代理机构提起）。

（二）主要原因分析

1. 企业自身层面

首先，知识产权法律意识淡薄。虽然义乌民营企业逐渐意识到知识产权对企业发展的重要性，知识产权保护意识逐步提高，但仍然不善于利用知识产权法律制度来保护自有技术创新成果，也不善于利用知识产权法律制度应对知识产权侵权诉讼及行政处罚。作为调研对象的100家企业中，有17家认为知识产权与其关系不大而未填写调查问卷。

其次，知识产权管理和运用水平差。义乌民营企业往往是家族式的经营，所有权和经营权高度统一，经营机制不灵活，导致缺少专业的管理机构、管理人员和管理制度，信息应用能力差等问题。虽然有些企业建立了知识产权管理机构，但由于管理不规范、职能不明确，知识产权管理作用未能发挥。

最后，知识产权人才缺乏，流失严重。义乌民营企业对专业人才不够重视，技术人员和管理人员在素质层次上要逊色于大企业，尤其是中小型企业和个体私营企业大多数没有自己的科研人才和科研资源，导致企业自主创新能力缺乏，市场竞争力不强，更加影响到企业的发展速度和规模。而且，企业忽视对知识产权人才的奖励和教育制度建设，难以吸引和留住专有人才，同时造成企业核心技术流失，参与调研的企业仅有32家与技术人员签订了知识产权保密协议和竞业禁止协议。

2. 外部环境层面

首先，知识产权活动与政府行为有密切关系。政府可以通过引导、鼓励民营企业发展知识产权，加强知识产权产业化扶持。然而，政府在引导和鼓励发展知识产权方面仍有不足，主要体现在对涉及知识产权保护的法律法规的宣传、普及工作深度、力度不够，涉及知识产权管理的行政部门设置不合理，部门之间缺乏高效的协调与配合，相关设施与制度不健全等。从调查问卷的结果分析，大多数企业认为政府在科技创新与科技保护、企业知识产权指导、管理、服务方面的支持不够，需要政府加强对企业知识产权管理工作的指导和帮助。

其次，知识产权相关行政部门在对知识产权的授权管理、检索服务、侵权查处等方面的职能有所欠缺，知识产权的行政保护存在无法避免的局限性，在较长时间内将无法解决，主要表现在以下方面。一是相关行政机构职能分散、职权不明。除了知识产权工作领导小组外，义乌尚无专门统一的知识产权行政机构[①]。知识产权工作领导小组日常事务主要由科技局负责，科技局还负责义乌专利的管理和保护，但并无行政执法权；文广新局负责版权的管理和保护；工商局负责商标的管理和保护；质监局负责产品质量的行政监管，同时也在行使知识产权的保护职责。二是相关行政机关工作人员的专业水平不足。由于知识产权管理机关的工作人员的职业要求，知识产权案件专业性、技术性的特点，行政机关工作人员欠缺知识产权的专业知识及法律知识，不能很好地胜任知识产权执法工作。三是行政执法的手段、力度有限。知识产权行政执法手段比较有限，主要是现场检查、查询和复印资料、查封或扣押产品和行政罚款等措施。因缺乏行使强制措施的职权，在查处违法行为的过程中往往需要公安机关的配合，所以行政机关查处侵权的行政执法力度要明显弱于公安机关追究侵权人刑事责任的司法打击力度。

最后，由于司法保护知识产权的法律制度不够健全和完善，司法保护的作用还远远没有充分发挥。通过前述问卷调查发现，参与调研的83家企业认为在开展知识产权诉讼维权过程中遇到取证困难的有25家，约占30.12%，诉讼周期长的有20家，约占24.10%，维权成本高的有25家，约占30.12%。结合调查问卷及对近三年来义乌法院受理的涉企业知识产权民事案件的分析，义乌企业在知识产权司法保护方面存在以下困难。

（1）证据搜集困难。民营企业不善于利用知识产权法律制度，再加上

① 2014年上半年，根据国家统一规定，义乌设立了市场监管局，主管食品安全，由于义乌没有统一的知识产权管理机构，故暂由该机构统一管理知识产权工作，但是该机构至今权责不明，人员配备不足，仍然存在本文所述的局限性。

相关检索信息较难搜集，导致企业作为原告为证明侵犯知识产权的行为而进行的取证工作比较困难，取得的证据还要防止因真实性、证明力等问题而被否定；企业作为被告为证明权利人的权利有瑕疵以及合理抗辩事由的取证工作也同样困难，不具备相应的技术能力。

（2）企业通过诉讼方式维权成本高，民事赔偿不足以弥补损失，挫伤了权利主体的维权积极性。例如，义乌海关查扣到的商标侵权案件中侵权人大多是皮包公司，约占此类案件总数的 79%；义乌市场上被控侵权的对象大多为租赁经营户，约占此类案件总数的 76%，若判决赔偿，权利人往往最后很难拿到赔偿款。而对近三年义乌法院共计 895 件判决和调解的案件统计，平均每件案件的获赔额不足 2 万元。

（3）审理期限与新产品市场周期存在矛盾。新产品一旦投放市场，往往短时间内就有仿冒产品出现，然而知识产权民事案件周期长，过程复杂，增加了原告的诉讼成本。例如，2012 年至 2014 年 9 月，义乌法院共受理专利侵权类纠纷案件 797 件，审结 787 件，平均耗时 84. 93 天；另外由于被告向国家专利局提出专利无效申请而中止审理的有 25 件案件，其中有 17 件案件审限超 12 个月。

（4）对地方保护的顾虑。各地方对知识产权的保护力度不同，主要表现在两个方面：一是对相关法律文件执法标准不一、执行力度较弱，甚至有些地方政府利用体制上的一些漏洞人为设置一些障碍，使得维权之路异常艰辛；二是地方政府考虑到地方经济的发展，打击力度存在欠缺①。

三　义乌法院构建以司法为主导的知识产权保护机制的实践

为了解决本地民营企业知识产权保护中遇到的难题，为企业健康发展服务，义乌法院积极探索构建以司法为主导的知识产权保护机制。

① 陈礼永：《政府参与企业知识产权保护的角色重构》，《法制与社会》2009 年第 7 期（上）。

（一）发挥司法保护的主导作用

知识产权是一种界定知识财产权利形态的制度安排，它以私权的名义强调了知识财产私人所有的法律性质[①]。从私权救济方式和损害赔偿的角度来看，司法保护符合私权救济的基本要求，是寻求私权损害赔偿的最佳模式。司法保护在民事诉讼、行政诉讼和刑事诉讼中可以为知识产权提供全方位的保护，具有权利保护的全面性。此外，司法保护具有程序公正、裁判权威、透明度高等制度优势，可以有效克服行政保护诸如政出多门、程序冲突、执法缺乏透明度、“以罚代刑”、执法标准不统一等突出问题，更加有利于从实体和程序上维护权利人的正当利益，进而充分实现知识产权侵权纠纷解决中的公平正义。因此，应该在知识产权保护体制中发挥司法保护的主导作用。

义乌法院自2007年7月起在全省率先开展知识产权案件“三合一”审判模式试点，由知识产权审判庭统一审理知识产权民事、刑事、行政案件。近三年来，义乌法院共受理各类涉企业知识产权民事案件2103件，审结1931件。共受理涉企业知识产权刑事案件5件，审结5件，共对5个企业作出刑事处罚。受理涉企业知识产权行政案件2件，审结2件[②]。

此外，自2013年4月1日起，义乌法院适用简易程序审理部分知识产权民事纠纷案件，至2014年9月底，该院共受理适用简易程序审理的知识产权案件563件，审结439件，审理天数仅为42.74天，较同期普通程序审理的知识产权案件102.74天的审理天数，下降了60天。

（二）行政执法与司法程序顺畅衔接

逐步完善相关立法，科学界定行政、司法机关处理知识产权案件权限。一是建立行政和司法部门之间的信息沟通机制。义乌法院将知识产权民事案

① 吴汉东：《知识产权法》（第3版），北京大学出版社，2012，第6页。

② 数据来自义乌法院相关案件的统计。

件受理信息、已生效的侵权犯罪案件发送至义乌市知识产权工作领导小组办公室，再由其转发至相关的成员单位，最后通过参加每月的“净化市场”专项行动联席会，每季度的执法监督联席会以及知识产权疑难问题讨论会，加强与相关知识产权行政部门的信息沟通和协作配合。二是建立行政和司法部门的协作机制及刑事案件强制移转机制。义乌法院通过与浙江中国小商品城集团股份有限公司的协作，将已生效的市场经营户知识产权侵权犯罪案件裁判文书作为市场经营户诚信扣分收回商位的处理依据。另外，行政监管部门加强与公安部门的刑事案件转移工作，在查处知识产权侵权案件时发现有涉嫌犯罪的情形强制移送至公安部门，追究其刑事责任。三是建立行政和司法部门之间的诉调衔接机制。自 2013 年 7 月开始，义乌法院与义乌市科技局、知识产权维权援助中心、义乌市工商业联合会、义乌市文化局等全面开展知识产权民事案件诉调对接工作，根据案件的特点、性质、难易程度、发展变化等情况，采取灵活多样的方式引导、帮助当事人达成解决纠纷的调解协议，促进知识产权民事纠纷的快捷、经济处理，减缓知识产权审判工作压力。

（三）注重延伸审判职能

近年来，义乌法院通过定期走访辖区内多家高新技术企业，了解企业对知识产权相关司法需求，编写知识产权保护典型案例小册子，通过赠送宣传手册、召开座谈会、举办培训班等多种形式提高企业知识产权司法保护意识和知识产权保护水平，提高企业经营管理风险防范能力。义乌法院加强与权利人沟通交流，参与对市场管理者、民营企业等的教育培训，充分发挥司法保护知识产权的主导作用和裁判规则对市场交易行为的规范引导作用。此外，义乌法院每月参加义乌市知识产权领导小组召开的“净化市场”专项行动联席会，按季参加义乌市政法委组织的执法监督联席会以及知识产权执法部门召集的知识产权疑难问题讨论会，加强信息沟通和协作配合，统一执法标准，完善体制机制。例如，该院每年向浙江中国小商品城集团股份有限公司提供市场经营户知识产权侵权、犯罪案件的生效判决书，作为对市场经营户诚信扣分、收回商位的处理依据，充分发挥市场商位契约化管理对知识产权保护的激励引导作用。

四　展望：全方位提升民营企业知识产权保护水平

面对本地民营企业知识产权保护的问题，义乌法院进行了一定的尝试，从全国来看，加强民营企业知识产权保护，还需要多管齐下，并加大司法保护力度。

1. 强化司法措施的运用

西方发达国家并未采取行政保护的模式，但对知识产权的保护仍然及时有效，其中一个重要的原因在于这些国家的法院充分发挥了诉前禁令、证据保全、财产保全等诉前保护措施的优势，及时制止了侵权行为，防止了被控侵权人毁灭证据或转移财产。然而实践中利用相关司法措施保护知识产权的数量不多，运用诉前保护措施的更是少之又少，对企业知识产权的保护显得比较有限。至 2015 年，义乌法院涉企知识产权案件中尚无采取诉前禁令的案件，近三年来采取证据保全的共 53 件（2012 年 27 件，2013 年 21 件，2014 年仅 5 件），采取财产保全的仅有 21 件。应最大限度地对防止侵权行为的发生或侵权结果的扩大作出及时、迅速的反应，加强对权利人合法权益的保护。因此，应对权利人申请办理证据保全、财产保全和调查取证给予积极回应，加强保全力度，创新保全方法，充分保障知识产权权利人的诉讼和实体权利，尽量减轻权利人维权负担。

加强保护是知识产权保护的主基调，是总体上的导向、取向或者趋向。要进行必要的观念创新、理论创新和措施创新，积极推动加大保护力度。要注意以大额损害赔偿裁判增强司法的威慑力、权威性和影响力①。加大赔偿力度还必须根据具体情况，要适应类似义乌这样的地区企业知识产权发展的

① 选自最高人民法院知识产权庭庭长孔祥俊 2014 年 7 月 4 日在全国法院知识产权审判工作座谈会上的总结讲话。

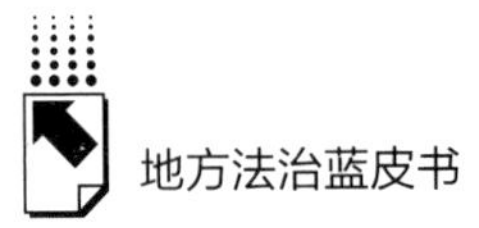

复杂实际，再根据侵权行为的具体情况，不能简单化和一刀切。义乌法院对生产侵权与销售侵权判赔额的区别不明显，需进行必要的调整，扩大不同侵权行为之间的赔偿额差距，打击源头侵权行为，平衡权利人与市场的利益。此外，涉义乌个人私营企业知识产权案件多为销售类侵权，因数家商户经营同类商品同时被诉侵权的批案、串案不在少数，法院应根据一定的证据、损失的可能性和相关情况作出赔偿裁量。这些恐怕也是其他地区法院处理中小企业知识产权保护案件要注意的。

2. 巩固知识产权审判模式

尽管义乌法院实施“三合一”审判模式以后克服了原来知识产权审判体制存在的矛盾和弊端，在整合优化知识产权审判资源、加强知识产权审判队伍建设、提高知识产权审判整体水平、进一步充分发挥司法保护知识产权主导作用等方面取得了明显成效，但仍然存在一些如三合一审判不彻底、三类案件裁判角度不同、交叉案件较少等问题。因此，法院应当不断提高知识产权审判队伍的整体业务素质，也可视案件具体情况吸收刑事、行政审判法官共同参与审理，以适应和培养刑事、行政审判思维，提高审判质量。还应继续扩大知识产权民事案件简易程序的适用范围，以降低诉讼成本，缩短诉讼周期，最大限度优化知识产权审判资源配置。

3. 加强政府扶持保护与企业自我保护

毫无疑问，仅仅依靠司法机关的事后救济是不够的，还需要政府、行业协会、企业自身多管齐下，共同发力。

首先，应当加大政府对中小企业的保护和扶持力度。应拓宽各种服务渠道，支持企业争创自主的知识产权。加大对科技创新与科技保护的投入力度，在创建科技创新服务中心的同时，发展多种形式的科研机构，引进国内外研发机构，产学研合办研发机构，鼓励企业、民间创办科研机构，兴办多种形式的技术中介机构。尽快培养一批高素质、精通法律的知识产权保护队伍，能够对高校、科研院所以及企业在知识产权保护方面进行指导、管理和服务。不断加强知识产权保护的宣传，提高企业以及社会大众知识产权保护意识，使知识产权保护知识深入基层，夯实知识产权保护的社会基础。

其次，应强化企业自身和行业协会的自我保护。企业知识产权保护除了要完善外部的保护环境外，关键是企业自身要强化“内功”，充分认识到知识产权保护的重要性，完善内部管理机制，培养和引进知识产权人才，遵循知识产权保护的司法规律，运用各种手段，提高自身的知识产权保护能力。企业应当进一步熟悉知识产权相关制度，熟练掌握知识产权诉讼的技巧，以积极的态度应对争端和诉讼，有效防止恶意诉讼。同时，充分发挥行业协会的沟通、交流和协调职能，凝聚合力，共谋发展①。义乌成立了大量的地方商会和行业协会，行业协会在知识产权保护方面存在其他机构无法比拟的优势，可以为企业提供相关的知识产权信息服务和协调知识产权纠纷的职能。因此，应当强化行业协会对义乌企业的知识产权保护作用，与法院及其他相关部门建立知识产权工作联系制度，发挥其信息服务、协调等功能，以促进义乌企业的知识产权发展。而其他地区则应当进一步鼓励和扶持中小企业处理商会、行业协会，积极参与提升中小企业知识产权保护水平。

① 童兆洪：《民营企业与知识产权司法保护》，浙江大学出版社，2006，第203页。

B.17
衢州法院人民陪审员制度运行实践分析

常山县人民法院课题组*

摘　要：　人民陪审员制度是推进司法民主、畅通民众参与司法渠道的重要选择，也是促进司法公正、提高司法公信力的重要举措。倍增计划实施后，陪审员的选任、管理方面仍然不同程度地存在一些问题，需要不断改进陪审员工作，构建完善的人民陪审运行机制。

关键词：　人民陪审员　倍增计划　机制

人民陪审员制度是中国一项重要的司法制度，是推进司法民主、畅通民众参与司法渠道的重要选择，也是促进司法公正、提高司法公信力的重要举措。人民陪审员来自人民群众，具有通民情、知民意的优势，可以与法官在知识、思维上形成优势互补。但长期以来，人民陪审员“驻庭陪审、陪而不审、审而不议”等现象不同程度地存在，影响了人民陪审员制度司法民主价值的充分发挥。最高人民法院在2013年提出人民陪审员“倍增计划”，确立两年内实现人民陪审员数量翻一番的基本目标。倍增计划实施后，人民陪审员的使用管理出现了许多新情况、新问题。本课题组期望通过调研，进一步发现人民陪审员工作中存在的问题，从而提出完善人民陪审员制度及其运行机制的建议，更好地发挥陪审员制度的作用。

---

* 课题主持人：王小红，浙江省衢州市常山县人民法院党组书记、院长。课题组成员：姜浩、詹璐、张乐平、郑志东、张闺芳。执笔人：郑志东，浙江省衢州市常山县人民法院办公室主任；张闺芳，浙江省衢州市常山县人民法院办公室副主任。

一　倍增后人民陪审员基本情况

（一）人员结构情况

浙江省衢州市共有6个基层法院，现有基层法官337名（截至2014年6月30日）。倍增计划实施前，衢州各基层法院共有人民陪审员180名，倍增计划实施后人民陪审员达到372名，人民陪审员与法官的比例为1.1∶1。对比倍增前后人民陪审员的身份情况，主要呈现出以下特点。

1. 年龄、性别结构比较合理

一是男女比例相对稳定。倍增前男性128名，占71.1%，女性52名，占28.9%；倍增后男性266名，占71.5%，女性106名，占28.5%，性别比例基本平衡。二是老、中、青分布均匀。30周岁以下倍增前3名，占1.7%，倍增后19名，占5.1%；31周岁至40周岁倍增前24名，占13.3%，倍增后61名，占16.4%；41周岁至50周岁倍增前79名，占43.9%，倍增后159名，占42.7%；51周岁至60周岁倍增前52名，占28.9%，倍增后93名，占25%；61周岁以上倍增前22名，占12.2%，倍增后40人，占10.8%。

2. 职业分布更加广泛

372名人民陪审员来自社会各个行业，体现了人民陪审员的广泛性和代表性。其中基层干部175名，占47%；农民46名，占12.4%；社区工作者45名，占12.1%；工商业从业人员32人，占8.6%；专业技术人员31名，占8.3%；事业单位人员20名，占5.4%；普通居民15人，占4%；人民团体成员、进城务工人员、其他人员8人，占2.2%。从政治面貌看，中共党员301人，占80.9%，普通群众66人，占17.7%，民主党员5人，占1.3%。

3. 学历层次较高

实施倍增计划后，各基层法院选任的人民陪审员高学历占主流。研究生及以上学历6人，大学、大专文化程度298名，大学以上学历占81.7%；高中及以下文化程度68名，占18.3%。许多陪审员有法学、法律学习背景。

4. 基层经验比较丰富

倍增计划中，各地法院更加注重选任具有丰富基层工作经验的人员担任人民陪审员。倍增后基层干部、社区工作者220人，占59.1%，比倍增前有所上升，更加贴近基层。许多陪审员长期担任村干部或社区干部，具有丰富的矛盾纠纷化解经验。

5. 专业技术人员有所增加

随着案件复杂程度加大，案件类型细化，各个法院在选任人民陪审员时更加注重技术类的陪审员。倍增后，教师、医生、记者等从业人员达31人，专业技术人数和比例均有所上升，呈现出专业性增强、行业多元等特点。

（二）管理情况

衢州已有3个法院出台了专门的人民陪审员管理办法，进一步明确人民陪审员参加法院的审判活动享有的权利和必须履行的义务。部分法院还设立专门的人民陪审员管理办公室，负责陪审员的人事和参加审判活动的日常管理工作。

1. 管理部门及使用模式

各个法院结合自身工作实际，主要有两种人民陪审员的管理使用模式。一是由政治部归口管理，由业务庭直接使用。主要做法为：按照各业务庭案件数量、案件类型和人民陪审员职业状况、专业特长、知识结构、年龄性别等特点，对人民陪审员进行分组，由各业务庭分片、分组联系，负责日常审判业务指导工作。二是由政治部门归口管理，立案庭排期，业务部门使用。排期开庭时，采取抽签、轮流与定向指派相结合的方式，既保证陪审员参与陪审的随机性，又注重均衡分配人民陪审员参与陪审的案件数。部分法院规定人民陪审员每年至少陪审2件案件，从而改变以往人民陪审员之间陪审次数相差大，甚至部分陪审员从未陪审案件的状况。对涉及专业知识或有特殊需要的案件，应业务庭要求，指派有特殊专业知识或某方面特长的陪审员参加陪审，发挥陪审员的优势，弥补法官的不足。

开庭前，一般由立案庭或业务庭采取电话通知、手机短信告知、寄送书面通知书等形式告知陪审员。有的法院在向当事人送达诉讼材料时或开庭前三天及开庭前一天告知，提醒参审陪审员参审事宜。同时实行参审登记制，定期将陪审员参与案件陪审情况登记、汇总至立案庭或政治处。若遇到人民陪审员不能参加庭审的，及时备注说明原因。在庭前、庭后，审判长要及时组织参审陪审员阅卷、合议案情，尽量避免人民陪审员参而不审、审而不议的现象。

2. 培训状况

每年会组织人民陪审员进行一次以上的集中培训。在培训形式上，大多采取集中授课、以会代训的方式。平时也会通过购买法律书籍、发放办案手册和司法信息文件，开展典型案例分析、组织观摩庭审等方式，不断充实人民陪审员的业务知识，提高其庭审技能。比如，柯城、开化法院定期组织陪审员观摩庭审，并由承办法官传授庭审拟定方法、庭审发问技巧、调解工作经验等审判实践知识，规范陪审员庭审行为。常山法院邀请具有丰富陪审经验，又是大学教师的陪审员集中授课，并组织陪审员旁听庭审。江山法院定期邀请陪审员座谈交流陪审心得，年底由各陪审员填写陪审案件表和工作报告。

3. 报酬支付情况

衢州6个基层法院中，落实人民陪审员经费财政专项拨款的有1个，自行统筹解决的有4个，其他形式解决的有1个。在陪审费用支付方式上，有以下几种做法。一是按参审件数计酬。将各种费用打包按件计酬，标准从每件50元至60元不等。二是按参审次数计酬。每次参加庭审50元至60元不等。三是按参审天数给予补助，一般每天80元左右。对专职的人民陪审员，同时支付一定的固定报酬，600～1200元不等，陪审案件则与兼职陪审员相同计酬。

4. 考核表彰惩处情况

实施倍增计划前，各个法院对人民陪审员的考核、表彰不多。实施倍增计划后，各个法院对陪审员的表彰、考核、奖惩更加重视。比如，龙游、开化等法院对人民陪审员实行平时考核和年终考核相结合，由政治处会同立案庭、各业务庭进行，考核内容包括陪审员工作实绩、思想品德、审判纪律、审判作风和参加培训情况等多个方面。开化法院要求各业务庭针对人民陪审员履职情况制作台账，统计陪审次数、陪审案号和因故未能按时陪审次数等情况，做到一案一表，每月上报政治处。政治处从工作实绩、思想品德、工作态度、审判纪律、审判作风等方面，定期对人民陪审员进行考核，对履职成绩显著的，由法院会同人大常委会予以表彰奖励。柯城法院规定，对无正当理由不履行职责或违反法纪的，给予批评教育，并向任命机关通报；对一年三次拒绝履行职务或因违反法纪等造成错案及严重后果的，将提请人大常委会免除其职务。各基层法院还积极探索建立人民陪审员正常选任和退出机制，倒逼陪审员提高履职能力，规范参与案件审理的方式和流程。

（三）陪审案件情况

2011～2013 年，衢州法院共审结各类案件 107581 件，其中，适用普通程序审理的案件 13490 件，陪审案件 9520 件，年均一审普通程序陪审率为 70.6%。2014 年上半年审结各类案件 16499 件，适用一审普通程序审理 2085 件，陪审案件 1983 件，陪审率为 95.1%（见表 1 和图 1）。

表 1　2011～2014 年上半年陪审案件综合情况

单位：件，%

项目 / 法院	2011 年				2012 年			
	普通程序案件数	陪审案件数	陪审率	同比	普通程序案件数	陪审案件数	陪审率	同比
柯城	978	537	54.9	+16.7	925	604	65.33	+14.6
衢江	634	182	28.7	+6.7	505	418	82.77	+43.2
龙游	519	188	36.2	+3.1	537	304	69.68	+33.4
江山	899	654	72.8	+36.4	1264	877	69.4	-3.4
常山	554	378	68.2	+4.5	543	420	77.3	+9.1
开化	583	169	29.0	+8.3	400	324	80.97	+52
衢州中院	294	210	71.5	+71.0	154	34	22.08	-49.5
案件合计	4461	2318	—	—	4328	2981	—	—

续表

项目 / 法院	2013 年				2014 年上半年			
	普通程序案件数	陪审案件数	陪审率	同比	普通程序案件数	陪审案件数	陪审率	同比
柯城	972	824	84.8	+19.3	481	451	93.83	+14.7
衢江	551	538	97.7	+14.9	213	211	99.06	+4.2
龙游	632	608	96.2	+26.4	218	216	99.03	+7.9
江山	1192	1137	95.4	+25.9	581	563	96.95	+5.7
常山	466	390	83.8	+6.3	166	155	93.37	+14.4
开化	516	505	97.9	+17.9	239	230	96.12	-1.3
衢州中院	372	219	81	+58.9	187	157	84.15	+5.1
案件合计	4701	4221	—	—	2085	1983	—	—

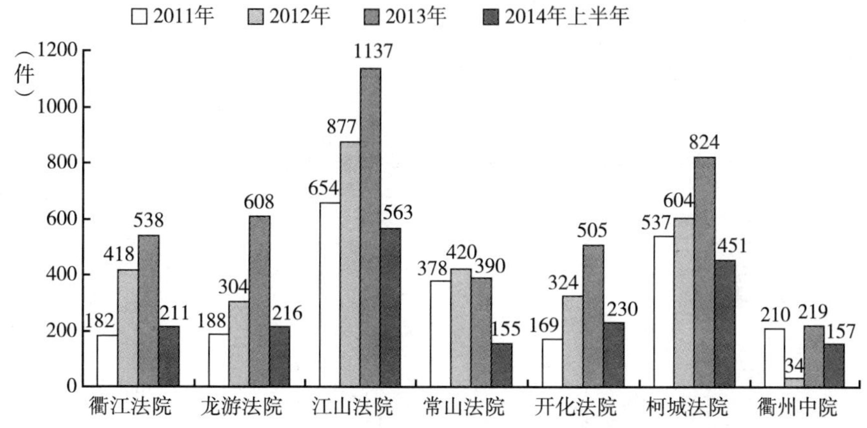

图 1　2011 ~ 2014 年上半年陪审案件情况

通过分析可以看出，近几年陪审案件工作情况呈现以下特点。一是 2011 ~ 2012 年，人民陪审工作不规范、不深入，陪审率最低 22.08%，最高 82.77%，相差 60.69 个百分点，平均仅为 59.20%。不同法院的陪审情况相差较大，所以，同比增减幅度较大，力度大的法院超过 50%。二是 2013 年人民陪审工作步入“80”阶段，陪审率均超过 80%，最高的达 97.9%，且处于继续快速增长状态。三是 2014 年实施倍增计划后，全市法院对陪审工作更加重视，陪审率大都超过 90%，平均陪审率高达 94.64%，除全市最早达到高陪审率的开化法院（陪审率近98%，基数大，允许波动的范围相对较小）外，其他法院陪审率继续处于稳步上升状态。四是陪审的各种案件类型比较均衡（见表2和图2）。

表2　2011～2014年上半年陪审案件类型

单位：件

案件分类	2011年	2012年	2013年	2014年上半年（截至6月22日）
刑事案件	740	943	934	439
婚姻案件	209	275	301	155
合同案件	972	1511	2414	1096
权属案件	390	234	563	280
行政案件	7	18	9	12
申诉、申请再审	0	0	0	1
合　计	2318	2981	4221	1983

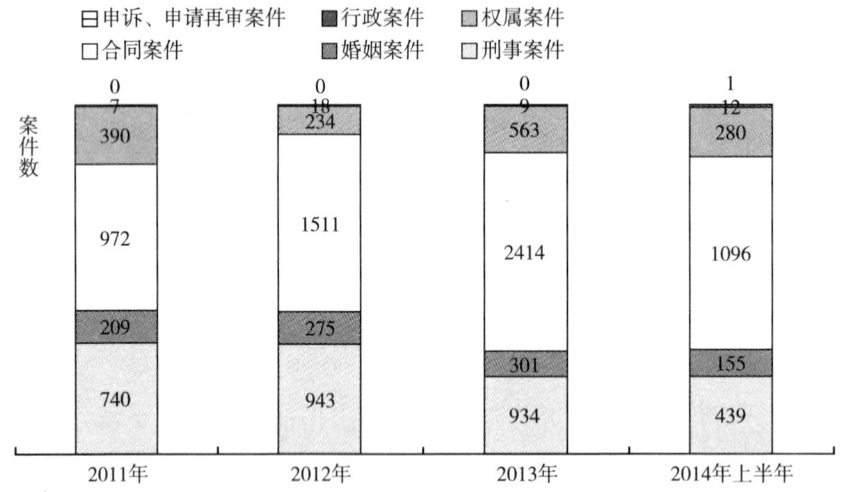

图2　2011～2014年上半年陪审案件类型

除陪审案件之外，各个法院注重发挥陪审员来自民间的优势，不断延伸工作职能。一是身份上发挥兼职优势。倍增计划中，衢州法院注重选择具有丰富工作经验的基层干部、社区工作者担任人民陪审员。倍增后乡镇综治干部、人民调解员、社区干部等有220人，占比59.1%，同比上升0.8个百分点。这些人民陪审员来自基层，具有熟悉民情、工作经验丰富的优势，能较好地协助法院化解纠纷、调解矛盾。比如，常山法院选任人民陪审员时，县城所在三个街道的每个社区均有1名基层干部作为人民陪审员，每个乡镇确保有1名陪审员。江山法院新增的25名人民陪审员来自本辖区19个乡镇（街道），基本上是乡镇（街道）的人民调解员，又是法院的执行协助员（或称执行联络员）。二是工作上注重延伸职能。陪审员不仅参加案件审理，而且还参与案件送达、保全、信访接待等工作。通过提前介入案件，更加全面地熟悉案情，既有助于提升参审质量，又有利于发挥陪审员专业和经验优势，协助案件调解。柯城法院规定，人民陪审员参与调解、执行结案的，视为参与一件案件审理。开化法院2014年上半年共邀请人民陪审员参与调解120余件次，送达90余件次，保全15件次，信访接待4人次。江山法院不定时发送短信通报法院近期重要审执信息、院务信息，定期召开陪审员协助执行座谈会、培训会；陪审员从程序启动、财产查控、执行实施到财产处置各执行阶段积极配合法院，提供有效执行信息。三是职业上发挥专业优势。许多人民陪审员充分发挥自己的教师、医生、记者等从业优势和专业特长，弥补法官在社会经验、专长特长方面的不足。

二　陪审工作的新优势和存在的问题

倍增计划实施后，人民陪审员不仅数量大幅增加，而且经过一段时间的运行，呈现出新特点，展示出新优势。

（一）倍增后的新优势

1. 促进审判工作更加公开

按照浙江省高院人民陪审员倍增计划要求和目标，人民陪审员的人数有了很大的提高，职业分布也更广，这就意味着法院审判执行工作将受到社会各界更广泛、更直接的监督，势必促使法院审判执行工作更加公平、公正。

2. 缓解法院案多人少的突出矛盾

当前，中国正处于社会转型期，各种矛盾纠纷以案件的形式大量涌入法院。同时，随着依法治国的深入推进，群众的法治意识不断增强，借助法律方式解决问题越来越成为人们的优先选择。在这种背景下，各地法院的办案量持续攀升，案多人少的矛盾普遍存在、不断突出。人民陪审员代表群众参与到庭审当中，在拓宽人民监督渠道的同时，也可以弥补法官人员不足的困难、缓解案多人少的矛盾。

3. 弥补法官专业知识不足

由于矛盾的多发性和多样性，案件类型细化，要求法官对某类领域的专业技术知识进行了解和掌握，所以才会有海事法庭、知识产权法庭、交通事故巡回法庭、环保法庭等专门审判法庭的出现，而更多的诸如社区工作者、医生、会计等从事特殊职业的专业技术人员作为人民陪审员参与到庭审中，恰恰能最便捷高效地弥补法官这些专业技术知识的不足，也能将法官从学习各类专业技术知识中释放出来，将更多的时间集中到提升法律专业知识上来。

4. 加大法治宣传力度

人民陪审员参与庭审，会带动陪审员身边的人，甚至同一行业的人对陪审案件的关注，达到“使用一案、教育一片”的效果。日常生活中，人民陪审员也更习惯于利用自己的陪审经验解决或处理身边发生的法律问题，从而实现宣传效果的最大化。

5. 案外延伸工作深入开展

受时间、精力、金钱的限制，法院许多案外延伸工作不能得到开展或得不到深入有效的开展，有了更多人民陪审员的加入，法院调解、执行、送达、宣传等工作将得到分担，法官角色将从执行者向组织者、指挥者转变，能空出更多的时间和精力审理执行更多的案件。

（二）存在问题

倍增后人民陪审工作面临着一些问题，主要表现在以下方面。

1. 选任趋向“精英化”

人民陪审员“大众化”的身份以及有效履行陪审职权是陪审制度获得社会认可的基础。由于民众对陪审制度认知度不高，陪审员身份也未得到广大群众的推崇和向往，所以来源于群众自行申请的陪审员占 38.7%，另有 61.3% 的陪审员是经过司法局或乡镇等组织推荐报名的，其中不乏法院主动邀请或有关单位动员参加选任的，真正主动提出担任人民陪审员的群众数量有限。一部分主动提出参加的兼职陪审员，更多将陪审员作为一项荣誉，实际参审的积极性、主动性还不高。另外，倍增计划要求选任的人民陪审员具有大学以上学历，但在基层尤其是农村地区，大部分群众未达到这一学历，而那些符合学历要求的陪审员大多工作繁忙，难以解决工作与陪审的矛盾。通过分析衢州陪审员的基本情况可以发现，来源于农村的陪审员占 25%，远低于城镇陪审员的比例 75%。

2. 使用趋向“固定化”

《全国人民代表大会常务委员会关于完善人民陪审员制度的决定》（以下简称《决定》）第 14 条规定，“由人民陪审员参加合议庭审判的，应当在人民陪审员名单中随机抽取确定”，这条规定的初衷旨在保证人民陪审员的代表性。但实际操作中，各地法院为方便工作，并没有严格按照上述规定操作。一是随机抽取较少采用。实践中，部分基层法院结合陪审员住所地、工作地以及职业情况，采取分组联系、轮流通知的办法安排陪审，将全院的陪审员分成若干个组别，通过电话通知、手机短信告知、寄送书面通知书等形式轮流通知陪审员。若承办法官因案件特殊需要或对陪审员专业有特殊要求的，则采取定向邀请的方式安排人民陪审员。通过上述办法安排人民陪审员，在实践中不可避免地会出现陪审员挑案件和法官挑陪审员的情况。当遇到不想参加陪审的案件时，陪审员便以工作繁忙等为由予以推辞。尽管最高人民法院《关于进一步加强和推进人民陪审工作的若干意见》中规定，“人民陪审员在三年时间内，无正当理由拒绝参加陪审案件超过三次的，视为辞职”，但这对于陪审员以工作繁忙为由“挑案”明显缺乏约束力。而陪审员管理部门或承办法官也更愿意邀请积极性高、工作配合好的陪审员参加案件陪审，导致出现挑陪审员的情况。二是驻庭陪审员呈现职业化倾向。为缓解案多人少矛盾，同时提高人民陪审率，部分法院采取了专兼职人民陪审员相结合的管理模式。衢州有3个法院有常驻院机关或人民法庭的陪审员，专职陪审员在完成案件陪审任务的同时，还协助法院开展诉前调解、诉讼调解等工作。由于他们了解法院工作，熟悉诉讼流程，法律业务水平相对较高，个别专职陪审员长期从事纠纷化解工作，具有较强的调解能力，法官在选择陪审员时，也更喜欢挑选专职陪审员参加陪审。以衢江、常山法院为例，各有几名人民陪审员驻院或驻庭上班，年均参审数甚至高于办案最多的法官。长此以往，难免出现一些“专职陪审员”或“陪审员专业户”，陪审权实际上由部分陪审员行使，完全偏离了“大众化”的目标。

3. 履职趋向“虚名化”

《决定》规定，“人民陪审员在人民法院执行职务，同审判员有同等的权利”，但究竟人民陪审员参审时应享有哪些权利和承担哪些义务，规定并不具体。从法官角度看，由于案件审理仍以承办法官负责为主，现有案件质量考核制度亦对人民陪审员应负责任缺乏明确规定，导致陪审员之间的工作量很不均衡，陪审员的民主监督作用有所弱化。人民陪审员制度逐步变公众“参与”司法为“协助”司法，与法院、法官之间形成内在的默契，而甘于“陪而不审”。实践中，主要出现以下不平衡的情况。一是陪审率高，但参审情况不均衡。近年来，民商事案件的简易程序适用率在75%左右，而在普通程序案件中又有相当数量的公告案件，真正需要陪审的案件占比较少。以现有陪审员比例，陪审员人数短缺的情况并不明显。2011年以来，衢州各个法院人民陪审员陪审率普遍较高，并且逐年增长，但人民陪审员之间参审案件的数量不均衡。从2011年至2014年上半年，衢州法院372名陪审员当中，有169名人民陪审员未参加过案件陪审，比例占45.4%，成为徒有虚名的“荣誉陪审员”，影响了人民陪审员的代表性。陪审案件1～10件的有99人，陪审11～100件的有83人，陪审100件以上的有21人，其中个人参审案件最多的达到150多件。除因倍增计划刚刚完成，许多新任陪审员还未参与以外，使用不平衡是最主要的因素。另外，不同法院之间、参审的案件类型之间也不平衡。二是人民陪审员参审的深度不够。人民陪审员参加案件审判，有相当一部分只重在参与，把参与的程度停留在“陪”的层面上，没有从实质上去“审”。主要体现在两个方面：一方面是“陪而不审”，许多案件在开庭前人民陪审员才接到开庭通知到了法院，每次开庭类似走过场。多数陪审员只是坐在审判台上，不发言、不提问是常态，庭审完全由审判长进行；另一方面是“合而不议”。调研中，课题组向常山县50名陪审员发放了调查问卷表。仅有36%（18名）的陪审员表示对自己参审的所有案件都进行过庭前阅卷。由于对案情缺乏了解等，92%（46名）的陪审员表示开庭时一般不发言，“默审”现象较为突出。76%（38名）的陪审员表示在合议中选择在法官之后发表意见。当陪审员意见与法官意见产生分歧时，90%（45名）的陪审员表示一般会听从法官的意见；8%（4名）的陪审员表示，经过讨论大都会与法官意见达成一致；2%（1名）的陪审员表示会坚持自己的意见或建议提交审委会。究其原因，从陪审员方面讲，一些人民陪审员工作繁忙，在陪审前未曾阅卷，或者介入案件时间较晚，对案情事先不是特别了解。也有些陪审员没有接受专业的法律专业知识培训，在庭审中、合议时缺乏足够的自信，从而在庭审过程中不作提问，也很少与审判长或主审法官进行交流。合议时，许多陪审员也不愿过多发问及表达意见，即便与法官有不同意见，出于对职业法官的趋同心理，往往会附议法官所提出的案件处理意见。还有少数陪审员自己对这份严肃的职业没有敬重感，陪审只是完成工作任务。从法官方面讲，少数主审法官不重视陪审员的作用，审前、审中、审后不与陪审员交流案情，不征求陪审员的意见，造成陪审员觉得自己比法官矮半截。这种陪而不审、审而不议的现象，不仅影响了陪审制度作用的发挥，也影响了司法公信力，埋没了司法民主性。

4. 管理存在“放任化”

一是日常管理难度大。实践中，对于人民陪审员的管理还处于缺位状态。首先，陪审员的身份、职业、来源较为广泛，管理难度较大。因为陪审员不属于司法行政人员，司法行政部门不好管；陪审员的原单位一般只管本职，不管兼职，很少单位将法院对兼职人民陪审员的考核结果纳入对本单位职工的考评体系，法院考评兼职陪审员的约束力不大；权力机关只管选任，产生后也很少管。其次，由于人民陪审员不担任审判长或案件的主审人，其在庭审中的表现难以量化。实践中，多数法院都是以人民陪审员参审案件的数量、到庭率及案件的调解率作为其奖励依据，评价及考核方式比较单一；而对于陪审工作实绩、思想品德、审判纪律和审判作风等诸多方面难以考评，对人民陪审员怠于参审等行为缺少严格的制度约束，或者即便有严格的约束制度，但实际执行效果并不佳。二是业务培训不够到位。针对人民陪审员的培训频次普遍偏少，且在培训时间上多是一天或半天，远不能满足其有效参审的需要。从培训的内容和方式上来看，基本上是按照法官培训的模式，以课堂讲授法律知识为主，对审判技能及庭审的把握关注不多，针对性不够，实际作用不大。50 名被调查的人民陪审员中，仅有 10%（5 名）的陪审员认为自己所掌握的法律知识可以胜任审判工作的需要，有 38%（19 名）的陪审员表示在婚姻继承纠纷，以及严重暴力型犯罪中能依照法律的规定作出相对准确的判断，而对于其他类型的案件则感到吃不准，另有 50%（25 名）的陪审员表示由于对法律了解不多，只能依据常理或道德作出判断。三是履职保障有待进一步加强。参审时间方面，很多人民陪审员来自行政机关、事业单位、居委会，大多是单位的业务骨干，有的还担任领导职务，本职工作经常与陪审工作发生冲突。如遇到工作较忙的时候，往往需要调整庭审时间，影响审判活动的严肃性。人身安全方面，人民陪审员的参审活动可能引发利益相关人员对其报复或威胁，在个别法院甚至出现过案件当事人屡次上门恶意报复人民陪审员的事例。参审经费方面，衢州地区法院对人民陪审员参审经费标准不一。总体来说，补助的标准并不高，陪审一个案件 50 元左右，扣除交通费、通信费等已所剩无几，一定程度上制约了兼职陪审员参审的积极性。参审纪律方面，随着陪审员数量的增加，越来越多的案件可能牵扯到陪审员自身的亲戚朋友等熟人圈子范围，但迄今为止，尚未有明确的法律法规对陪审员行为进行约束。另外，对陪审员离任后任职回避问题也有待规范。部分法院的人民陪审员离任后，担任律师或在当地的法律服务所担任法律工作者，引发负面影响。

三　加强和完善陪审员工作的对策和建议

（一）规范选任，严把“进人关”

人民陪审员制度的重要目标是体现司法大众化，以陪审员的有效参与遏制可能存在的司法专横。因此，选任人民陪审员始终要坚持广泛性和非职业性的本质要求，尽可能深入不同行业和领域，形成人民和司法良性互动的最大公约数，确保民众对司法监督作用的发挥。

1. 加强工作宣传

通过新闻媒体，将人民陪审员选任的资格条件、专业要求、选任程序等进行公告宣传，力求吸引更多高素质、热爱陪审工作的人加入到人民陪审员队伍中来。

2. 丰富选任方式

实践中，主要有个人自荐、组织推荐、邀请参选等选任方式。其中邀请参选主要是向有关机关、人民团体、企事业单位，特别是专业机构发出推荐函，由其推荐德才兼备、热心陪审工作的人员，法院经考察后选任。比如，衢江法院积极主动开展上门走访活动，定向邀请了 1 名省人大代表担任人民陪审员。

3. 规范选任程序

根据各个法院的办案量、法官数等情况，对照最高法院“倍增”计划，合理确定人民陪审员的数量和来源。选任的程序主要有：首先，由基层组织或相关部门从符合陪审员任职条件的公民中筛选，向法院推荐，或者由公民个人直接报名自荐，或者由法院向特定人员发出推荐函，邀请参选；其次，由法院会同同级司法行政机关对推荐人员进行资格审查，可以借助笔试、面试、走访、座谈等方式，确定候选人员名单；再次，人大常委会从候选人员名单中选举产生人民陪审员，并向社会公示，征询各界意见；最后，由人大常委会正式任命陪审员。

（二）加强约束，严把“管理关”

1. 设立专门的陪审工作管理机构

当前的人民陪审工作主要由法院政治处负责。随着“倍增计划”的推进，陪审员的数量增长，陪审员的职能定位、遴选、抽取、管理、进出、奖惩、培训、激励等任务更加繁重，并且关系到下一阶段人民法院审判职权的配置、科学管理的升级。因此，建议设置专门的人民陪审员工作管理机构，专门负责人民陪审员工作的日常管理与监督考核。同时配备专职人员，具体负责人民陪审员的选任、参审管理、培训考核以及归档等日常管理工作，实现人民陪审员日常工作及沟通协调等事务专人管理，规范人民陪审员参审的工作流程，更大程度上发挥陪审制度的功能。

2. 加强制度建设

建立健全人民陪审员选任、教育培训、考核奖惩，以及参与案件陪审、执行、调解等制度体系。陪审员管理办公室充分发挥作用，重视加强对人民陪审工作的日常管理、教育培训和绩效考核等，进一步提高人民陪审工作管理的制度化、规范化、科学化水平。

3. 完善业绩档案

以业务庭为主，采用“一人一卡”“一案一评”等形式，详细记录陪审案件的案号、案由、当事人、开庭时间、合议时间以及处理结果，人民陪审员的评议意见、法官对人民陪审员的评价等，并定期上报陪审员管理办公室。陪审员管理办公室认真做好台账管理，定期汇总陪审员履职数据，进行梳理分析，及时查找和解决问题，全面客观地反映陪审员的履职情况。政治处会同陪审员管理办公室将人民陪审员参加培训、履职情况等计入个人业绩档案，及时函告司法行政部门及其所在的工作单位或村居委会。

4. 强化考核管理

按照合理规范、科学考核的要求，以陪审员业绩档案为依据，做到一案一登记，一月一通报，半年一总结。每年对人民陪审员的工作情况按“优秀、称职、不称职”三个等次进行综合考评。对于业绩突出的给予表彰、适当奖励，将考核结果向其所在单位通报，送交人大备案，并作为下次推荐人民陪审员候选人时的参考；对不称职的，提请人大免去其职务。考核管理中，特别要强化刚性约束机制，对于陪审员无正当理由拒绝参审的，应回避而不回避的，怠于阅卷和评议的，可以给予警告；经批评教育拒不改正的，可建议人大免去其职务；徇私舞弊的，应由所在单位或党组织给予行政或党纪处分，构成犯罪的，交有关机关追究其刑事责任。

（三）完善使用，严把“使用关”

司法作为国家治理的重要手段，不能脱离必要的社会监督与制约，离不开公众的民主参与。过分强调司法的专业化，甚至将其神秘化，不符合国家治理的需要，也不符合社会民主化进程的需要。从这个意义上说，陪审制度是司法专业化与司法民主化相结合的产物。

1. 建立陪审员信息数据库

为完善参审工作机制，更好地落实分类管理和随机抽取制度，力求做到参审抽取的随机性，又突出陪审工作的专业性，有必要建立完善陪审员信息数据库，实行分类管理。根据陪审员特点，将人民陪审员按“专业库”“地域库”等进行分类管理。“专业库”主要是详细登记陪审员的职业、专业等信息，在选择陪审员时，根据案情，结合专业档案信息，通过随机抽取与指定相结合的方式确定陪审人选，充分发挥陪审员的工作优势。“地域库”是根据陪审员的工作地点和住所地点建立陪审员地域档案，形成陪审员地域群体。在选择陪审员时，根据案件发生地采用随机抽取和地域群体相结合的方式确定人选，既方便陪审员参审，也提升陪审效果。各数据库可以交叉，如某“专业库”陪审员，在“地域库”相关辖区可能也具有较高知名度。

2. 完善参审方式

一是分类管理与随机抽取相结合，兼顾陪审员专业性和代表性。各个法院结合人民陪审员“专业库”“地域库”的情况，可以将人民陪审员分组，固定到相应的业务庭，一定时间后轮流使用。业务庭需要陪审员时，一般从分组的陪审员数据库中随机抽取，既避免合议庭固定化，又方便陪审员管理。分组后，人民陪审员对相关领域比较熟悉、更加专业，参审时不但“敢说话”，而且“有分量”，不仅激发了参审积极性，而且提高了审判质效。随机抽取时，既对每位陪审员每年被抽取的次数设定上限，又确保每人每年至少参审2件案件，避免两极分化。二是驻庭陪审和邀请陪审相结合，缓解案多人少矛盾。近几年，基层法院案件量大幅攀升，“案多人少”矛盾更加突出。部分人民法庭或业务庭的审判人员不足三人，不能组成合议庭。借助驻庭陪审员，可以弥补基层法院审判力量的不足，加强调解、信访、执行等工作。许多人民陪审员具有地缘、人缘优势，能够更好地弥合法院与当事人之间的距离感。邀请陪审主要是按照“对口案件类型、对口发案地域、对口涉案领域”原则，对有特殊需要的案件，特别专业性的案件，经过审批程序，直接邀请相应陪审员参审，进一步提升陪审质量和效率。

3. 延伸工作职能

除了参加案件陪审外，可以进一步拓宽陪审员的工作职能，使其从案件陪审向立案、信访、调解、执行、判后答疑、普法宣传等延伸。一是参与调解。通过调解解决民事纠纷，平息各种利益冲突，是中国法律确立的一项诉讼制度。与法官主持调解相比，人民陪审员参与调解具有独特优势。首先，人民陪审员不具有法官身份，他们来源广泛，群众基础深厚，具有熟悉社情民意、群众工作经验丰富、亲和力较强等优势和特点，易被当事人认同和信任；其次，人民陪审员不讲法言法语，使用大众表达方式，表达结果易于当事人理解和接受；再次，在现实社会环境下，由于不廉洁对司法公信力的妨害和影响，陪审员参与调解，能对法官的公信力起到补强作用。立案前，人民陪审员对于部分事实清楚、争议不大且尚未进入诉讼程序的纠纷，进行诉前先行调解，当事人达成调解协议或原告申请撤诉并要求出具法律文书的，法院及时予以司法确认。调解不成，进入诉讼阶段，由审判员继续审理，人民陪审员也可以继续参与调解，发挥其来自社会不同层面、具有丰富的社会阅历和较高的群众威望的优势，促进案结事了。二是参与送达。“送达难”一直是困扰法院的难题。长期以来，法院为完成送达事务耗费了大量人力、物力。

随着民事案件数量的井喷式增长，“送达难”问题更是日益凸显。有的当事人因联系地址变化，不便寻找；有的当事人故意躲避法官送达，拒不签收邮寄送达。驻庭陪审员或兼职陪审员较为熟悉当地风土人情、乡情民意，许多人还担任村干部，请其协助、配合办案人员开展送达工作，可以有效解决法院送达效率低下的问题，提高工作效率。同时，上门送达诉讼文书也是了解案情、开展诉前调解的最好时机，有助于法院做好释法说理工作、减少涉诉信访，也能为下一阶段的执行打下良好基础。三是参与执行。执行阶段推行陪审制度也是落实司法民主、推进司法公开、加强对司法权监督的必然要求。可以探索驻局陪审员、特邀陪审员参与执行工作，主要是参与执行听证、执行文书送达、协助执行、执行和解、涉诉涉执信访化解等。人民陪审员在协助执行时，可以利用亲情感化、乡风民俗、教育引导等多种办法，减少被执行人对抗，促成当事人双方和解履行，化解长期案结事不了的矛盾纠纷，消除上访苗头和社会不安定隐患。

（四）提升能力，夯实“保障关”

1. 加大培训力度

一是制订科学的培训方案。以提高法律素养、锻炼庭审技能、强化职业道德为重点，建立符合人民陪审员特点的培训机制，丰富培训内容，创新培训形式，增强人民陪审员的履职能力。二是培训内容突出针对性。培训要突出人民陪审员的特色和优势，注重技能化、实用性内容的传授，内容可以涵盖审判制度、法律法规、司法解释、证据规则、职业道德、司法礼仪和审判纪律等。在不同培训阶段，应该有不同的培训重点。任前培训主要是加强陪审员审判职业道德、审判纪律和常用法律知识的学习；任中培训以庭审实务技能、业务知识为主，采用庭审观摩、座谈交流、集中学习、邀请法律专家讲课等方式；在个案参审中，可以组织陪审员针对具体法律问题进行类案培训。三是在培训方式上，将定期培训与不定期培训、集中培训与对口分组培训结合起来。采用观摩庭审、召开座谈会、研讨会、培训班、开展专题讲座、举办联席会等多种形式，提高人民陪审员的业务水平。努力创造条件，为陪审员学习法律知识创造条件，可以订阅《人民法院报》《司法文件选》《人民法庭实用手册》等书籍，使人民陪审员及时了解审判工作动态、前沿信息和相关法律法规。

2. 保障参审权力

一是灵活安排阅卷时间。提前通知陪审员陪审事宜，切实保证陪审员的知情权。细化、落实陪审员阅卷的相关规定，使陪审员提前熟悉案件所涉法律和专业知识，避免陪而不审、审而不议的情况。在执行阅卷规定的前提下，业务庭加强与陪审员的沟通协调，灵活安排陪审员阅卷时间。二是以制度保障陪审员独立发表意见。出台管理规定，明确要求在案件评议过程中，由陪审员首先发表意见，写入评议笔录并签字。对不能当庭评议的案件，实行登记备案制度，避免陪而不审、审而不议、议而不签的现象发生。三是加强陪审员信息化管理。开发、完善人民陪审员信息管理系统，将陪审员选任、管理、考核、监督和参审案件等信息纳入管理系统，利用大数据加强陪审员人事信息管理和陪审过程各个环节的管理。

3. 加强职业保障

首先，积极争取财政支持，人民陪审员在法院执行职务所需的费用，列入政府预算范围，作为专项经费并适当提高陪审补助标准。人民陪审员参加审判活动所支出的交通、就餐等费用，由人民法院给予补助；对年终考评优秀的陪审员给予一定的精神和物质奖励。人民陪审员原有工作的，由原单位照发工资。其次，努力解决“工审矛盾”。陪审员所在单位加大对兼职陪审员参审工作的支持，确保陪审员的参审时间。建议通过立法规定人民陪审员职务保障条款。再次，切实保障人民陪审员的人身安全。法院对人民陪审员的个人信息予以保密，在人民陪审员的人身安全受到威胁时，及时与公安部门联系，采取有效的预防保护措施。

未成年人保护

Protection of Minors

B.18

渝北法院未成年人性侵害审判实践考察

任 毅*

摘 要： 本文以渝北法院2010～2015年审结的性侵未成年人犯罪案件为样本，结合具体审判实践，从被害人的易受侵害性、性侵者的加害可能性以及性侵犯罪发生的环境等方面，分析性侵犯罪产生的因素及审判实践中存在的问题，提出预防性侵害未成年人犯罪重在多措并举强化未成年人性自保观念，增强未成年人防性侵技能，同时针对审判实践中的问题提出相应的建议。

关键词： 预防性侵 自保观念 防性侵技能

* 任毅，重庆市渝北区法院未成年人综合审判庭书记员。

一　性侵害未成年人犯罪的基本情况

2010～2015年，渝北法院共审结性侵未成年人犯罪案件93件100人。其中强奸案55件、猥亵儿童案28件、强奸和猥亵儿童并罚案3件、强制猥亵妇女案4件、介绍卖淫案3件；性侵者构成强奸罪59人、构成猥亵儿童罪28人、构成强奸罪与猥亵儿童罪两罪3人、构成强制猥亵妇女罪4人、构成介绍卖淫罪6人，共判处罪犯100人（见表1）。

表1　2010～2015年渝北法院审结性侵未成年人案件统计

年份＼罪名	猥亵儿童	强奸	强奸和猥亵儿童并罚	强制猥亵妇女	介绍卖淫	合计（件）
2010	1	6	0	0	0	7
2011	4	13	1	0	0	18
2012	4	11	1	1	0	17
2013	3	7	0	1	0	11
2014	10	6	1	1	0	18
2015	6	12	0	1	3	22
合计	28	55	3	4	3	93

备注：第5列强制猥亵妇女案审结时间均在《刑法修正案（九）》生效之前。

值得注意的是，与2010～2013年相比，2014年以来渝北法院审结猥亵儿童案增长趋势明显。2010～2013年共14件，2014～2015年达17件。儿童被猥亵案件共计31件，涉及被性侵儿童79人，占被性侵未成年人总数的70.5%。

2010～2015年渝北法院审结的性侵未成年人案件中，被性侵者8岁以下18人、8～14岁61人、14～18岁33人，共计112人（见图1）；农村21人，城镇91人。

性侵者作案时的年龄，已满16周岁不满18周岁10人、已满18周岁不满25周岁32人、已满25周岁不满55周岁43人、55周岁以上15人；职业

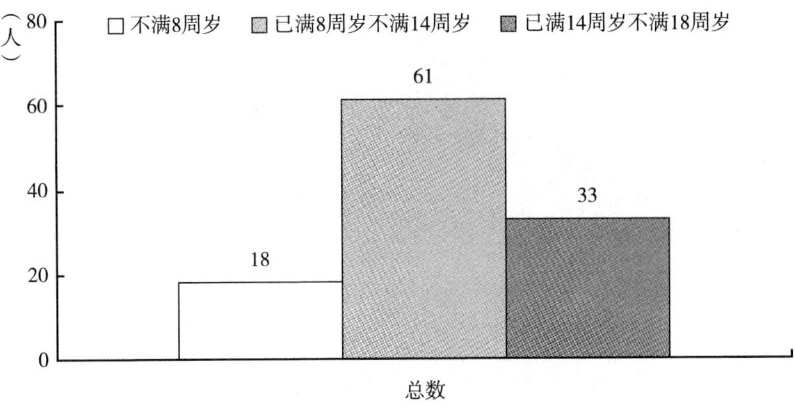

图 1　2010～2015 年渝北法院审结的案件中被害人年龄情况

方面，农民 55 人、无业 24 人、工人 11 人、其他 10 人（包括小学教师、乡村医生、退休干部、保安、职员等）；文化程度上，文盲 6 人、小学 32 人、初中 48 人、高中 9 人、大专 5 人（见图 2～图 4）。

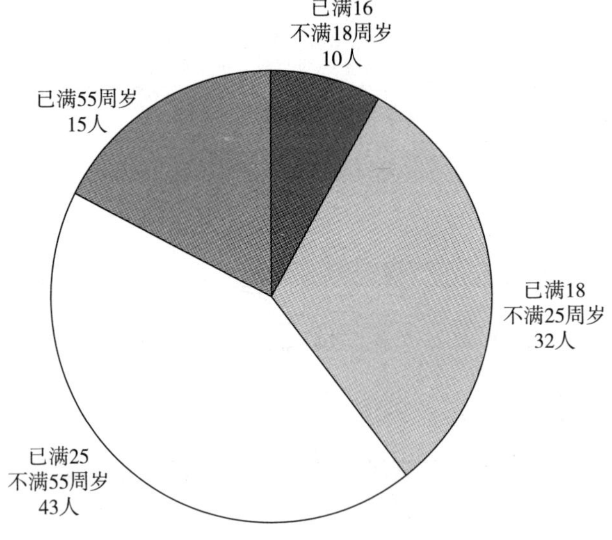

图 2　2010～2015 年渝北法院审结的性侵者作案时年龄情况

从性侵犯罪发生的场所看，既有住处（43 次）、出租屋（31 次）、保安亭（3 次）、办公室（2 次）、工棚（2 次）等相对封闭的场所，也有马路

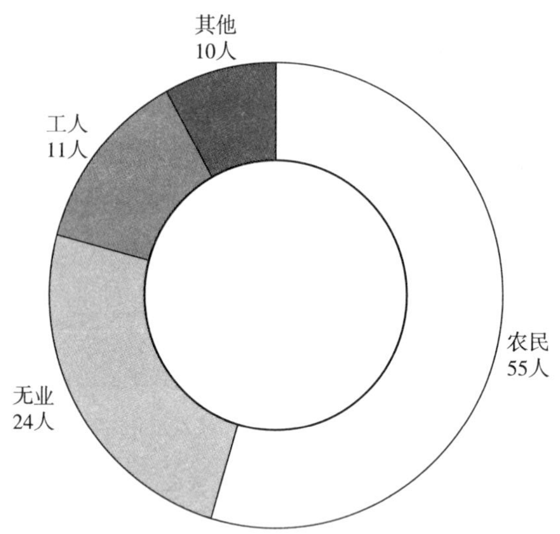

图 3　2010～2015 年渝北法院审结的性侵者职业情况

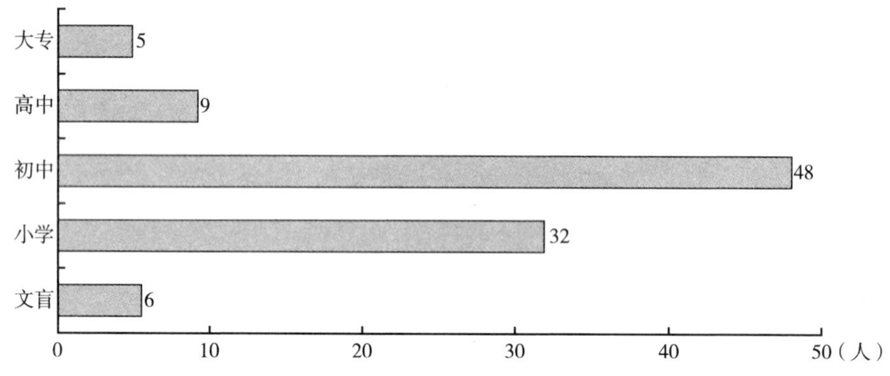

图 4　2010～2015 年渝北法院审结的性侵者文化程度情况

（5 次）、商店（3 次）、楼道（3 次）、大厅（1 次）、教室（1 次）、医务室（1 次）等相对公开的场合（见图 5）。其中在商店、楼道、马路、教室等场所发生的性侵行为基本是在周围无人的情形下实施的。

分析图 5 的数据得出性侵害未成年人犯罪案件呈现以下五个特点：一是强奸和猥亵儿童是主要犯罪类型，二是犯罪对象主要为 14 岁以下的儿童，三是犯罪发生率城市远高于农村，四是犯罪主体文化程度普遍较低，五是犯

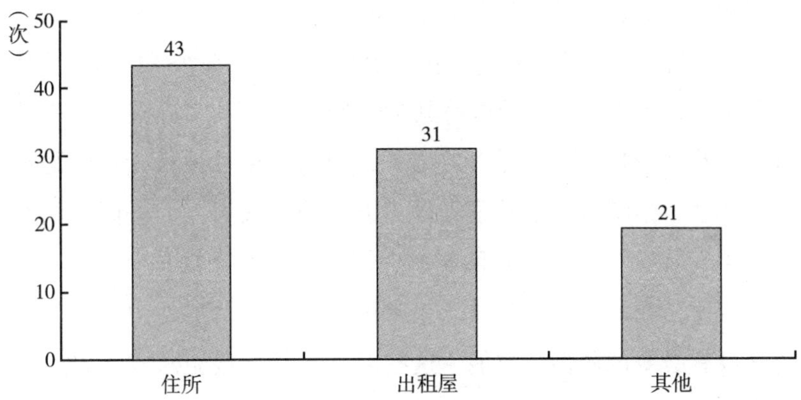

图5　2010～2015年渝北法院审结的性侵犯罪发生场所情况

罪场所具有较强的封闭性。

从性侵未成年人犯罪发展趋势看，强奸未成年人案件有减少趋势，但总量仍占多数，猥亵儿童案件增长趋势明显因而比重提高。近两年全国公开曝光的性侵儿童案件数量多，而且曝光率明显加速，引起社会各界广泛关注。这有助于被性侵未成年人的法定代理人减少或打消内心的顾虑，并积极配合司法机关尽可能多地发掘出未被发现的性侵未成年人犯罪。

二　性侵未成年人犯罪频发的原因及审判实践中的问题

未成年人频遭性侵系多种因素交互作用的结果。本文结合自身审判实际，从被害人、性侵者、性侵发生的环境三个方面进行分析，同时提出审判实践中面临的具体问题。

1. 被害人的易受侵害性

未成年人频遭性侵的现象与其自身生理心理不成熟、性自保意识弱、易被利用、缺乏防性侵技能或无性防卫能力等受害特性密不可分。司法实践中常见的情形：一是被告人发觉被害人“很乖”或呆头呆脑的样子，根据生活常识判断，不难意识到其系智障女且缺乏性防卫能力，便强行与其发生性关系；二是被告人利用未成年人喜欢打游戏的心理，在小学门口或住处提供笔记本电脑供其玩游戏，并借机将其裤子脱下，对其实施猥亵；三是被告人通过给零花钱或口香糖等零食的方式，引诱实施性侵行为；四是被告人采取言语威胁、捂嘴以及掐脖子等暴力方式控制被害人，进而实施性侵行为。未成年人（尤其是儿童）因年龄、智力等较低导致其生理与心理无法与成年人相比，在面对诱惑时缺乏正常的判断与抗诱惑能力，在面临暴力威胁时又没有必要的防性侵技能。这些因素正是性侵犯未成年人犯罪发生的原因之一。

审判实践中的问题表现在，被性侵儿童自我保护意识弱导致性侵犯罪案件揭发难。大多数性侵儿童案件是在家属发现儿童存在明显异常或孩子告知的情形下报警才得以浮出水面，事发与案发之间时间间隔长，不利于案件及时侦破。尤其是长期、多次性侵儿童案件中，儿童自身缺乏保存证据和及时告诉家人的意识与能力，导致认定性侵犯罪的关键证据毁损甚至灭失，进而导致只能认定最近几次性侵行为，显然放纵了性侵者。

此外，性侵犯罪案发后，经常存在被告人与被害方达成赔偿协议、被告人取得被害方谅解的情形。问题在于，出庭参加庭审的基本是被害人的法定代理人，而非被害人本人，那么，如何认定庭前或当庭达成的谅解协议系被害人本人的真实意愿，或者达成的谅解协议是否考虑到或尊重了被害人的意愿？实践中，有些未成年人为谋生计长期从事卖淫活动，导致自身怀孕甚至生子的现象并不鲜见。如果此种情形得到被害人谅解，但被害人家属不谅解的，如何认定谅解协议的效力就存在疑问。

2. 性侵者具备加害的现实可能性

性侵者大多具备文化程度低、法律意识淡薄、生活单调、精神空虚等特点。性侵者中初中文化程度以下的人员、无业人员、农民的比重较大，分别为86%、24%和55%。这些人员的职业不稳定或者单调，法律意识淡薄、受教育程度低以及道德水平低下等因素导致其具有现实的危险性，也构成社会中性侵未成年人的高危群体。另外，性侵者具有高龄化趋势，如55周岁以上的有 15 人，其中最高的年近 80 周岁。

还有尽管性侵者具备加害未成年人的现实危险性，但实践中大量存在未成年人因性观念开放、性生活随意甚至系卖淫女等主动勾引性侵者而存在过错的情形。根据重庆市高级人民法院印发的《〈关于常见犯罪的量刑指导意见〉实施细则》的相关规定：强奸妇女一人的，在三年至五年有期徒刑幅度内确定量刑起点；奸淫幼女一人的，在五年至七年有期徒刑幅度内确定量刑起点；造成被害人怀孕、感染性病等后果的，增加一年至二年刑期。加之《刑法修正案（九）》删除嫖宿幼女罪，使得被害人存在明显过错与被告人因受勾引奸淫幼女行为的较高量刑起点之间存在罪责行不协调的问题。

3. 未成年人频遭性侵的现象系在特定环境下多种因素共同作用的结果

从未成年人与性侵者之间的社会关系看，加害人与被害人之间存在亲属关系的情形。本院审结的 4 件案件中，性侵者系被害人的父亲、干爹、继父、叔父。这些监护人与被害人通常居住在一起，具有较为紧密的联系，一旦产生性侵歹意，不容易为外界所感知，对未成年人的健康成长极其不利。另外，还存在教师对学生、医生对未成年患者的性侵行为，说明特殊身份关系中个别人员存在道德素质低下、法律意识缺乏等问题。除性侵发生场所的封闭性、监护人不适当、特定人员的道德素质低下之外，社会各界对处于困境中的未成年女性关爱显然不够，尤其是缺乏尊重未成年女性或儿童人格的良好社会风尚。

三 预防未成年人遭性侵及应对审判实践中问题的建议

涉及预防未成年人遭性侵的调研报告、报道、文章等多从加强监护人职责的履行，加强学校重点场所的安保，充分发挥社会组织的宣教作用、联动帮扶实现多方救助，构建未成年人监护干预制度或加大对性侵害者的惩治力度等方面来阐释。比如，加强法制宣传，增强未成年人及其监护人的证据保护意识及能力[①]。例如，青岛中院少年审判法庭注重以典型个案作为切入点，指导基层法院加强与同级联动单位协作，确立了由法院初步审查未成年被害人及家庭状况，然后联络各单位进行多方位救助的模式[②]。这些措施基本涉及家庭保护、学校保护、社会保护和司法保护各方面，看似无缝衔接，实则有“九龙治水”嫌疑，因而并非最务实的对策。

对策贵在贴近实际。本文并不否认构建联动机制对预防性侵未成年人犯罪的重要作用，但其能否发挥预期效果，取决于诸多联动单位之间能否保持长期有效的协调沟通，取决于建立特定信息共享平台的人力、物力等各种社会资源是否充足。比如，建立未成年被害人救助制度、性侵害类罪犯基本信息数据库等，都需要联动单位的有效沟通与充足的物质保障。因此，结合渝北法院的审判实践，本文认为预防未成年人遭性侵害的务实策略是：多措并举，强化未成年人性自保观念，增强未成年人自身防性侵技能。基于未成年人性知识匮乏、性自保意识不足以及防性侵技能缺乏的实际，可尝试做好以下三点。

首先，父母作为儿童的启蒙老师，应关注其身心健康，更应改变“谈性色变”的陈旧观念。在孩子3～6岁时，可借助儿童对性的好奇心帮助其树立性别意识，做好必要的性知识教育[③]。实践中，儿童是易遭性侵的主要群体，进城务工或单亲家庭的父母需经常与子女进行沟通，及时了解并解除其对性的困惑。父母要教导孩子禁止别人触摸自己的隐私部位，对不舒服的触摸敢于说“不”，或对外发出求救信息[④]。父母要教育孩子遇到性侵犯时，若自己无力反抗且没有逃跑机会的，可先顺从之以保存生命，但事后要及时大胆告诉父母以便尽早报警[⑤]。父母还需要教育孩子不贪图小便宜，养成良好的生活习惯。

---

① 重庆市第二中级人民法院课题组：《三峡审判》2015年第1期，第28页。

② 徐颖慧、王丽娜、贾升宗：《青岛中院：撑起未成年人“保护伞”》，《人民法院报》2015年9月22日，第6版。

③ 沈丽萍：《未成年人防性侵指导手册》，苏州大学出版社，2014，第39页。

④ 沈丽萍：《未成年人防性侵指导手册》，苏州大学出版社，2014，第41、42页。

⑤ 沈丽萍：《未成年人防性侵指导手册》，苏州大学出版社，2014，第43页。

其次，中小学校以及幼儿教育机构应当强化这样一种观念，即对学生的性知识及安全教育是学校教育的必要内容。教育机构可邀请法院、司法局等司法机关或者共青团、妇联等社会组织，到学校做各种预防性侵害犯罪的教育宣讲活动。2015 年，渝北法院已在辖区中小学进行 6 场包含性知识及防性侵技能教育的法制宣传活动，并取得师生好评。开设“性健康教育”课堂，开展有目的、有计划、有组织的系统性教育，破除未成年人对性的神秘感和好奇心，让其了解性知识并掌握必要的技能①。当然，性知识教育能否全面纳入中小学的教育课堂并成为一门“必修课”，既需要学校充分意识到性安全教育的必要性和重要性，更需要中央给予自上而下的顶层设计支持。

最后，全社会营造健康文明的性文化，严厉打击涉及宣传色情暴力的网吧及网站，营造良好的网络环境。仅 2013 年以来，渝北法院共审结强奸未成年人案件 22 件，其中 9 件发生于青少年网恋过程中，父母应当特别留意子女经常上网、出现早恋或频繁与陌生青少年交往的情形，引导子女正常进行社交，提高鉴别能力，谨慎交友，树立健康的恋爱观念，预防不良人员实施性侵。共青团、妇联、未成年人保护组织、公安、司法机关、各大报纸及网站应立足自身实际，采用“防狼”漫画手册、动漫版性教育视频等青少年喜欢的形式宣讲性知识、防性侵技能。

渝北法院除积极主动承担应有的社会宣教作用和认真落实依法及时严惩性侵者的司法职责外，结合审判实践中的具体问题，提出以下三点建议：一是即使没有充分、确凿证据证实之前数次性侵儿童行为但确实发生了的，也可将之作为一种酌定从重情节；二是根据被害人年龄、智力、收入来源等综合情况判断谅解协议是否符合被害人本人的意愿以及是否优先遵从被害人意愿；三是被害人存在明显过错的，可将被害人的过错程度作为确定性侵者量刑起点降低幅度的考量因素。

① 重庆市第二中级人民法院课题组：《三峡审判》2015 年第 1 期，第 28 页。

B.19 江阴市检察院未成年人刑事检察调研报告

陈春来*

摘　要：　经过长期的探索和实践，江阴市检察院逐步形成了“一体两翼三平台”的未成年人刑事检察工作模式。为平等保护涉罪外来未成年人取保候审的权利，在全国首创观护教育基地。通过政府购买公共服务，将未成年人刑事检察社会化工作交由市青少年权益保护协会承担，推动建立起未成年人司法借助社会专业力量的长效机制。

关键词：　未成年人　刑事检察　观护帮教工作站

2015 年，江阴市检察院牢固树立优先、特殊、双向保护的司法理念，坚持对犯罪的未成年人实行教育、感化、挽救的方针和教育为主、惩罚为辅的原则，认真落实《刑事诉讼法》未成年人刑事案件诉讼程序，采取有效措施进一步加强未成年人刑事检察工作，最大限度保护未成年人合法权益，最大限度教育挽救涉罪未成年人，最大限度预防未成年人犯罪，取得了积极成效。

一　2015年办案情况

（一）办案基本数据分析

江阴未成年人刑事检察探索建立了批捕、起诉、诉讼监督、预防和维权

* 陈春来，江苏省江阴市人民检察院未成年人刑事检察科副科长（主持工作）、检察员。

帮教一体化工作机制，对每一起涉罪未成年人的审查逮捕、审查起诉、出庭支持公诉、诉讼监督、预防犯罪、维护权益、帮教矫正等不同阶段，均由同一名干警承担，既提高了办案的质量和效率，更保证了办案与预防、维权、帮教工作的连贯性和针对性。为更好发挥未成年人刑事检察科了解未成年人心理、熟悉保护未成年人相关法律的优势，江阴市检察院将四类案件纳入受理范围，即犯罪嫌疑人是未成年人的案件、被害人是未成年人的案件、犯罪嫌疑人是在校学生的案件、共同犯罪案件中有犯罪嫌疑人是未成年人的案件（包括分案处理或未分案处理的），全面落实“捕诉监防维”一体化工作模式，形成全方位、全程化、立体化的未成年人保护体系。

一是严格把握未成年人刑事案件质量。坚持“教育为主，惩罚为辅”的理念以及“少捕、慎诉”等特殊刑事政策，高质量办理未成年人犯罪案件。2015 年，未成年人刑事检察科共办理各类涉及未成年人的刑事案件 181 件 246 人，其中未成年人刑事案件 89 件 105 人，件数和人数同比分别下降了 32.7%、34.4%；不批准逮捕未成年人 5 件 5 人；对 6 名犯罪情节轻微的未成年人作相对不起诉处理，对可以判处一年以下有期徒刑且有悔罪表现的 11 名未成年人作附条件不起诉处理，不诉率为 16.12%。审前羁押率为 14.28%，呈逐年下降趋势，具体见表 1。

表 1　江阴市检察院未成年人案件 2011～2015 年度审前羁押率变化趋势

单位：件，%

年份＼项目	起诉数	受理批捕数	逮捕数	不捕数	不捕率	审前羁押率
2015	105	20	15	5	25	14.28
2014	138	33	22	11	33.3	15.9
2013	123	59	44	15	25.4	35.7
2012	149	78	63	15	19.2	42.2
2011	144	86	69	17	19.7	47.9

审前羁押率是指批捕人数占起诉人数的比例。审前羁押率仅指在羁押状态下接受法庭审判的犯罪嫌疑人的比率，不包括之前经过羁押，但因种种原因变更强制措施，在人身自由未被完全剥夺的情况下受审的被告人。需要说明的是，刑拘直诉案件数和经羁押必要性审查改变强制措施数虽对审前羁押率有一定的影响，但数量较小且基本相当，本表不予考虑。

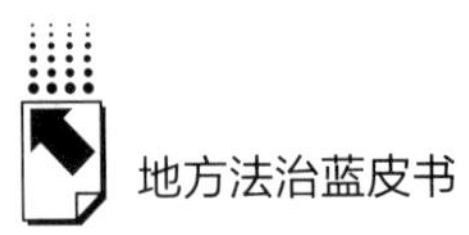

二是严厉打击侵害未成年人的犯罪案件。对侵害未成年人权益的犯罪案件始终保持高压态势，依法实行快捕快诉，从严从重惩处。2015 年，共办理被害人是未成年人的批准逮捕审查起诉犯罪案件合计 36 件 42 人，约占未成年人刑事检察办案总数的 17%。

三是综合运用多种手段积极救助涉案未成年人。高度关注涉案未成年人的健康成长，探索形成一套综合救助涉案未成年人的工作机制，灵活运用法律、经济、心理、技能、教育多种救助方式，帮助涉案未成年人早日走出困境回归社会。贯彻落实《江苏省检察机关开展国家司法救助工作细则（试行)》，全年共对未成年犯罪嫌疑人、未成年被害人开展心理疏导 76 人次、法律援助 100 人、经济救助 2 人。

（二）未成年人犯罪的主要特征

一是文化程度较低。审查起诉的未成年犯罪嫌疑人中教育水平为小学以下的 26 人，初中文化程度的 66 人。

二是外来未成年人犯罪率依然居高不下。审查起诉的未成年人犯罪案件中非江阴户籍地作案人员共 84 人，占受理审查起诉总人数的 80. 76%。

三是涉案罪名比较集中。未成年人多发犯罪案件排名前五位的罪名依次是盗窃罪 57 人、抢劫罪 4 人、故意伤害罪 7 人、寻衅滋事罪 5 人、聚众斗殴罪 7 人。

四是共同犯罪突出。未成年人在人多势众的心理影响下，容易相互纠合在一起实行犯罪，导致寻衅滋事和聚众斗殴两类犯罪常年居于未成年人共同犯罪多发案件前列。

（三）未成年人犯罪原因分析

一是未成年人自身原因。以自我为中心、法治观念淡薄与青春期躁动、危险年龄段的胆大妄为、不计后果、相互影响，构成未成年人违法犯罪的自身原因。具体表现为：①没有受过良好教育，大多数是辍学者或流失生，法治观念淡薄，属于文盲半文盲加法盲；②生理上早熟与心理上不成熟构成矛盾，思想幼稚，辨别是非能力和自我控制能力差，行为带有很强的盲动性；③自我独立意识增强，但进入社会后的独立生存能力低下。从未成年人违法犯罪轨迹看，从辍学到离家进入社会再到违法犯罪，是一种较为常见的未成年人犯罪模式。

二是家庭原因。家庭未尽到教育义务或者家庭环境恶化、家庭结构不健全，因而教育功能丧失，是造成未成年人违法犯罪的家庭原因。实践中，涉罪未成年人多来自于残缺家庭或者留守、流动、闲散、流浪儿童群体。

三是学校原因。在过分追求升学率的驱使下，一些学校对学生的品德教育、法治教育不重视，歧视、漠视后进学生；对一些有不良行为的学生不采取深入的教育措施，而是推向社会放任自流；一些老师自身素质较差，不从“育人”角度出发，对待学生方式简单粗暴，侵害学生合法权益，使一些本可教育挽救好的孩子成为社会危险人群。

四是社会原因。当前社会转型时期带来的价值观念、道德观念变化以及整个社会对未成年人违法犯罪防控能力的减弱，诱发未成年人犯罪的因素增多等，是未成年人违法犯罪的社会原因。“金钱至上，唯利是图”思潮泛起，享乐主义、利己主义追求等无不对未成年人产生严重影响；网络、影视作品传播暴力、色情等不良文化，赌博、吸毒、色情等社会丑恶现象都是诱发未成年人违法犯罪的重要原因。

二　未成年人刑事检察专业化建设情况

近年来，江阴未成年人刑事检察大胆创新、勇于实践，不断探索未成年人刑事检察特殊制度，并依托办案，强化监督，形成了未成年人刑事检察工作的专业化体系。

1. 专业化队伍

江阴市检察院于1996年在公诉科设立未成年人刑事检察专门办案小组，2006年成立无锡地区首家具有独立编制的未成年人犯罪检察科，2008年被共青团中央、最高人民检察院评为“全国优秀青少年维权岗”。院党组一直以来高度重视未成年人刑事检察科人员配备，选取一批政治素质高、业务能力强的干警充实到未成年人刑事检察科，保证未成年人刑事检察科各项工作的有序开展。2015 年，配备 4 名正式干警和 3 名专职书记员，其中 1 名干警为在读法学博士生、2 名干警为在读法学硕士生，2 名干警分别获得了二级心理咨询师和少儿心理咨询师资格。确立了“四个一”培训制度，即一周一次的周五学习，一月一次的专门化知识培训，一季度一次的法庭实战能力培训，一年一次的高校脱产培训，先后邀请北京师范大学和上海政法学院等院校的知名专家学者授课。2015 年，1 名干警荣获第一届全国未成年人检察业务标兵称号，在江苏省业务竞赛中更有数人获得荣誉。

2. 专业化场所

根据省检察院《“护苗行动”实施方案》要求，建成了包括讯问室、询问室、心理疏导室、不起诉宣告室等在内的未成年人刑事检察办案工作区。规范司法办案制度。根据办案需求，规范讯（询）问未成年人和不起诉训诫、宣布、不公开听证等特殊程序；讯（询）问工作场所全部配备同步录音录像设施，建立讯（询）问未成年人的录音、录像制度，可以做到一次讯（询）问到位，避免重复讯（询）问对未成年人造成二次伤害。

3. 专业化制度

《刑事诉讼法》修改之前，江阴未成年人刑事检察即积极探索出台法律援助制度、诉前调查评估制度、心理疏导制度、附条件不起诉制度、特困刑事被害人救助制度、关爱教育基地（现更名为“观护帮教工作站”）工作细则、检校合作制度、合适成年人制度、犯罪记录封存制度、分案起诉制度、心理干预实施意见等。2012 年《刑事诉讼法》修改后，进一步细化相关规定。

一是落实特殊程序制度。进一步细化合适成年人参与刑事诉讼的规定，推动成立江阴市青少年权益保护协会，对合适成年人队伍的统一招募、培训、管理、考核，办案机关通知合适成年人必须通过协会，实现了合适成年人到场的随机性，有利于加强对办案机关的监督；实现了在侦查阶段、起诉阶段和审判阶段尽量通知同一名合适成年人到场，切实保护未成年人合法权益。进一步细化社会调查员参与刑事诉讼活动的规定，要求公安机关在侦查阶段就委托协会开展社会调查，既确保了社会调查的客观中立，又保证了诉讼活动的高效运行。进一步细化了心理咨询师参与刑事诉讼活动的规定，规范涉罪未成年人心理疏导工作。2015 年，共通知合适成年人 94 人到场参与诉讼，对 21 名被羁押的未成年人落实亲情会见政策，对 92 名未成年人开展社会调查，对获得被害人谅解的 10 名未成年人作出不起诉决定。贯彻落实江苏省检察院关于《附条件不起诉工作暂行规定》，进一步完善附条件不起诉异地帮教工作机制，共开展异地社会调查 84 次，附条件不起诉监督考察 10 件。在 2015 年 8 月江苏省检察院和上海市检察院签订《关于建立沪苏检察机关未成年人刑事检察工作异地协作机制的协议》后，江阴市检察院在办理未成年人邱某盗窃一案中，与上海浦东新区检察院、上海中致社区服务社签订了《异地监督考察协议书》，共同做好附条件不起诉监督考察期间的帮教工作，协议书详细列明了协作各方的权利和义务，由江阴市检察院制作帮教方案，由浦东新区检察院和中致社协作帮教，中致社在江阴检察院的帮教方案基础上，因地制宜，有针对性地作出更详细的具体帮教工作安排，每月将被附条件不起诉人的考察情况、思想汇报、公益劳动表现等汇总送交江阴检察院。

二是建立检察机关内部联动机制。建立了检察机关内部保护未成年人联动机制，在侦查监督、公诉、职务犯罪侦查、刑事执行监督、民事行政监督、控告、申诉、死刑复核监督等部门，形成未成年人保护合力。未成年人刑事检察科在工作中发现侵害未成年人合法权益的职务犯罪线索，应当及时移送职务犯罪侦查部门予以查处，并协调相关部门做好保护未成年人善后工作；检察机关有关部门在审查逮捕、审查起诉、职务犯罪侦查等环节发现犯罪嫌疑人、被告人家中有无人照料的未成年人，或者发现未成年人合法权益保护方面存在漏洞和隐患的，应当及时通知未成年人刑事检察部门予以处理，防止在检察环节存在保护真空。例如，公诉科办理一起寻衅滋事案件时，被告人因累犯被收押，但由于其女儿刚满 1 周岁无人抚养，承办人及时将此信息反馈到未成年人刑事检察科。经多方协调，被告人将女儿临时寄养在朋友家中，民政局委托市青少年权益保护协会对寄养家庭进行评估，并提供最低社会保障，有效维护了该困境儿童的合法权益。

三是推动完善政法机关衔接和跨部门合作机制。推动完善政法机关衔接配合以及与政府部门、未成年人保护组织等跨部门合作机制，形成公、检、法、司保护未成年人合法权益的工作体系以及司法保护与家庭保护、学校保护、社会保护紧密衔接机制。2015 年 6 月，江阴检察院联合江阴市综治办、法院、公安局、司法局、团市委等相关部门会签了《关于进一步加强未成年人刑事案件配套衔接机制的规定（试行）》，及时完善办理未成年人刑事案件配套工作体系，在工作评价标准、社会调查、逮捕必要性证据收集与移送、法律援助、分案起诉等需要配合的制度上相互衔接，就市青少年权益保护协会参与涉罪未成年人办案配套体系和社会化帮教预防机制达成一致，形成工作体系和合力，全面维护涉案未成年人的合法权益。

三　未成年人刑事检察社会化建设情况

贯彻落实最高人民检察院《检察机关加强未成年人司法保护八项措施》，推动建立未成年人司法借助社会专业力量的长效机制。

（一）推动建立社会化支持体系

江阴市检察院联合政法委、法院、公安局、团市委、关工委等相关职能部门，于 2014 年 10 月推动成立了江阴市青少年权益保护协会，以政府购买公共服务等方式，将社会调查、合适成年人参与未成年人刑事诉讼、心理疏导、观护帮教、附条件不起诉监督考察等工作交由协会承担，积极推动形成政府牵头、司法引导、多部门合作、社会力量广泛参与的未成年人综合保护工作机制，努力构建未成年人检察社会支持体系。在 2015 年 5 月江苏省未成年人刑事检察工作创新事例评选中荣获“未成年人刑事检察工作十佳创新事例奖”。2015 年 6 月，在检察日报社理论部、苏州大学检察发展研究中心主办，江阴市检察院承办的全国“未成年人检察社会体系建设研讨会”上，江阴检察院依托青少年权益保护协会积极构建未成年人检察社会支持体系的相关做法作了交流，受到与会领导和专家的高度肯定。

一是成立专业化维权机构。积极落实十八届四中全会提出的建立健全社会组织参与帮教特殊人群的制度化渠道，联合法院、团市委、公安局、民政局、司法局等多家单位，在全省率先成立专业化的青少年维权组织，即江阴市青少年权益保护协会，并召开了成立大会，制定了会员守则、工作证、工作流程等规章制度，制定了完善的人事、财务等管理制度。

二是组建专业化社工队伍。协会采用专职社工和兼职社工相结合的方式，打造专业化维权队伍。面向社会公开招聘 3 名专职社工，其中 2 人已取得助理社会工作师资格证，1 人具有三级心理咨询师资格；吸纳兼职会员 166 人，并按照参与协会活动的活跃度分为会员和志愿者，主要面向涉罪青少年、问题青少年、困境儿童等群体，由协会提供合适成年人到场维权、社会调查、附条件不起诉的跟进帮教等服务。

三是开展专业化技能培训。协会先后组织开展合适成年人、社会调查员、心理咨询培训等各类培训 12 次，参与培训人数达 1980 余人次。邀请上海政法学院的教授学者作青少年维权大讲堂专题讲座，邀请知名外籍专家就如何更加有效地与涉罪未成年人进行沟通开展培训。通过专业培训，深化了协会专职人员及兼职人员对于合适成年人工作的理解，为继续做好青少年司法保护工作打下了坚实的基础。通过招聘专业社工、心理咨询师以及社会志愿者，组建了一支 2000 余人的合适成年人队伍、600 余人的心理疏导队伍，有效解决了未成年人刑事检察办案中法定代理人不能到场、未成年人心理问题没有得到足够关注的现实难题，实现未成年人司法保护工作社会化和专业化的有机结合。

（二）推动建立社会化预防体系

以预防青少年犯罪工作为基础，构建检察机关、学校、社区和家庭四位一体、无缝衔接的预防网络。

一是立足职能参与社会治理。对在办案中发现的关于未成年人管理服务方面的薄弱环节，如未成年人因上网引发犯罪问题、未成年人进酒吧滋生犯罪问题、未成年人遭受校园性侵问题等，向相关职能部门发出检察建议，督促相关部门建章立制、堵塞漏洞，进一步加强对中小学校校园周边环境综合治理，遏制不良信息对未成年人成长环境的侵害，努力营造关爱保护未成年人的社会环境。

二是结合办案加强法治教育。采取多种形式加强对未成年人的法治宣传教育，提高其预防犯罪和自我保护意识。在全市各学校开展“护苗行动校园行”“法伴青春呵护成长”活动，节假日在各社区开展“社区行”活动，与江阴电台合作“家长也来晚自修”，以丰富多样的形式开展法治教育，以举办法治讲座、模拟法庭、法律知识竞赛、法治夏令营等多种形式，积极参与校园、社区法治文化建设，深入推进检校共建、检社共建活动。推动建立市青少年法治教育实践基地，为青少年营造浓厚的学法氛围。

三是依托新媒体加强法治宣传。针对受众对象的特殊性，积极利用QQ、微博、微信等新媒体手段，加强与青少年的沟通联系，介绍未成年人刑事检察工作、发布警示案例、普及保护知识、解答法律问题，积极开展未成年人违法犯罪预防工作，增强普法宣传的针对性和有效性，推动常态化法治宣传。通过普法内容与形式的创新，以形象直观、寓教于乐的方式讲述法治故事，让法治宣传鲜活生动起来，受到青少年的欢迎。

（三）推动建立社会化帮教体系

依托观护帮教工作站，充分发挥政府、学校、社区和社会组织的作用，制定一套适合当地未成年人社会帮教工作的标准、要求和相关制度，不断健全和完善未成年人观护帮教体系。

一是无微不至的“1+1”心理帮教模式。依托市青少年权益保护协会，引入专门的未成年人心理测评矫治工作机制，配置专业人格测评软件系统，通过外聘专家和内部培养相结合的方式，组建心理咨询专家团队，为涉案未成年人提供“一对一”专业心理咨询、疏导、测评和矫治服务，判断未成年人人身危险性并为是否适用相对不起诉、附条件不起诉提供参考。

二是授人以渔的“1 + N”技能培训模式。依托观护帮教工作站与江阴市职业高中、澄西船厂技校等建立的协作关系，为取保候审的涉罪未成年人和相对不起诉、附条件不起诉的对象，提供电工、电焊工、烹饪等免费短期培训机会，与人社局沟通，颁发初级资格证书，为涉罪未成年人回归社会创造良好条件。

三是有始有终的“4 + 1”跟踪帮教模式。检察官、警察、市青少年权益保护协会专职社工和未成年人家长等组成帮教小组，共同对一个涉罪未成年人进行全程式的跟踪帮教，进一步强化心理疏导、困难帮扶、成长指导、就业辅导、就学引导等更加丰富多彩和更具人性化的帮教举措，帮助他们解决实际困难，从内心深处感动涉罪青少年，积极探索青少年维权工作由事后补救转变为事前防范的工作方式。

四　未成年人刑事检察三大平台建设情况

近年来，江阴市检察院针对涉罪未成年人、问题少年、在校学生三类群体，分别建立涉罪外来未成年人观护帮教工作站、雏鹰爱心港、青少年法治教育实践基地三大平台，努力实现涉罪未成年人重新犯罪“零记录”、问题少年“零犯罪”、在校学生犯罪“零增长”三大目标。

（一）做实观护帮教工作站

针对司法实践中涉罪外来未成年人难以平等适用非羁押性强制措施的司法现状，江阴检察院在全国率先探索建立涉罪外来未成年人观护帮教工作站。2014 年，涉罪外来未成年人观护帮教工作站被中央综治办、共青团中央、中国法学会联合表彰为“未成年人健康成长法治保障制度创新最佳事例”，被最高人民检察院评为未成年人刑事检察工作创新事例。自 2008 年 8 月成立关爱教育基地到 2015 年 12 月，7 年来共有 90 名涉罪未成年人入驻观

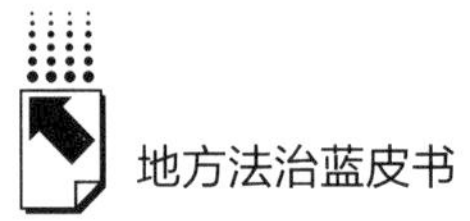

护帮教工作站。①从年龄结构看，14 岁的 3 人，15 岁的 5 人，16 岁的 22 人，17 岁的 60 人，其中 17 岁的未成年人占比 66.7%。②从性别结构看，男性 84 人，女性 6 人。③从户籍分布看，江苏户籍的 18 人（其中江阴户籍的 3 人），江苏省外户籍的 72 人，其他主要是贵州、四川、安徽、河南等地户籍。④从案由分布情况看，涉及罪名共 12 个，主要是盗窃、聚众斗殴、抢劫、强奸罪、寻衅滋事、诈骗等，其中女性犯罪罪名主要是盗窃、诈骗。从处理结果情况看，入驻对象被判处拘役、有期徒刑并执行实刑的共 7 人，占比 7.8%，也就是说约有 92.2% 的对象被以撤案、不起诉、缓刑等非监禁方式处置，未发现一例重新犯罪。应当说，观护帮教工作站在平等保护涉罪外来未成年人取保候审权利以及降低审前羁押率等方面取得了一定的效果。主要做法如下。

一是观护理念更加科学。2008 年 8 月为平等保护涉罪外来未成年人，在全国首创“关爱教育基地”，出发点是平等保护外来未成年人，体现对涉罪未成年人的关心、爱护和教育；随着适用对象扩大到涉罪外来成年人，基地名称统一变更为“管护教育基地”，主要是对入驻基地的对象进行管理和教育；2013 年 6 月，再次更名为“观护帮教工作站”，即对入驻学员进行观察、看护和帮教。从“关爱”到“管护”再到“观护”，不仅仅是基地名称的变更，更体现着司法理念的转变。管理方式由刚性化向柔性化转变。基地建立初期，各项规章制度比较严格，对涉罪未成年人外出、接受探视等限制约束较多，帮教措施上采取较多的还是义务劳动、法治教育等。随着经验的积累，不断弱化工作站制度偏刚性的特征，积极安排落实其亲友前来工作站探望。在春节、端午等节假日安排小型聚餐，为入驻人员买蛋糕庆祝生日以及举办成人仪式。同时，工作站提前引入社区矫正，实现“诉判矫”一条龙程序。实践证明，刚柔并济的综合帮教措施，更能从内心深处感动涉罪人员。对入驻观护帮教工作站的学员，开庭就在工作站的圆桌法庭进行，进一步弱化涉罪未成年人的标签意识。

二是观护条件更加完善。硬件设施方面，围绕建设标准化，加强优化整合。自 2008 年以来，江阴市管护教育基地蓬勃发展，截至 2012 年，成年人和未成年人管护教育基地共 15 家。2012 年底，本着“够用即可、规范管理”的思路，逐步缩减基地数量。其中未成年人管护教育基地选择保留了 1 家各方面条件健全、人员配备到位、日常管理规范的基地予以重点发展，集约化、规模化效益较为突出。江阴市东发未成年人观护帮教工作站经过 7 年的发展，现在已是第三代工作站，占地面积 1000 平方米，具备会议室、学习室、更衣室、洗漱室、休息室、活动场所等“五室一场所”。作为未成年人帮教专门场所，学习室摆放着通俗读物、法律读本和励志书籍；每个休息室有两张单人床，军绿色的被子叠成了“豆腐块”；活动场地上摆放着各种健身器材。江阴市东发未成年人观护帮教工作站被无锡市检察院评为“观护帮教工作示范点”。

三是观护机制更加规范。日常管理方面，围绕运作规范化，完善工作机制。观护帮教工作站制订了详细的未成年人观护工作流程，不断完善观护帮教风险评估机制，对涉罪外来人员适用取保候审强制措施开展社会调查和法律评估，严格把关，防止变相变更强制措施发生；完善基础管理制度，为每名涉罪人员建立了专门的台账，要求入驻对象每天写一篇工作日志或学习心得，实现对观护帮教人员的全程跟进和有效管控。基地办公室档案柜中装订整齐的学员档案，里面详细记录着学员的信息资料、帮教日志和学习感悟等。

四是观护主体更加专业。辅导员最初是由公司军转职工兼任，然后由一名退休校长担任志愿者，发展到现在通过政府购买公共服务，市青少年权益保护协会安排专职社工和志愿者介入帮教，由专业的社会力量开展帮教。学员入驻工作站以后，相对确定一名专职社工，在检察官的指导下，根据学员特点成立帮教小组，制订“一对一”个性化帮教方案，定期或不定期开展帮教活动。吸引志愿者团体积极参与，一批退居二线的干警和刚参加工作的年轻干警自发组成工作站帮教志愿小组，在休息日不定期地到工作站去与涉罪未成年人谈心、指导阅读、讲解法律等。大学生、社区专业社工、学校老师、社会其他志愿者团体都参与到帮教中。

五是观护保障更加到位。经费保障方面，通过向财政申请专项经费的方

式，确保经费保障到位，即按照入驻学员人数，每人每月补贴给工作站1500元；社会保障方面，引入社会保障系统，由市人民医院为工作站开通就医绿色通道，在突发情况下对入驻人员实行先救治后付费原则；意外保险方面，工作站为入驻学员购买了意外保险团体险。

六是观护效果更加凸显。工作站从单一的取保候审功能区转变为集取保候审、跟进帮教、技能培训于一体的综合功能区，引入一次谈心、一次会见、一本好书、一篇体会、一篇总结“五个一”情感帮教模式，鼓励入驻人员定期与家庭进行电话联系。工作站与江阴市司法局社区矫正中心建立了心理疏导服务联动机制，每一位进入工作站的对象都会在第一时间得到专业心理咨询师的心理矫治。每年还组织工作站的涉罪未成年人举办一到两次的大型集体培训日，通过军训、心理疏导、思想道德教育课等活动，帮助涉罪未成年人克服心理障碍，规范日常言行举止，增强自信心和团队意识。从2014年3月开始，倾力打造“技校型”观护帮教工作站，先后与江阴市澄西船厂技校、山观商校、青山职业高中等技校联合签署了《关于涉罪未成年人技术培训实施办法（试行）》，合作学校据此免费为入住工作站的学员提供电工、电焊工等短期劳动技能培训。培训结束后，学员可以参加市人社局组织的资格考试，通过者可获得初级资格证书。截至2015年10月，已有9名学员参加了培训，其中8名获得了电工、电焊工等初级资格证，掌握了自食其力的本领。2015年8月，“检校共建，授涉罪未成年人以‘渔’”获评无锡市未成年人保护十大事件。

（二）做深雏鹰爱心港

“千里之堤，毁于蚁穴。今天的问题少年，如果不及时规制引导，很可能就是明天的犯罪少年。”在未成年人刑事检察工作中，防微杜渐十分重要。

一是形成帮教“合力网”。2012年11月，在江阴市委政法委牵头下，联合公安、法院、司法、团市委等单位，创建了集办案、维权、矫治、预防等多种功能为一体的“雏鹰爱心港”，重点帮教因犯罪情节轻微或者犯罪时未达到刑事责任年龄等未受到刑事处罚的未成年人，即问题少年。在全市17个乡镇、街道设立联系点，并由成员单位各推荐1人组成联络员队伍，集合了36名检察志愿者的力量，在全市形成由各职能单位共建、志愿者参与的未成年人维权帮教前沿阵地。

二是完善重点青少年鉴别渠道。对外，江阴检察院与市公安局签订了会议纪要，规定公安机关对作出行政处罚的未成年人，应及时将信息报备爱心港；与辖区学校、社区建立联系机制，要求其将掌握的有不良行为倾向的未成年人，及时通报给爱心港。对内，江阴检察院要求业务部门在办案过程中发现的参与犯罪但不予追究刑事责任的未成年人，及时通报给爱心港。截至2015年10月，已有200余名问题少年被纳入雏鹰爱心港帮教范围。就读江阴某镇中学的小何，为筹集上网费多次行窃，涉嫌盗窃犯罪。案件移送审查起诉后，该院经审查发现小何未满16周岁，建议公安机关撤案，同时将情况通报给雏鹰爱心港。雏鹰爱心港随即决定成立由办案检察官、学生家长、班主任等人组成的帮教小组。在与小何及其父母沟通过程中了解到，出事后小何一直抱怨父亲“上户口时为其虚报年龄”。其父母对帮教活动，很是抵触。他们认为，年轻人犯了错误，上帝都会原谅，小孩子偷点东西有什么大不了。于是，检察官决定在小何所在班级开展一次法治教育亲子活动，让父母与孩子同时接受教育。为了这次活动，检察官精心挑选案例和法治教育宣传短片，重点阐释家长教育孩子过程中存在的误区。活动结束后，小何的母亲找到检察官说，她和丈夫没有多少法律知识，没想到问题这么严重，表示以后加强学习，教育好孩子。在大家的帮教下，小何已不再沉迷网络，对违法犯罪行为也有了正确认识。

三是开通关爱“微平台”。针对青少年行为特点，2013年雏鹰爱心港开通了微信公众号，每周更新警示案例、检察官提醒、青少年自我保护等内容，定期发布雏鹰爱心港举办的各项活动资讯，现已发布120余期，更新QQ群、新浪微博、腾讯微博550次，编印了17期《雏鹰爱心港专刊》，发放《一切为了孩子》——告家长书5000余份。结合该院办理的多起中学生谈恋爱期间与未满14周岁少女发生性关系的案件，连续制作了3期引导青春期学生正确认识此类行为的节目。2015 年 3 月，公安机关发现初三学生李某有容留他人吸毒行为，但未达到立案标准，对其作行政处罚后将情况通报给雏鹰爱心港。爱心港成员迅速与李某的家长、班主任取得联系，成立帮教小组。检察官梳理了近年来办理的容留他人吸毒案件，总结出高发原因，在全市中小学开展了一次毒品警示教育活动。很多学生参观后惊叹，原来容留他人吸毒，也会构成犯罪啊！

（三）做细青少年法治教育实践基地

中医讲“上医治未病”，预防犯罪工作，亦是同理。2014 年 6 月，江阴市检察院倡议并具体负责实施，市政法委牵头，公安局、法院等 9 家成员单位参与的“青少年法治教育实践基地”建成并投入使用。

一是注重法治教育的系统性。该基地位于涉罪外来未成年人“观护教育工作站”楼上，分为图文展板区、微电影播放区、圆桌审判区、互动游戏区等。在图文展板区，又分为崇法尚德、警醒示戒、励志奋进和关爱共育四个板块，通过灵动活现的卡通形象、通俗易懂的法律知识、贴近生活的真实案例、古今中外的励志故事，让参观者在潜移默化中接受法律知识。在环形屏幕微电影播放区，江阴检察院未成年人刑事检察科以所办案例为蓝本，拍摄了 5 部《折翅的雏鹰》系列微电影。考虑到基地主要面向未成年在校学生，内容的表现形式也是至关重要的，江阴检察院征集 30 余名思想活跃的青年干警作为志愿者，参与设计基地展厅内容。为基地配置了专职讲解员，在保证讲解的专业性和吸引力的同时，能更好地向孩子们普及法律知识。

二是注重法治教育的专业性。江阴市检察院联合团市委等部门推出了江阴市青少年法治教育实践基地“法治伴我行”活动菜单，主要分为三大类，即参观展区、多媒体综合活动室活动和“圆桌法庭”活动。在基地展区活动时，学生们可以参观青少年法治教育实践基地或参加小小青少年义工讲解员大比拼。“多媒体综合活动室”活动包括微电影展播、心理咨询、青少年心理咨询讲座、团体心理辅导、法律知识竞赛、法治讲座、家长学校；圆桌法庭是入住观护帮教工作站学员的开庭场所，也是参观者开展模拟法庭的场所。在这样平和的环境下参与诉讼，能消除学员的恐惧和抵触情绪，为其“无痕回归”奠定基础；参观者在庄严的法庭开展模拟法庭，也会别有一番感受。未成年人刑事检察科将所办案件加工成模拟法庭剧本，基地则专门为中小学生定制了法袍、检察官制服、法警服、律师袍、书记员服和法槌等道具。

三是注重法治教育的互动性。设置的趣味答题通道，地板上投射出一道简单法律知识题，并附有 A、B 两个选项，用脚踩一下自己选中的答案，答对了，会出现一张笑脸和相应分数；答错了，会出现一张哭脸。留言板前，墙上贴满了密密麻麻的字条，传递出稚嫩真实的心声。“此次活动使我明白了：人不能因为一时冲动而做出触犯法律的事，失去自由。”“每个人都应该遵纪守法，做合格的小公民。只有这样，世界才会更美好！”截至 2015 年 12 月底，前来参观和开展法治夏令营的活动共计 33 次。而随着法治教育基地影响力的扩大，基地越来越受到家长孩子的青睐，各个学校及社区以及相关团体都纷纷主动与未成年人刑事检察科联系前来参加法治教育，逐渐形成学生“法治周末”的无形机制。

五　存在的问题和困难

一年来，未成年人刑事检察工作虽然取得了来之不易的成绩，但仍然存在不少问题和困难。一是专业化建设有待加强。在检察官办案责任制试点方面推进举措不实，在未成年人刑事检察案件质量评查中，案件质量问题时有出现。二是社会化建设有待加强。如合适成年人到场维权、社会调查、心理疏导、跟进帮教等方面的服务质量有待进一步提高，市青少年权益保护协会的运行机制需要进一步优化。三是平台建设有待加强。观护帮教工作站的转型发展需要思考，雏鹰爱心港和青少年法制教育基地各项工作需要进一步深化。四是总结宣传的力度有待加强。很多工作虽然取得了成效，但在未成年人刑事检察方面的影响力和知名度还不够，总结宣传工作还需要加强。

六　下一步工作打算

党的十八届三中、四中全会就全面深化改革、全面推进依法治国作出战略部署，下一步要积极适应依法治国新要求，以深化司法改革和检察改革为动力，努力把未成年人检察工作提高到新水平，更好地保护未成年人权益。

一是进一步转变司法理念。认真执行《关于进一步加强未成年人刑事检察工作的通知》和《检察机关加强未成年人司法保护八项措施》，进一步强化工作措施。要进一步整合内部资源，强化“捕诉监防维”一体化建设，严厉打击侵害未成年人的犯罪，综合运用多种手段积极救助涉案未成年人，充分发挥检察机关在保护未成年人中的职能作用。

二是以未成年人刑事检察业务竞赛为抓手，进一步强化专业化建设。积极推进队伍素能建设，通过“传、帮、带”等多种形式开展业务培训活动，在全科范围形成“你追我赶”的良好氛围，全面提升未成年人刑事检察干警业务水平。积极推进配套体系的有效落实，加强政法机关衔接配合，尤其是在工作评价标准、法律援助实效、快速办理、惩罚必要性证明等方面要进一步完善。积极落实检察官办案责任制改革试点，实行专人审查案件机制，强化办案流程动态监管，强化案件评查，规范未成年人刑事检察专门文书。

三是以青少年权益保护协会为依托，进一步强化社会化建设。不断完善社会化支持体系建设，深入开展法律援助、附条件不起诉、社会调查、心理疏导、跟进帮教等工作，推动建立未成年人保护的多部门合作及司法借助社会力量长效机制。不断完善社会化预防体系建设，依托青少年法制教育实践基地，创新工作形式，丰富工作内容，积极开展未成年人法制教育、犯罪预防工作。不断完善未成年人刑事检察社会化帮教体系，依托涉罪外来未成年人观护帮教工作站、雏鹰爱心港等平台，充分利用各种资源，不断健全和完善未成年人观护帮教体系。

四是以最高人民检察院、省检察院联系点为纽带，进一步强化宣传与总结。切实发挥最高人民检察院、省检察院未成年人刑事检察工作联系点功能，充分挖掘未成年人刑事检察工作的创新工作，突出对创新亮点工作的总结宣传，灵活运用新媒体，不断提升江阴未成年人刑事检察工作的影响力和知晓度。

医疗卫生

Healthcare

B.20

广东省医事法治建设现状、问题与对策（2015）

法治广东研究中心广东医事法治发展状况研究课题组*

摘　要：　2015年，广东医事法治建设呈现如下趋势现状：虽然纠纷数量整体呈逐年上升趋势，但行政、刑事类案件有所减少，导致医事纠纷的各类因素仍相当程度地存在，有些问题甚至愈演愈烈。广东医事也正面临互联网医事规制、人类辅助生殖技术服务、冻卵推进以及器官移植进入新常态、循证医学证据跨入法学界、非法行医应对以及鉴定难等项难

---

* 调研报告获得广东省高级人民法院、广州市中级人民法院、广东省律师协会医疗法律专业委员会、广东省卫生监督所、广州市卫计委医政处、广东省医学会医事法学分会、广州仲裁委员会、广州医科大学附属第三医院等单位和人员的大力支持。课题组成员：宋儒亮、王俊杰、邓娟闰、佘琼胜、杨凤英、官健、钟晓东、赖永洪、王绍强、罗斌、梁栋、陈国翔、程虎、庹明生、范秀玲、葛志坚、谢孝义、刘芳、曹翔、宋立志。

题。加强医事法治，要以法治方式为导向，推进专项执法，加大行政监管力度，继续发布白皮书增强医疗司法透明度，提高鉴定人出庭率，完善多元化调处机制并推进医疗仲裁制度。

关键词： 医事新常态 医事法治 法治思维 法治方式 医事仲裁

妥善处理医患关系，以法治思维与法治方式改进、完善医事纠纷机制，是平安广东、法治广东建设的重要方面。2015 年，广东医事法治建设又有新举措，形成新氛围，取得新进展。

一 2015年度广东省医事法治现状

广东既是医疗资源大省，也是接诊量大省，医疗纠纷的总量相对较大。广东医疗机构总计 45311 户，其中医院 1125 户，妇幼保健院 124 户，社区卫生服务机构 2388 户，疗养院 14 户，门诊部 1975 户，诊所、医务室、护理站 9414 户，村卫生室 28971 户，急救中心（站）14 户。广东医疗接诊量和纠纷数在全国居前。以广州市为例，截至 2014 年底，3947 家医疗机构门诊量 1.4 亿人次，住院量 230 万人，医疗纠纷发生率约占住院病人数的千分之一（以每年发生医疗纠纷 2300 例计）①，伤医事件也时有发生。2015 年以来，医事法治的实施呈现以下特点。

（一）医事纠纷应对和处理难度仍然较大

一是医事纠纷案件处理不仅涉及大量医学专业知识，还涉及大量法律问题，但兼具医学和法学知识的复合型人才稀缺问题突出。

① 王俊杰：《我市医疗纠纷现状及应对措施》，广州市卫生计生委医政处，2015。

二是医事纠纷案件处理对鉴定依赖性很强，但医学鉴定和司法鉴定所存在的诸多问题尚未有效化解。省内多数医学会没有参与医疗损害鉴定，入选全省法院医疗损害鉴定名录的机构只有 20 家；有实力的司法鉴定机构少；有些鉴定机构甚至由法医鉴定人在完全没有咨询临床专家的情况下直接作出鉴定意见；法院选择鉴定机构余地不大，这些问题严重影响了审判质效。

三是医事纠纷案件处理难度比其他一般案件难度大得多。根据 2015 年广东省医学会医事法学分会医方委员提交的资料分析，鉴定方委员认为请鉴定专家出庭质证难[①]；医方委员认为许多司法鉴定意见明显缺乏科学依据，请专家辅助人出庭指出某些缺乏科学依据的鉴定意见之不足已成为常态[②]。广东省律师协会医疗法律专业委员会委员指出，整合医学会鉴定与司法鉴定资源，构建统一的医疗纠纷司法鉴定体系，缩短鉴定时间，解决纠纷处理“肠梗阻”现象非常重要[③]。

四是审判专业化难以有效推进。一方面，医疗纠纷案件总量在民事案件总数中比例不高，专业化医疗审判组织的专业法官不能也不愿一心一意钻研医疗审判业务；另一方面，医疗案件绩效考核差，对专业法官激励缺失。医疗案件往往是疑难复杂案件，审理通常需要付出比普通案件数倍的精力。在考核时，没有针对医疗纠纷的专门考核指标和折算系数，审理医疗纠纷的专业法官却会因超审限多、改判率高、信访率高、答疑率高等，在考核中获得差评，费力不讨好。实践中，法官不愿意长期从事医疗纠纷案件的审理工作。

五是过错认定及赔偿法律适用不明确。立法对医疗过错认定虽已有原则，但缺乏医疗过错认定情形、程序和方式等规定，不懂医的法官裁判有争议的医疗行为是否构成过错确实较难，很容易将认定过错权力让渡给鉴定机

---

① 凌芝雄：《关于提交委员单位医事法治建设资料的通知》的回复，肇庆市医学会医鉴办。

② 耿巍：《关于提交委员单位医事法治建设资料的通知》的回复，中山大学附属第三医院。

③ 范秀玲：《关于提交委员单位医事法治建设资料的通知》的回复，广东省律师协会医疗法律专业委员会。

构。另外，案件举证证明责任如何分配、推定过错如何理解与适用等也存在不同看法。

（二）医患矛盾并未发生结构性改变

一是部分患者缺乏理性。不少患者往往相信电视、报纸、网络对相关疾病治疗效果的宣传，对医院诊疗结果妄加判断；部分患者往往把医患关系看成买卖关系，把看病看成是消费，认为自己花了钱，医生就应该为自己看好病，一旦不如意，就会产生纠纷；患者缺乏对生命守护者的敬畏，动不动就对医护人员采取暴力行为，以转嫁、发泄其对诊疗过程及结果之不满。

二是医院行政化特点明显，行政思维浓厚。面对纠纷，多愿意选择调解，息事宁人。当事医务人员和所在科室在纠纷处理方式选择等方面，缺乏参与渠道、平台和途径。

三是医生非自由职业者，受行政和绩效约束，难以仅凭技术水平获得有尊严的生活。与临床关系不直接的科研、论文等耗费了医生大量精力，他们不愿意花费更多时间同病人沟通。

四是医患“弱者”“强者”之划分让纠纷处理更远离法治氛围，不利于推动法治思维方式落地。不少社会阶层仍愿意把患者作为“弱势群体”，当他们用非法手段维护权益时，往往会得到社会同情甚至纵容。“小闹小赚，大闹大赚，不闹不赚”“闹了不白闹，能赚谁不闹”等现象仍普遍存在。

（三）推进依法维权难度仍然较大

一是患方索赔金额不断攀升。绝大多数医疗纠纷都和经济赔偿联系在一起，近几年来患者索赔额度不断攀高。

二是病历真假争议影响处理。病历是医疗案件中最重要的证据。在当前审判实践中，病历不规范导致患方对病历真实性提出质疑的情况非常普遍。患方往往抓住病历缺陷主张病历不真实，拒绝进行鉴定。即使人民法院对病历真实性认定清楚的情况下，有些患者仍然坚持不配合鉴定。

三是不希望通过法定途径解决纠纷的状况仍然存在。医事纠纷发生后，患方往往绕开合法正当的途径，通过“闹”的方式发泄不满或争取更有利的赔付。拉横幅、摆花圈、设灵堂等影响医院正常秩序的现象仍然存在，暴力伤害医务人员等问题不断出现，迫使医院为了息事宁人，满足患方无理要求①。有些医院和卫生行政部门为了息事宁人，寄希望于用钱来解决问题，无形中助长了闹的蔓延②。

四是医疗核心制度落实不严、打折扣。一方面，医疗资源分布不均，公立医院公益性不足，造成医护人员的激励机制往往与其为医院创造的经济效益挂钩。另一方面，该查房时没有查房，该病历讨论时没有讨论，该会诊时没有会诊，该执行上级医师意见时没有执行，该术前讨论时没有讨论；病历书写不及时，过于简单、马虎，不能全面客观地反映患者诊断、治疗及愈后情况；不按照病历书写规范要求书写病历、修改病历、管理病历等现象仍然存在③。

五是部分医疗机构本着“家丑不可外扬”的思想，沿用传统的或者“本院特色”的办法处理纠纷。可能有责任的，医院就“私了”；可能没有责任的，才指引患方走法定途径。由此，部分患方也形成“有法可以不依”的错误思想④。

（四）医疗卫生监督执法能力有待提升

一是医疗卫生监督执法主体地位不清。广东 127 家卫生监督机构中，只有 12 家属行政执法机构，绝大部分属公益类事业单位，参照公务员管理。委托执法、权责脱节，导致卫生监督机构无法实施行政强制措施，处置违法

① 王俊杰：《我国医疗纠纷现状及应对措施》，广州市卫生计生委医政处，2015。

② 《用对话消弭医患间的偏见与误解》，2015 年 9 月 6 日，http：//news. hxyjw. com。

③ 王俊杰：《我国医疗纠纷现状及应对措施》，广州市卫生计生委医政处，2015。

④ 王俊杰：《我国医疗纠纷现状及应对措施》，广州市卫生计生委医政处，2015。

行为时束手无策，执法力度大打折扣。

二是卫生行政监管法律法规明显滞后。面对医疗服务市场的新情况，《医疗机构管理条例》（1994 年 9 月 1 日实施）和《执业医师法》（1999 年 5 月 1 日实施），缺乏相应条款或有相应条款但处罚力度不够，解决突出问题效果非常差。

三是卫生监督执法力量不足。广东省卫生监督员总数为 2500 人左右，每万人口配备卫生监督员 0.25 人，仅达全国平均水平（0.45 人/万人）的 56%，排全国末位。

四是部分卫生监督所至今仍无独立的办公场所，交通工具不足，办公设备、快速检测设备简陋，全省卫生监督执法信息化水平滞后。

五是部分医疗机构管理者认为，既然得到了卫生行政部门的许可并已获得合法证件，作为行政部门授权执法的监督所的监督工作不过是例行公事而已，对监督所工作未能认真对待。

（五）医疗服务与患者期望值存在差距

一是医疗费用个人承担比例仍然过大。医疗保险体系不完善是导致医患关系紧张的因素之一。“亲兄弟明算账”，涉及经济问题，难有和气、好商量的。因病致贫、因病返贫甚至人财两空时，易采取过激行为。

二是大医院接诊每个患者只有三五分钟时间，让那些等候几个小时甚至几天才能看上病的患者很难满意；一些患者为治好疑难杂症，常年奔波寻医问诊，委屈和愤懑早已在心头积压，一旦遭遇医生苛责或失误都可能爆发①。

三是医方与患方对诊疗行为说明告知不足，患者对医学技术和医疗行为特殊性缺乏深入了解，等等。有效沟通、依法沟通明显不足，信任难以有效建立②。

---

① 《暴力伤医最终将伤及每一个人》，《半岛都市报》2015 年 7 月 19 日，第 A2 版。

② 《鉴定难影响医疗纠纷审判质效》，《法制日报》2015 年 5 月 29 日，第 8 版。

（六）应急处置与舆论应对能力欠缺

一些医务人员对医事法学专业关注不多。涉医违法犯罪案件行为发生时，习惯于按照领导要求办理纠纷，依法处理纠纷意识不强，与公安部门、新闻媒体沟通协调不及时、不到位，处理起来总是晚一步、报道起来总是差一点。特别是在存在医疗过错的情况下，问题应对和处理变得更为艰难[①]。

据法制日报社统计，凡是医疗事件 70% 都有媒体参与。社会舆论在情感上往往倾向于患者一方，对其过激行为给予一定程度的包容，甚至不乏有些媒体为博眼球，失实报道，客观上助推医患矛盾的激化[②]。

（七）医疗纠纷总体保持平稳水平

医疗纠纷诉讼虽然在稳定增长，但医事纠纷本身发生率并无显著增长。根据对广州四家三甲医院进行的跟踪抽样调查，自 2010 年以来，被调查的四家医院诊疗服务总量一直呈稳定匀速增长态势，但医疗纠纷并非对应增长，2011、2013 年医疗纠纷数量甚至有波动性的下降。五年间每家医院年均接收门急诊及住院病人约 1943227 人次，产生医疗纠纷 47 件，医疗纠纷发生率在 0.0024% 左右，即十万个病人中约有两个病人产生医疗纠纷[③]。

（八）纠纷处理方式选择呈现多种方式并行并用状况，但比例并不一致

以广州为例，2012 ~ 2014 年，广州市每年发生医疗纠纷数在 2000 ~ 2300 件，总体比较平稳，其中一般医疗纠纷约占医疗纠纷总数的 87%，重大医疗纠纷约占医疗纠纷总数的 13%，医疗纠纷化解率约为 74%，其中，

---

① 王俊杰：《我市医疗纠纷现状及应对措施》，广州市卫生计生委医政处，2015。

② 耿巍：《关于提交委员单位医事法治建设资料的通知》的答复，中山大学附属第三医院。

③ 广州市中级人民法院课题组：《医患关系司法调整研究报告》。

医患双方协商解决约占65%，通过行政调解、司法调解、医调委调解约占25%，通过司法途径解决约占10%，申请医疗事故技术鉴定或司法鉴定案件数约占医疗纠纷案件总数的5%①。

（九）医事诉讼整体上升

医事诉讼案件数量总体呈上升趋势，但全省各地并不均衡。广州市中级人民法院发布的《广州医疗纠纷诉讼情况白皮书》（2010～2014年）统计，2010～2014年，广州全市基层法院受理一审医疗纠纷案件共1131件，而2005～2009年此类案件为727件②。2015年，广州全市基层法院共受理一审医疗纠纷案件244件，审结88件；广州市中级人民法院二审医疗纠纷受理83件，审结68件③。

2015年1～8月，以广东省高院提交医疗损害赔偿责任诉讼纠纷案数为例，在纠纷诉讼数量上，深圳、广州和东莞排在前三位，呈现出越是经济相对发达地区，越多选择诉讼方式化解纠纷的特点（见图1）。

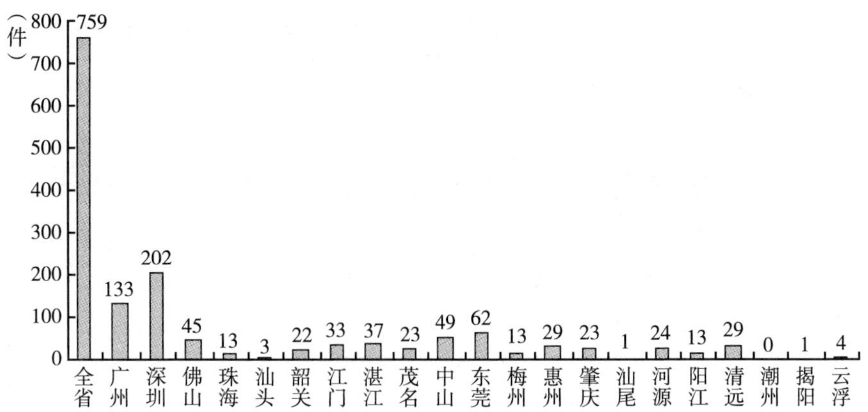

图1　2015年1～8月广东省医疗损害赔偿纠纷案一审收案情况

① 广州市中级人民法院课题组：《医患关系司法调整研究报告》

② 广东省高级人民法院：《省法院2014年医疗纠纷案件审理情况报告》。

③ 广州市中级人民法院民一庭提供数据。

医事类涉违法犯罪类案件呈现下降趋势，但有效率的医事类行政处理方式，其作用亟待整体提升。广州市中级人民法院课题组报告《医患关系司法调整研究报告》显示：2012 年发生“医闹”事件 100 件，2013 年 74 件，2014 年 63 件，呈逐年下降趋势。广东中山市更在这方面取得了很好成绩。

一是鉴于“医闹”称谓具有歧视性，且报道等所称的“医闹”，从法治思维角度看，实际应当属于“涉嫌医事类违法犯罪案件”，因此，“医闹”称谓应由“涉嫌医事类违法犯罪案件”代替为妥。否则，即便处理也存在法治缺陷。

二是各地依法行政能力加强，该类案件发生必然会逐年下降。《刑法修正案（九）》的严格执行更利于有针对性地处理该类涉医犯罪案件。

三是虽然“涉嫌医事类犯罪案件”有下降趋势，但“涉嫌医事类违法犯罪案件”在医事行政处理上却亟待整体提升。虽然行政处理是处理医事纠纷的法定方式，但因管办不分、有法不依等问题，行政处理在广东省医事纠纷处理方式中所占比例较低。行政机关作为中间调停人，一般不会像律师那样尽量为当事人办事，要么应付推辞、要么强压医疗机构赔钱，基本无所作为[①]。

二 2015年度广东医事法治建设的新难题和新进展

新常态下，医事领域又遇到了新难题，医事法治也有了新进展，广东医事法治建设值得关注和期待。

（一）新难题

1. 有效导入互联网医事规制思维

“互联网 + 医疗”已经改变了传统就医模式。虽然大范围铺开推广网络

① 范秀玲：《关于提交委员单位医事法治建设资料的通知》的答复，广东省律师协会医疗法律专业委员会。

医院还需要很长的一个探索过程，但如何规范互联网医疗是一个紧迫问题。全国首家网络医院在广东省设立。网络医院运作以来，接诊了许多患者，医疗纠纷为零。针对网络医院兴起，法治广东研究中心、广东省律师协会医疗法律专业委员会联合举办“律师等在互联网 + 医事新常态下的定位与担当”研讨会，研究认为，在互联网医疗环境下证据意识、证据思维将进一步强化，电子证据、视听资料等将为双方平等获取，并成为医患维权的有效证据。

2. 有效规范人类辅助生殖技术服务

2015 年初多个新闻媒体报道广东省部分地区存在非法开展人类辅助生殖技术服务、网络非法营销代孕等问题。虽然广东省卫生监督系统编制了打击代孕工作手册，但面对更多涉及境外、国外的人类辅助生殖技术事宜，如何更好地完善和落实相关法律法规、规章制度及规范性文件，如何有序开展人类辅助生殖专项整治工作以及如何更好地制订案件查处依据和程序等问题，是广东医事法治建设面临的法律难题。

3. 完善冻卵技术的规范和监管

2014 年 11 月 19 日广东省妇幼保健院首例“冻卵时光婴儿”降生。冷冻卵子，又称雪藏卵子。卵子冷冻保存技术是继卵巢组织冷冻保存技术和胚胎冷冻保存技术后又一保存女性生育力的新技术。但问题在于，在高龄妊娠不断增多、肿瘤发病率越来越高、人权保障意识越来越强等情势下，如何有序推进、规范和处罚卵子冷冻技术开展和发展中遇到的难题，正面临更多立法、执法和法律救济上的考验。

4. 器官移植法律问题应引起关注

2015 年 1 月 1 日起中国停止死囚器官使用，公民自愿捐献成为唯一合法器官来源。这是中国器官捐献与移植体系向公开透明迈进的节点性事件。公开透明导向的器官移植仍面临三类法律风险：民事法律风险，主要是死亡认定双轨、说明告知履行不全面和合法费用不足问题；行政法律风险，主要集中在收费依据制定以及监管信息如何落实公开方面；刑事法律风险，主要面临器官取得和器官买卖问题。

5. 循证医学证据的跨界，正引发医法新变革

循证医学证据在司法领域如何运用正面临新时代挑战。众所周知，循证医学证据已成为临床医疗、卫生行政决策、监管评估、药物选择等的判断标准和依据，但在司法诉讼中该如何适用，是一个跨界、跨域的大问题：医学上能用 Cochrane 系统评价等循证医学证据进行临床决策，那么法律上，能同样应用于医事实务、医事诉讼、裁决定案吗？遗憾的是，国内法院一直没有引用循证医学证据的判决先例，学界也缺乏从医事法律角度就 Cochrane 系统评价等证据进行的医事法学研究。在医学界，循证医学证据是全世界公认的质量最高的研究结论，是实践循证医学最好的证据来源，并且已在临床上广泛使用，成为许多发达国家卫生决策的参考依据①。循证医学证据在法律领域的效力如何、能否直接用于判案，这是一个跨学科的问题，值得深入研究。这将为循证医学证据由医学界进入法学界提供一种可能，进而也为鉴定提供新种类、为纠纷解决提供新方式。

6. 回答非法行医更需要导入法治思维和法治方式

行医合法与否问题成为当前一个亟待厘清的医事法律问题。2015 年《广州日报》报道的《广州医生讲述参与“万米高空救人”故事》引发巨大反响。医事法学界作出的回应，如怎么看“医生在飞机上救人，或有非法行医风险”，“可以录音作证”等问题。医生高空见义勇为施救的行为与是否非法行医问题没有关系，用非法行医来看医生见义勇为行为，是一种误读误判。人们普遍对非法行医存在误解，非法行医是在医疗活动中因存在违法而造成可能需要承担民事、行政和刑事责任的一种活动，而医生在飞机上施救的行为是在医疗活动之外和履行医疗职务时间之外的非职务活动，是一种值得肯定的见义勇为。简单地说，医生在医院之外见义勇为的行为是以社会人的身份进行的，在这种情况下，即使是普通人也会施以援手，这是公民

① 宋儒亮：《循证医学证据首次直接用于医疗及其侵权诉讼引发的问题与思考》，《循证医学》2014 年第 4 期。

应有的道德。化解非法行医难题，既能让医务人员安心救治需要帮助之人，又让见义勇为之精神发扬光大。

（二）新进展

1. 行政监管工作更在发力创新

一是不断优化医疗监督模式，扩大行政监管范围。从开始打击非法行医和非法采供血，扩展到医疗案件调查和医疗机构日常监督，部分地区的医疗机构监督工作已延伸到对医疗行政管理机构设立、变更、校验等受理和现场核查。

二是注重专项执法。继续加大打击非法行医力度。打击买卖医疗机构执业许可证和出租承包科室专项行动。实行记分管理，量化了监管指标，并实行累积记分制度，记分情况定期向社会公告。同时，探索建立以约谈形式加强医疗广告监督的新模式。

2. 鉴定及相关问题又面临新问题

主要存在以下问题。第一，仪器设备缺乏。没有必要的常用仪器设备，就没有鉴定的亲历性。第二，鉴定人出庭作证仍然困难。第三，重复鉴定、多头鉴定情况频发，司法鉴定救济途径过多。第四，因选择医学会还是司法鉴定机构来鉴定而相互扯皮，诉讼陷入“泥潭”[①]。

3. 主动公开力度加大，发布法院白皮书意义巨大

广州市中级人民法院发布《广州医疗纠纷诉讼情况白皮书（2010～2014年）》，对医疗纠纷案件暴露的问题进行了深入剖析，并就案件审理提出了切实指引，与普通民事案件相比，医疗纠纷案件当事人之间对抗性更强，案件审理难度偏大，呈现一审案件调解、撤诉率低和二审案件改判、发回重审率高的特点。

---

① 罗斌、杨建广、潘小明、谭和平、姚自斌：《广东省司法鉴定工作的现状与发展趋势》，2015。

三　广东省医事法治建设的新思考和新思路

在推进广东省医事法治建设过程中，应秉承以下理念思路。

（一）适应医事新常态，引发医事新思考

第一，以改革和法治思维，全面推进医事法治建设。治标又治本的办法，就是改革和法治联姻，具体就是医事和法学有机结合，在法治的轨道上推进医事发展。树立正确的法治观念、择医观念。以负面清单方式落实市场决定医疗服务设置，保证医护人员的合理待遇。创新医患沟通方式，如邀请深圳市11家市属公立医院院长与患者代表就医疗改革、就医体验等方面进行对话，“院长对话日”将成为广东医患互动史上有价值的范例①。

第二，科学化解看病贵和看病难问题。解决看病难问题关键不在于看了多少病人，核心在于是否在病人和医生之间建立起有效诊疗机制，能否有质量地解决看病难问题。对医生不能再简单以看多少病人来判断，应依据门诊医师类别和专业特点，安排每日接诊患者人数。要通过预诊方式，保障每位患者的合理就诊时间。卫生行政部门、医疗机构或者行业学会协会等单位应当加快制订门诊医师接诊量的标准。

第三，需加强对司法裁判的后续解读和拓展。根据对广州四家三甲医院的跟踪抽样调查，四家医院近五年共有946件医疗纠纷获得解决，其中医患双方自行协商解决797件，占84.25%；以诉讼方式解决102件，占10.78%；而通过卫生行政部门调处的只有12件，占1.27%。说明在医患双方协商解决之外，诉讼是医疗纠纷最主要的解决途径②。但遗憾的是，遵循先例、裁判文书示范指引价值的作用并没有充分显现。显然，司法裁判应通过后续解读来加深和拓展司法先例价值，更多释放其指引作用。

---

① 广州市中级人民法院课题组：《医患关系司法调整研究报告》。

② 广州市中级人民法院课题组：《医患关系司法调整研究报告》。

第四，改革、改进鉴定问题不容拖延。司法鉴定意见属于三大诉讼的法定证据种类，鉴定意见直接关乎公民的合法权益，直接关系中国司法鉴定的公信力。建议如下。

一是提高鉴定人的鉴定水平和质量，鼓励多参加学术交流会，与时俱进地接受新技术、新思维。二是司法鉴定的基础理论和技术主要是法庭科学，而法庭科学属于自然科学，因此，要建立起能支持鉴定的实验室、技术设备条件①。三是当前更要多从法治思维和方式角度，提高化解医学会及其从事鉴定的临床专家对出庭存在诸如安全权利难以保障、出庭动力缺乏等担忧和恐惧问题的能力。根据摸底调查，广东省医学会鉴定专家库鉴定专家中，不足 1/4 的专家同意出庭接受质询②。

第五，建立医疗仲裁制度不失为一种可供选择的方案。医疗纠纷仲裁，是指纠纷仲裁机构对纠纷双方的任何一方当事人请求解决医疗纠纷，依法审理、调解、裁决等居中公断的准司法行为。同调解、司法诉讼相比，优越性包括：一是保密性，利于减少声誉上可能受到负面影响的顾虑；二是快捷性、经济性，可以进行书面审理，一裁终局制，无须多审级收费；三是专家仲裁员优势，兼具医学和法学背景的专家或者厅内医学专家直接担任仲裁员，更能有效克服和解决法院审理医疗纠纷受到专业性的局限，保证仲裁的专业性和权威性。总之，建立医疗仲裁制度不失为一种可供选择的新思考。

（二）适应医事新常态，提出医事新思路

第一，医事理念类。核心导向在于打破旧理念，倡导新理念。针对性化解民众的某些误读误解误判，在当前非常重要。

一是彻底放弃用之甚广的“医闹”的称谓，以“涉医违法犯罪案件”代替。一方面，“医闹”一词带有强烈的主观情绪，在法律上并未得到认可；另一方面，实践中已存在诸如“非法医闹”“恶性医闹”等称谓，继续

① 罗斌、杨建广、潘小明、谭和平、姚自斌：《2015 年广东省司法鉴定工作的现状与发展趋势》。

② 王绍强：《医学会开展医疗损害鉴定的探讨》（2015 年）。

沿用“医闹”，不利于法治导入、法规适用。

二是“涉医违法犯罪事件”的问责，不能再停留在民事层面。“医闹”一词引发误导，实际已构成“涉医违法犯罪事件”，普遍存在只问民事不管行政、刑事责任之状况。对这一明显错误未作鲜明处理，久而久之，人们就会认为闹的“违法成本不高”，甚至认为自己的行为是合理合法的，不会受到法律制裁①。应当加快导入民事、行政和刑事思维和方式，依法处理明为“医闹”实属“涉医违法犯罪”案件。这方面，广东中山的一些成功经验、做法值得借鉴。

三是防范以处理所谓“医闹”为幌子，出现“以暴制暴”现象。“医闹”名称改变会让冲突事件处理更为简单直接。但实践中当面对相关部门处理滞后或处置不力，在合法途径不通、职能部门不力、医院保安无法应付等情况下，还不排除有的医院会采取“以暴制暴”方式，以处理所谓“医闹”为幌子，通过“外来势力”解决矛盾，导致原本已经难以调和的医患关系雪上加霜。这值得警惕。

第二，医事立法类。国家立法让暴力伤医问题有望得到切实化解。2015 年 8 月 29 日，全国人大常委会表决通过了《刑法修正案（九）》，其中，在《刑法》原第 290 条的“聚众扰乱社会秩序罪”条款中增添“医疗”一项，立法完善对暴力伤医行为更具有威慑力，更利于医务人员人身权益保障。

在地方层面，出台广东省人大常委会层面的广东省医事条例将更利于发挥立法指引作用，推进医事法治建设上水平、上层次。其理由如下。

一是广东省政府出台的《广东省医疗纠纷预防与处理办法》作为先行先试的成果，虽然发挥了作用，但法律位阶较低，内容也不够完善。病历书写管理、多点执业监管、非法行医规范、鉴定机构设置、实验性临床医疗界定等内容，均告阙如，相关的纠纷处理不能做到有法可依。

二是已有立法提供良好镜鉴。比如，《深圳经济特区医疗条例（草案）》选择以法治思维和方式对诊疗护理进行源头指导和防范。其第 47 条规定：“医疗

① 曹斯、陈枫：《把脉医事纠纷症结何在?》，《南方日报》2013 年 10 月 31 日。

机构应当依据门诊医师类别和专业的特点安排每日接诊患者的人数，保障每位患者的合理就诊时间。门诊医师接诊量的具体标准由市卫生行政部门另行制定。”这种规定可考虑上升到广东省的地方性法规层面。

三是已有改革创新需要立法保障。比如，拥有三个院区、年门诊人次达400万的广州市妇女儿童医疗中心，在门诊推行全面预约挂号的新举措。除急诊、隔离门诊外，门诊通过5种方式推行全面预约挂号，现场不设人工挂号。全面预约看病，全面按法定项目进行医患沟通，全面按法定时间确定人数，全面按法定诊疗规范要求诊疗护理，全面按法定要求履行医院、医师、药师、护士权责任等改革还将继续展开探索，这恰恰是观察医事法治新常态之亮点所在。

四是冠名“红十字会”的医院的管理问题。现今广东虽然有冠名“红十字会”的医院，但并没有完全属于红十字会的医院。课题组认为，当下需要建立名副其实的红十字会医院，既利于识别红十字会属性，也利于发挥公益等功能。这也需要法规政策的支持。

第三，医事执法类。有必要继续关注“非法行医”问题。据媒体报道，广州一年半有40宗非法行医案，每8宗有1人死亡。黑诊所常开设在城中村或城乡结合部等区域，致人死亡事件时有发生，白云区、花都区的非法行医案高发①。加大对非法行医的行政处罚、刑事追究力度非常紧迫。

第四，医事司法类。一是理念上要注重司法调整。司法调整是一种针对已经发生的医疗行为和医疗关系的事后评价和矫正，属于事后调整，但它同时亦为未来即将发生的行为提供规则和预期，因此也具有事先调整的规范和指引功能。医患关系的司法调整包括民事司法调整、行政司法调整和刑事司法调整等各个方面，理念上要强调注重司法调整，在病患权利和医学发展之间作出平衡②。二是推进专业审判目标下的集中管辖。医疗纠纷专业性历来是医疗纠纷审判的难题。应对专业性难题，建议更多选择专业化模式，加快建立医事法庭，实现审理专业性。三是推进专业陪审制度。广州市部分基层

① 《统计：广州一年半共40宗非法行医案 每8宗有1人死亡》，《广州日报》2015年8月14日，http：//society. workercn. cn/2/201508/14。

② 广州市中级人民法院课题组：《医患关系司法调整研究报告》。

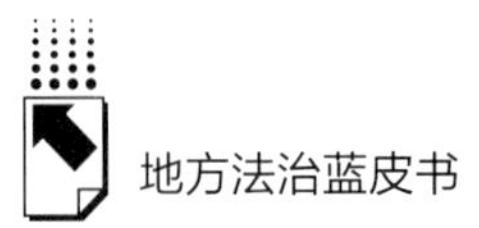

法院也从 2014 年开始聘请医疗专业人员担任陪审员参与医疗纠纷调处。但也有人担心医疗专业人员担任陪审员实际加剧了医方的强势，进一步减弱了患方的话语对抗权[①]。

第五，医事仲裁类。医事纠纷可仲裁性业已提出，在广东也具有一定的实施基础。一是《广东省医疗纠纷预防与处理办法》已给了医疗仲裁名分和地位。二是广东仲裁业务能力强，广州更是领军者。2012 ~ 2014 年，广东受理的涉外仲裁案件数量总体上呈上升趋势，并占全国受理仲裁涉外案件的 50% 以上，是全国受理涉外仲裁案件最多的省份。广州仲裁委员会受理的案件量从 2010 年的 4593 件增加到 2014 年的 5926 件，增加了 1333 件，增幅达 29%；标的额从 2010 年的 70.5 亿元增加到 2014 年的 187.3 亿元，总标的额增加了 116.8 亿元，增幅为 165.7%，已经迈入高速发展阶段。三是具备信息数字化管理能力。广州仲裁委率先针对律师群体打造了服务律师平台，实现所有案件重要纸质化信息数字化管理。能够做到每天更新推送信息的只有广州仲裁委等少数仲裁机构。广东仲裁启动“互联网 +”模式，已针对律师群体打造了服务律师平台[②]。

由此，讲依据、说理由和有答案的医事仲裁将成为多元化调处机制中有力、有为和有位有价值的一元。

新常态迈向常态是方向，其根本在建成法治。医事新常态，是法治思维和法治方式成为应对和处理、预防和处置医事纠纷的常态，实现医疗活动及相关侵权处理、纠纷解决的法治化。

---

① 广州市中级人民法院课题组：《医患关系司法调整研究报告》。

② 钟晓东等：《2015 年广东商事仲裁发展形势与展望》。

B.21

浙江法院精神病人强制医疗适用情况调研报告

浙江省高级人民法院刑事审判第三庭课题组*

摘　要：修订后的《刑事诉讼法》施行以来，法院办理精神病人强制医疗案件呈逐年上升趋势。浙江法院在精神病人强制医疗案件办理过程中就如何规范诉讼程序、保障诉讼权利、指定律师代理、强化证据审查等积累了经验，但在强制医疗条件实质审查、办案程序规定、强制医疗执行和解除等方面仍需统一完善，应切实保障被申请人的合法权益，规范开庭审理程序和裁判文书名称，建立精神病医生专家库，优化强制医疗经费保障，增设强制医疗设施，规范解除程序。

关键词：精神病人　强制医疗　司法审判

2012年修订的《刑事诉讼法》新增了“依法不负刑事责任的精神病人的强制医疗程序”，对于实施暴力行为，危害公共安全或者严重危害公民人身安全，经法定程序鉴定依法不负刑事责任的精神病人，有继续危害社会可能的，人民法院可以予以强制医疗。修订后的《刑事诉讼法》实施以来，浙江法院严格依照法律规定办理相关案件，案件审理效果总体良好。为总结

---

* 课题组负责人：崔盛钢，浙江省高级人民法院副院长。课题组成员：丁卫强、刘延和邱传忠。执笔人：丁卫强，浙江省高级人民法院审判委员会专职委员；刘延和，浙江省高级人民法院刑三庭副庭长；邱传忠，浙江省高级人民法院刑三庭审判长助理。

审判经验，规范诉讼程序，解决实践中存在的问题，浙江省高院刑事审判第三庭组织课题组，对全省法院适用强制医疗情况进行深入调研，总结办理此类案件的经验做法，并根据实践中存在的问题，提出相应的对策建议。

一　浙江法院适用强制医疗程序的基本情况

（一）案件数量情况

2013 年，浙江法院共审结精神病人强制医疗案件 67 件；2014 年 107 件，同比上升 59.7%，收案数量和增长幅度均较大。174 件强制医疗案件中，申请强制医疗案件 153 件，申请解除强制医疗案件 19 件，申请复议案件 2 件，分别占案件总数的 87.9%、10.9%、1.1%。

从 2013 年、2014 年浙江强制医疗案件分布地区情况看，杭州、宁波均在 30 件以上，金华 29 件，三市合计 101 件，占案件总数的 58%。温州、绍兴超过 20 件，台州超过 10 件，嘉兴、湖州、舟山、丽水等地在 5 件以下，具体情况见图 1。

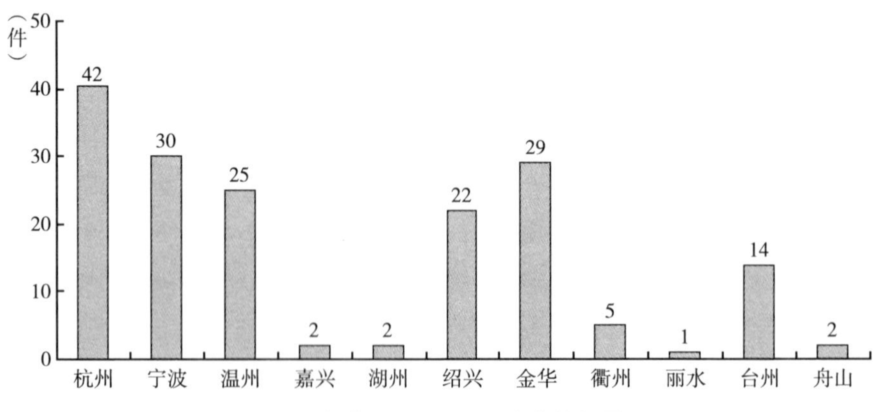

图 1　各地区审结强制医疗案件数量

从 2013 年、2014 年被申请强制医疗的精神病人所实施的暴力行为看，故意伤害和故意杀人是主要行为类型，分别占案件总数的 38% 和 36%；其次是放火、抢劫、强奸、投放危险物质等行为类型，合计约占15%；此外，还有涉及暴力程度相对较低的寻衅滋事、妨害公务、故意毁坏财物、非法拘禁、过失致人死亡等行为类型（见图2）。

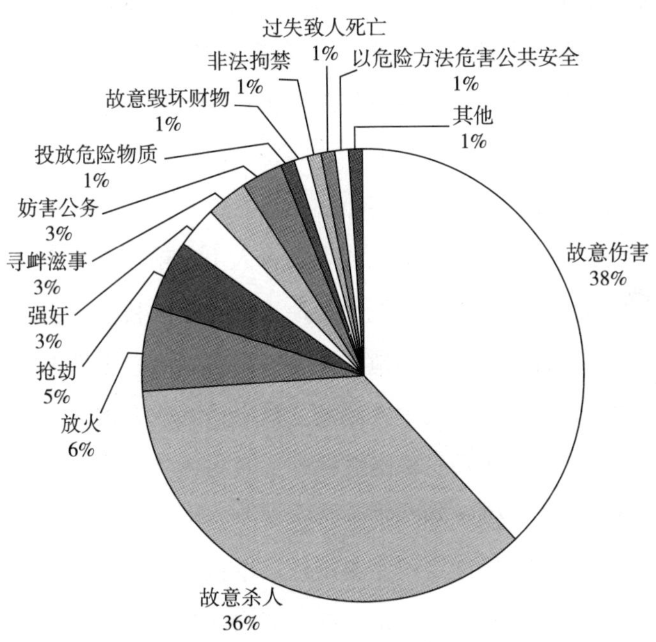

图2　强制医疗案件的暴力行为类型

（二）案件审判情况

浙江法院严格依法做好强制医疗审判工作，积累了不少审判经验。

1. 建立工作机制，规范诉讼程序

精神病人强制医疗是修改后的《刑事诉讼法》新增的特别程序，各地法院积极实践，与公安、检察、司法等部门加强协调配合，探索建立长效工作机制，进一步规范诉讼程序。宁波市江北区法院通过与公安、检察等机关磋商，制定强制医疗程序实施细则，就强制医疗代理、法律援助及职责分工等问题作出详细规定。

2. 依照法定程序，保障诉讼权利

各地法院在审理强制医疗案件中，依法组成合议庭，严格依照法定程序，开庭审理。被申请人提出出庭要求，法院经审查其身体和精神状态认为可以出庭的，都准许被申请人出庭。对于未出庭的被申请人，均另行安排会见，充分保障被申请人的诉讼权利。被申请人的法定代理人请求不开庭审理，人民法院审查认为开庭审理可能刺激被申请人或者加重病情的，一般同意采用不开庭审理的方式。

3. 指派律师代理，加强人权保障

在强制医疗案件中，被申请人或者被告人由于精神方面存在障碍，通常无法清楚地表达自己的意见，不能很好地维护自己的权益。为充分保障被申请人或者被告人的合法权益，各地法院在审理强制医疗案件中，均依法通知被申请人或者被告人的法定代理人到场。被申请人或者被告人没有委托诉讼代理人的，均通知法律援助机构指派律师为其提供法律帮助。

4. 强化证据审查，确保案件质量

强制医疗的对象是经法定程序鉴定依法不负刑事责任的精神病人。精神病司法鉴定意见、诊断评估报告是关键的证据。各地法院在审理强制医疗案件中，强化对精神病司法鉴定、诊断评估等鉴定意见的证据审查，通知鉴定人出庭作证，通知有精神病学专门知识的人出庭，对鉴定意见提出意见。必要时，对被申请人或者被告人的精神状态、刑事责任能力进行重新鉴定，确保强制医疗案件审判质量。

二　审判实践中存在的主要问题

（一）实体审查方面的问题

实践中，对于被申请人或者被告人是否符合强制医疗条件进行实体审查时，存在以下三个问题。

1. 对暴力行为类型的把握缺乏统一标准

修改后的《刑事诉讼法》对强制医疗的对象作了明确限定，设定了较小的范围，即“实施暴力行为，危害公共安全或者严重危害公民人身安全”“有继续危害社会可能”的精神病人。实施一般暴力行为的精神病人，不属于强制医疗对象范畴。对于危害他人安全但又不属于强制医疗的精神病人，应当由监护人监管或者送医治疗。根据《精神卫生法》规定，如果监护人不送医治疗或者患者擅自脱离住院治疗的，可以由公安机关协助医疗机构采取措施对患者实施住院治疗。而在实践中，对于如何理解“实施暴力行为，危害公共安全或者严重危害公民人身安全”，或者说如何把握精神病人所实施的暴力行为类型，存在不少争议。在有些地方，检察院将实施暴力程度较低的寻衅滋事、妨害公务、故意毁坏财物、非法拘禁等，如行为人无故砸坏汽车挡风玻璃造成数额较大损失的故意毁坏财物行为，或者拉扯、推搡执行公务民警等妨害公务行为，向法院申请强制医疗。法院由于担心不予强制医疗，被申请人可能会再闹出乱子，往往也会决定强制医疗。

2. 对精神病鉴定意见的审查判断缺乏统一标准

由于精神病司法鉴定的专业性，法官通常难以对行为人的精神状态和刑事责任能力作出可靠的判断，特别是出现多份不同的鉴定意见的情况。例如，余姚法院审理的被申请人彭某某强制医疗案，出现了分别由宁波市安康医院司法鉴定所、浙江省同德医院司法鉴定所、司法鉴定科学技术研究所司法鉴定中心出具的三份鉴定意见，以及浙江省精神病鉴定委员会出具的一份鉴定咨询意见书。从鉴定意见作为证据性质上理解，多份鉴定意见在证明力上不存在时间先后及层级排序的问题，但是在鉴定意见不同的情况下，人民法院如何采信，没有可以参照的明确标准。

3. 对“有继续危害社会可能”“人身危险性”的评估判断缺乏统一标准

对于实施暴力行为的精神病人，有继续危害社会可能的，予以强制医疗；对于已不具有人身危险性，不需要继续强制医疗的，予以解除强制医疗。但是，“有继续危害社会可能”“人身危险性”，均属于主观判断范畴，没有也难以设定具体的评估体系标准和操作细则。实践中，法官难以评估判断“有继续危害社会可能”“人身危险性”，特别是在审理申请解除强制医疗案件中，被强制医疗的人是否会危害公共安全或者严重危害他人人身安全，即“人身危险性”问题，需要特别慎重考察、谨慎处置。由于精神病本身的复杂性，病情是否已明显缓解，是否不需要继续治疗，在通常情况下难以准确判定。

（二）办案程序方面的问题

1. 庭审格局的对抗性问题

对于符合强制医疗条件的精神病人，人民检察院向人民法院提出强制医疗的申请。人民法院应当通知被申请人或者被告人的法定代理人到场，没有委托诉讼代理人的，应当通知法律援助机构指派律师为其提供法律帮助。因此，在审理强制医疗案件中，法庭审理通常会呈现作为申请人的检方与代表被申请人利益的代理人之间对抗的格局。这种对抗性的庭审格局设计，是为了充分保护被申请人的诉讼权利，有效避免“被精神病”情况的出现，实现保障人权的目的。但实践中，庭审格局的对抗性并不明显，被申请人通常不到庭，少数到庭的被申请人也很难清楚表达自己的意见，绝大多数案件被申请人的法定代理人或者诉讼代理人均同意人民检察院提出强制医疗的申请，诉讼参与各方意见形成一边倒，很少有法定代理人或者诉讼代理人不同意强制医疗的情况。

2. 开庭审理与会见被申请人问题

各地法院在审理强制医疗案件中，除了依照请求不开庭审理之外，多数采用公开开庭的方式进行审理。但是，也有不少法院认为，《精神卫生法》规定，有关单位和个人应当对精神障碍患者的姓名、肖像、住址、工作单位、病历资料以及其他可能推断出其身份的信息予以保密。且从社会公众的一般认识看，精神病应该属于个人隐私。对于有关个人隐私的案件，应当不公开审理。因此，是否公开审理强制医疗案件，存在争论，做法不一。

审理人民检察院申请强制医疗的案件，应当会见被申请人。实践中，多数法院担心将被申请人传唤到法庭参加庭审，由于被申请人的精神障碍，法庭正常秩序可能会受到干扰，押解工作也存在较大压力。通常情况是，承办法官到对被申请人采取约束性措施的强制医疗机构另行安排会见，有时甚至到被申请人的住所会见。由此，法官的人身安全存在较大风险。

3. 法定代理人到场问题

人民法院审理强制医疗案件，应当通知被申请人或者被告人的法定代理人到场。但有些案件被申请人或者被告人没有法定代理人，或者其法定代理人担心承担民事赔偿责任，不愿承担法定代理人的责任，拒不到场。这是一个比较普遍的问题，宁波、绍兴等地法院均有所反映。法定代理人不到场，不仅影响了强制医疗案件的审判效率，而且还影响到对被申请人诉讼权利的保障及后续医疗。

4. 被害人权益保障和民事赔偿问题

被害人及其法定代理人、近亲属对强制医疗决定不服的，可以自收到决定书之日起五日内向上一级人民法院申请复议。但是《刑事诉讼法》及司法解释没有就被害人及其法定代理人、近亲属如何参与诉讼，特别是能否提起附带民事诉讼等问题作出明确规定。实践中，不少法院在审理强制医疗案件中，对如何保障被害人的合法权益和诉讼权利，如何做好民事赔偿调解工作等问题存在疑问。

（三）强制医疗执行问题

1. 强制医疗机构不健全

人民法院决定强制医疗的，应当向公安机关送达强制医疗决定书和强制医疗执行通知书，由公安机关将被决定强制医疗的人送交强制医疗机构。调研中发现，杭州地区一般送交安康医院强制医疗；金华地区只有一家安康医院，一般送交普通精神病医院；宁波地区有的送专门的安康医院，也有的送普通的精神病医院，甚至是其他医疗机构。象山法院决定强制医疗的被申请人，公安机关送交象山县第三人民医院强制医疗。宁海法院决定强制医疗的被申请人，送交宁海县深圳中心卫生院强制医疗。上述两家机构均不具有强制医疗的资质。一般来说，普通的精神病医院和其他医疗机构不具有强制医疗的资质和条件，强制医疗执行的严肃性和安全性得不到保证。

2. 强制医疗经费的承担问题

实践中，强制医疗经费的承担，也不统一。多数地方由公安机关承担，也有的由法院承担，或者强制医疗机构垫付，还有部分案件由被强制医疗的人及其亲属承担。强制医疗机构经常因经费负担问题而不愿接收被强制医疗的人，或者希望法院尽早解除强制医疗。

3. 如何定期诊断评估

强制医疗机构应当定期对被强制医疗的人进行诊断评估。但是，有的法院反映，强制医疗机构管理水平参差不齐，医疗人员对强制医疗案件重视不够，强制医疗机构没有定期进行诊断评估，以致在审理申请解除强制医疗案件中，难以评估被强制医疗的人的人身危险性。审理的申请解除强制医疗案件中，也没有发现强制医疗机构主动提出解除意见的情况。

（四）强制医疗解除问题

1. 申请解除强制医疗的主体问题

根据《刑事诉讼法》及相关司法解释，强制医疗机构对于已不具有人身危险性，不需要继续强制医疗的，应当及时提出解除意见，报决定强制医疗的人民法院批准。被强制医疗的人及其近亲属有权申请解除强制医疗。因此，法律规定的申请主体是被强制医疗的人及其近亲属，强制医疗机构也可以提出解除的意见。实践中，通常是被强制医疗的人的近亲属申请解除强制医疗，申请人除了提交申请书之外，没有任何诊断评估报告或者鉴定意见等材料，人民法院需要从强制医疗机构调取评估报告，或者要委托鉴定，工作量很大，审判效率不高。此外，法律规定，人民检察院对强制医疗的决定和执行实行监督。有的法院提出，在解除强制医疗上能否让检察机关作为申请主体，或者将检察机关列为诉讼参加人参加解除强制医疗案件的审理。

2. 解除强制医疗的申请期限问题

被强制医疗的人及其近亲属提出的解除强制医疗申请被人民法院驳回，六个月后再次提出申请的，人民法院应当受理。但是，人民法院决定强制医疗之后，对于强制医疗机构何时可以提出解除申请，或者被强制医疗的人及其近亲属何时可以提出解除强制医疗的申请，法律没有明确规定。实践中，被强制医疗的人的近亲属通常都在人民法院决定强制医疗后数月内，甚至有的在一两个月内，即提出解除强制医疗的申请，比较随意。特别是被强制医疗的人因实施严重危害公民人身安全的故意杀人、故意伤害等暴力行为，造成被害人死亡、重伤后果的，有的在较短的时间内即被解除强制医疗。精神病人没有得到必需的治疗，带病回归社会，危险性很大。例如，姚某强制医疗案，姚某用匕首捅刺被害人郃某某胸腹部，造成郃某某全身多处受伤，胸腹腔联合伤、肝破裂、膈肌撕裂、腹腔积血、胸腔积血，构成重伤。姚某被强制医疗 8 个月后即被解除。又如，孙某某强制医疗案，孙某某趁其妻子熟睡之际，持菜刀向其颈部连砍数刀致其死亡。孙某某被强制医疗 1 年 3 个月后即被解除。

（五）法律文书样式问题

实践中，法律文书格式不统一，特别是法律文书称谓、合议庭署名等情况存在不一致。予以强制医疗的，多数法院称“强制医疗决定书”，也有法院称“刑事决定书”；驳回强制医疗申请的，有称“驳回强制医疗申请决定书”的，也有称“刑事决定书”的；在审理申请解除强制医疗案件时，称“解除强制医疗决定书”。多数法院在法律文书上有合议庭成员署名，但也有法院没有署名，只盖法院印章。另外，送达、询问、庭审等程序性文书也没有统一的格式。

（六）审判管理系统问题

不少法院反映其使用的审判管理系统软件中，除了按照规定的案号立案外，立案案由中没有申请强制医疗或者解除强制医疗的选项，只能根据涉嫌犯罪的行为性质予以登记，如被申请人实施故意伤害的，按照故意伤害罪立案。这种情况不利于反映案件真实情况，也不利于司法统计。此外，审判管理系统中没有设定扣除审理期限的选项。在审理强制医疗案件中，委托鉴定的，只能按照审理中止来处理，鉴定结束后再恢复审理。这种方式不符合《刑事诉讼法》的规定。

三　对策和建议

对于实施危害行为不负刑事责任的精神病人给予强制医疗，将其在一定期间内与社会隔离，既可以对精神疾病进行治疗，同时又可以保卫社会安全，这是国家健全法律制度的一项重大措施。各级人民法院应当高度重视这项工作，切实履行修订后的《刑事诉讼法》赋予人民法院的司法职能。

（一）充分保障被申请人的合法权益，防止“被精神病”情况的发生

人民法院应当严格贯彻执行《刑事诉讼法》以及相关司法解释对强制医疗条件的规定，严格区别无刑事责任能力和限制刑事责任能力的情况，对于限制刑事责任能力的行为人应该作为犯罪追究刑事责任，而不能予以强制医疗；对于不符合实施暴力行为危害公共安全或者严重危害公民人身安全的，如一般的妨害公务、寻衅滋事行为，不能予以强制医疗。决定不予强制医疗的，可以建议公安机关监督精神病人的监护人送医治疗。

（二）规范开庭审理程序

1. 充分保障被申请人的诉讼权利

法官在开庭前应当会见被申请人，会见被申请人提倡合议庭成员全部参加；如果被申请人病情稳定，可以传被申请人出庭；被申请人要求出庭或者其法定代理人请求被申请人出庭的，法院应当准许。法官会见被申请人时或者在庭审中，应该了解被申请人的精神病史、治疗情况、恢复情况和复发情况，了解被申请人的日常生活情况，对事物的认知状况，逻辑思维状况。对被申请人的精神状况、监护人情况要有一个比较全面的了解。对于检察院申请强制医疗的案件，为保护被申请人的个人隐私权，以不公开开庭审理为妥；

如果认为需要公开开庭审理的，应取得被申请人法定代理人的书面同意。

2. 充分保障被申请人的法定代理人的诉讼权利

对于强制医疗案件，法院应当通知被申请人的法定代理人到场。如果被申请人没有法定代理人，或者联系不到法定代理人，或者其法定代理人拒不到庭的，可以参照未成年人刑事诉讼程序，通知被申请人的其他成年亲属，所在单位、居住地基层组织或者精神病人权益保护组织的代表到场。现在，有的法院为被申请人指派了辩护律师，把指派的辩护律师视为法定代理人。但指派律师与法定代理人的职能还是有很大区别的。课题组认为，由基层组织或者社会公益组织派员参加庭审，履行被申请人的法定代理人诉讼权利是比较稳妥的。

3. 相关鉴定意见应当充分质证

法院应该把被申请人不负刑事责任的鉴定意见以及检察院申请强制医疗的意见书通知被害人一方，如果被害人一方有异议，可以申请参加庭审，发表意见。如果公诉人、被害人与被申请人及其法定代理人就被申请人是否具有刑事责任能力发生争议，或者有多个不同鉴定意见的，法庭可以通知鉴定人出庭接受双方质证。

4. 应当准确把握证据确实充分的标准

法院应当加强与检察院、公安机关沟通协调。检察院提出申请强制医疗，应当把被申请人实施危害行为的事实和证据收集充分，并在庭审中出示。不能因为被申请人是精神病人，就不认真收集证据，以至于造成认定被申请人实施危害社会的行为证据不足，无法作出强制医疗的决定。证据的收集应该与普通刑事案件一样，证据确实充分的标准也应该参照普通刑事案件的定罪标准。

（三）规范裁判文书的名称

人民法院审理检察院申请强制医疗的案件，可以作出强制医疗决定或者驳回强制医疗申请的决定。审理申请解除强制医疗的案件，可以作出解除强制医疗决定或者驳回解除强制医疗申请决定。因此，裁判文书的名称可以根据不同的内容，直接表达为“强制医疗决定书”“驳回强制医疗申请决定书”“解除强制医疗决定书”“驳回解除强制医疗申请决定书”，在法律文书上合议庭成员署名。

（四）建立精神病医生专家库

强制医疗案件专业性强，而法官一般情况下并不掌握精神病学的专业知识。课题组建议，有必要建立精神病医生专家库。专家库中的人员，可以根据案件需要选任一定数量的人民陪审员参与审判，或者以“专家辅助人”身份出庭提出意见，以提升案件审理的专业性。这项工作可以由省法院与司法行政部门、省卫计委协调，在全省范围内统一推荐精神病医生，将入选专家库的专家名单公开发布，并按照规定程序列入人民陪审员范围。

（五）将强制医疗的费用列入政府财政预算

强制医疗经费，应当由政府承担。现在，该治疗费用没有明确的承担主体，要法院或者公安机关协调处理。从社会管理的角度看，法院决定强制医疗的，都应该由政府支付医疗费用，政府应当在财政预算中列明。现在一些安康医院或者精神病医院不愿意对法院决定强制医疗的精神病人长期治疗，其中一个主要原因就是治疗费用不能到位，支付主体不明确。由于强制医疗费用不能落实，以至于有的安康医院或者精神病医院在精神病人病情稳定后，就立刻出具可以出院的评估报告，赶紧把精神病人放出去；有的则是要求先交费，否则就不准许出院，严重影响了强制医疗决定的执行。基于此，建议探索建立以政府财政支付为主要渠道，医疗保险予以补充的强制医疗经费保障机制。政府可以对强制医疗费用事先作出预算，可作为公安机关的经常性支出之一，由公安机关支付给安康医院或者精神病医院。有医疗保险的，按规定由医疗保险机构负担。同时，可以责成有条件的病人家属负担一部分。这项工作可以由省委政法委牵头，公、检、法、财政、卫生等部门参与，协调解决。

（六）增设强制治疗设施

《国务院办公厅转发卫生部等部门关于进一步加强精神卫生工作的指导意见》（国办发〔2004〕71号）规定："对严重肇事肇祸精神疾病患者实施强制治疗，安康医院负责做好治疗工作；没有安康医院的省、自治区、直辖市要尽快建立。"有的地方强制医疗机构不符合要求，强制医疗与普通精神病人的治疗没有什么差别，使得强制医疗的执行不够规范，这也是下一步需要解决的重点问题。建议由省委政法委牵头，组织相关部门，对浙江的安康医院和精神病医院进行摸底。对于安康医院不足的地区，可以考虑增加精神病医院强制治疗病区，使法院的强制医疗决定由符合要求的强制医疗机构予以执行。

（七）规范解除强制医疗的条件与程序

1. 关于解除强制医疗案件的办案程序

《刑事诉讼法》及其司法解释规定，解除强制医疗申请可以由强制医疗机构提出，或者被申请人的法定代理人提出，也可以由被申请人本人提出。申请解除强制医疗，应当提交安康医院或者精神病医院对被申请人是否具有再次危害社会可能性的评估报告。为了提高审理解除强制医疗案件的公开性，可以考虑通知检察院派员出庭，检察院可以对是否同意解除强制医疗提出意见。

2. 关于解除强制医疗的条件

在制度上，《刑事诉讼法》对解除强制医疗的条件规定尚不明确。在实践中，许多案件，甚至是一些实施暴力行为造成重伤、死亡等严重后果的案件，法院决定强制医疗几个月之后，被强制医疗的精神病患者家属就申请解除强制医疗。同时，安康医院或者精神病医院出具的诊断评估报告，内容往往是精神疾病症状已明显缓解或者病情稳定，而不是精神病已经治愈。法律规定强制医疗的对象是实施危害公共安全或者严重危害公民人身安全的暴力行为的精神病人，将其与社会实行物理隔离，保障社会公共安全是现行强制医疗程序的主要功能。在药物的控制下，精神病症状缓解，在一个比较短的期间内即可做到，精神病症状一缓解就解除强制医疗，不能保证不会再次危害公共安全或者人身安全。因此，对于解除强制医疗的条件，应该严格把握。依据《刑事诉讼法》的规定，不是精神病症状缓解或者病情稳定就可以解除强制医疗，而是在不具有人身危险性时才可以解除强制医疗。因此，安康医院或者精神病医院出具的诊断评估报告应该对被强制医疗人的人身危险性作出诊断评估。如果强制医疗机构不对被强制医疗者的人身危险性作出诊断评估，法院可以组织检察院、精神病医生等有关人员进行评估。

3. 关于解除强制医疗的申请期限

鉴于现行《刑事诉讼法》规定的强制医疗程序，主要目的在于将实施危害公共安全或者严重危害公民人身安全的暴力行为的精神病人与社会实行物理隔离、保障社会公共安全，故应当对解除强制医疗的申请期限加以适当限制。因此，强制医疗不满两年，被强制医疗者及其法定代理人提出解除强制医疗申请的，人民法院不予受理；对于实施杀人、伤害致人残疾等严重侵害公民人身安全，强制医疗不满三年，被强制医疗者及其法定代理人提出解除强制医疗的，法院不予受理。法院决定不准许解除强制医疗的，六个月之内不得重新提出解除强制医疗申请。

4. 关于解除强制医疗后的继续治疗和监护

为有效保障对解除强制医疗后的精神病人的继续治疗和监护，被强制医疗者及其法定代理人申请解除强制医疗的，法院可要求监护人提供保证书，保证对精神病人继续治疗或监护，建立类似于保外就医的保证制度，完善对解除强制医疗者的管理。

B.22

嘉兴法院食品安全犯罪的司法审判调研报告

嘉兴市中级人民法院、海宁市人民法院联合课题组*

摘　要：　食品安全关系到人民群众的身体健康和生命安全，关系到经济健康发展和社会稳定，关系到政府和国家形象，是衡量人民生活质量、社会管理和国家法治建设水平的重要指标。人民法院应当密切关注，依法妥善处理食品安全犯罪相关案件，为建立“从农田到餐桌”食品产业链条安全体系，深入持久地推进食品安全治理提供有效司法保障。

关键词：　食品安全犯罪　行政执法　刑事司法

为进一步提升对食品安全违法犯罪行为的打击成效，嘉兴市中级人民法院与海宁市人民法院组成联合课题组展开调研，通过分析嘉兴两级法院2011年以来审结的食品安全犯罪案件①的成因及特点，总结审理中存在的问

---

* 课题组负责人：徐静霞，嘉兴市中级人民法院党组成员、副院长；卢永明，海宁市人民法院党组成员、副院长。课题组成员：虞峰、黄晓雯、帅剑。执笔人：郭百顺，海宁市人民法院研究室主任；曹铭千，嘉兴市中级人民法院刑二庭审判员。

① 食品安全犯罪是《刑法》规定的一些与食品安全相关的犯罪的总称，中国《刑法》没有设专章、专节规定食品安全类罪名。课题组较倾向于以下概念，即食品安全犯罪是指行为人在食品的生产、贮藏、运输和销售活动中，违反食品安全法律法规、破坏食品安全监督管理秩序、侵害不特定消费者生命、健康权利，依法应当追究刑事责任的行为，包括食品生产者、销售者的犯罪，以及监管部门、检验机构及人员的犯罪。题组将嘉兴各法院2011～2014年涉食品安全犯罪案件的判决书中所反映的被告人信息、犯罪手法、定罪罪名、量刑情况等进行分类、统计后形成了本调研报告数据。

题和不足，找出相应对策，从而实现准确适用法律、规范办案流程、加快办案进度，以确保判决的法律效果和社会效果的统一。

一　食品安全类犯罪案件的基本情况

2011～2014 年，嘉兴两级法院共审结食品安全类犯罪一审案件 154 件[①]，判处犯罪分子 375 人。其中，2011 年 11 件 16 人，2012 年 45 件 153 人，2013 年 76 件 139 人，2014 年 22 件 67 人，总体呈上升趋势，2014 年有所回落。

（一）案件情况

1. 罪名分布情况

2011 年以来嘉兴法院审理的食品安全类犯罪案件包括生产、销售伪劣产品，生产、销售有毒有害食品，销售假冒注册商标的商品，非法经营，生产、销售不符合安全标准的食品等 5 种罪名，其中生产、销售有毒、有害食品罪占案件总数的 66% 以上（见图 1）。有毒、有害食品直接侵害民众的生命健康，往往经过一定的潜伏期之后才会爆发，且一旦发生，通常会伴随救治时间紧迫、受害群体广泛、后遗症严重、不易控制和社会影响恶劣等危害后果。该类犯罪比重较大，在一定程度上反映了食品安全类犯罪的危害性有严重化趋势。

2. 犯罪对象及表现形式

食品安全类犯罪总的来说可归纳为：在生产、销售食品的过程中违禁添加食品添加剂，掺入国家明令禁止使用的非食用物质和以假充真、以次充好等行为，涉及食品原材料的采购、加工、生产、保鲜及销售等全过程。其犯罪表现形式多种多样，包括在生产、加工食品过程中违禁添加柠檬黄、苋菜红、日落黄等食品添加剂或添加无根素、AB 粉等非食品添加剂；使用工业

① 相关统计数据来源于浙江法院审判信息系统，下同。

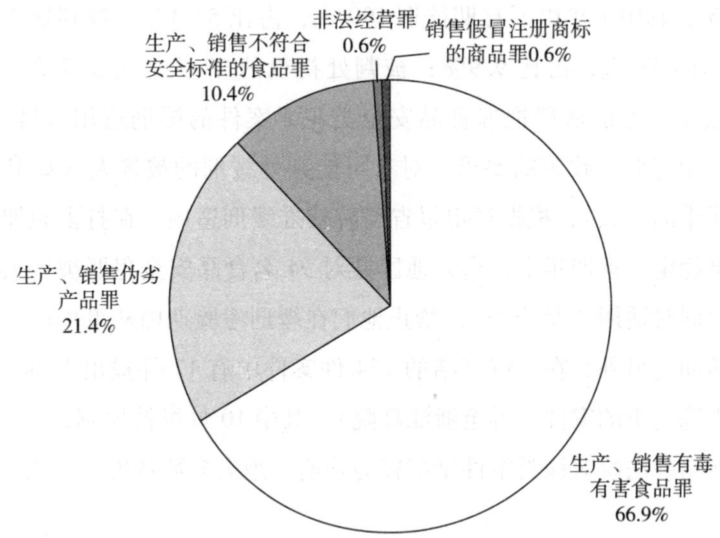

图1　2011 年 1 月至 2014 年 12 月食品安全类案件罪名分布情况

说明：多被告、多罪名案件以第一被告的定罪罪名统计。

原料加工、生产食品，如使用工业松香对猪头煺毛、使用焦亚硫酸钠溶液漂洗芋艿、蘑菇等；生产、加工、销售劣质或有毒、有害食品，如以劣质猪肉加工肉馅、销售毒死的狗肉等。

3. 犯罪发案地点及涉案人员情况

从发案地点看，危害食品安全类犯罪行为大多发生在房屋租金低廉、流动人员较多，且工商、食品卫生等执法部门监管相对缺失的城中村或城乡结合部，表明该类犯罪与一个地区的经济发展状况、人口密集程度以及行政执法部门的监管有密切关系。从涉案人员看，在已查处的危害食品安全犯罪案件中，绝大多数属于无经营证照的个体劳动者及无业人员，且一部分属于夫妻档；非嘉兴籍人员作案 215 人，占比 57.3%，略高于嘉兴本地籍犯罪人员；受过刑事处罚、劳动教养或其他行政处罚的仅 33 人，占比 8.8%。这表明无业人员和个体劳动者为实施该类犯罪的主体，且绝大多数属于初犯和偶犯。

4. 量刑情况

从刑罚适用情况来看，被判处 3 年以下有期徒刑的 311 人，占罪犯总数的82.9%，其中1年以下有期徒刑199人，占比53.1%；被判处3年以上有期徒刑的37人，占比9.9%；被判处拘役的27人，占比7.2%（见图2）。各法院一方面从严把握食品安全类犯罪案件的缓刑适用，另一方面，基于宽严相济刑事政策的要求，对有可能判处缓刑的被告人（如共同犯罪的近亲属中的一人），根据规定报省高院核准缓刑适用，在打击犯罪的同时兼顾社会稳定。近四年来，嘉兴地区共对94名食品安全犯罪被告人适用缓刑，一般同时适用“禁止令”，禁止他们在缓刑考验期内从事生产、销售食品相关活动。另外，在一审审结的154件案件中有12件提出上诉（其中1件嘉兴中院一审的案件上诉至浙江高院），其中10件维持原判，2件撤回上诉，反映出各法院对该类案件量刑较为均衡，绝大多数被告人也能够认罪服法。

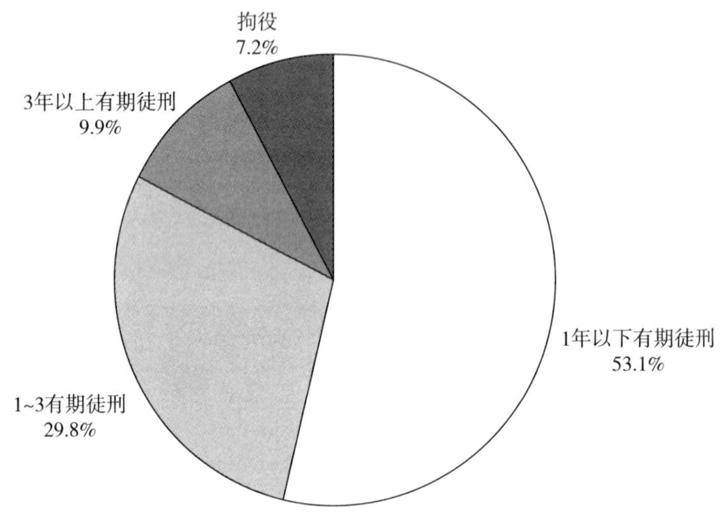

图2　2011年1月至2014年12月食品安全类案件量刑情况

（二）犯罪成因分析

1. 食品生产者追求高额利润的逐利心理

法律经济学理论认为，“追求个人经济利益是人类一切活动的根本”。

食品行业有低门槛、低成本、回报快的特性。小型作坊、个体摊档类的食品生产经营者因多分布在城乡结合地区等相对偏僻、隐蔽区域，被查处的可能性较小，违法成本较低。在已审结的案件中，大部分案件犯罪人在受到刑事处罚之前未受过行政处罚即为明证。虽然绝大多数犯罪分子认识到自身违法行为的危害性，但在高利润的诱惑下，仍铤而走险，置广大消费者的人身安全和健康于不顾。

2. 监管部门之间协调配合机制缺位

中国对食品安全采取“分段监管”的模式，多部门分段共同监管，要求部门之间职责清晰、衔接紧密、形成合力，而监管工作中经常出现部门之间职能交叉、职责不清现象。对于某一事项要么几个部门都管，相互之间莫衷一是；要么几个部门都不管，在遇到问题时互相推诿扯皮，出现“五龙治水”的制度困局。不但难以形成全方位覆盖食品安全领域的监管合力，而且造成现有的检验、检疫等监管举措发挥不了应有的作用，相关规章制度难以落实。

3. 食品生产相关行业制度建设不健全

维护食品安全关系到每一个人的身体健康，既是民生工程，也是系统工程，需要全社会各个行业共同参与。只有不断完善相关的行业制度，健全管理机制并加强行业自律，才能形成“放心食品”生产流通的社会环境。然而，客观上由于与维护食品安全相关联的不少制度存在漏洞，相关的行业管理机制存在缺失，一定程度上为食品安全违法犯罪提供了可乘之机。

4. 社会公众缺乏食品安全意识

一方面，因国家对食品添加材料知识科普不够，部分食品生产经营者由于文化水平不高、法治观念淡薄，对食品添加剂的使用方法、添加标准以及危害后果等知之甚少，甚至以为添加有毒有害的添加料是食品加工制造的“工艺”需要，对自身行为可能带来的社会后果和法律后果缺乏正确的认识。另一方面，由于有关部门对所掌握的信息披露不及时或出于各种考虑未予公开，关于食品安全知识的宣传，特别是对未成年人、外来务工人员等特殊群体的宣传覆盖面不够，广大群众的食品安全意识整体不高，缺乏应有的

安全常识和必要的自我防范意识，客观上为不安全食品的销售流通和食品安全问题的发生提供了条件。

二　审判工作中的难点问题

（一）犯罪事实认定方面的问题

1. 被告人主观“明知”的认定

中国《刑法》规定，食品安全类犯罪案件的主观方面是故意，即犯罪主体明知生产、销售的食品是不符合安全标准的或明知生产、销售的食品中掺入有毒、有害的非食品原料等。因此，被告人是否“明知”是审理的焦点之一。嘉兴法院审理的食品安全类犯罪案件中，被告人的文化程度大多不高。而有关生产、销售有毒、有害食品案件的国务院“两名单”[①] 中对不能添加的物质均使用专业性词汇。文化程度较低的被告人不了解这些物质的专业名称，只知道这些物质的俗称，未必能一一对应。他们往往也因为行业习惯使用了这些物质，如使用工业松香烟毛的案件中，行为人认为使用工业松香是一个行业习惯，烟毛的效率高而且成本低，甚至有时候他们自己也会食用这些用工业松香烟毛的猪头肉。鉴于此类案件隐蔽性较强，对于明知的认定往往只能根据被告人的供述或是证人证言。在一些案件中，被告人仅承认其不明确这些物质是有毒、有害的，只是单纯地认为食用这些物质加工的食品可能会有危害性，甚至某些案件中行为人辩称根本不知道使用的就是有毒、有害的物质。在南湖法院审理的一起案件中，被告人辩称自己虽然知道工业松香是有毒的，但是不知道如何辨认工业松香，也不知道自己使用的就是工业松香。那么，在这些情况下该如何认定“明知”？

① 即全国打击违法添加非食用物质和滥用食品添加剂专项整治领导小组印发的《食品中可能违法添加的非食用物质和易滥用的食品添加剂品种名单》，以及原国家食品药品监督管理局印发的《保健食品中可能非法添加的物质名单》。前者从 2008 年 12 月印发第一批名单，至 2011 年 6 月已印发至第六批。后者 2012 年 3 月印发了第一批名单。

2. “犯罪金额”的认定

根据《最高人民法院、最高人民检察院关于办理危害食品安全刑事案件适用法律若干问题的解释》（以下简称《食品安全司法解释》）第3、6、7条的规定，犯罪金额是该类犯罪定罪量刑的重要因素。实践中，食品安全犯罪案件被告人有的是摊贩，普遍没有记账的习惯，即使有账目也不完整，在被告人拒不交代或避重就轻的情况下犯罪金额的认定就存在难度，往往只能根据查扣数量结合口供就低认定，从而影响打击力度。2011年以来，嘉兴两级法院审结的食品安全类犯罪案件，量刑一年以下的占比达60.3%（含拘役）。这导致食品安全类案件被告人违法犯罪的成本不高，难以抑制此类犯罪的高发态势。

3. 所使用物质的危害性的认定

原卫生部办公厅关于《食品添加剂使用标准》有关问题的复函（卫办监督函〔2011〕919号）中涉及的某些物质性质不明，即是否有毒有害，或滥用是否有不良后果尚不确定，如过氧化氢，根据该复函过氧化氢等7种物质已列入《食品用消毒剂原料（成分）名单》，可以作为食品用消毒剂及其原料继续生产经营和使用，不再作为食品用加工助剂管理。但是行为人将过氧化氢用于食品的漂白、除臭，已脱离了消毒的功能，其行为的性质是否发生了质的变化？如何判断哪种情况下是消毒，哪种情况下是漂白、除臭？这些都无据可查。另外，《食品安全法》第27条规定：食品生产经营应当符合食品安全标准，并且使用的消毒剂应当对人体安全、无害。该条款结合上述复函，是否可以认为在无证据证明行为人使用过氧化氢的情况下，往食品中添加过氧化氢的行为并不违反法律规定？

（二）证据采信上存在的问题

1. 收集证据程序不规范，内容不完整，导致认定困难

办案单位（行政机关、侦查机关）缺乏专业化的培训，导致搜集、固定证据的意识和手段不强，导致证据形式不规范，内容记载不准确。例如，在现场勘验检查过程中发现的物质取样不规范，特别是对于有专门要求的取

样规定，办案人员因不了解取样规定而造成证据收集存在问题，直接加大了对于事实及案件定性的难度。在某些使用氰化物毒狗偷狗的案件中，对毒狗所作的检测却不能查出有氰化物，另外掺入食物中的易挥发化学物质经过取样、送检过程后因挥发也无法鉴定。办案人员因受知识范围所限，不了解查获物品的种类，对于数量描述也不准确，现场检查笔录记载内容不完整，未能全面客观真实地反映实际情况，导致认定困难。

2. 取证困难，致使定罪量刑存在缺陷

犯罪金额的认定难问题，除了被告人没有做账外，还有另一个重要原因就是受害人具有不特定性及流动性，导致侦查机关在取证方面面临困难：由于食用者都是散户，即使取得了证言也仅证明了其个人向被告人购买该食品的情况，但具体的生产、销售数量无法进一步确认。这种情况导致真实的犯罪金额难以认定，在量刑上亦难以实现罪责刑相平衡。海宁市人民法院2013年办理的使用工业松香煺猪头毛的系列案件中，被告人没有将销售出去的产品做账的习惯，对于销售出去的猪头肉的数量只能根据被告人自己的供述来认定，同样是加工猪头肉的行为，有的被告人供述一天只加工一两个猪头，有的却是一天十几个甚至几十个猪头，缺乏购买猪头肉的消费者的证言，最后销售金额只能根据被告人的供述来加以认定。

3. 检测、鉴定不明，不利于准确定性

虽然《食品安全司法解释》列举了生产、销售不符合安全标准的食品犯罪的情形，并规定了几种可直接认定为有毒有害物质的非食品原料，同时还规定可由省级以上卫生行政部门确定的机构出具鉴定意见以定性，但对检验报告的出具部门没有统一的规定，哪些机构有鉴定资质仍不明确。关于食品中有毒、有害成分的鉴定，国家标准、行业标准和地方标准之间存在着交叉或空白地带，缺乏统一有效的鉴定标准。公安、卫生行政等部门选用不同的鉴定机构有时会出现不同的鉴定结果，甚至彼此矛盾，暴露出当前食品检验检测化验技术水平的局限性，给维护食品安全留下了隐患。

（三）罪名选择与法律适用上的问题

1. 用语“模糊”

一是《食品安全司法解释》规定有毒有害的非食品原料毒害性强或含量高的属于生产、销售有毒、有害食品的“其他严重情节”之一，但司法实践中对判断非食品原料的毒性强弱及含量高低并没有具体、统一的标准。二是因各法条认定犯罪的标准不一致，导致“法条竞合从一重处”不好操作。例如，生产、销售伪劣产品罪要求的客观要件是“销售金额”，生产、销售不符合卫生标准的食品罪要求的客观要件是“足以造成严重食物中毒事故或者其他严重食源性疾患”，生产、销售有毒、有害食品罪的要件是“生产、销售掺入有毒、有害非食品原料或明知掺入有毒、有害非食品原料而销售”，而“足以造成”“明知”本身就具有不确定性，为慎重起见，司法机关往往选择认定轻罪。

2. 规定“滞后”

对于相关条文中未明确规定但又被民众公认为有毒、有害食品的情形如何定罪量刑一直是刑事审判中的一个难题。例如，2012 年平湖市人民法院审理的一起案件，犯罪事实是被告人将病死猪屠宰后冒充合格猪肉予以销售，认定的罪名却是生产、销售伪劣产品罪，原因就在于《食品安全司法解释》2013 年才明确规定了“属于病死、死因不明或者检验检疫不合格的畜、禽、兽、水产动物及其肉类、肉类制品的”是足以造成严重食物中毒事故或者其他严重食源性疾病的情形之一，应认定为生产、销售有毒、有害食品罪。

对于形形色色的危害食品安全的行为，如果均要依赖针对性的司法解释，未免太过滞后，且司法解释也不可能针对每一类行为都巨细无遗地予以规定，总会留下空白地带；但如果没有明确的法律规范，鉴于食品安全问题的复杂性，处罚的依据又往往不够充分。这一两难困境亟待得到解决。

三 对策和建议

（一）加强食品行业行政执法工作

1. 完善食品安全监管工作格局

一是细化各部门的职责分工。按照科学合理、权责清晰的原则细分职能，健全食品安全监管综合协调机制，推动建立资源共享、信息通报工作机制，形成分工明确、密切配合、无缝衔接的监管体系，着力解决因监管职能分散而造成的相互推诿等问题[①]。二是推行食品安全信用制度。建立全国联网的食品安全信用档案制度，明确档案信息的搜集、使用和披露机制，对具有违法失信行为的生产经营者建立“黑名单”并向社会公布，通过声誉机制全面挤压无良无诚者的生存空间，以源头治理方式预防和减少食品安全事故的发生。三是各大执法部门建立日常协作机制。组建联动执法督察小组，定期召开协调会议，分析研判执法中所遇案件的特点及案发原因，总结经验并查找不足，从而调整执法动向，并向各有关的食品生产经营企业、食品监管部门提出工作建议，督促整改完善。

2. 动员群众积极参与防控工作

针对该类犯罪隐蔽性强，监管部门因执法力量薄弱监管查处难深入的特点，要充分发挥基层群众分布广泛、较易发现食品安全违法犯罪线索的优势，鼓励公众参与到防控工作中，构筑群防群控格局。一要将相应的奖惩措施制度化，使各级城中村的集体组织有动力、有义务改善城中村的治安情况，加大力度排查、打击食品安全违法犯罪。二要督促村（居）民不定期巡查出租房屋的使用情况，及时举报，并可尝试建立志愿者队伍，借助群众力量加强监管，使得犯罪分子在社会上无落脚之地。三要建立举报食品安全犯罪的奖励制度，对举报人给予奖励，使群众在发现食品违法犯罪行为时敢

① 毕敏、黄华婕：《危害食品安全犯罪情况调查分析》，《人民检察》2013 年第 9 期。

于举报、乐于举报、积极举报，让无良无诚的食品生产经营者成为过街老鼠，在全社会形成对其“人人喊打”的良好氛围。

3. 开展食品安全法治宣传教育工作

加强对各个食品领域、各个环节的警示宣传教育，提高全民的食品安全意识，引导消费者自觉抵制不安全食品。要经常性地通过各种媒体发布食品安全信息，宣传食品安全法律知识，通报各部门查处的不合格食品及其生产经营企业等，切实保护百姓的健康利益。

（二）提高食品安全案件取证能力

1. 畅通行政执法与刑事司法的证据衔接机制

刑事诉讼的过程是证明的过程，证据是定案的基石，而很多食品安全案件的原始证据又十分容易灭失，如果在行政执法过程中怠于取证或取证不符合刑事司法的要求，会严重影响行政执法案件进入刑事司法程序，或给审理带来困难。一方面，要加强对食品安全行政执法人员的专业培训，特别是对《刑法》《刑事诉讼法》等法律法规的系统学习，提高证据搜集、固定与保全的能力；另一方面，要建立公安机关提前介入机制，一旦发现行政违法案件有可能涉嫌刑事犯罪，食品安全监督部门就可以要求公安机关提前介入，共同研判案件性质，并对行政机关的取证工作提供协助、指导。

2. 公安机关提高自身取证能力

食品安全犯罪案件涉及食品生产、仓储、运输、流通各个环节，有些方面有其特殊的标准、规范，给公安机关的取证工作提出了更高的要求。比如，对猪油的鉴定，根据《动植物油脂扦样》GB/T 5524－2008 的要求，应由专业人员对整桶猪油全部抽样提取送检，而不是任意提取若干送检，否则会直接影响到检测报告结果。公安人员要注意学习食品安全方面的专业知识，提高取证能力，有条件的应组建专业化的食品安全侦查队伍。同时，公安机关也要在法律的框架下准确把握食品安全犯罪的证据标准、鉴定要求，少走弯路、不做无用功。

（三）健全食品安全标准体系

中国幅员辽阔，也造成了各地之间不同的饮食文化。有一些地方的饮食，在初来乍到者看来难以接受，甚至是极不安全、健康的，却是当地人心目中“舌尖上的美味”。比如：臭豆腐就是通过一定的霉变制作而成；贵州某少数民族的“红肉”，就是用生猪血拌半生的猪肉食用；而在重庆的火锅食用中，将反复使用过的油作为锅底的行为存在了很久；等等。《食品安全法》第24条第1款规定：“没有食品安全国家标准的，可以制定食品安全地方标准”，没有必要在全国范围内制定通行标准，但有必要制定食品安全地方标准，以促进和规范特定类型食品行业的发展，为行政、司法提供依据。此外，对于一些地方美食已经走出当地，在全国范围内有一定的知名度和接受度的，在全国标准尚未制定或还无必要制定的情况下，有必要制定和完善相关行业标准，使行政执法或司法审判得到有益的参考。例如，嘉兴市南湖区法院受理过一起案件，被告人将牛血冒充鸭血出售给餐饮店以制作“毛血旺”。牛血虽然与鸭血在口感、质地等方面存在差别，但食用牛血并不会造成不良后果，对被告人的行为如何评价颇费思量，最终南湖法院以生产销售假冒伪劣产品罪对该案的部分被告人判处了实刑。如果有“毛血旺”方面的行业制作标准作为参考，对于法院的判断将大有裨益。建议在以食品安全国家标准为主的前提下，辅之以地方标准、行业标准、企业标准，建立和完善覆盖面广、具体明确的食品安全评价体系。

（四）完善食品安全司法鉴定体制

1. 明确食品安全快速检测的证据效力

快速检测方法是指食品安全日常监管工作中利用理化分析免疫学技术、分子生物学检测等方法对食品进行检测。由于在样品制备、实验准备、操作过程和自动化方面简化操作，快速检测能够在短时间内出具检测结果，缩短检测时间，从而及时为食品安全监管提供执法依据（如现场快速检测，能够在30分钟内出具检测结果）。快速检测的证据效力尚存争议，如2009年《食品安全法实施条例》第50条只将快速检测作为初步筛查手段，不作为执法依据，应该主要是基于快速检测具有一定的不准确性的考虑。笔者认为，对于快速检测的态度应该审慎，但不必因噎废食。在对检测机构、检测人员的资质、检测设备的质量有明确规定，并辅之以证人证言、勘验检查笔录及照片等证据的情况下，可以对快速检测的证据效力予以确认。

2. 完善实验室检测的规范

哪些是专门的食品鉴定机构并不明确，实践中存在着不同机构出具的鉴定检验报告结果完全不同的情形，法官作为非专业人员往往难以对鉴定结果进行有效审核和选择。对此，可以学习国外的相关做法，尝试探索构建具有第三方性质的食品、药品安全检测公共实验室，统一规范食品鉴定领域的鉴定资质，确保出具的检测结论专业、权威、独立，为食品安全监管提供强有力的科学技术支持。食品、药品安全检测公共实验室在接受侦查机关的委托后应当根据法律法规和专业标准进行及时的检测。当然，其出具的鉴定报告应当符合刑事证据的要求，明确样品的名称、送检的时间、送检的机构、简要的案情、委托鉴定的范围、检验鉴定的具体标准和方法、鉴定结论等。

（五）提升食品安全案件审判水平

1. 从严把握食品安全犯罪案件

首先，强化刑罚的打击预防作用。对于四类犯罪分子，即危害食品安全、屡教不改的累犯、惯犯，共同犯罪中的主犯，所涉金额巨大以及对人体健康造成严重危害的犯罪分子要依法严惩。其次，严控危害食品安全犯罪的缓刑适用条件。对确有必要适用缓刑的，一律采取同时宣告“禁止令”的方式，禁止其在缓刑考验期内从事与食品生产经营相关的行业和活动。再次，重视财产刑的判处适用。在确保办案质效的同时，用足、用好罚金、没收财产等财产刑，剥夺犯罪分子的非法获利和再次实施犯罪的资本。最后，注意行政罚款与罚金刑的协调、匹配。

2. 关注国外食品安全审判理论成果

食品安全犯罪往往波及面广、潜伏期长，又由于食品的生产、保存等过程中可能会使用新的生物、化学技术，添加新的化学物质，其危害性的有无、大小、是否可控等情况，可能连食品生产者都不明确。如果仅依靠传统的刑法理论，对于被告人主观明知的判断、因果关系的认定等问题，将会遭遇一定的审判困境。比如，“三鹿奶粉”案件中，对于企业管理人员以生产、销售伪劣产品罪而不是生产、销售有毒有害食品罪定罪，就反映了因果关系证明问题上的困难。国外食品安全案件的法学理论成果值得关注。例如，基于日益严重的公害事故，日本1955年在“森永奶粉中毒事件”中采用了新新过失理论，也即“预见可能性不要求具体预见，对危险发生有畏惧感就可以”的学说，扩大了过失犯罪的成立范围，也提高了食品安全从业人员的注意义务。不需要证明被告人在主观上确切知晓某物质有毒，只需要证实被告人对食用该物质加工的食品有危害性有一定的认知，或应该有所认知，就可以认为被告人已“抱有达到了不能无视某种程度的危险绝对不存在的程度的畏惧感”，以追究其责任①。

3. 加强食品安全类犯罪的案例指导工作

一方面，由上级法院选取并刊发的指导性案例被赋予一定的权威性，成为法官审理类似案件时的自然参考，而指导性案例的裁判理由所展示的论证、说理过程遵循从抽象到具体的逻辑路线，便于法官识别和借鉴，以确保“同案同判”。另一方面，即使审理中的案件与指导案例并不完全相同、不能直接适用，但是在指导案例的分析中，也常常蕴含着可资借鉴的思想火花，有可能成为新的审理思路的出发点。所以，加强案例指导工作，可以弥补立法的不足，提升和规范法官的食品安全犯罪审判工作。

---

① 关于新新过失理论的介绍，参见杜菊、刘红著《食品安全刑事保护研究》，法律出版社，2012，第83～84页。

安全生产

Production Safety

B.23

新《安全生产法》实施后的河北省安全生产法治状况

白瑞理*

摘　要：　2015年，河北省不断加强安全生产法治建设，大力宣传并积极贯彻落实新《安全生产法》，逐步规范安全生产执法行为，依法实施安全生产综合监管，采取多项措施全面推进依法治安，有效保障了全省安全生产形势总体平稳。

关键词：　隐患排查　督导执法　依法治安

一　贯彻执行新《安全生产法》，依法实施综合监管

新修订实施的《安全生产法》规定，各级人民政府及其有关部门应当

* 白瑞理，河北省安全生产监督管理局宣教处处长。

采取多种形式，加强对有关安全生产的法律法规和安全生产知识的宣传，增强全社会的安全生产意识。县级以上地方各级人民政府有关部门依照本法和其他有关法律法规的规定，在各自的职责范围内对有关行业、领域的安全生产工作实施监督管理。本部分重点阐述对新《安全生产法》的宣传及贯彻执行情况，加强行业安全监管措施。

（一）组织开展新《安全生产法》的宣传教育活动

2014 年 8 月 31 日，第十二届全国人民代表大会常务委员会第十次会议审议通过《全国人民代表大会常务委员会关于修改〈中华人民共和国安全生产法〉的决定》，自 2014 年 12 月 1 日起施行。新《安全生产法》的公布是中国安全生产法律制度建设中的一件大事，标志着中国安全生产工作向科学化、法治化方向又迈进了一步。

河北省安全生产委员会（以下简称省安委会）自 2014 年以来，在全省组织了广泛深入的宣传教育活动。第一，2014 年 12 月 1 日新《安全生产法》颁布实施当日，省安全生产委员会办公室（以下简称省安委办）统一时间、统一内容，在全省 2234 个乡镇组织开展了新《安全生产法》集中宣传日活动，由各乡镇党委书记（或乡镇长）主持会议，召集本行政区域所有企事业单位负责人、乡镇安委会成员单位负责人、村主要负责人参加宣传贯彻活动，省、市、县所有安监人员分赴乡镇一线讲解宣传新《安全生产法》，各市县党政主要领导和市县班子成员、3.6 万余名乡镇干部、5.4 万余名村干部、10 万余家企业负责人参加了宣讲培训。第二，将 2015 年确定为《安全生产法》宣传贯彻年，组织以学习新《安全生产法》为主要内容的企业主要负责人警示教育活动。2015 年 6 月 10 日至 7 月 10 日，省安委办组织 11 个宣讲大组、56 个宣讲小组，深入全省 193 个县（市、区）组织宣讲 396 场，培训企事业单位主要负责人 10.6 万人，第一层面宣讲覆盖率达到了 100%。第三，组织各种形式的社会宣传。在全省范围内广泛开展了新《安全生产法》知识竞赛，在各种媒体及网站刊登竞赛试题，组织辅导讲座，组织各地党政领导带头参加答题活动，全省组织新《安全生产法》知识竞赛、答题比赛、学法考试等17000场，发放各种宣传品200万份，覆盖约1200万人次。省安委会通过以上多种方式，组织各个层级安全监管人员、企业从业人员和社会公众广泛深入学习《安全生产法》，在全社会掀起学习贯彻《安全生产法》的热潮[①]。

（二）努力促进安全生产责任的落实

第一，推动《河北省安全生产“党政同责、一岗双责”暂行规定》的落实。省安委办与省委督察室、省政府督察室联合制发文件，督促各地认真贯彻落实“党政同责、一岗双责”。省委、省政府将安全生产“党政同责、一岗双责”落实情况作为综合督察的一项重要内容。省安委办制发了《党政领导干部落实安全生产“党政同责、一岗双责”工作手册》，要求各地党政领导同志认真填记履职情况并作为考核依据，督促其认真落实安全生产责任。第二，推进安全监管责任体系的“五级五覆盖”和企业履行主体责任“五落实五到位”。全省8200个乡镇（街道）及所辖村（居）实现了“五覆盖”，6万家企业张贴“五落实五到位”挂图，9260家企业已实现“五落实五到位”[②]。第三，加大安全生产考核力度。2015年6月，省委办公厅、省政府办公厅联合印发《河北省安全生产考核方案》，将安全生产目标管理考核纳入省委综合考核评价体系之中。省安委办又分行业制定了考核细则，并组织实施了半年考核工作。第四，推进安全生产诚信体系建设。省安委会印发《河北省企业安全生产诚信管理实施方案》，省公安厅、省交通运输厅、省安全生产监督管理局（以下简称省安监局）三部门联合印发《道路运输企业交通安全诚信考评办法（试行）》，省安委办研发了全省通用的诚信体系建设信息平台。2015年上半年，全省开展诚信评定试点企业272家，企业自评申报2096家，完成诚信等级评定企业525家[③]。第五，开展事故警示教育活动。组织“领导干部与重点行业（领域）企事业单位主要负责人

① 河北省安委办：《关于新〈安全生产法〉宣贯工作报告》。

② 河北省安委办：《关于安全生产“党政同责、一岗双责”落实情况的报告》。

③ 河北省安委办：《关于安全生产诚信体系建设进展情况的报告》。

谈心对话”活动，10 位省政府领导、24 位省直部门负责人以及各市、县政府负责同志分级分行业对 2014 年度发生死亡事故企业的 304 名主要负责人进行了一对一的警示约谈。组织全省 30 万家企事业单位主要负责人进行事故警示教育活动。第六，严格事故问责。2015 年上半年，因生产安全责任事故给予政纪处分 47 人、党纪处分 7 人，移送司法机关 5 人，实施经济处罚 1883 万元，将 16 家企业列入安全生产“黑名单”管理①。

（三）推进重点行业专项整治

在煤矿监管领域，制定出台了《河北省煤矿防治水示范矿井考核内容及办法》，开展了打击煤矿超能力生产专项行动，对 2014 年公告关闭的 64 处煤矿进行了抽查验收，对 15 座重点煤矿进行了防治水专家会诊，组织了“雨季三防”专项检查。

在非煤矿山领域，召开攻坚克难现场会，推动 9 个重点县安全生产攻坚克难工作，关闭矿山 69 座。金属非金属矿山安全生产水平明显提高，非煤矿山安全监管信息化平台建设试点工作基本完成。

在尾矿库领域，开展“尾矿库生产作业规范年”活动，培树标杆尾矿库 26 家，关闭 64 座、复垦绿化 252 座②。

在危险化学品和易燃易爆物品领域，各市、县都制订了专项整治方案，开展了拉网式检查；全省危险化学品和易燃易爆物品生产、经营、仓储、运输企业都制订了自查方案，认真开展了自查自纠。共检查危化企业 4637 家次，发现较大隐患 13730 项，已整改 7810 项，责令停产整顿 168 家③。制定了《危险化学品道路运输安全专项治理工作方案》，吊销 11 家危化品运输企业经营许可证，减少危化品运输车辆 6000 辆，清理整顿有挂靠车辆的危

① 河北省安全生产监督管理局事故调查处：《关于 2015 年度上半年事故调查处理结案情况的通报》。

② 河北省安全生产监督管理局：《关于重点行业安全生产专项整治情况的通报》。

③ 河北省安全生产监督管理局：《关于危险化学品和易燃易爆物品专项整治工作报告》。

化品运输企业74家，清理挂靠车辆4307辆[①]。在烟花爆竹领域，开展了打非治违专项整治，严格落实县、乡两级政府“打非”责任，层层签订责任状。各级政府成立了由公安、安监等多部门组成的“打非”工作小组，严格落实“县干部包乡镇，乡镇干部包村，村干部包户”的分包责任制，实行网格化监管，做到县不漏乡、乡不漏村、村不漏户、户不漏舍，不漏重点人。在油气输送管道领域，省政府及11个设区市都成立了油气输送管道安全隐患整改工作领导小组，各级政府一把手层层签订了责任状。省发展改革委、公安、住建、国土、安监5部门有关人员和专家组成4个专项督导组，对全省油气输送管道隐患整改工作进行专项督导。采取“政府购买服务”的方式，专门聘请中介机构对219项重大隐患进行核实、技术确认，督促帮助地方和管道企业制订重大隐患整改方案。全省油气输送管道存在的2240项隐患，已完成整改1955项，整改率87.3%[②]。在冶金建材领域，印发了《全省冶金、有色、建材企业安全生产隐患自查标准》。以《冶金企业隐患排查图册》为主要内容，对全省3500多名班组长和10万多名一线员工进行了培训。在职业卫生领域，开展了告知与警示标识治理、建材行业专项治理、县域综合治理和粉尘危害专项治理等四项专项治理活动，全省水泥企业检测评价率达到100%，4.28万家企业进行了职业病危害因素申报，职业病危害严重企业全部完成“两个档案”标准化工作，现状检测评价完成年计划的85%[③]。

（四）开展隐患排查治理

一方面，在重点行业领域继续采取政府购买服务等方式，聘请专家查隐患。煤矿行业组织49个排查组共排查隐患9216处，投入整改资金3146万元，对6处重大隐患进行了挂牌督办。非煤矿山行业采取事故隐患专家“会诊”的方式，组织30家技术服务机构参与隐患排查，累计排查金属非

① 河北省安委办：《关于危险化学品道路运输专项治理工作报告》。

② 河北省安委办：《关于油气输送管道专项整治工作进展情况报告》。

③ 河北省安全生产监督管理局：《职业卫生监管工作半年工作总结》。

金属矿山 747 座、尾矿库 1145 座，查出隐患 11098 项，完成整改 7508 项[①]。另一方面，推进隐患排查治理体系建设。省安委办开发了隐患排查治理信息系统，制定了 36 个行业领域的隐患排查标准，制定了一系列隐患排查治理体系规范性文件和考核办法，积极开展试点工作。全省共培养树立 30 个县级试点单位，信息系统共注册企业 7222 家，培训企业 7616 次，建立清单管理企业 855 家，利用信息系统开展自查自报企业 1037 家[②]。

（五）开展安全生产综合督导执法活动

从 2015 年 8 月 23 日至 9 月 5 日，在全省范围内组织开展了安全生产综合督导执法活动。全省各级共派出综合督导组 2210 个，专项执法队 1.2 万个，邀请各方面专家 2500 多名，主流媒体记者 180 多名，参与督导执法。其中，省安委办派出 11 个综合督导大组和覆盖全部县（市、区）的 38 个执法检查小组，深入全省各市、县、乡和企业进行督导执法检查。全省各级共检查企业 20 万家次，发现问题和隐患 223 万多条（项），实施停产整顿企业 2752 家，暂扣吊销证照 815 个，关闭取缔企业 726 家，拟处罚款 5782 万元[③]。

（六）强化基层基础工作

第一，推行乡镇安全监管规范化建设。召开全省“五级五覆盖”责任体系暨乡镇安全监管规范化建设现场会，总结推广了全省各地特别是正定县的经验做法，对全面实现“五级五覆盖”“五落实五到位”，进一步促进安全生产监管工作的规范化建设进行全面的安排部署。第二，推行安全生产标准化建设。编制了评审工作实施细则、评审单位管理办法、评审报告编制导则和评审工作指南等文件，各级安监部门将标准化建设与行政许可、“三同

---

① 河北省煤炭工业安全管理局、河北省安全生产监督管理局：《关于煤矿、尾矿库隐患排查治理情况的报告》。

② 河北省安委办：《关于安全生产诚信体系建设进展情况的报告》。

③ 河北省安委办：《关于在国庆阅兵期间全省安全生产综合督导检查情况的报告》。

时”审批、监察执法等工作相结合，严格把关，加大督导检查和调度通报力度。第三，全面进行安全生产培训，培训企业主要负责人和安全管理人员6.2万人、特种作业人员5.7万人、注册安全工程师823人、安全培训教师198人，指导企业对76万名职工进行了全员培训，对2014年发生死亡事故企业主要负责人和安全管理人员共计165人进行了培训①。第四，加强应急救援工作。组织开展各类应急演练13071场、参演人数近65万人次、演练投入3000多万元。对2015年新备案的26家重大危险源企业进行了现场核查，完成了矿山、危险化学品等6个行业重大危险源辨识与分级标准的评审和申报，对全省备案的1254家重大危险源企业、8925个重大危险源点进行了专项执法检查②。第五，启动了安全生产“十三五”规划编制工作。成立了领导小组及办公室，研究起草了基本框架，提出了研究课题，组织专家进行了调研。第六，广泛开展安全生产宣传。省委宣传部专门印发了加强安全生产新闻宣传工作的通知，省级主流媒体加大了对全省安全生产工作的报道频次和公益宣传力度。广泛利用网络、微信平台宣传安全生产，全省安全生产志愿者开展了“安全带回家，祥和过大年”和“安全进万家，幸福你我他”等活动。

（七）构建依法治安的新常态

第一，编制安全生产工作指南。各级各部门结合本地区、本行业特点，分季节编制了综合性、专业性的安全生产工作指南，提高工作的计划性、规范性和针对性。第二，加快修改完善地方法规。修改完善与新《安全生产法》配套的地方法规，新拟定10项相关地方标准，省政府办公厅印发了《加强安全生产监管执法的意见》，制定了《重大行政处罚案件集体讨论实施办法》等规范性文件。第三，深化改革、简政放权。取消了建设项目安全预评价报告备案及审查，简化职业病危害“一般”的建设项目审查程序，

① 河北省安全生产监督管理局：《关于2015年度上半年安全生产教育培训工作总结》。
② 河北省安全生产监督管理局：《关于2015年度上半年安全生产应急救援工作总结》。

实行安评、职评审查“二合一”，各类安全评审费用改由财政列支，真正为企业减轻负担。第四，改进执法工作。各级安监执法队伍转变执法理念，研究创新执法方式，更多采取“四不两直”、突击暗访等方式进行执法，推行观摩式执法、部门联合执法和省、市、县协同执法，有效提高执法效率和质量。第五，加大打非治违力度。各级安监部门坚持“全覆盖、零容忍、严执法、重实效”的原则，分级分类制定年度执法计划，认真开展执法检查，对非法违法行为严格落实“四个一律”要求，始终保持打非治违高压态势。

二　事故总量伤亡人数双下降，全省安全生产形势稳定

通过全省各级各部门不断创新监管措施，加大对各行业安全生产监管力度，坚决贯彻执行安全生产法律，有效排查治理了安全生产隐患，打击了安全生产违法违规行为，防止并减少了安全生产事故发生，实现了生产安全事故起数与死亡人数双下降，促进了安全生产形势的稳定好转。

2015 年上半年，各类生产安全事故起数和死亡人数同比双下降，全省生产安全事故死亡人数（工矿商贸、生产经营性道路交通、铁路交通和农业机械四行业死亡人数）、亿元国内生产总值生产安全事故死亡率、工矿商贸就业人员十万人生产安全事故死亡率、煤矿百万吨死亡率均在国家下达河北省安全生产控制指标以内。

1. 总体情况

2015 年 1 ~6 月份，全省发生各类生产安全事故 4037 起、死亡 1094 人，同比分别下降 15.9% 和 16.6%。其中，发生较大事故 9 起、死亡 37 人，同比分别下降 10% 和 14%，未发生重大及以上事故。共发生工矿商贸事故 58 起、死亡 70 人，同比分别下降 19.4%、33.3%。其中，煤矿、建筑施工、工商贸其他行业事故起数、死亡人数同比双下降，未发生危险化学品和烟花爆竹事故；金属与非金属矿事故起数上升、死亡人数下降。发生生产经营性消防火灾事故 2003 起，死亡 6 人（2013 年起执行公安部新统计口径，不与

上年同期进行对比且国家不下达控制指标）；发生道路交通事故 1922 起、死亡 986 人，同比分别下降 18%、14%；发生铁路交通事故 40 起、死亡 27 人，同比分别下降 34.4%、32.5%；发生农业机械事故 14 起、死亡 5 人，同比分别上升 133.3%、25%①。

2. 控制指标完成情况

2015 年 1～6 月份，全省控制考核指标统计口径生产安全事故（工矿商贸、生产经营性道路交通、铁路交通和农业机械 4 项合计）共死亡 405 人，占全年控制指标的 30%，在当前控制指标进度目标（即 50%，下同）以内。工矿商贸事故死亡 70 人，占全年控制指标的 28%，在当前控制进度目标以内。生产经营性道路交通事故死亡 303 人，占全年控制指标的 31.1%；农业机械事故死亡 5 人，占全年控制指标的 9.3%；铁路交通事故死亡 27 人，占全年控制指标的 39.1%，均在当前控制进度目标以内。2015 年 1～6 月份，全省共发生较大事故 9 起，占全年控制指标的 31%，在当前控制进度目标以内。未发生重大事故②。

三　推进依法治安进程中存在的问题

在推进依法治安、加强安全生产综合监管中，由于安全生产工作基础薄弱，一些深层次的问题还没有得到根本解决，重生产、轻安全，重效益、轻管理，上热下冷、层层递减的现象还比较普遍，仍有很多问题亟待解决。

第一，从经济大环境看，当前，河北省正处在转型升级、爬坡过槛的关键时期，稳增长调结构的任务十分艰巨。总体上经济社会发展长期积累的深层次矛盾和问题尚未改变，经济下行压力较大，化解过剩产能难度增大，投资增长乏力，传统产业拉动能力下降，新兴产业还没有形成有效支撑。这在一定程度上制约了依法治安进程。

① 河北省安委办：《安全生产事故月报》。

② 河北省安委办：《安全生产事故月报》。

第二，从社会大环境看，安全生产作为经济社会综合管理的重要组成部分，事关人民群众生命财产安全，事关改革稳定发展大局，事关党和政府的形象。2015 年上半年，河北省虽然没有发生过影响恶劣的重大生产安全事件，但小情况一直不断，小事故时有发生，加之特殊的地理位置、薄弱的安全生产基础、重化工业的产业结构等等，安全监管工作的难度更大、压力更大，任务将更加艰巨。

第三，从法治大环境看，一方面，党的十八届四中全会对全面推进依法治国作出了战略部署，描绘了建设中国特色社会主义法治体系、建设社会主义法治国家的宏伟蓝图和远景目标，“深入推进依法行政，加快建设法治政府”，将成为今后各级政府部门行政改革的重大任务。另一方面，新《安全生产法》的宣贯、普及、落实还任重道远，提升人民的法治意识，传播安全生产法律知识，是一项紧要而迫切的任务。

第四，重大安全隐患还大量存在，各类重特大事故还没有得到根本性遏制，安全生产形势依然严峻。在重点地区、重点行业领域、重要时节事故多发频发。从重点地区看，唐山、石家庄、邯郸、保定、承德、张家口六设区市的事故起数合计占比较大，为 69.2%；从重点行业领域看，冶金有色建材、工矿商贸其他（不含冶金有色建材）、建筑、煤矿、金属与非金属矿事故起数合计占比为 96.14%；从重要时节看，第二季度、第三季度事故多发，共发生工矿商贸事故 1301 起，占比 59.08%。其中 4 月份由于处于复工高峰期，事故总数占比最高，为 10.5%；由于高温高湿和雷雨天气影响，6、7、8 月三个月事故多发，占比为 30.4%。较大事故没有得到有效遏制。2014 年较大事故 15 起，占事故总起数的 9.8%。河北省连续多年在 2 月底前后发生重大事故，也就是“2·28”现象。十年来共发生重大事故 21 起，其中春节后 1 个月内发生 4 起，占比 19%，远高于 8.33% 的平均比例。

四　明确重点坚定信心，全力推动依法治安进程

2016 年，在现有基础上，将继续深入贯彻落实党的十八大和十八届三

中、四中、五中全会精神和习近平总书记一系列关于加强和创新安全生产工作的新思想、新观点、新要求，坚持科学发展、安全发展理念，坚持“安全第一、预防为主、综合治理”的安全生产方针，牢固树立“发展决不能以牺牲人的生命为代价”的红线意识和底线思维，加强战略研究和系统谋划，积极破解事关安全生产全局和长远发展的重大矛盾和问题，全面认识经济社会发展对安全生产工作提出的新任务、新要求，坚持依法治安，为实现安全生产与经济社会同步协调发展，为全面建成小康社会提供良好的安全生产环境。

一是推进安全生产责任体系的落实。牢牢抓住责任落实，全面贯彻省委、省政府颁布的《河北省安全生产“党政同责、一岗双责”暂行规定》，各级党委、政府、安全监管部门的职责，企业的安全生产主体责任更加明确，构建完善的安全生产责任体系，实现“党政同责、一岗双责、齐抓共管”，实现发展与安全的有机结合、相互促进。以安全监管规范化建设为载体，继续深化乡镇安全监管规范化建设，结合企业标准化工作、诚信体系建设和隐患排查治理体系建设等工作，推进企业“五落实五到位”工作。各级人民政府依据国民经济和社会发展规划制定安全生产规划，将安全生产目标、任务、措施和重点工程纳入本地区发展规划。在编制城乡规划、产业规划时，充分考虑安全生产因素，安全生产规划与城乡规划、产业规划实现有效衔接。

二是全面依法加强综合监管。在重点监管行业领域深入开展安全生产专项整治，打击非法违法、治理违规违章行为，强化源头治理。全面开展安全生产攻坚战，实现行业的优化升级，“小、散、乱、差”现象得到有效改观并逐步消除。提升重点行业领域本质安全水平，逐步构建安全生产长效机制。煤矿：巩固深化煤矿整合重组成果，严格落实“双七条规定”，加大隐蔽致灾因素普查力度，打好煤矿安全生产重点县及重点煤矿企业攻坚战。非煤矿山：做好整顿关闭工作，加大对地下矿山采空区坍塌、中毒窒息、透水、坠罐跑车和露天矿山边坡滑坡等事故隐患的排查治理力度。巩固尾矿库治理整顿成果，加大综合治理力度，做好汛期、冬季冰冻期等重点时段的安

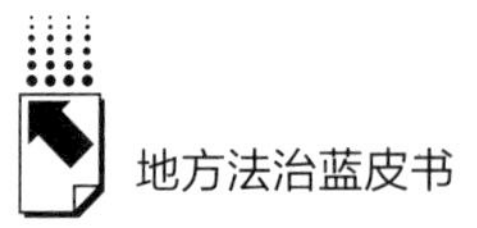

全防范工作。危险化学品：严格控制化工园区安全距离和安全容量，推行园区一体化安全管理，加快涉及“两重点一重大”危险化学品企业自动化控制改造提升进度，推动烟花爆竹生产企业有序退出。道路运输：以危险化学品道路运输和客运专项整治为重点，加强对道路运输企业交通安全源头监管。深入开展油气和危险化学品输送管道专项整治，做好建筑施工、特种设备、民爆物品、涉氨涉氯、电力、水利、气象、旅游、机械、轻工、纺织、烟草、商贸、消防等行业领域的监管工作。努力减少一般事故，遏制较大事故，杜绝重大及以上事故，保持全省安全生产形势持续稳定好转。

三是夯实安全生产基层基础。其具体内容包括以下方面。

稳步推进安全生产隐患排查体系建设和安全生产标准化建设。建成以隐患排查制度、标准体系为依据，以企事业单位分类分级管理为基础，以企事业单位自查自报和行业部门共同监管为基本方式，以信息化手段为依托，日常管理与重点监管相结合的覆盖全省各重点行业领域的安全生产隐患排查治理体系（隐患排查的运行体系与信息反馈体系）。全面深化覆盖全部行业领域的安全生产标准化建设，提高创建质量，落实生产经营单位法定义务，提高本质安全水平。

以深化安全生产承诺制为载体，构建并完善安全生产诚信体系。以制度建设为先导，加快企业安全生产诚信体系建设，加快投入运行。加强监管，完善信用服务；健全工作制度，搭建运行框架和平台；规范诚信评价标准，强化诚信管理；建立诚信信息发布平台，不断强化社会监督和舆论监督；优化安全生产环境，营造激励诚信、惩戒失信的运行机制与社会氛围。

完善安全生产技术支撑体系。加大安全生产科技投入，开展科技攻关，加快研发与使用，实施科技兴安、促安、保安工程，提高技术装备的安全保障能力。建立完善以企业为主体、以市场为导向、产学研用相结合的安全技术创新体系。完善省级安全生产监管监察技术支撑机构，搭建科技研发、安全评价、检测检验、安全培训、咨询服务等技术支撑平台。

完善安全生产应急管理。推动实施安全生产应急救援指挥中心（训练基地）保障工程、应急指挥信息系统工程、重大危险源监测监控工程、重大危险源安全治理工程和应急救援队伍建设扶持项目工程等重点工程，建立健全应急救援体系，完善救援预案体系和救援工作机制，强化救援队伍体系和应急指挥平台体系建设，提升事故现场应急处置能力。

全面加强安全生产宣传教育。各级政府将安全生产宣传教育纳入整体工作规划，制订详细方案分级分步实施。明确宣传主管部门职责，加强安全生产公益宣传。建设完善一批安全生产警示教育基地和企业安全文化建设示范基地，尽快形成安全生产“三级教育”体系。建立各级专职宣传教育机构，加大安全生产宣传教育力度，使安全生产意识更加深入人心，全社会安全生产意识普遍提高。

深入推进安全生产培训体系建设。将安全生产的教育培训纳入国民教育体系，在大、中、小学课本中编写一定比例的安全生产知识内容，普及安全生产常识。增设安全生产专业院校，在大学里开办安全生产学院、开设安全生产专业等，培养高等级的安全生产专业管理人才。鼓励社会办学，依托中等职业技术学校培训专业操作人员。建设规模适当、布局合理、结构优化、素质优良的安全生产人才队伍，形成育才、引才、用才的良好环境和政策优势。安全生产人才结构进一步优化，人才资源总量基本满足安全发展需要。

四是全面贯彻实施新修订的《安全生产法》，推进依法治安。加快安全生产法治政府、法治市场、法治企业的一体化建设，共同推进依法治理，建立规范的安全生产法律秩序。构建政府监管、市场化服务、企业整改提高的新常态的安全生产机制，初步形成政府依法监管、企业守法生产、职工照章操作的良好格局，使安全生产成为人们的思想自觉与行动自觉。推行安全生产重大工程和重大举措，依法行政、规范执法、公开透明、廉政高效，为实现安全生产形势的根本好转提供有力的法治保障。

B.24
山东诸城安全生产工作调研报告*

安全生产工作调研课题组

摘　要：　山东省诸城市经济社会发展水平位居全国前列，以安全生产标准化为抓手，牢固树立以人为本、安全发展的理念，善于用法治思维和法治方式，构建起安全生产监管的责任体系。以标准化建设为主线的安全生产预防预控体系，问题导向的制度创新体系，安全管理和监督队伍体系，实现安全发展的“四轮驱动”，形成严格执法对责任落实的倒逼机制，加强执法监督，使发展与安全有机统一起来，安全形势持续好转，赢得了社会各界的良好回应。

关键词：　安全发展　责任落实　标准化建设

一　诸城安全发展观的确立

山东诸城是潍坊市的水源地，养殖产业、绿色农业全国著名，生态旅游正成为诸城的主导产业。诸城市委提出，在诸城的发展清单中有三不要：不要带泥的GDP——不要污染，不破坏当地生态；不要带毒的GDP——不能产销有毒食品，不能危害群众健康；不要带血的GDP——不要不安全的产

---

* 课题组负责人：杨占科，国家安全生产监督管理总局人事司（宣教办）监察专员（正司局级）。课题组成员：李经纬、龙小东、王传忠、刘光山。执笔人：杨占科。

能，不要不安全的生产，不能以牺牲生命为代价谋取一时的发展。“三不要”的提出，表面上看来对 GDP 的上升有影响，但并未阻碍经济发展。就安全生产而言，诸城是全国安全生产标准化建设试点示范城市中唯一的县级市，2014 年和 2010 年相比，安全生产事故起数和死亡人数分别下降 85% 和 59%，危险化学品、烟花爆竹、工矿商贸领域持续保持“零死亡”。2015 年以来，工矿商贸领域继续保持了“零死亡”。而诸城市发展了，诸城的生态文明、绿色无害、安全生产等并没有掉队。由此可见，发展与安全不是矛盾对立的，而是相辅相成的，发展必须以安全为前提；而安全则为发展清除了污垢，消除了隐患，疏浚了可持续的活水源头。

二　安全生产高于一切、先于一切、重于一切

2011 年，国家安全生产监督管理总局将诸城确定为全国安全生产标准化试点示范城市。此后，诸城市委、市政府以安全生产标准化为抓手和载体，动员全市牢固树立以人为本、安全发展的理念，反复强调“要以最严格的要求落实安全生产责任，以最有效的手段深化隐患排查治理，以最严明的纪律加强安监队伍建设，着力解决制约安全发展的突出矛盾和问题，提升本质安全水平”，与经济社会发展各项事业同部署、同推动、同检查、同考核。

（一）从零开始、到零结束

为加强安全生产，诸城市委、市政府反复强化“我是谁、为了谁、依靠谁”的执政理念，牢固树立“以人为本、生命至上、安全发展”的发展观念，内化于心，外践于行。市安监局着力将市委、市政府的要求具体化，围绕安全发展，明确提出了“从零开始、至零结束”“日清日结、日清日高”等目标要求，对全市安全生产实行“零”控制。

（二）集中决策，全面推进

市委、市政府把安全生产列入常委会、常务会的议程，定期听取工作汇

报，坚持每季度召开一次调度会议解决安全生产问题，研究工作、推进措施。市委、市政府每年的首次常委会、常务会的主要议题都是安全生产；每年的“一号文件”都是有关安全生产的部署要求。2015 年初，在大量前期工作的基础上，市委、市政府集中出台了《关于进一步加强安全生产工作的决定》等 8 项安全生产文件，对全年安全生产工作作出了全面部署，战略性、方向性和操作性高度统一，为安全生产确立了系统的任务清单、责任清单和考核清单。

（三）安全优先，一路绿灯

从主要领导做起，凡是关系到安全生产重点工作的，“无障碍、零阻拦”“要人有人、要钱有钱、要物有物”。各级各部门对安全生产工作同样高度重视、全力支持，切实加强基层基础和基本功建设。各镇街（园区）专职安全监管人员配备职数不低于总人口的万分之一；依法依规依实际情况配备必要的执法车辆和装备，严格落实安全生产监管岗位津贴、工伤保险和安全生产责任保险政策；设立安全生产奖励基金，专项用于聘请专家、组织培训、评审验收和评先创优等。为从会议制度上保障基层安全生产工作，该市规定每月至少要召开 1 次领导班子成员会议，听取安全生产工作汇报，研究部署重点任务；各镇街（园区）每年至少要召开 4 次书记办公会议，研究解决安全生产工作中的重大问题。

（四）以上率下，强化考核

领导带了头，群众有劲头。诸城市把领导率先垂范作为加强安全生产、推动安全发展的重要抓手，规定“领导干部进工地、下车间督导检查安全生产制度，市级领导每月至少 1 次、镇街（园区）领导每月至少 2 次”，为落实各级各类人员安全生产责任制发挥了示范引领作用。诸城市还把安全生产工作成效作为评先树优、推荐党代表、人大代表和政协委员的前提条件，实行安全生产一票否决制；把安全生产工作纳入领导干部述职内容，各镇街（园区）党（工）委、政府（办事处、管委会）和职能部门单位领导班子及成员在年度述职时，必须同时述安全，从而确保加强安全生产的各项措施不走空、不跑调，落地生根。

三　构建“四大体系”，实行“安全发展四轮驱动”

（一）建立健全“党政同责、一岗双责、齐抓共管”的责任体系

一是落实“党政同责、一岗双责”。成立由市委副书记、市长担任主任，常务副市长分管安全生产、担任常务副主任，其他副市长担任副主任的市政府安全生产委员会，并分行业领域组成15个专业委员会，由市政府分管副市长任主任，市直有关部门主要负责人任副主任，并签发《诸城市镇街、市直部门安全生产监督管理职责》，落实“三个必须”。同时，把责任体系向镇街村延伸，16处镇街（园区）分别成立由党（工）委书记挂帅的安全生产委员会。

二是推行网格化实名制监管。以社区为单元，将全市235个城乡社区每个社区确立为1个监管网格，每个网格明确一名镇街（园区）副科级干部和社区主要负责人作为网格负责人，实行实名监管，对网格内的所有管理对象登记造册、建立台账，建立起市、镇街（园区）、社区三级纵向监管和监管部门、行业主管部门、企业横向监管的纵横交错、全面覆盖的监管体系。

三是落实督察考核究责。层层签订年度安全生产目标责任书，作为考核重要依据。市委、市政府将安全生产标准化建设列为重点督察事项，由督察局月督察、季通报。市委组织部将安全生产标准化建设纳入对镇街（园区）的科学发展综合考核和对市直部门单位的工作考核，加大考核权重，安监局每季度向市委组织部报告一次工作进度情况，对完不成年度安全生产标准化达标任务的，实行“一票否决”。

（二）建立以标准化建设为主线的安全生产预防预控体系

诸城市安全生产工作的一个总抓手、总引领就是安全生产标准化建设。

隐患排查治理、打非治违、专项整治、安全基础强化等都围绕标准化展开，依标准推进，市是标准市，企是标准企，岗是标准岗。够标准的，巩固提升；不够标准的整改补课；达不到标准的淘汰退出，留下的就是一个安全发展的诸城。

诸城市于 2011 年成为首批全国安全生产标准化建设示范试点城市之一。在 4 年时间里，诸城市 13 个镇街、26 个部门和所有规模以上企业、3000 多家规模以下企业参与安全生产标准化创建。发展至今，规模以上企业全部达标，其中一级标准化企业达到 6 家；3000 多家规模以下企业也都达到规范化要求。该市福田汽车集团诸城奥铃汽车厂实现一级标准化达标，始终坚持按照标准化运行，轻微事故发生率由 2010 年的 0.15% 下降为 2014 年的 0.004%；山东惠发食品公司自开展达标创建以来，没有发生过一起重伤事故。一些规模以上生产经营单位在进行标准化创建之前，厂区隐患曲线起伏十分明显。标准化创建之后，隐患数量明显减少，曲线平稳下降。

一是多方联动、合力形成。成为全国安全生产标准化建设示范试点城市以后，诸城市委、市政府迅速制定了《诸城市企业安全生产标准化建设示范城市试点工作方案》。按照方案，诸城市政府成立了由市长担任组长、分管副市长担任副组长，13 个镇街、57 个职能部门负责人为成员的领导小组，并纳入镇街安全发展综合考核和市直部门工作考核，建立起“党委领导、政府牵头、行业管理、企业负责”的标准化创建工作体系。

二是健全标准，激励制约。创建之初，诸城市按照“有标贯标、无标建标”的原则，制定了企业安全生产标准化评审规范，确保所有创建企业“有标可依”。为调动企业的创建积极性，制定实施了标准化创建奖惩办法，对经考核认定为一级、二级、三级标准化企业的，风险抵押金缴存标准分别下浮 20%、15%、10%，安全生产责任保险投保费率分别下调 15%、10%、5%；凡组织不力、未完成达标任务的，实行“一票否决”。

三是持续改进，动态提升。安全生产是一个动态过程，是工作的新起点而绝非终点。为此，诸城市建立了“达标—升级—再达标”和“按比率淘汰”的动态监管机制，每年组织一次达标复评活动，将安全管理滑坡、复评成绩下滑的企业列入“黑名单”，对其挂牌督办，并按照不低于3%的比率提请撤销标准化等级认定，引导企业定期开展自查自纠，分析标准化运行情况，持续改进升级，不断提高安全生产标准化工作水平。

（三）建立问题导向型制度创新体系

带有普遍性的问题必须通过建立完善制度加以解决。诸城市坚持强化日常监管，根据监管中发现的隐患和问题进行综合分析，从中发现带有普遍性的问题，通过建立和完善制度、规范加以控制和解决。近年来，依靠制度创新突出解决了三个大问题。

一是提升企业安全素质。作为一个民营企业面广量大、从业人员安全素质总体偏低的县级市，市安监局有针对性地把强化安全培训作为强基固本的重点工程，强力推动。一是创办安全培训中心。全年培训能力达1万人次。二是健全制度。在充分调研的基础上，制定实施了《诸城市生产经营单位安全培训暂行规定》。三是狠抓普训。2015年3月，市政府组织开展了“安全生产集中教育培训月”活动，组织主题班次5个，参训人员2000多人。四是着力培训师资。通过培训“企业内训师”、建立全市全员培训宣讲团等，推动企业全员安全培训。现已选树典型企业30家，组织内训师宣讲队伍6支，编制培训教材6套。2013年以来，诸城市共培训内训师近1000人，通过内训师的厂内培训，有3万多从事安全管理工作的人员接受了必要的安全培训。“内训师”已经成为诸城市安全培训的骨干力量。

二是遏制重点致灾因素。通过对近年日常执法检查问题的认真分类梳理，诸城市安监局发现，全市火灾事故中92%以上是由用电引起的，全市各类事故中82%以上是由于固定工种人员从事临时性工作造成的，85%以上的事故是业务不精的临时性人员造成的。为此，以市政府文件制定实施了生产经营单位用电管理办法、生产经营单位临时人员和临时性工作安全管理办法等，并以“抓铁有痕、踏石有印”的作风抓好督促落实。同时，诸城市安监局注重把“别人的事故作为自己的事故来对待”，针对一些地区近年发生的液氨泄漏爆炸、老年公寓失火等重特大典型事故暴露出的突出问题，

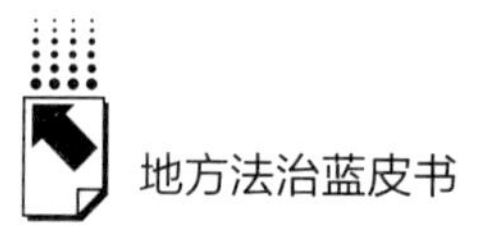

及时建立完善相关制度，先后制定实施了《诸城市冷库安全管理办法》《诸城市彩钢板建筑安全管理办法》等10多个规范性文件，为企业加强基础管理提供了依据。

三是弥补城区监管盲区。随着全市经济社会的发展，城市主城区内一些新兴业态如网吧、托管机构的“小饭桌”等，没有明确的部门来管安全，成为一大隐患。为此，诸城市安监局按照“管行业必须管安全、管业务必须管安全、管生产经营必须管安全”，“谁主管、谁负责”，“谁审批，谁负责”和“属地管理与分级管理相结合，以属地管理为主”的原则和《诸城市镇街、市直部门安全生产监督管理职责》，制定实施了《诸城市主城区安全生产监督管理办法》，细化明确了主城区安全监管职责分工、保障措施和处罚与责任追究规定，实现了“全覆盖、无盲区”。

（四）建立配置全面、结构合理、业务能力强的安全管理和监督队伍体系

一是以安监局综合监管队伍为主干。加强市安监局建设。2011年底，市委、市政府专门为安监部门增加编制35人，将安监局的编制增加到66人；加强16处镇街（园区）监管机构建设。将安监所人员增配到3～14人，并配备1～2部安全执法车辆。加强专家队伍建设。从省市有关安全生产中介机构、注册安全工程师中，选聘59名技术专家，建立诸城市安全生产专家库。截至2015年12月初，先后组织专家现场指导220余次，提出合理化建议、改进措施5900多条。

二是以行业部门监管力量为支撑。全市57个负有安全监管职责的部门全部成立安全管理科，235个城乡社区全部设立安全管理办公室，确保实现安全生产“有人管事”“有人干事”。市安全委员会办公室注重充分发挥综合协调职能，牵头建立规范化的安全生产培训制度。每年把三月份作为集中培训月，邀请相关行业领域专家集中培训乡镇与部门分管安全生产工作的领导和直接负责人员，成为行家里手，不仅要守土尽责，还要守土尽能。

三是以企业安全管理队伍为基础。诸城市规定，从业人员不足100人的生产经营单位，必须按不低于从业人员3%的标准配备专职安全生产管理人员（最低1名）；从业人员在1000人以上的，按不低于从业人员5‰的标准配备专职安全生产管理人员（最低7名），其中至少有3名注册安全工程师。同时规定，必须保证安全生产管理人员的待遇高于同级同职其他岗位管理人员待遇的1.2倍，调动企业安全生产管理的积极性。

四　着力形成严格执法对责任落实的倒逼机制

加强安全生产，责任是灵魂，执法是引擎。万事俱备，没有“严格执法”这一“东风”也难以成事。国家设立安监机关的目的，说到底就是为了严格安全执法，通过执法，把安全生产法律法规、政策措施、标准规程、责任制度落实到位。所以，安监局应定位为安全生产行政执法局，把严格执法作为日常工作的主要内容，用执法倒逼各项工作落实，倒逼安全发展战略实施。

在安监局党组和领导班子带领下，全系统着力在四个方面加强执法监督。

（一）明确责任，全员执法

诸城市安监局66名干部不按科室设置，而是依据强化执法监督的要求，混编为11个执法组，全部深入执法第一线。为提高执法素质，鼓励全体干部考取注册安全工程师资格，已经有26名干部考取资格证书。现在，深入一线执法已经成为诸城市安监局的工作常态。除每天上午9点以前外，其他时间基本是“锁头看家”“人去楼空”，全部到了生产一线。2015年以来，检查企业8000余家次，查出隐患11000余条，已整改10370条。其中，停产停业整顿企业22家，吊销许可证2家，取缔非法生产经营建设单位13家，形成了强大震慑力[①]。

① 数据来源：山东省诸城市安监局统计科年度（内部）统计报告。

（二）日清日结，无漏执法

安全生产是细致活儿，不能有盲区、留死角。为此，在全局推行日清日结工作法，即市安监局全体人员每天早上都要把岗位事情过一遍，写到办公室工作日志上；然后按新的要求落实；晚上睡觉前再过一遍，看看还有哪些事情没办好、办利索，做到日清日结。诸城市安监局每周一召开全员调度会，要求每个人汇报3分钟，详细说明上周检查了多少企业、存在什么问题和解决问题的建议，对一周工作作出有针对性的安排，进而做到以日保周、以周保月，以月保季、以季保年，周而复始，无遗无漏，为全市人民筑起一道牢固的生命保护线。

（三）有头有尾，闭环执法

诸城市安监局要求所有执法都必须出具执法文书，告知隐患问题所在，明确整改要求、时限；所有执法文书都要建立台账，定期跟踪督办；所有整改要求都要现场或书面验收，到位销号。对于执法中发现的普遍性问题，要集中分析会诊，纳入制度创新目录。

（四）隐患警示，有情执法

安监执法的目的是推进安全生产，并不是罚款越多越好、惩罚越狠越好，能够让安全生产成为一种自觉、一种习惯、一种文化才是监管的最终目标。为此，从2013年开始，安监局提出“带着感情执法、带着感情服务”的工作理念，表现在对查出隐患的整改治理上，建立了“7天缓罚期”制度。查出隐患后，对企业给予温馨提示，要求其7天内进行整改或拿出切实可行的整改措施，向安监局备案；7天后再到企业复查，已经整改的，减轻或免于处罚；依然如故、我行我素的，果断依法依规予以上限处罚。

安监局的严格执法，赢得社会各界的良好回应。

一是安监局的威信逐步树立。曾几何时，安监局的人去企业检查工作，企业连门都不让进；即使进了门，查出了隐患，下了罚款单，也没人搭理，致使一些安监干部不敢穿自己的执法服装上街，怕人笑话。现在，情况完全不同了。安监干部走到哪里，都会受到企业欢迎。不用打招呼，安监人员可到企业任何一个部门或车间检查。不少企业尝到安全生产的甜头之后，已经由“要我安全”，变成“我要安全”，主动邀请安监干部上门，教他们如何做到“我能安全”，安监人员不敢穿安监工作服上街的日子一去不复返了。

二是企业更加配合安监执法。过去，企业面对安监局出具的执法文书，不愿意接受监督，很少有认真整改的。现在，接受监督、厉行厉改成为常态，隐患整改率从原来的不到50%，提高到现在的95%以上。

三是有为有位，安监局的社会美誉度和公信力显著提升了。在诸城市政府部门年度综合考核中，安监局综合排名逐年提升。2011 年，安监局获全市创先争优第 6 名，全年工作综合考核考评第 8 名；2012 年创先争优排名上升到第 4 名；2013 年全年工作综合考核考评上升到第 7 名；2014 年度排名进一步上升，列第 4 位。其中，社会各界、企业、乡镇综合评价列第 2 位；市级领导评议得分为 100 分，列第 1 位。

展望未来，到 2020 年，诸城市将实现安全基础设施建设明显强化，民众公共安全素质明显提升，重点行业领域安全生产状况进一步改善，事故总量进一步下降，职业病危害得到有效治理；企业安全保障能力、政府安全保障能力和社会安全保障能力明显提高，安全生产预防控制体系基本建成，事故风险防控能力、安全生产监管监察执法能力、技术支撑能力和事故应急处置能力进一步增强。

法律声明